U0878273

航运碳交易与金融衍生

主　编　甘爱平
副主编　杨旻骅

中国金融出版社

责任编辑：王雪珂
责任校对：刘　明
责任印制：陈晓川

图书在版编目（CIP）数据

航运碳交易与金融衍生/甘爱平主编．—北京：中国金融出版社，2020.5
ISBN 978－7－5220－0544－7

Ⅰ.①航…　Ⅱ.①甘…　Ⅲ.①航运—二氧化碳—排污交易—金融衍生产品—高等学校—教材　Ⅳ.①F55②F830.9③X511

中国版本图书馆 CIP 数据核字（2020）第 039132 号

航运碳交易与金融衍生
HANGYUN TANJIAOYI YU JINRONG YANSHENG
出版发行　中国金融出版社
社址　北京市丰台区益泽路 2 号
市场开发部　（010）66024766，63805472，63439533（传真）
网上书店　http://www.chinafph.com
（010）66024766，63372837（传真）
读者服务部　（010）66070833，62568380
邮编　100071
经销　新华书店
印刷　保利达印务有限公司
尺寸　169 毫米×239 毫米
印张　29.75
字数　490 千
版次　2020 年 5 月第 1 版
印次　2020 年 5 月第 1 次印刷
定价　98.00 元
ISBN 978－7－5220－0544－7

前　　言

由于温室效应的日益加剧，大气污染日益受到广泛关注。作为减少大气污染的一种手段，碳交易一词最早由《京都协议书》提出，是指为了减少以二氧化碳为代表的温室气体，将碳排放权作为一种商品进行交易，以进一步缓和温室效应和保护环境。作为全球最大的碳交易市场，我国国家发展和改革委员会在2017年印发了《全国碳排放权交易市场建设方案（发电行业）》，标志着我国碳排放交易体系的正式启动。

碳减排对我国航运业来说也是一个重要议题。日益严重的船舶碳排放造成了巨大的危害和严峻的影响，这已经引起了广泛重视。2018年4月国际海事组织（IMO）提出要在2050年以前将航运板块的温室气体（二氧化碳）总排放量削减50%，努力逐步实现零碳目标。其相关监控、报告和核查法规也适用于所有我国在欧洲内部航行、进出以及停靠的船舶。而在我国碳交易实践方面，上海市已提出航运碳排放计量标准并拟将航运业列入碳交易体系。

在这一大背景下，为了解相关航运碳交易与金融衍生知识的需要，上海海事大学的甘爱平教授和杨昊骅老师结合丰富的碳交易案例和实践，编写了这本《航运碳交易与金融衍生》教材，以培养一批对碳排放权交易有系统了解的"应用型、复合型、前沿化、国际化"高级低碳经济与管理人才。该教材主要介绍了碳交易的背景、碳排放权交易的经济学基础、法律基础、碳计量的概述、碳核查的过程、碳交易规则、航运碳交易的市场特性、碳资产管理和航运碳交易金融衍生品等。

本书提纲编写、统稿由甘爱平教授负责，杨昊骅博士负责全书审校。其中，杨昊骅编写（第1－6章），甘爱平编写（第7－14章）。在本书即将出版之际，特别感谢中国金融出版社的张智慧主任、王雪珂编辑给予的大力支持！由于教材编写时间短，经验积累不足，笔者感觉还有很多值得探索和改进之处，期待同仁在使用过程中提出批评和指正，以共同提高本教材质量。反馈意见请发至：apgan@ shmtu. edu. cn 或 mhyang@ shmtu. edu. cn。

甘爱平　杨旻骅

2020 年 5 月 21 日于上海

目　　录

第 1 章　气候变化

1.1　气候变化与温室气体

1.1.1　气候变化

气候变化（Climate change）是指长时期内气候状态的变化，通常用不同时期的温度和降水等气候要素的统计量的差异来反映。一般指气候平均状态统计学意义上的巨大改变或者持续较长一段时间（典型的为 30 年或更长）的气候变动。气候变化不但包括平均值的变化，还包括变率的变化。即指气候平均值和离差值两者中的一个或两者同时随时间出现了统计意义上的显著变化。气候平均值的升降，表明气候平均状态的变化；离差值增大，表明气候状态不稳定性增加，气候异常愈明显。

气候变化一词还有不同的表述。如政府间气候变化专门委员会（IPCC）的表述是气候随时间的任何变化，无论是自然变率还是人类活动的结果。再如《联合国气候变化框架公约》（UNFCCC）中的用法。在该公约中，气候变化是指经过相当一段时间的观察，在自然气候变化之外由人类活动直接或间接地改变全球大气组成所导致的气候改变。

《联合国气候变化框架公约》第一款中，将因人类活动而改变大气组成的“气候变化”与归因于自然原因的“气候变率”区分开来。气候变化（climate change）主要表现为三方面：1. 全球气候变暖（Global Warming）；2. 酸雨（Acid Deposition）；3. 臭氧层破坏（Ozone Depletion）。其中全球气候变暖是人类最迫切的问题，关乎到人类的未来。

1.1.2　关于气候变暖与温室气体

1.1.2.1　温室原理

温室原理是指由太阳辐射和地表辐射导致的地表升温的过程。太阳辐射主要是短波辐射。地面辐射和大气辐射则为长波辐射。太阳辐射波长主要为0.15～4微米，其中最大辐射波长平均为0.5微米；地面和大气辐射波长主要为3～120微米，其中最大辐射波长平均为10微米。习惯上称前者为短波辐射，后者为长波辐射。太阳辐射在可见光线（0.4～0.76μm）、红外线（>0.76μm）和紫外线（<0.4μm）中分别占50%、43%和7%，即集中于短波波段，故将太阳辐射称为短波辐射。大气对长波辐射的吸收力较强，对短波辐射的吸收力比较弱。短波辐射（shortwave radiation）是波长短于3μm的电磁辐射。短波辐射作为太阳辐射的一个重要分支，在地表能量平衡中起着重要作用。

电磁波是由不同波长的波组成的合成波。它的波长范围从10E－10微米（1微米＝10E－4厘米）的宇宙线到波长达几公里的无线电波。Y射线、X射线、紫外线、可见光、红外线、超短波和长波无线电波都属于电磁波的范围。肉眼看得见的是电磁波中很短的一段，0.4～0.76微米这部分称为可见光。可见光经三棱镜分光后，成为一条由红、橙、黄、绿、青、蓝、紫七种颜色组成的光带，这光带称为光谱。其中红光波长最长，紫光波长最短，其他各色光的波长则依次介于其间。波长长于红光（>0.76微米）的有红外线和无线电波；波长短于紫色光（<0.4微米）的有紫外线、Y射线、X射线等。这些辐射虽然肉眼看不见，但可用仪器测出。

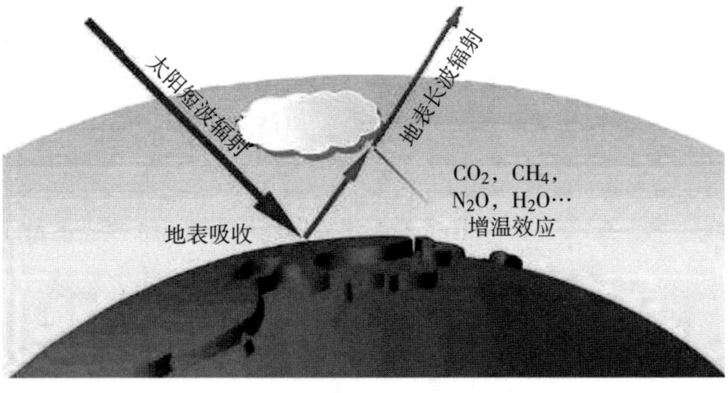

图1.1　太阳辐射

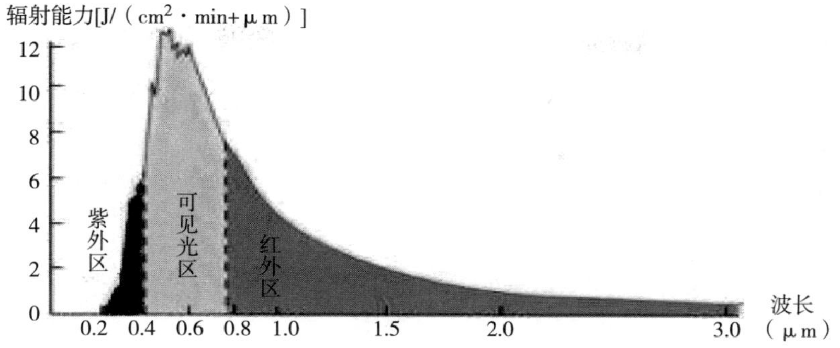

图 1. 2　辐射能力

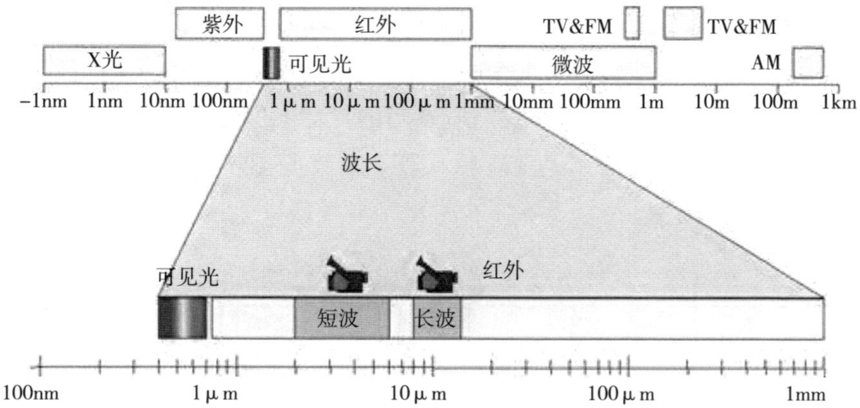

图 1. 3　电磁辐射频谱图

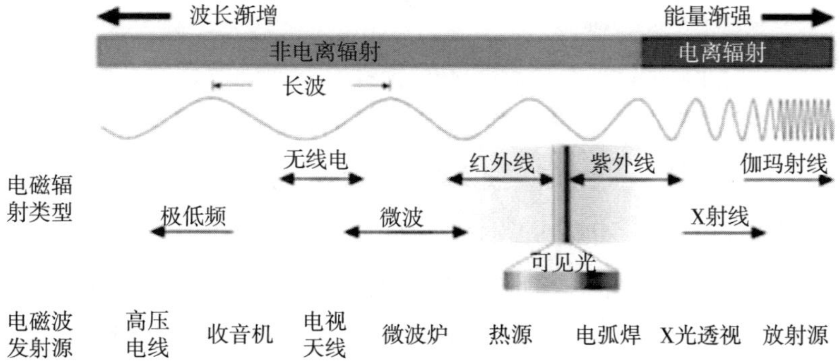

图 1. 4　电磁频谱示意图

1.1.2.2 温室效应的产生

温室效应是指透射阳光的密闭空间由于与外界缺乏热交换而形成的保温效应。温室效应的形成主要是因为太阳辐射容易进入大气，但经过地表吸收后，很难从大气溢出，从而构成密闭空间。

白天，太阳光照射到地球时，部分能量被大气吸收，部分被反射回宇宙，大约47%的能量被地球表面吸收。

夜晚，地球表面以红外线的方式向宇宙散发白天吸收的能量，大部分被大气吸收。

结果，大气层就如同覆盖着玻璃的温室一样，可以保存一定的热量，使地球不至于像月球一样，被太阳照射时温度急剧升高，不见日光时温度急剧下降。想象一下，如果没有温室效应，地球将会冷得不适合人类居住。据估计，如果没有大气层，地球表面温度会是零下18摄氏度。正是有了温室效应，才使地球温度维持在15摄氏度。我们所熟知的月球，由于没有大气层，白天在阳光垂直照射的地方温度可达127摄氏度，而夜晚温度却能降到零下183摄氏度。

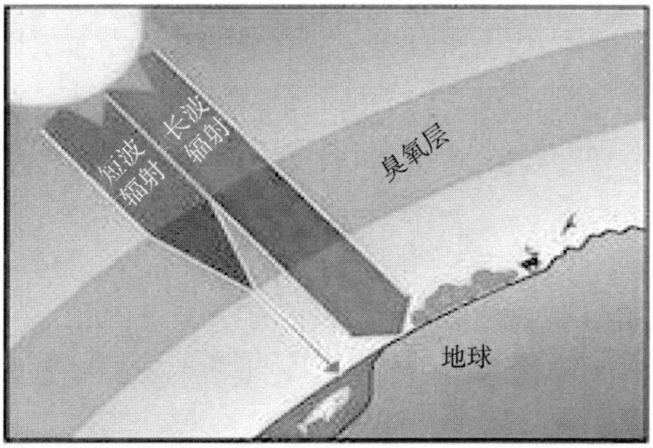

图1.5 臭氧层阻挡太阳紫外线

为什么地球会变暖？很简单，收支不平衡。导致温室效应的主因就是温室气体排放。温室气体的增加，加强了温室效应，而二氧化碳是数量最多的温室气体。如今，地表向外放出的长波热辐天然气燃烧产生的二氧化碳，远远超过了过去的水平。另外，由于对森林乱砍滥伐，大量农田建成城市和工厂，破坏了植被，减少了将二氧化碳转化为有机物的条件。再加上地表水域逐渐缩小，

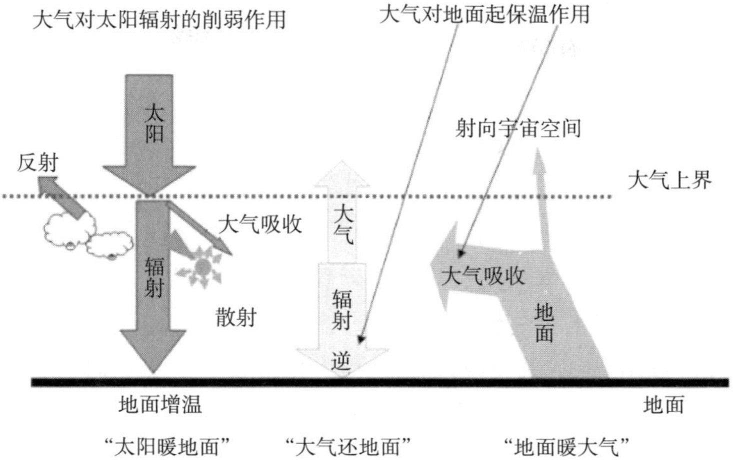

图 1.6　太阳辐射与保温

降水量大大减少，降低了吸收溶解二氧化碳的条件，破坏了二氧化碳生成与转化的动态平衡，就使大气中的二氧化碳含量逐年增加。空气中二氧化碳含量的增长，就使地球气温发生了改变。

对气候变化的进程、严重性和对不同地区的影响的了解仍在不断深入，但科学家已证实了以下几点：

①某些气体如二氧化碳，在大气层里形成了温室效应，阻止热力反射回太空，使地球气温持续上升；

②燃烧化石燃料（如煤炭、石油等）会释放更多二氧化碳至大气层；

③二氧化碳虽不是最强的温室气体，但由于人类活动而产生的二氧化碳含量大幅度提高，成为增强温室效应的元凶；

④大气中的二氧化碳浓度已达 65 万年来最高；

⑤20 世纪 90 年代可算是历史上最热的十年，而 1998 年是当中最炎热的一年。

以下数点也得到了广泛认同：

⑥由于二氧化碳等温室气体的排放，全球平均温度将比工业革命之前上升 1.3 摄氏度看来是无可避免的。限制升幅在 2 摄氏度以内，是防止气候变化带来更严重灾难的方法；

⑦如果温室气体的排放再不被控制，气候变化的速度将会是人类有史以来最快的；

⑧气候反馈机制极可能带来急剧而不能补救的连锁反应，没有人知道气候变化到什么程度会导致“世界末日”。

在地质历史上，地球的气候发生过显著的变化。一万年前，最后一次冰河期结束，地球的气候相对稳定在当前人类习以为常的状态。地球的温度是由太阳辐射照到地球表面的速率和吸热后的地球将红外辐射线散发到空间的速率决定的。从长期来看，地球从太阳吸收的能量必须同地球及大气层向外散发的辐射能相平衡。大气中的水蒸气、二氧化碳和其他微量气体，如甲烷、臭氧、氟利昂等，可以使太阳的短波辐射几乎无衰减地通过，但却可以吸收地球的长波辐射。因此，这类气体有类似温室的效应，被称为“温室气体”。温室气体吸收长波辐射并再反射回地球，从而减少向外层空间的能量净排放，大气层和地球表面将变得热起来，这就是“温室效应”。大气中能产生温室效应的气体已经发现近30种，其中二氧化碳起了重要的作用，甲烷、氟利昂和氧化亚氮也起了相当重要的作用（见表1.1）。从长期气候数据比较来看，在气温和二氧化碳之间存在显著的相关关系（见图1.1）。

21世纪以来所进行的一些科学观测表明，大气中各种温室气体的浓度都在增加。1750年之前，大气中二氧化碳含量基本维持在280ppm。工业革命后，随着人类活动，特别是消耗的化石燃料（煤炭、石油等）的不断增长和森林植被的大量破坏，人为排放的二氧化碳等温室气体不断增长，大气中二氧化碳含量逐渐上升，每年大约上升1.8ppm（约0.4%），已上升到近360ppm。从测量结果来看，大气中二氧化碳的增加部分约等于人为排放量的一半。按照政府间气候变化小组（IPCC）的评估，在过去一个世纪里，全球表面平均温度已经上升了0.3℃到0.6℃，全球海平面上升了10~25厘米。许多学者的预测表明，到下世纪中叶，世界能源消费的格局若不发生根本性变化，大气中二氧化碳的浓度将达到560ppm，地球平均温度将有较大幅度的增加。政府间气候变化小组1996年发表了新的评估报告，再次肯定了温室气体增加将导致全球气候的变化。依据各种计算机模型的预测，如果二氧化碳浓度从工业革命前的280ppm增加到560ppm，全球平均温度可能上升1.5℃到4℃。

1.1.2.3　温室气体

（1）温室气体的定义

温室气体是指地球红外线在向太空的辐射过程中被地球周围大气层中的某

些气体或化合物吸收，最终导致全球温度普遍上升的气体。①

温室气体在大气中所占的比重十分微小，不足 1%，温室气体种类也随着人们认识水平的提高和相关研究的深入开始不断的增多。1824 年，科学家就发现了温室效应，其中二氧化碳是最重要的温室气体。科学家认为，气候变化主要原因是大气中以二氧化碳为代表的温室气体大幅度增长。在工业革命刚刚兴起之时，大气中的二氧化碳浓度是 280ppm（0.028%），这也是人类历史大部分时间内的水平。然而，目前的浓度已经超过 400ppm，限制碳排放已经成为应对气候变化的关键。

温室气体是自然产生的，可以阻挡部分太阳光反射回太空，使得地球温度适合生物居住，对人类以及其他数以百万计物种的生存至关重要。然而，在经历了 150 多年的工业化、森林砍伐和大规模的农业生产之后，大气中的温室气体的含量增长到了一个 300 万年来前所未有的水平。随着人口的增长、经济的发展和生活水平的提高，温室气体排放总量也随之增加。

（2）温室气体的分类

①主要温室气体

大气中能产生温室效应的气体已经发现近 30 种，其中二氧化碳起重要的作用，甲烷、氟利昂和氧化亚氮也起相当重要的作用。从长期气候数据比较来看，在气温和二氧化碳之间存在显著的相关关系（见表 1.1）。国际社会所讨论的气候变化问题，主要是指温室气体增加产生的气候变暖问题。

表 1.1　　主要温室气体及其特征

气体	大气中浓度（ppm）	年增长（%）	生存期（年）	温室效应（$CO_2=1$）	现有贡献率（%）	主要来源
CO_2	355	0.4	50～200	1	55	煤、石油、天然气、森林砍伐
CFC	0.00085	2.2	50～102	3 400～15 000	24	发泡剂、气溶胶、制冷剂、清洗剂
甲烷	1.714	0.8	12～17	11	15	湿地、稻田、化石、燃料、牲畜
NO_x	0.31	0.25	120	270	6	化石燃料、化肥、森林砍伐

资料来源：全球环境基金（GEF）：Valuing the Global Environment，1998。

① 环保知识，http：//www.hb114.cc。

②《京都议定书》中的六种温室气体

温室气体包括《京都议定书》所提出的六种。1997 年日本京都召开的《联合国气候变化框架公约》第三次缔约方大会上所通过的《京都议定书》，明确针对二氧化碳（CO_2）、甲烷（CH_4）、氧化亚氮（N_2O）、氢氟碳化物（HFCs）、全氟碳化物（PFCs）及六氟化硫（SF_6）六种温室气体进行减排。其中以后三类气体造成温室效应的能力最强，但从全球升温的贡献百分比来说，二氧化碳含量较多，所占的比例也最大，约为63%，见表 1. 2。

表 1. 2　人类活动排放的温室气体

温室气体的种类	增温效应所占份额（%）	在大气中的寿命（年）
二氧化碳	63	120
甲烷	15	12
氧化亚氮	4	114
氢氟碳化物	6	260（以 CHF_3 为例）
全氟碳化物	5	50 000（以 CF_4 为例）
六氟化硫	7	3 200

排放趋势。从人类历史看，温室气体浓度不断的大幅升高，使全球温室效应明显增强。综合美国橡树岭国家实验室二氧化碳信息分析中心（CDIAC）、世界资源研究所（WRI）和美国能源部能源信息管理局（EIA）的数据，自第一次工业革命以来，1751—2006 年全球累计排放了 1. 22 万亿吨二氧化碳。与人类活动排放的温室气体量骤增相对应，自 1750 年以来，全球大气二氧化碳（CO_2）、甲烷（CH_4）、氧化亚氮（N_2O）浓度也显著增加，目前总浓度已远远超出了根据冰芯记录得到的工业革命前几千年的浓度值。其中，CO_2 是最重要的人为温室气体，全球大气 CO_2 浓度已从工业革命前（1750 年）约 280 毫升/立方米（ppm）增加到了 2007 年的 383 毫升/立方米（ppm），远远超过了过去万年来自然因素引起的变化范围。全球 CH_4 浓度从工业革命前的 715 微升/立方米（ppb）增加到了 2007 年的 1 789 微升/立方米（ppb）。全球 N_2O 浓度在工业革命前为 270 微升/立方米（ppb），到 2007 年也升高到了 320. 9 微升/立方米（ppb）。

如按照图 1. 7 显示，2100 年全球碳排放按照三种情况，则产生以下结果。如果一切按照原来的能源消费模式，全球将在 2015 年 570 亿吨温室气体排放量（不仅仅是二氧化碳）基础上，增长至 2100 年的 1 390 亿吨，相比工业化前温度上升 2. 7 ~ 5. 9 摄氏度，二氧化碳浓度则将达到 889 ~ 922ppm 历史极值；如果遵循巴黎会议作出的承诺，2100 年温升将控制在 2. 0 ~ 4. 6 摄氏度，二氧化碳浓度达到 661 ~ 684ppm；若 2030 年承诺期结束后各国不再进一步采取行动，排放量将重新进入上升轨道；如果实行更加积极的减排努力，2100 年温升将控制在 1. 0 ~ 2. 7 摄氏度，二氧化碳浓度达到 470 ~ 484ppm。

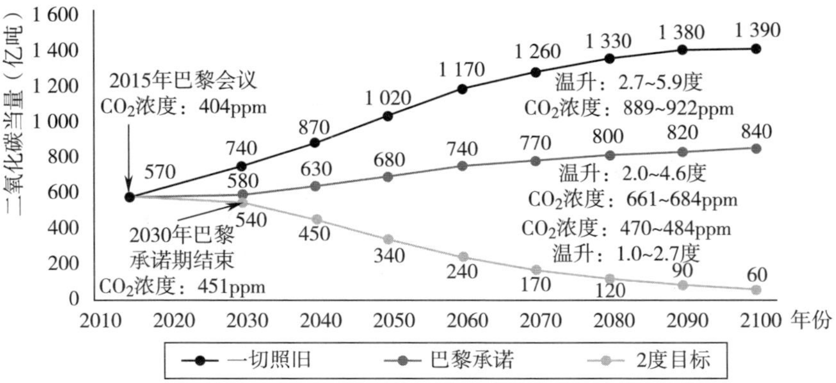

数据来源：Science。

图 1. 7　2100 年全球碳排放预测

主要排放国。从历史发展趋势上看，欧美发达国家曾经是碳排放最多的国家。随着中国工业化的进行，我国成为世界第一大碳排放国。

自 1850 年以来，全球总的人为排放量为 14 384 亿吨，前 6 大累计排放国占据近 3/4。欧美远超其他国家与地区。从 1850 年到 2014 年的 160 多年间，美国的累计排放量达到了 3 770 亿吨，欧盟为 3 261 亿吨，两者约占全球的一半。中国在此期间的累计排放量为 1 711 亿吨，占全球的 11. 9%，为美国的 45. 4%。见图 1. 8。

如果中、美、欧保持 2014 年的排放量不变，经过 23 年和 39 年，中国的累计排放量将分别超过欧盟和美国。

排放强度。从碳排放强度看，欧美、日本等发达国家的单位 GDP 排放强度低于其他发展中国家，且处于持续降低过程中。中国与俄罗斯排放强度快速下降，但仍远高于其他主要排放国和世界平均水平。中国是六大排放国中排放

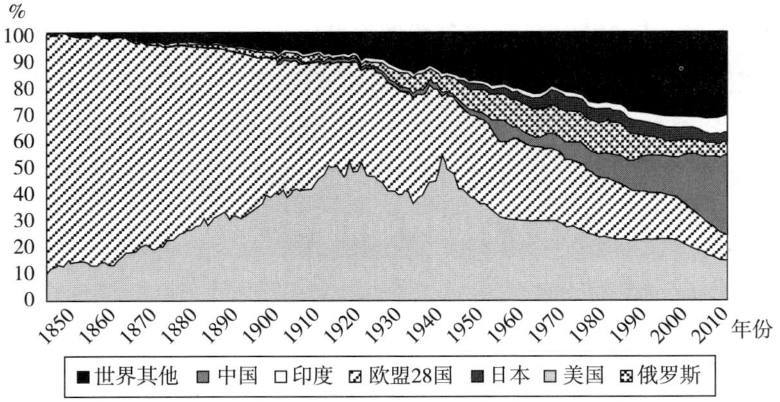

数据来源：1850—2012 年数据来自 World Resources Institute，2013—2014 年数据来自 Netherlands Environmental Assessment Agency，日本的数据仅限于 1950 年后，中国的数据仅限于 1899 年后。

图 1.8　TOP6 经济体占全球总排放量比例（1850—2014）

强度最高的国家，尽管 2013 年 1.85 千克/2005 年美元不变价的水平相比 1990 年已经下降了超过 55%，但仍然是世界平均水平的 3.2 倍、欧盟的 8.4 倍、日本的 7.2 倍、美国的 5.2 倍。见图 1.9。

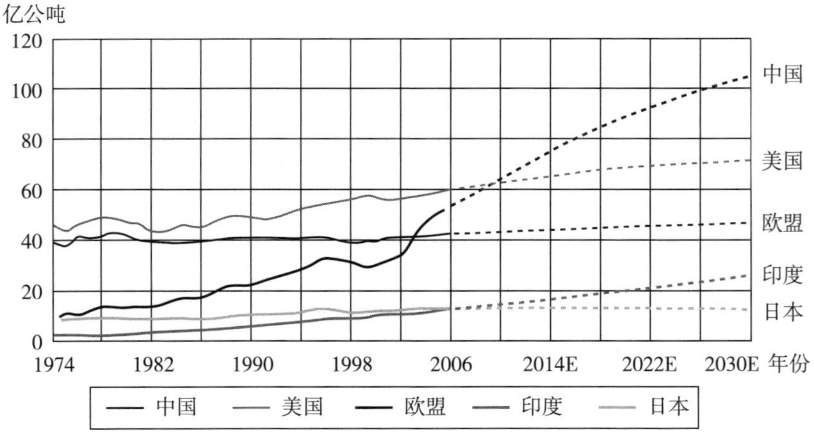

注：公吨是公制单位，1 公吨等于 1 000 公斤；2009 年以后为预测值。

数据来源：汇博迈金，国金证券研究所，2012 年 3 月 20 日国际能源署 EIA。

图 1.9　1974—2030 年主要经济体的氧化碳排放量

1.2　温室气体的危害

自然界本身排放着各种温室气体，也在吸收或分解它们。在地球的长期演化过程中，大气中温室气体的变化是很缓慢的，处于一种循环过程。碳循环就是一个非常重要的化学元素的自然循环过程，大气和陆生植被、大气和海洋表层植物及浮游生物每年都发生大量的碳交换。从天然森林来看，二氧化碳的吸收和排放基本是平衡的。人类活动极大地改变了土地利用形态，特别是工业革命后，大量森林植被迅速砍伐一空，化石燃料使用量也以惊人的速度增长，人为的温室气体排放量相应不断增加。

人为的温室气体排放的未来趋势，主要取决于人口增长、经济增长、技术进步、能效提高、节能、各种能源相对价格等众多因素的变化趋势。这些情况显示出人类对气候变化，特别是气候变暖所导致的气象灾害的适应能力是相当弱的，需要采取行动防范。按一些发展趋势，科学家预测了有可能出现的影响和危害。

1.2.1　海平面上升

全世界大约有 1/3 的人口生活在沿海岸线 60 公里的范围内，经济发达，城市密集。全球气候变暖导致的海洋水体膨胀和两极冰雪融化，可能在 2100 年使海平面上升 50 厘米，危及全球沿海地区，特别是那些人口稠密、经济发达的河口和沿海低地。这些地区可能会遭受淹没或海水入侵，使海滩和海岸遭受侵蚀，土地恶化，海水倒灌和洪水加剧，港口受损，并影响沿海养殖业，破坏供排水系统。

1.2.2　冰川消融

资料表明，全球冰川正在因全球变暖而以有记录以来的最大速度在世界越来越多的地区融化着，在 20 世纪 90 年代，全球冰川更呈现出加速融化的趋势，冰川融化和退缩的速度不断加快，意味着数百万人口将面临着洪水、干旱以及饮用水减少的威胁。

被称为“亚洲水塔”的青藏高原冰川是中国乃至亚洲许多主要大江大河的源头，数亿人的用水问题也与之息息相关。而人类大量燃烧化石燃料导致的全球变暖，使冰川加速退缩。喜马拉雅冰川的消融比世界任何地区都快，联合国政府间气候变化专门委员会（IPCC）近期发布的报告指出，根据全球变暖趋势，不到 30 年，80% 面积的喜马拉雅冰川将消融殆尽。这对于中国本来就日益严峻的水资源短缺问题，无疑是雪上加霜。

1.2.3 极端气候

暴雪、暴雨、洪水、干旱、冰雹、雷电、台风……极端气候在异常频繁地光顾地球，这些都与全球气候变化大背景有关。2007 年发布的政府间气候变化专门委员会（IPCC）第四次评估报告表明，“自 20 世纪 70 年代以来，干旱的发生范围更广、持续时间更长、程度更严重，特别是热带、亚热带地区”。“过去 50 年里，极端高温、低温发生了大范围的变化。昼夜低温、霜冻变得不如以前频繁，而昼夜高温、热浪则更加常见”。极端天气气候事件发生的频率和强度都有所增强，给人民生命财产安全带来极大的危害。

半个世纪以来，中国长江中下游等南方地区的暴雨明显变多了，而在北方省份，旱灾发生的范围不断扩大。这几年，罕见而强烈的旱灾侵袭许多南方省份，桑美、圣帕等台风频频重创东南沿海省份，警钟不断敲响。近年来，中国每年因气象灾害造成的农作物受灾面积达 5 000 万公顷，因灾害损失的粮食有 4 300万吨，每年受重大气象灾害影响的人口达 4 亿人次，造成经济损失平均达 2 000 多亿元人民币。

并不是只有岛国才需要担心海平面上升的问题。全球有超过 70% 的人生活于沿岸平原；全球前 15 大城市中，有 11 个是沿海或位于河口。据政府间气候变化专门委员会的《排放情景特别报告》（SRES）估计，从 1990 年到 21 世纪 80 年代，全球海平面将平均上升 22 ~ 34 厘米。

近 30 年来，中国沿海海平面总体上升了 90 毫米，比全球平均速度更快。

值得留意的是，海平面不是全球一致地变更。不同地区的海平面，会因海水环流或风压而有所不同。所以评估海平面上升的影响时，也需要留意暴风浪以及大潮所带来的影响。

就算是轻微的海平面上升，也会带来严重破坏。例如沿海地区洪水泛滥及严重破坏、侵蚀海岸线、海水污染淡水、沿海湿地及岛屿洪水泛滥、河口盐度上升，一些低洼沿海城市及村落均会受影响。一些对岛屿以及沿海地区人口尤其重要的资源，如沙滩、淡水、渔业、珊瑚礁、环礁、野生生物栖息地均会受到威胁。面临洪灾、海水入侵、土地侵蚀流失、强热带风暴的威胁，人口密集、经济发达的长三角、珠三角、黄河三角洲的城市群是最脆弱的地区。

1.2.4　物种灭绝

“地球上大部分的濒临绝种生物——大约 25% 的哺乳类动物以及 12% 的雀鸟——有可能于几十年内绝种。这是由于气候变化，影响到它们所栖息的树林、湿地及牧场，而人类发展也阻碍了它们移居到其他地方。”

联合国政府间气候变化专门委员会（IPCC）2007 年发布的第四次评估报告指出，未来六七十年内，气候变化会导致大量的物种灭绝。已经可以确信气候与一些蛙类的灭绝有关，而这仅仅是冰山一角。气候变化导致的物种灭绝风险将会比地球历史上 5 次严重的物种灭绝还要大规模。而预防方法，便是于未来几十年内迅速减少排放量。拯救生物的时间所剩不多。

1.2.5　影响农业和生态，导致粮食减产

随着二氧化碳浓度增加和气候变暖，植物可能会增加光合作用，延长生长季节，使世界一些地区更加适合农业耕作。但全球气温和降雨形态的迅速变化，也可能使世界许多地区的农业和自然生态系统无法适应或不能很快适应这种变化，使其遭受很大的破坏性影响，造成大范围的森林植被破坏和农业灾害。

全球变暖造成粮食减产，因为全球变暖带来干旱、缺水、海平面上升、洪水泛滥、热浪及气温剧变，这些都会使世界各地的粮食生产受到破坏。亚洲大部分地区及美国的谷物带地区，将会变得干旱。在一些干旱农业地区，如非洲撒哈拉沙漠地区，只要全球变暖带来轻微的气温上升，粮食生产量都将会大大减少。

全球变暖的细微改变，对粮食生产就会造成意想不到的后果。稻米对温度剧变的敏感性就是其中的一个例子。国际稻米研究所的研究显示，若晚间最低气温每上升 1 摄氏度（1.8 华氏度），稻米收成便会减少 10%。值得警惕的是，稻米是全球过半人口的主要粮食，所以全球变暖的轻微的变化可带来深远的影响。

对于中国来说，全球变暖可能导致农业生产的不稳定性增加，高温、干旱、虫害等因素都可能造成粮食减产。如果不采取措施，预计到2030年，中国种植业生产能力在总体上可能会下降5%至10%；小麦、水稻、玉米三大农业作物的产量均以下降为主，到21世纪后半期，产量最多可下降37%。同时全球变暖会对农作物品质产生影响，如大豆、冬小麦和玉米等。

全球变暖，气温升高还会导致农业病、虫、草害的发生区域扩大，危害时间延长，作物受害程度加重，从而增加农业和除草剂的施用量。此外，全球变暖会加剧农业水资源的不稳定性与供需矛盾。总之，全球变暖将严重影响中国长期的粮食安全。

2007年3月，四季如春的旅游胜地海南遭受了严重的春旱侵袭。截至4月初，海南省农作物受旱面积达到154.9万亩；水库干涸415座，因旱情发生饮水困难人口达到19.99万人。绿色和平赴海南考察，见证了极端气候给当地农业带来的深重打击。

1.2.6　加剧其他灾害

气候变暖导致的气候灾害增多可能是一个更为突出的问题。全球平均气温略有上升，就可能带来频繁的气候灾害——过多的降雨、大范围的干旱和持续的高温，造成大规模的灾害损失。有的科学家根据气候变化的历史数据，推测气候变暖可能破坏海洋环流，引发新的冰河期，给高纬度地区造成可怕的气候灾难。

1.2.7　影响人类健康

气候变暖有可能加大疾病危险和死亡率，增加传染病。高温会给人类的循环系统增加负担，热浪会引起死亡率的增加。由昆虫传播的疟疾及其他传染病与温度有很大的关系，随着温度升高，可能使许多国家疟疾、淋巴腺丝虫病、血吸虫病、黑热病、登革热、脑炎增加或再次发生。在高纬度地区，这些疾病传播的危险性可能会更大。

1.2.8　其他影响

全球气候系统非常复杂，影响气候变化因素非常多，涉及太阳辐射、大气构成、海洋、陆地和人类活动等诸多方面，对气候变化趋势，在科学认识上还存在不确定性，特别是对不同区域气候的变化趋势及其具体影响和危害，还无法作出比较准确的判断。但从风险评价角度而言，大多数科学家断言气候变化是人类面临的一种巨大环境风险。

1.2.9　对我国的影响

从中外专家的一些研究结果来看，总体上我国的变暖趋势冬季将强于夏季；在北方和西部的温暖地区以及沿海地区降雨量将会增加，长江、黄河等流域的洪水暴发频率会更高；东南沿海地区台风和暴雨也将更为频繁；春季和初夏许多地区干旱加剧，干热风频繁，土壤蒸发量上升。农业是受影响最严重的部门。温度升高将延长生长期，减少霜冻，二氧化碳的“肥料效应”会增强光合作用，对农业产生有利影响；但土壤蒸发量上升，洪涝灾害增多和海水侵蚀等也将造成农业减产。对草原畜牧业和渔业的影响总体上是不利的。海平面上升最严重的影响是增加了风暴潮和台风发生的频率和强度，海水入侵和沿海侵蚀也将引起经济和社会的巨大损失。

1.3　国际社会的应对

气候变化问题的实质是发展问题。应对气候变化要求发达国家转变现有发展和消费模式，也要求发展中国家寻求低碳发展道路。较低的碳排放域值势必将大大压缩发展中国家的排放空间，在日益紧迫的减排形势下，碳排放空间将成为比劳动力、资本及土地等自然资源更为稀缺的生产要素。

1.3.1　国际气候变化谈判历程

国际社会出于对日益严峻的气候变化事实及其影响的担忧，加快了气候变化科学研究、政策制定和实施有效应对方案的步伐。应对气候变化需要国际社会的共同关注和行动。气候变化问题的实质是发展问题，要取得一致的行动只能通过谈判来解决。

在 1992 年里约热内卢召开的联合国环境与发展大会上，以应对环境变化和温室气体减排合作为主要内容的《联合国气候变化框架公约》（UNFCCC）获得通过。为了明确各国减排义务，切实推进温室气体减排运动，在 1997 年在京都召开的UNFCCC第三次缔约方大会上通过了基于量化减排目标的《京都议定书》，《京都议定书》与2005年2月生效。《京都议定书》规定，2008—2012年（第一承诺期），所有公约附件一发达国家（以发达国家为主）的CO_2等6种温室气体的排放量要在1990年的水平上平均总体减少5.2%，其中，欧盟削减8%，美国削减7%，日本削减6%。按照“共同但有区别的责任”原则，发展中国家在这一时刻不承担量化的减排义务。2007年12月，《联合国气候变化框架公约》第13次缔约方大会在印度尼西亚巴厘岛召开，与会各方达成了代表多方妥协结果的“巴厘路线图”。

2015年12月12日巴黎气候变化大会上，《联合国气候变化框架公约》缔约方会议第21次大会在法国巴黎布尔歇会场圆满闭幕，全球195个国家通过了具有历史意义的全球气候变化新协议，即《巴黎协定》，其成为历史上首个关于气候变化的全球性协定。它将为2020年后全球应对气候变化行动作出安排。《巴黎协定》指出，各方将加强对气候变化威胁的全球应对，把全球平均气温较工业化前水平升高控制在2摄氏度之内，并为把升温控制在1.5摄氏度之内而努力。全球将尽快实现温室气体排放达峰，21世纪下半叶实现温室气体净零排放。从2023年开始，每5年将对全球行动总体进展进行一次盘点，以帮助各国提高力度、加强国际合作，实现全球应对气候变化长期目标。

1.3.2　应对全球气候问题的框架性制度

1.3.2.1　《联合国气候变化框架公约》

《联合国气候变化框架公约》（UNFCC）于1992年6月在巴西举行的联合国环境与发展大会期间正式开放签署。在人类历史上，《联合国气候变化框架公约》具有里程碑式的意义，它是世界上第一个为全面控制二氧化碳等温室气体排放，应对全球气候变暖给人类经济和社会带来不利影响的国际公约，也是国际社会在应对全球气候变化问题上进行国际合作的一个基本框架。《联合国气候变化框架公约》于1994年3月生效，奠定了应对气候变化国际合作的法律基础，是具有权威性、普遍性、全面性的国际框架。

1.3.2.2　《京都议定书》

1997年12月，为了应对全球气候变暖问题，在日本京都召开的《联合国气候变化框架公约》第三次缔约方大会上，通过了旨在限制发达国家温室气体排放量《京都议定书》，它是设定强制性减排目标的第一份国际协议，于北京时间 2005 年 2 月 16 日正式生效。中国于 1998 年签署了《京都议定书》，于 2002 年核准了这一议定书。《京都议定书》的目标是“将大气中的温室气体含量稳定在一个适当的水平，进而防止剧烈的气候改变对人类造成伤害”。《京都议定书》规定，在 2008 年至 2012 年承诺期内温室气体的排放量在 1990 年的水平上减少 5%。同时规定了各发达国家各自的削减目标。

随着 2005 年 2 月的正式生效，《京都议定书》第一期承诺（2008—2012 年）的前途趋于明朗，发展中国家参与问题再次成为“后京都”谈判的焦点。正如一些发达国家和地区的学者所指出的，《京都议定书》第一期承诺的实施具有法律、环境、政治三重目标：一是通过《京都议定书》的批准生效，为温室气体减排提供国际法律基础和保障；二是到 2012 年，国家在 1990 年的基础上实现温室气体减排 5%；三是通过国家率先减排温室气体的示范作用，说服发展中国家在 2012 年以后加入全球减排活动。

1.3.2.3　巴厘路线图

2007 年 12 月，《联合国气候变化框架公约》缔约方第 13 次会议暨《京都议定书》缔约方第 3 次会议在印度尼西亚巴厘岛举行，制定了“巴厘路线图”（BaliRoadmap，也叫“巴厘授权”）。“巴厘路线图”总的方向是强调加强国际长期合作，提升履行《联合国气候变化框架公约》的行动，从而在全球范围内减少温室气体排放，以实现《联合国气候变化框架公约》制定的目标。为此，会议决定立刻启动一个全面谈判进程，以充分、有效和可持续地履行《联合国气候变化框架公约》。这一谈判进程要依照《联合国气候变化框架公约》已确定的原则，特别是“共同但有区别的责任和各自能力”的原则，综合考虑社会、经济条件以及其他相关因素。

1.3.2.4　《哥本哈根气候协议》

2009 年 12 月，《联合国气候变化框架公约》第 15 次缔约方会议暨《京都议定书》第 5 次缔约方会议在丹麦哥本哈根举行。哥本哈根会议是 1990 年气候变化谈判以来规模最大、规格最高的一次。为了能够年底在哥本哈根会议上形成协定，各缔约方自 2009 年 3 月起，在曼谷、波恩、巴塞罗那等地分别举行 5 次工作层面的谈判。194 个缔约方、观察员，937 个联合国相关机构、专门机构、政府间国际组织、非政府组织以及媒体单位，超过 4 万人参与哥本哈根会议。有119个政府首脑或国家元首与会，而且主要国家的领导人直接参与谈判，史无前例。《哥本哈根气候协议》就发达国家实行强制减排和发展中国家采取自主减缓行动做出了安排，并就全球长期目标、资金和技术支持、透明度等焦点问题达成广泛共识。

1.3.2.5 《巴黎协议》

2015年12月12日，巴黎气候变化大会通过了全球气候变化的新协议，它将为2020年后全球应对气候变化行动作出安排，《联合国气候变化框架公约》近200个缔约方一致同意通过《巴黎协议》。该协定是人类历史上应对气候变化的里程碑式的国际法律文本，形成2020年后的全球气候治理格局。

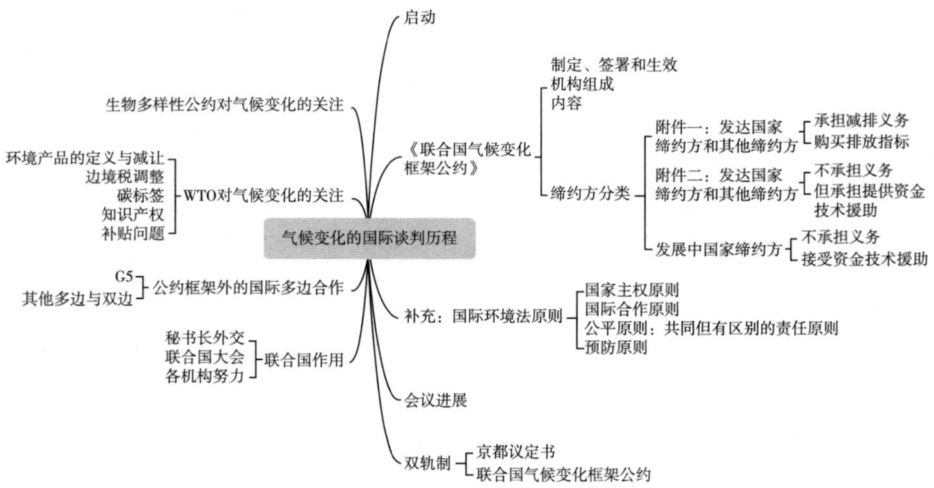

资料来源：IPCC等网站。

图1.10 气候变化的国际谈判历程

《巴黎协定》的最大贡献在于明确了全球共同追求的“硬指标”，并制定了“只进不退”的棘齿锁定（rachet）机制。协定指出，各方将加强对气候变化威胁的全球应对，把全球平均气温较工业化前水平升高控制在2摄氏度之内，并为把升温控制在1.5摄氏度之内努力。协定涉及的各项内容摒弃了“零和博弈”的狭隘思维，体现出与会各方多一点共享、多一点担当，实现互惠共赢的强烈愿望。《巴黎协定》在联合国气候变化框架下，在《京都议定书》、“巴厘路线图”等一系列成果基础上，按照共同但有区别的责任原则、公平原则和各自能力原则，进一步加强联合国气候变化框架公约的全面、有效和持续实施。《巴黎协定》还将在 2018 年建立一个对话机制（C a facilitative dialogue），盘点减排进展与长期目标的差距。

总体上看，气候变化国际谈判的基本格局是发达国家和发展中国家两大阵营对垒，矛盾焦点集中在是否要坚持公约、议定书，是否以及如何坚持公平原则、“共同但有区别的责任”原则和各自能力原则，如何分担减排、资金和转让技术的责任和义务，但矛头日益指向发展中排放大国。国际气候谈判影响各国居民的切身利益，涉及全球资源环境的保护与发展，同时关系到人类社会未来的可持续发展，或将导致世界政治经济秩序的重新调整，谈判结果直接影响到各国的经济政策、产业结构、企业竞争力和居民生活，并对全球经济、政治、科技、文化、人类生活等领域产生重大而深远的影响，所以谈判必将是一项长期、艰巨而宏伟的气候制度建设工程。

目前，国际气候谈判已历时二十余年，虽然在诸多政策领域有重大突破，但最近几年趋于停滞不前，陷入了“囚徒困境”。国际气候博弈的影响因素和主要特点包括：

第一，大气资源的全球公共物品特征导致大面积市场失灵和世界性的广泛“搭便车”激励，主要国家缺乏达成合作的足够利益驱动。

第二，参与全球气候谈判的利益集团林立，博弈主体众多，集体行动的成本收益难以平衡，诉求大相径庭，极难达成共识，而作为促使国际气候联盟形成和集体行动实现的有效手段，“选择性激励”和“议题联系”在国际气候谈判中使用越来越频繁，大大弱化了国际气候协议的目标独立性与执行有效性。

第三，谈判进程中贯穿着“双层次博弈”，谈判进程不仅受复杂多变的国际形势影响，还取决于主要国家的政府立场，而后者被不断演变的国内政治格局所困扰。

1.3.3　有关国家或国际联盟的立场与主张

由于国际气候谈判关乎世界各国的经济与社会发展，为争夺更多以及更有利的国际发展空间，不同国家或国际联盟出于自身的利益考虑，形成了诸多立场与主张，简要汇总如下。表 1.3 给出了世界各国或国际联盟的国际气候谈判主张及中国应采取的态度。

表 1.3　世界各国或国际联盟的国际气候谈判主张及中国的适用态度

国家或国际联盟	主要观点、立场或主张	中国应采取的态度
欧盟	积极减排，并主张建立国际统一市场或标准	坚持"共区原则"，积极开展合作，获取资金与技术支持
伞形集团	消极减排，不愿牺牲经济推动减排，要求发展中国家实行相同的减排标准	坚决抵制不合理的减排要求，可在"共区原则"下获取资金与技术支持
77 国联盟	数目众多的发展中国家和最不发达国家（LDC），主要以农业为主，气候条件脆弱，易受气候变化影响；要求其他国家减排	加强沟通交流，可承诺发达国家提供的资金优先由其使用；通过南南合作等加大对其资金和技术支持；积极开展能源合作开发利用；共同建立国际气候博弈统一战线
金砖四国	除俄罗斯外均不具有较强的减排能力，反对主要发达国家提出的强制性减排要求	可在"共区原则"下开展合作，建立长期对话与合作机制，在一定程度上提高同为发展中国家的话语权
基础四国	一致认为气候变化谈判应该在 UNFCCC. TP 和"巴厘路线图"的框架下进行；发达国家减排力度与承诺资金不够	紧密联合以共同代表新兴经济体争取更大的国际发展空间与话语权，努力实现合理分配剩余大气空间资源
小岛国联盟	地理特点受全球气候变化影响最大，减排能力落后；强烈要求其他国家减排	坚持"共区原则"，积极开展合作，帮助其提高应对气候变化的能力
OPEC 成员国	减排立场比较消极；由于石油出口需要愿意加强与亚洲和发展中国家的联系；对于主要由发达国家研发的石油替代的低碳能源持排斥态度	可在石油进口和能源开发利用中加强合作，以共同制衡发达国家

资料来源：中国网，2014-10-01，http://opinion.china.com.cn/opinion_57_110957.html。

目前，日本、美国、欧盟等发达国家和地区已经提出了中长期绝对减排目标（见表 1.4）。

表 1.4　主要国家和地区的节能减排目标

地区/国家	节能目标	出处
美国	中美联合声明中，美国计划于 2025 年实现在 2005 年基础上减排26%~28%的全经济范围减排目标并将努力减排 28%；计划将美国温室气体排放在未来 15 年减少三分之一，按照这一方案，到 2030 年，美国发电厂的碳排放量将比 2005 年减少 32%，比之前的碳排放标准提高了 9%。美国计划加大对清洁能源技术的投资，让可再生能源发电规模比 2005 年增加 30%，将其发电比例提高到 28%，比原计划提高了 6%。建筑部门：2015 年能耗比 2005 年降低 20%；工业部门：单位产品能耗在 2007—2016 年每年至少降低 2.5%	《能源政策法》2015 年 8 月 3 日《新清洁能源方案》

续表

地区/国家	节能目标	出处
日本	交通部门：到 2017 年，汽油消费量削减 20%。讨论强制实施新的平均每百千米 5.6L 的汽车油耗标准；到 2030 年单位 GDP 能耗比目前至少降低 30%；要求重点用能单位每年减少 1% 的能耗消费	《国情咨文》；《新国家能源战略》
欧盟	2020 年能源消费在 1990 年基础上降低 20%，温室气体排放量减少 20%；到 2020 年，实现可再生能源占能源总量的 20%，家庭能源使用效率提高 27%、工商企业提高 30%、交通行业提高 26%、制造业提高 25%，CO_2 排放量在 1990 年水平上削减 26% ~ 32%，到 2050 年削减 60%；在 2012 年以前，汽车 CO_2 的排放标准相比 2004 年下降 20%	《能源效率行动计划》；《气候变化法案》（草案）
英国	到 2016 年，英国所有新建建筑实现零碳排放	《能源白皮书》
法国	2015 年前每年节能 2%，2015—2030 年每年节能 2.5%	《能源政策法》
德国	从现在到 2020 年，单位 GDP 能耗每年降低 3%	德国能源峰会

数据来源：《中国 2050 年低碳发展之路——能源需求暨碳排放情景分析》（国家发展和改革委员会能源研究所课题组，2009）。

1.4　中国的国际气候谈判地位和形势

1.4.1　中国参与国际气候合作的主要方式

中国本着“互利共赢、务实有效”的原则，长期以来积极参与《联合国气候变化框架公约》和《京都议定书》框架下活动，努力促进上述国际条约的有效实施，认真履行义务，参加国际气候谈判并全面阐述中国对于气候变化国际合作的立场，努力推动应对气候变化的国际合作。表 1.5 给出了中国参与国际气候合作的主要方式。

表 1.5　中国参与国际气候合作的主要方式

国际合作	主要内容
国际对话	积极参与 UNFCCC 与 TP，在国际重要场合（如八国集团同发展中国家领导人对话会议、亚太经合组织会议、东亚峰会、博鳌亚洲论坛等）中，阐述中国立场，积极推动全球合作。
多边合作	积极参与国际气候合作，通过沟通和学术交流，探讨推动气候友好技术转让的国际机制，呼吁发展中国家加强团结合作，共同应对气候变化和金融危机。

续表

国际合作	主要内容
双边合作	与欧盟、印度、巴西、南非、日本、美国、加拿大、英国、澳大利亚等国家和地区建立了气候变化对话与合作机制；举办针对非洲和亚洲发展中国家政府官员的清洁发展机制项目研修班，帮助发展中国家提高应对气候变化的能力；2013 年，成立中美气候变化工作组，2014 年发表了《中美气候变化联合声明》。
技术转让	积极推动 UNFCCC 和 TP 框架下的技术转让，努力创建有利于国际技术转让的国内环境，提交技术需求清单，同时呼吁发达国家政府应努力减少和消除技术转让障碍。采取引导和激励政策与措施，对其他发展中国家加强技术援助。
合作研究	积极与外国政府、国际组织、国外研究机构开展气候变化领域的科学研究，参与相关国际科技合作计划，如地球科学系统联盟（ESSP）框架下的世界气候研究计划（WCRP）、国际地圈—生物圈计划（IGBP）、国际全球变化人文因素计划（IHDP）、全球对地观测政府间协调组织（GEO）、全球气候系统观测计划（GCOS）、全球海洋观测系统（GOOS）、国际地转海洋学实时观测阵计划（ARGO）、国际极地年计划等，加强与相关国际组织和机构的信息沟通和资源共享。
CDM 机制	积极开展清洁发展机制的国际合作，为国际温室气体减排作出贡献，推动国际规则和国内政策的制定，加强了能力建设，有效促进中国可再生能源的发展，推动能源效率的提高，加强相关政府部门、企业、组织和个人的气候变化意识。

资料来源：根据有关资料整理。

表 1.6　　中国目前已签署的国际气候公约

公约名称	批准时间	国内部门
《关于保护臭氧层的维也纳公约》	1989 年	环保总局
《关于消耗臭氧层物质的蒙特利尔议定书》伦敦修正案	1991 年	环保总局
《联合国气候变化框架公约》	1992 年	发展改革委
《京都议定书》	2002 年	发展改革委
《关于消耗臭氧层物质的蒙特利尔议定书》哥本哈根修正案	2003 年	环保总局
《哥本哈根协定》	2010 年	发展改革委
《巴黎协议》	2016 年	全国人大常委会

资料来源：环保知识环境保护安全管理网。

1.4.2　中国的减排承诺与措施

1.4.2.1　减排承诺

2014 年 11 月 12 日在北京发布《中美气候变化联合声明》，中国国家主席习近平和美国总统奥巴马宣布了两国各自 2020 年后应对气候变化行动。中国计划 2030 年左右二氧化碳排放达到峰值且将努力早日达峰，并计划到 2030 年非化石能源占一次能源消费比重提高到 20% 左右。

另外，我国政府于 2015 年 6 月 30 日向联合国气候变化框架公约秘书处提交了应对气候变化国家自主贡献文件。根据文件，中国 2030 年行动目标是：二氧化碳排放 2030 年左右达到峰值并争取尽早达峰，单位国内生产总值二氧化碳排放比 2005 年下降 60% ~65%，非化石能源占一次能源消费比重达到 20% 左右。

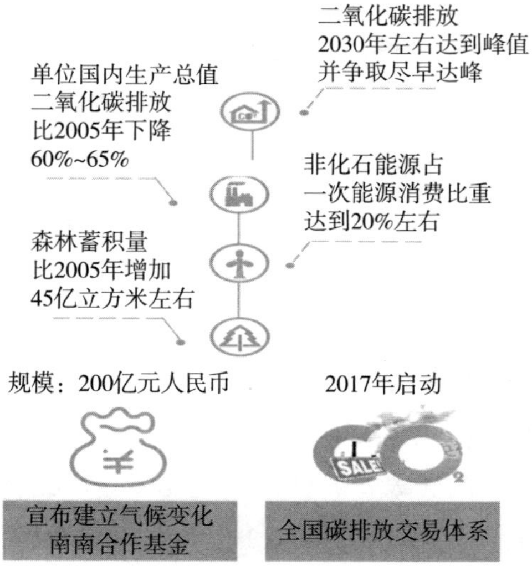

图 1.11　中国 2030 年的自主行动目标

1.4.2.2　四大主张

我国积极参与并推动国际社会应对气候变化进程，认真履行《联合国气候变化框架公约》和《京都议定书》，在国际合作中发挥着积极建设作用，并秉持以下四大主张：

- 坚持公约和议定书基本框架。公约和议定书是国际合作应对气候变化的基本框架和法律基础，凝聚了国际社会的共识，是落实巴厘路线图谈判成果、推进德班平台谈判进程的依据和行动指南。各方应在谈判中不断加强公约和议定书的全面、有效和持续实施。
- 坚持公平原则、“共同但有区别的责任”原则和各自能力原则。发达国家要对其历史排放和当前的高人均排放负责，改变不可持续的生活方式和消费模式，率先大幅度减少温室气体排放，同时要为发展中国家应对气候变化提供资金、转让技术；发展中国家在发展经济、消除贫困的过程中，根据各国国情并基于发达国家支持，积极采取减缓和适应气候变化的措施和行动。

- 坚持可持续发展原则。气候变化问题是在发展的过程中产生的，也只有通过可持续发展才能解决。应当按照可持续发展的要求，统筹考虑经济发展、消除贫困和保护气候，努力实现经济社会发展和应对气候变化的双赢，确保发展中国家的发展权。

- 坚持统筹协调和平行推进减缓、适应、资金、技术等问题。减缓和适应气候变化是应对气候变化的两个有机组成部分，应当受到同等重视。减缓是一项相对长期、艰巨的任务，适应则更为现实、紧迫，对发展中国家尤为重要。资金和技术是实现减缓和适应气候变化必不可少的手段，发达国家向发展中国家提供充分的资金、技术转让和能力建设支持是发展中国家得以有效减缓和适应气候变化的根本保证。

1.4.2.3　五大成效

我国政府历来高度重视气候变化问题。2009 年，我国政府作为负责任的大国向国际社会庄严承诺，到 2020 年单位国内生产总值二氧化碳排放比 2005 年下降 40% ~45% 。绿色低碳发展日益成为我国经济社会发展的重大政策取向和战略任务。目前，我国在应对气候变化方面开展了大量工作，并取得以下五大成效：①

- 应对气候变化领导机构和工作机制逐步健全。自 1990 年在国务院环境保护委员会下设立国家气候变化对策协调小组以来，我国应对气候变化机构和机制不断健全。目前，由国家应对气候变化领导小组统一领导、国家发改委管理、有关部门和地方分工负责、全社会广泛参与的应对气候变化管理体制和工作机制已初步形成。

- 应对气候变化规划方案和战略研究深入推进。我国先后出台了《中国应对气候变化国家方案》和《“十二五”控制温室气体排放工作方案》。目前，《国家应对气候变化规划（2013—2020 年）》和《国家适应气候变化战略》已

① 《人民日报》（2018 年 11 月 2 日 15 版）。

基本编制完成。我国应对气候变化所确定的中长期目标任务和政策措施，已成为国家经济社会发展战略的重要组成部分。

• 低碳试点示范工作先行启动并扎实推进。我国于 2010 年和 2012 年分两批启动了国家低碳省区和低碳城市试点工作，2011 年在七省市开展碳排放权交易试点工作，2013 年发布了《低碳产品认证管理暂行办法》，启动《国家重点节能低碳技术目录》编制工作。下一步，我国将开展低碳城镇、低碳园区、低碳社区及低碳商业等试点示范工作。

• 应对气候变化能力建设不断加强。完成了 2005 年和 2008 年国家温室气体清单，下发了《关于加强应对气候变化统计工作的意见》，制定了碳强度下降指标考核办法。每年编写发布《中国应对气候变化的政策与行动》，设立"全国低碳日"。推动设立了中国清洁发展机制基金并利用基金赠款支持应对气候变化能力建设，鼓励和规范温室气体自愿减排交易活动。

• 各部门和行业应对气候变化相关工作积极推进。围绕实现我国 2020 年二氧化碳减排目标，相关领域制定了应对气候变化工作方案或专项行动。截至 2013 年 6 月底，我国共有 3653 个清洁发展机制项目在联合国成功注册，年减排量约占全球注册总项目的 65%。

1.5　人类温室效应解决路径

优化能源结构、提高能效、调整产业结构、研发应用低碳技术、转变观念增强低碳消费意识等被认为是全球应对气候变化的重要途径。

能源效益是一个非常广义的名词，包含了所有消耗较少能量得出同样功效（例如：光、热和动能）的方法。节能汽车、省电照明、改良的工业程序、建筑的隔热设备和其他相关的技术。节能与省钱常常如出一辙，所以提高能源效益往往可以提高利润。

1.5.1　可再生能源

相比传统的肮脏的化石能源，可再生能源有着许多显而易见的好处：不用担心燃料枯竭的问题，发电过程中不产生温室气体和其他污染物，更有利于实现分布式的供电。各种研究也证明，中国有发展可再生能源的巨大潜力。

风能是世界发展最快的能源，也是相对简单的技术能源。在一道高耸的巨塔和转动的扇叶背后，藏着轻量物料、空气动力和电脑操控系统之间的一套复杂相互作用。电力从旋转轮，通过变速齿轮箱，然后送到发电机，虽然有些涡轮机不用齿轮箱也可直接推动。

中国风电装机容量在 2005 年和 2006 年都实现了超过 100% 的年增长率，2007 年预计总装机容量可以达到 560 万 kW。也因为市场持续扩大带来的规模经济，风电的生产成本在过去 15 年里已经下降了一半，而且会随着技术的成熟和市场的扩大继续下降。甚至在一些风能潜力高的地方，风电已经可以与新的燃煤电站相竞争。预计到 2020 年，中国风电总装机可以达到 12 212 万 kW。

太阳能在全球很多角落都被使用，而且只要适当开发，具备潜力提供世界能源消耗量几倍的能源。太阳能可以直接产生电力，或用于加热与冷却。太阳能未来有多少潜力，全视乎我们人类是否全力抓紧开发的机会。利用太阳能量的方法有很多。植物通过光合作用把阳光转化成化学能，于是人们通过吃植物和燃烧木材吸收能量。而我们常常提及的“太阳能”，就是直接把阳光转化成热能和电力给我们使用。太阳能最基本的两种包括“太阳热能”和“光伏能”。

太阳光伏：这是直接从光转化成电力。电力产生的秘密是利用可以释放电子（负极粒子）的半导体物料来产生电能。光伏电池中最常用的半导体物料是硅，一种常见于沙的元素。所有光伏电池都有最少两层半导体，一边正极一边负极。当光照射到半导体，两层物料之间产生的电场便会推动电子移动，产生直流电。光度越强，电流便越大。所以，光伏系统不需要灿烂阳光也足以发电。它也可在阴霾的日子发电，而产生的能量是与云的密度成正比。由于太阳光从云的反射，少云的日子甚至比万里无云的晴空产生更高能量。常见的小电器，包括计算机，便是利用非常小的光能电池推动。光伏能也可对没有电网供电的地区提供电力。人们已经开发了一种名为“太阳能冷冻系统”的冰箱。经过测试后，已经获得一些人道救助组织的采用以协助没有供电的地区储存疫苗。一些不想依赖电网供电的人还可以用来冷藏食物。

地热供暖，即通常我们所说的地面、地板辐射供暖或地热辐射供暖。传统的采暖方式以散热片为主。使用散热片热量集中在上面，用户有头晕而脚凉的感觉，使用不舒适，板辐射采暖比较符合“舒适家居”的理念。冰岛 87% 的家庭使用地热供暖。

1.5.2　环保新提案

人造火山。一个潜在的方案被称为“人造火山”，即将硫微粒喷射到高层大气。如图所示，硫颗粒就像一把巨大的遮阳伞，阻滞阳光和热量，将其反射回太空。火山灰中就含有硫。硫颗粒阻滞了阳光和热量，将其反射回太空。

美国企业研究所地球工程学计划主任塞缪尔·瑟斯特罗姆（Samuel Thernstrom）指出，这并不代表这些应急方案会在不久的将来投入使用。美国企业研究所是一家总部设在华盛顿的政策研究机构。不过，专家应该认真考虑这些方案，包括人为改变气候。瑟斯特罗姆说：“我们应该加深对地球工程学的了解。气候变化不是一个能在短期内得到解决的问题，至少我们在有生之年是解决不了了。但是，我们可以对气候变化加以控制。”

沙漠造林。专家称，沙漠造林或许能够吸收大气中更多的温室气体，比如二氧化碳，这项地球工程学创意已经扎根于非洲。例如，非洲 13 个国家正在建立“绿色长城”，希望让树林在阻止撒哈拉沙漠扩张的同时，吸收更多的二氧化碳。“撒哈拉森林计划”的组织者计划在可再生能源设施沿线植树造林，这些设施专门为世界各地的沙漠地区所设计。树林可以阻止沙漠扩张，还能吸收二氧化碳。

美国气候研究所（Climate Institute）气候项目首席科学家迈克尔·麦克拉肯（Michael MacCracken）表示，如果温室气体排放量继续飙升，“绿色沙漠”可能没有足够多的吸碳能力以降低大气中的二氧化碳含量。气候研究所是一个总部设在美国华盛顿的非营利机构。不过，麦克拉肯同时指出，在一个低碳世界中，沙漠造林可能不失为一个减少二氧化碳排放的良策。

“生物炭”或许与土壤一样年代古老，但专家表示，亚马逊流域印第安人制作“生物炭”的做法可能是抗击全球气候变化的好办法。据国际生物炭倡导组织介绍，生物炭数量丰富，渗透性强，可以通过加热农业废料制造，一旦重返土壤，它们可以在接下来的数百甚至数千年里在土壤中吸收碳。相比之下，森林的吸碳能力有限，因为如果树木被砍伐或死去，温室气体即会溜掉。瑟斯特罗姆将生物炭归于他“值得探索”的类别，麦克拉肯同样持这种观点，他认为，除了吸收二氧化碳，生物炭还有改善土质的好处。

海藻农场。海藻可能是绿藻类层（pond scum 的“近亲”，但在推动种植海藻以降低二氧化碳排放的科学家眼中，它们显然具有更为“高尚”的地位。在这张照片中，印度尼西亚巴厘岛的妇女正在收获海藻。据韩国釜山国立大学“海藻清洁发展机制项目”介绍，地球上一半的光合作用发生在海洋，而在海洋中，光合作用主要发生于一种称为浮游植物的微小海洋植物身上。

浮游植物是无法在地里种植的。相比之下，沿海地区可以轻易种植海藻，科学家希望将这作为增强海洋吸碳能力的潜在方案。麦克拉肯表示，除此之外，人们还可以在收获海藻以后，将其变成可再生燃料，这确实是一举两得。在光合作用中，阳光将二氧化碳转变为能量。

“造云船”令人不由地想到远洋航行的“弹簧单高跷”（儿童玩具），但这种设计或许能作为地球工程学方案对抗气候变化。据科学家介绍，造云船由风能驱动，漂浮在海面上，向天空喷射雾状海盐，从而形成海洋云。这种云比正常的云密度更高、更白，所以能将更多的太阳热量反射回太空。美国企业研究所的瑟斯特罗姆表示，“造云船”的造价相对低，将约 1 500 艘部署在海面上，或许能起到立竿见影的冷却效果。他说：“我们远不能确定这种方法是否奏效，但确实是一个值得我们认真研究的可行理论。”

白屋顶，将屋顶刷成白色。据科学家介绍，如果将屋顶刷成白色，如照片中这些建在百慕大汉密尔顿的房屋，它们可以反射更多的阳光，这或许是解决气候变化最简单的地球工程学方案之一。美国劳伦斯—伯克利国家实验室的研究人员表示，黑屋顶的反射率约为 10% ~20% ，相比之下，白屋顶的反射率则达到 70% ~80% 。美国气候研究所的麦克拉肯说，此外，白屋顶还有一个好处：屋顶反光的建筑物内不会像普通建筑物那么热，从而会降低空调的用电量。

海洋撒铁。专家介绍，向海洋中人工撒铁可以刺激称为浮游植物的微小海洋植物的生长，而这种海洋植物可以吸收二氧化碳。图中所示是南极洲附近的浮游生物。通常情况下，铁物质可由大风吹入海洋，刺激海洋生物生长。科学家在世界各地实施了大量初步的撒铁实验，获得了不同程度的成功。在其中一次实验中，生长受到铁物质刺激的植物不久即被虾类动物吃掉，令实验效果大打折扣。麦克拉肯表示，无论人工向海洋撒铁的尝试结果如何，寻找一条适合地球工程学的抗击气候变化之法都至关重要，因为许多方案都会持续时间很长：“将一种责任强加给我们的后代。这显然是个大问题。”不过，瑟斯特罗姆和麦克拉肯均认为，地球工程学方案或许是当前可行的办法。麦克拉肯说：“地球工程学很大程度上就像是化学疗法，你也不想接受这种治疗，但它的疗效确实比替代疗法强。”

第2章 碳排放权交易的经济学理论基础

2.1 理论基础

2.1.1 马克思主义的生态文明观

马克思的生态观是我国解决生态环境问题的思想武器，是实现和谐社会的思想前提。因此，针对当前全球化的热点问题——生态问题，重新解读马克思的生态观内涵，坚定生态观的理论出发点，实现化解生态问题的理论支撑功能，为我国的生态现实提供思想依据，为促进我国社会经济发展与自然生态平衡发展提供理论基础。

2.1.1.1 生态观

现代学术界对于“生态观”这一概念的界定。现代“生态观”主要在融合伦理学、环境科学等学科的基础上呈现出其相应的生态维度，这一维度主要指向人类社会与自然环境之间的关系，主要探讨人类在社会中的活动与自然生态系统之间的相互作用关系，是比较基础性的“生态观”认识。现代“生态观”为我们研究马克思的生态观提供了充分的理论背景。

2.1.1.2 马克思主义的生态观

虽然散落在马克思的众多著作之中，并没有对其生态观进行专门论述的一部著作。但在对其思想的解读以及文本的深度分析的过程中可以看出马克思思想中蕴含的对生态观的全面性理解。马克思的几部重要著作《1844年经济学——哲学手稿》《关于费尔巴哈的提纲》《德意志意识形态》《哥达纲领批判》《政治经济学批判大纲》《资本论》等著作中体现了马克思的生态观基本脉络和形成。马克思的思想原型的“生态观”，是在现代生态观理解的人与自然关系维度基础上的具有更加宽泛意义的“生态观”，是结合了自然、人类实践以及人的思想的生态意义探索的全面的“生态观”。其主要体现在：

- 马克思关注人与自然的对象性关系、人与社会的关系等辩证统一的问题，不仅对人与自然的关系做了全面、深刻、现实的论述，而且还对资本主义社会中人和自然的异化现实进行了批判。这些努力都体现了马克思对于生态问题的切实关注。

- 马克思的生态观主要倾向于建立在经济理论、辩证的自然观、唯物主义自然观和唯物主义历史观的有机结合的基础上。马克思以新的自然观作为思想武器批判旧的自然观，并与其划清界限。他从实践唯物主义出发，批判资本主义社会的弊端，最终落脚于人和社会解放的高度，并在资本主义社会现实中考察自然生态环境问题，进一步提升生态观的实践性、革命性与批判性。

- 马克思的自然观包括生态自然观的两大方面，一是对自然界的宏观认识，即自然界对人类感性世界的客观意义；二是对自然界的微观认识，即自然界对人的生成作用。从宏观的角度出发，在自然界不仅具有优先的存在地位，并且在作为人类活动的客观外在条件的认知上不容置疑。自然界在马克思的认识中已经超出了一般意义的环境，而具有了面向人的生态内涵。因此，在微观意义上，本书抓住了人这个自然界中的微观因子，试图通过对自然界生成的人的认识，加深人们对自然界地位的理解。在马克思的生态观中不难发现，他始终没有孤立地谈论任何一种因素，因此，在马克思的生态观中处处呈现出了辩证的意味，这种辩证多数出现在自然、人与社会的关系之中，而无论从何种角度阐发马克思的生态观，这三种因素的辩证理解都是必不可少的。因此，在马克思的生态自然观中出现了不少自然界同人的关系的解读，自然界同社会的关系的解读。

- 马克思的生态观就是为我们重新认识生活世界，理解人类应有的生存方式找到了钥匙。在马克思看来，实践无论如何彰显人自身的力量都应该着眼现实，都应该以现实的生产劳动为最真实的基础。实践只有在现实性上才具有了符合人的价值取向，实践也只有在现实的基础上才能成为人类存在的真实根据和历史的永恒动力。马克思的社会历史观其实一直是一个常谈常新的话题。马克思的社会历史观在自然界、人与自然的辩证统一中，在三者相互促进发展历史的进程中具有了生态的内涵，并且这种生态的内涵对于现代社会中生态正义的生成具有跨越时代的指导作用。

• 马克思的生态观不能忽视人的问题，马克思对人的探讨具有变革的意义。在马克思之前，人的问题的探讨多倾向于人文主义或人本主义。人本主义高扬人的本性，但却忽视人的关系性认识，忽视人的现实根据。而马克思对人的认识具有明显的现实性特征，他认为现实的人才是一切对人的问题探讨的出发点。现实的人包含了丰富的关系性内涵，从马克思批评资产阶级与无产阶级的阐述中便可看出，马克思实际上将人的问题看作是与社会的发展息息相关的，看作是与人类的前景紧密相连的。他在无产阶级的革命中发觉了人的本质，认为只有面向人类解放的人的本质才是超越了对人的狭隘认识的真正的人性的彰显。因此，在现实的人的认识基础上，马克思提出了人的理想，即全面发展的人。在马克思对人的阐述中不难看出，马克思的人绝不是孤立的人，人的发展实际上决定着社会的发展，马克思总是在现实的社会情境中挖掘人的根据，也正是在这一点上才说马克思的人类观具有生态的意义。生态意味着马克思是辩证地理解了人的本质，没有脱离人的现实性谈论人，并且不断地赋予人以理想性的价值取向。马克思的人类观在人的生成的动态过程中实现了生态化的转向。

2.1.1.3 生态文明

马克思主义是我国生态文明建设的主导理论依据。透过我国生态文明建设的理论成果，能够使我们更加深刻认识到马克思的生态观所隐藏的现代性内涵。使生态问题的探讨在现代性的视野下走向更加理性的境界①。

生态文明是生态哲学、生态伦理学、生态经济学、生态现代化理论等生态思想的升华与发展，是人类文化发展的重要成果。生态文明是人类文明发展的一个新的阶段，即工业文明之后的文明形态；生态文明是人类遵循人、自然、社会和谐发展这一客观规律而取得的物质与精神成果的总和。是贯穿于经济建设、政治建设、文化建设、社会建设全过程和各方面的系统工程，反映了一个社会的文明进步状态。生态文明的基本含义是：生态意识文明、生态制度文明、生态行为文明。生态文明的内涵包括：

• 广义的角度。生态文明是人类的一个发展阶段。如陈瑞清在《建设社会主义生态文明，实现可持续发展》中提到的定义。这种观点认为，人类至

① 生态文明：人们对可持续发展问题认识深化的必然结果，中国城市低碳经济网，2012－09－14。

今已经历了原始文明、农业文明、工业文明三个阶段，在对自身发展与自然关系深刻反思的基础上，人类即将迈入生态文明阶段。广义的生态文明包括多层含义。第一，在文化价值上，树立符合自然规律的价值需求、规范和目标，使生态意识、生态道德、生态文化成为具有广泛基础的文化意识。第二，在生活方式上，以满足自身需要又不损害他人需求为目标，践行可持续消费。第三，在社会结构上，生态化渗入社会组织和社会结构的各个方面，追求人与自然的良性循环。

- 狭义的角度。生态文明是社会文明的一个方面。如余谋昌在《生态文明是人类的第四文明》中的观点。这种观点认为，生态文明是继物质文明、精神文明、政治文明之后的第四种文明。物质文明、精神文明、政治文明与生态文明这“四个文明”一起，共同支撑和谐社会大厦。其中，物质文明为和谐社会奠定雄厚的物质保障，政治文明为和谐社会提供良好的社会环境，精神文明为和谐社会提供智力支持，生态文明是现代社会文明体系的基础。狭义的生态文明要求改善人与自然关系，用文明和理智的态度对待自然，反对粗放利用资源，建设和保护生态环境。

- 生态文明是一种发展理念。这种观点认为，生态文明与“野蛮”相对，指的是在工业文明已经取得成果的基础上，用更文明的态度对待自然，拒绝对大自然进行野蛮与粗暴的掠夺，积极建设和认真保护良好的生态环境，改善与优化人与自然的关系，从而实现经济社会可持续发展的长远目标。

2. 1. 2　气候经济学与环境经济学

2. 1. 2. 1　气候经济学

气候经济学研究的是经济学者站在经济学的角度，对全球气候变化问题展开研究。2005 年施瓦茨提出了气候经济学这一概念。他指出，气候经济学就是专门探讨气候变化作用于经济领域的结果，并且希望实现从气候的角度重新认识经济价值。造成环境污染的温室气体具有非竞争性和非排他性的特征，在减排和改善方面难度系数会大大提高。气候经济学中的排污权理论则在这一方面解决了难题，打下理论基础，排污权理论认为，任何经济体都具有排放污染物的权利，这是均等的，但是应该设定排污不得超过的限额，一经超标，就应该从政府手中购买排放权来继续排放，倘若经济体排放量较少，并没有触及上限且有空余或者所购买的排污权没有消耗完，经济体可以把其出售用来获益，补偿一些成本。

2.1.2.2 环境经济学

（1）环境经济与绿色经济、低碳经济

“绿色”现今意义上讲就是环境保护，是环境经济的别称。如果适合人类生活的环境不断恶化，越来越多的污染物无法被再利用，导致环境恶化的主要原因是工业企业粗放式增长和人们不良的生活习惯，空气、水被污染，森林、动物等资源得不到有效保护。为了改善这些行为和现象，人们要树立环境保护的绿色意识，重新创造适合生存的环境。

“绿色经济”由此而生，其主要内容是环境保护和能源节约，把人与自然的和谐发展作为目标的一种经济理念。在理论界，很多人也把“绿色经济”直接量化定义为从国内生产总值中将环境资源损失折合成价值扣除后的部分。

从绿色经济的概念来看，由于其同样包含能源节约的内涵，且也强调提高能源利用效率，降低 GDP 能耗，因此，实践中常与“低碳经济”的概念混为一谈。诚然，两者在内涵上存在交叉，且资源节约和环境友好的目标也一致。然而，严谨地讲“低碳经济”和“绿色经济”是两个不同的概念。

（2）低碳经济

关于低碳经济实质的定义，张坤民、潘家华等（2009）阐述到，低碳经济是指碳生产力和人文发展都实现一定层次的一种经济状态，目的在于实现限制 CO_2 排放的世界共同希冀。叶燕斐（2012）定义低碳经济是绿色经济的近义词或一部分。而庄贵阳（2007）认为低碳经济与绿色经济是不同的，例如低碳经济更容易厘定，绿色经济怎样衡量依然是个难题。因此，我们可能相对更加要青睐低碳经济的概念。张健华（2011）阐述到，低碳经济是一种增长机制。他特别认可周小川的观点，认为低碳经济是附带了一个约束条件的生产函数，附带了一个碳的成本，于宏观经济当中附带一个约束条件。

我们认为，低碳经济实质上是通过机制创新、制度安排与技术创新改变现有的基于化石能源的社会经济增长模式，以实现低碳或零碳能源做支撑的可持续发展为目标的一种新的经济理念和经济发展形态。

2.1.2.3　环境经济学的变迁与主要观点

（1）沿革

低碳经济学从属于环境经济学，而环境经济学作为经济学的一个分支学科，是研究经济发展和环境保护两者间关系的学科，介于经济学和环境科学的交叉地带。20 世纪 50 年代，西方发达国家经济学家将环境和生态科学的内容引入经济学研究之中，建立了一门新兴学科——环境经济学。

20 世纪 70 年代末，环境经济学被介绍到中国。虽然环境经济学在中国引进时间较晚，但是其基础理论以及前沿研究成果都得以在中国迅速发展。将环境经济学与中国实际相结合，也使得其在中国取得重大的进步。在中国，环境经济学的发展路径有以下两个方向：

- 独立发展，即作为独立学科进行理论研究和教育完善；
- 结合发展，即与中国经济、环境相关政策相结合，使得环境经济学具有现实意义。环境经济学无论是单独发展抑或是结合发展都体现环境问题的经济内涵，提出具有实际经济意义的环境发展政策。

（2）主要理论观点

环境经济学的基本理论主要由可持续发展理论、外部性理论及环境经济手段等理论构成。从 20 世纪 70 年代初罗马俱乐部提出“增长极限”论（Meadows等，1972），到 90 年代环境库兹涅茨曲线的提出，经济发展与环境保护的争议就始终存在。增长极限论认为，自然资源的不可再生将制约经济长期可持续增长，保护环境就要人为降低经济增长速度。但到 20 世纪 70 年代末，这种经济增长和环境质量的冲突观点被打破，有研究认为经济增长和环境质量的关系并非只有矛盾的一面，也有不矛盾的一面，即经济增长能够在不损害环境的情况下实现（Dasgupta & Heal，1979）。20 世纪 90 年代随着环境库兹涅茨曲线的提出，国际上关于经济增长和环境质量关系的研究进入一个新阶段。

1991 年，Grossman，Krueger（1991）研究北美自由贸易协定的环境影响时，通过对 42 个国家的面板数据进行分析，发现环境污染与经济增长的长期关系呈倒 U 形。1992 年，Shafik，Bandy（1992）在为世界银行《世界发展报告》做背景研究时，通过使用 3 种不同的对数方程（线性对数、对数平方和对数立方）来拟合自然环境的各项指标与某一国家人均 GDP 的关系，也得出了类似的结论。

随着1992年世界银行《世界发展报告》的发布，经济发展与环境质量关系的研究在全球范围内逐渐展开。普遍观点是：经济发展和环境质量之间并非一成不变的线性关系。通常在经济发展初期环境质量恶化，而当经济发展到一定阶段时，环境质量逐步得到改善。由于这一关系类似于用来描述人均收入水平和收入分配状况关系的倒U形库兹涅茨曲线，故被称之为环境库兹涅茨曲线（EKC，Environmental Kuznets Curve，Panayotou，1995），见图2.1。

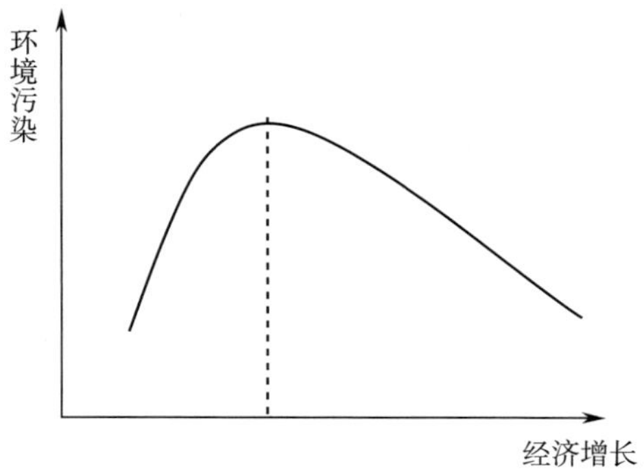

图2.1　环境库兹涅茨曲线

自1995年环境库兹涅茨曲线被提出来以后，国际上许多研究学者从多个视角研究了EKC的形成动因，如经济规模和结构、市场运作机制、国民收入需求弹性、国家科技发展水平、对外贸易和政府相关政策等。这些因素可以归结为两种力量：有形力量和无形力量。有形力量主要是指政府等有形主体主导而形成的有利于环境保护的力量；无形力量主要是指市场的力量。

（3）国内学者对环境库兹涅茨曲线的研究

国内研究主要有下列观点：

• 我国碳排放与经济增长处于正相关状态。王锋（2010）认为，现阶段GDP增长是我国二氧化碳排放的最主要驱动因素，减少碳排放的主要潜力来自工业部门能源利用效率的提高。张友国（2010）用投入产出法对1987—2007年影响我国GDP碳排放强度的主要因素作了实证分析，结论是我国出口产业碳排放强度最高，降低碳排放需要加快转变发展方式特别是减少经济增长对出口的依赖。

• 经济全球化导致的国际产业分工使我国成为发达国家“碳泄漏”的主要承接国。从产业链的碳足迹分布看，加工制造环节是产生碳排放的主要环节，而我国在国际产业分工中恰恰处于这一环节，也就成为国际间碳转移的主要承接方，这是导致我国碳排放居高不下的一个主要原因。樊纲在 2010 年的研究也认为，我国超过 20% 的碳排放实际上是为满足他国消费，而大部分依靠进口消费品的发达国家如英法意则正好相反。基于此，从福利经济学角度看，国际间气候谈判的减排责任分配应以消费排放而非生产排放作为公平分配指标，他建议以 1850 年以来人均累计消费所产生的碳排放为依据，公平分担各国的减排责任与义务。

- 中国碳足迹符合环境库兹涅茨曲线规律。国务院研究中心课题组（2011）对不同国家和地区碳排放随时间变化的实证研究表明，世界发达经济体二氧化碳排放一般会依次出现排放强度、人均排放量和排放总量三个倒 U 形曲线。根据以上碳足迹的分布规律，发展中国家在发展初期应注重提高生产效率以降低碳排放强度；而在发展的中后期则应通过降低能源强度和单位能源碳排放作为降低人均排放水平的主要途径。

综上所述，总体来看我国仍将处于工业化、城市化和国际化较快发展时期，经济增长和碳排放规模的正相关关系在短中期内仍将持续，环境库兹涅茨曲线形态仍将处于上升区间。但随着经济进一步发展并达到一定程度时，我国的环境库兹涅茨曲线将进入逐渐下降的区间，而更加积极主动的减排将有利于曲线拐点的提前出现，使环境保护与社会经济达到和谐发展。

（4）环境资源价值论

- 劳动价值论。运用劳动价值理论对环境资源研究，重点在于环境资源是否包含了人类的参与。20 世纪后半叶，人类投入大量的人力和物力使得自然资源的耗损和经济增长达到均衡，这使得其凝结在环境资源中，从而环境资源具有价值。环境资源凝结的人类劳动，主要体现为以下四个方面：第一，对环境资源进行勘探的过程中所消耗的人类劳动；第二，对环境资源和及其所依存的生态环境进行建设、维护、翻新的过程中所消耗的人类劳动；第三，开发能源所付出的劳动；第四，对气候环境资源进行构建、革新、开发、护理等活动的过程中产生的相关费用。

- 效用价值论（utility axiology）是从人们对某一物品的满足程度或从人们主观心理角度对某一物品的确定价值的经济理论。在西方效用价值论中，物质的有用性和有限性决定了该物质的价值，价值为物质的边际效用。环境资源既符合充分条件又符合必要条件，因此毋庸置疑，环境资源也具有价值。在效用价值论中，运用边际效用分析方法研究环境资源的价值和价格，有利于资源按比例配置，是资源流向边际效用最大的领域，达到合理且高效利用资源的目的。

- 生态补偿论。环境系统是由生态系统和社会经济系统共同构成的一个开放性的系统。生态环境资源是具有价值的。若想要社会经济得以可持续发展，则需要对生态系统进行补救，使得其实现可持续发展，此种补救包括物量和价值两个方面。由于在经济活动中除了可见的生产要素，也需要潜在的环境资源，因此，其中一种对环境的补偿方式即为将环境成本添加到产品的成本及价格中。此外，经济产品根据机会产品定价时，不能单考虑边际生产成本的因素，还应把资源耗竭成本也列入其中。该理论为碳交易定价提供了理论基础和技术指导。

- 环境价值构成论。国内外学者对环境价值的分类有两种。一种是环境的总价值（TEV）为环境资源的价值。它包含使用价值（UV）和非使用价值（NUV），或有用价值和内在价值。碳排放权资源属于第一种分类中的非使用价值，或第二种分类中的虚的、无形的、舒适性的服务价值。其作为环境资源的一种，在碳减排的过程中既凝结了无差别的人类劳动，如减排技术研发、碳减排计量、碳捕捉、碳封存等，又具有可以用来获得排放允许的使用价值，主体的需求排放权资源，即实现了效用价值。因此，满足了需要进行必要碳排放的经济环境资源价值理论完全适用于碳排放，其本身也是一种环境资源。碳排放交易将此付诸实践是提高人类生存质量、实现社会可持续发展的一种有效途径。《京都议定书》的出台，标志着长期无偿碳排放的历史已经结束，并开始进入一个有偿碳排放的新阶段。

2.1.3 外部理论及其内化

2.1.3.1 外部性理论

外部性（externality）首次出现在马歇尔（Marshall）的《经济学原理》（1890）中，其中第一次提到关于“外部经济”（external economics）的相关概念。

外部性指的是现实世界中一个经济主体对另一个经济主体的影响，且影响是相互的。此类影响不能直接反映在价格中，而是对另一经济主体的经济环境及利益造成影响。

外部性可以按照影响范围以及影响效果进行分类。若从前者的角度看，外部经济性能够划分为消费外部性与生产外部性；如果通过后者的方向出发，外部经济性能够分为外部经济性和外部不经济性。这里外部经济性即指经济学中常提到的“外部经济”，即在受益者无须有任何花费的情况下，经济主体行为使得其他主体获得经济利益。

马歇尔将任何一种货物由于生产规模的扩大而产生的经济性分为两类，一类是有赖于该产业的一般发展所带来的经济性；另一类是有赖于某产业中具体企业自身资源、组织和经营效率带来的经济性。前一类称作“外部经济”（external economies），后一类称作“内部经济”（internal economies）。“外部经济”是指受益于其他企业而导致的效率的提高；“内部经济”则主要是指企业由于规模扩大而带来的更细的分工和专业化、管理的改善等因素导致的生产效率的提高。

在马歇尔基础上，庇古（Pigou，1924）在其名著《福利经济学》中进一步对外部性问题进行了研究和完善。如果私人成本（私人边际净生产）与社会成本（社会边际净生产）相等，则资源实现最优配置；但如果两者不相等，且前者小于后者时，会产生“负的外部性”。庇古用“外部不经济”来解释“道路拥挤”现象，他认为，在两条道路中，质量较好的道路被过度利用，并造成拥挤的原因就在于“外部不经济”，由于使用优质道路产生的个人边际净生产与社会边际净生产之间的差异大于使用较差道路，而司机们却不用考虑道路成本，从而导致优质道路被过度利用。

碳排放问题的外部性。由于气候环境变化具有明显的非排他性和非竞争性，因此碳排放权具有公共产品属性，碳排放行为的结果具有明显的外部性。首先，气候环境变化会带来非排他性的广泛影响。非排他性是指无法排除他人从该公共产品中获得利益。大气环境是人类共享的自然资源，也是人类赖以生存并获得发展的基础，人们可以轻易使用大气环境而不用支付任何代价，而且每个个体对大气环境的消费不排斥他人同时享有这种利益。其次，气候环境资源的消费具有非竞争性。非竞争性是指某产品被某一个体消费的同时不影响其被其他个体消费，即在经济学意义上，某一领域消费者的增加不引起该产品生产成本的增加，对应到环境消费上，就是每增加一个单位的环境资源供给并不需要相应等额增加一个单位的环境成本。按照相关要素具体分析碳排放的外部性，可以分为公共外部性、生产或消费外部性以及代际外部性三个方面。

2.1.3.2 负外部性

相反，负外部性即为“外部，即经济主体在无须支付任何成本的情况下，对其他主体造成损害”。如碳排放具有典型的负外部性，即经济主体在从事经济活动和进行日常生活的过程中均产生了无偿碳排放，对环境造成污染，对气候造成影响，而政府在治理过程中投入了巨额的成本，使得个人成本与国家成本、个人利益与国家利益形成极度不协调，导致产生成本外溢。因此，应该对私人成本和社会成本的差额进行经济补偿，从而提高整个社会的福利水平。发展低碳经济的根本目标是解决高能耗、高排放导致的气候恶化问题，通过经济环境政策可使外部性问题内部化。

2.1.3.3 外部效应内部化——科斯定理与庇古税

有关气候问题外部效应内部化的经济学知识涵盖庇古税与科斯定理。在环境经济手段的分类上，经济学家有各自不同的看法。比较有代表性的一种分类方法将环境经济手段主要分为两类：第一类为市场途径，也就是知名的科斯定理；第二类为国家干预途径，也就是知名的庇古税。

（1）科斯定理与产权理论

1960年，科斯在其名著《社会成本问题》一文中提出“交易费用”范畴，从产权和交易成本关系的角度提出了解决外部性问题的完整思路，这一思路为通过碳市场（排放权交易）解决碳排放外部性问题奠定了理论基础。科斯认为，交易费用是指“通过价格机制组织生产的最明显的成本，就是所有发现相对价格的成本”。传统的庇古方法通常把税收和补贴作为解决外部性的两大法宝，但科斯对此提出了异议，指出在以税收或奖励的办法解决侵害效应的问题这一建议中，可发现同样的缺陷，必须解决的真正问题是避免较严重的损害，这实际上是强调了产权界定的重要性。此外，在科斯看来，交易费用是十分重要的变量。在交易费用为零时，只要产权是明确界定的，交易双方就可以通过自由协商来实现最优化的资源配置，从而有效地解决外部性问题，庇古税就没有征收必要。但因为交易费用的存在，不同的权利界定和分配，会带来不同效益的资源配置，所以产权制度的设置是优化资源配置的基础。只要产权关系明晰化，交易双方就会力求降低交易费用，使资源利用成本最小和收益最大，达到最优配置状态。

按照科斯定理，如果交易成本为零，无论初始产权如何界定，都可以通过市场交易和自愿协商达到资源的最优配置；如果交易成本不为零，就可以通过合法权利的初始界定和经济组织的优化选择来提高资源配置的效率，实现外部效应的内部化。可见，无论是否存在交易费用，清晰而明确的产权界定都是解决外部性的首要步骤。

科斯定理认为只要财产归属明确，并且其交易成本为零或者很小，那么无论产权在初始被赋予哪个主体，最终的市场均衡结果都是具有成效的。这为碳排放权商品化交易提供了理论基础 。产权理论的核心是对个体行使一定的行为权利进行安排，因此经济分析的首要任务是界定产权，明确规定个体可以做什么和不可以做什么，然后通过权利的交易达到社会福利最大化。这一观点对于一般要素的产权界定来讲似乎已经得到了一致认同，但在资源性环境产权的界定上似乎存在着某种障碍，因为资源性环境产权的开发利用会产生正的和负的外部效应，从而一般认为这种产权是很难界定的。作为一种特殊产权，对环境产权的界定实际是对公众所拥有的生态资源及对这些资源使用程度的界定。产权的一般意义告诉我们，所有产权的界定都是为了规范产权交易并使交易费用最低，环境产权的界定也不例外。其终极目标是为了实现环境资源开发利用外部成本的内部化。

可以说，科斯定理侧重于用市场机制的方式解决生态环境问题的经济手段，主要包括自愿协商制度、排污权交易制度等。参考科斯定理，如果产权确定、交易费用不存在，那么谁具备产权，资源利用都是有益处的，可以基于资源交易的私人合约行为对市场运转自我修正，也就是说可以借由市场机制解决外部性问题，以达到社会最适合的环境水平。

（2）科斯定理在碳排放权的应用

产权清晰界定是科斯定理解决外部性问题的前提。据此，分析和解决碳排放的外部性问题，必须首先对碳排放权进行界定。1968 年美国经济学家 Dales 在其《污染、财产与价格：一篇有关政策制定和经济学的论文》中，首次提出了排放权交易（Emissions – Trading Program）的设计，界定了排放权的概念，即权利人在符合法律规定的条件下向环境排放污染物的权利。如果允许这项权利在特定条件下进行交易，便成为可交易的排放权（Tradable Permits）。Montgomery（1972）进一步对这一问题进行了深入的研究，用严格的理论模型解释了用市场化方式去有效解决各种污染负外部性成本的问题，增强了用产权措施解决污染问题的影响力。在上述理论指导下，随着2005年《京都议定书》的签署实施，碳排放权界定及交易完成了从理论到实践的转变，全球范围内的排放权交易即碳金融市场逐渐形成。

碳排放权的内涵需要得到明确的法律界定。碳排放权是一系列权利的集合，包括所有权、使用权、交易权以及收益权、处置权等。正因为有了这些权利，外部性和内部性才有了划分的依据，碳排放权的初始分配和交易才有了供给和需求方的区别。同时，碳排放权不仅体现了权利方对权利客体的占有关系，而且反映了碳排放权供求双方之间的外部性内部性理论起源与发展。

采用市场机制的碳交易是一种污染治理的经济手段，是把碳排放权视为一种商品，从本质上说，它是一种基于产权的交易，其产生、发展以及应用都以产权交易理论为根本，着重通过外部性的内部化来解决公共资源的成本收益不对称问题。

（3）庇古税

英国经济学家庇古提出的庇古税是解决环境问题的古典教科书的方式，属于直接环境税。所谓庇古手段，是庇古在《福利经济学》一书中提出的，即全球的生态环境问题从根本上来讲是由于外部效应引起的，所以应使得引起负外部效应的企业通过交费或者交税的方式支付成本，相应地，补贴产生正外部效应的企业。如此便可以消除相应的外部效应。由于税收及津贴都是政府干预的表现形式，所以庇古手段依赖于“看得见的手”的相关作用，解决生态环境中的市场和政府失灵的问题。相关政策包括：环境资源税、环境污染税或排污收费、环境保护补贴、押金—退款制度等，他根据污染物的排放量与经济行为的损害来赋予纳税责任。

（4）解决外部性的途径：庇古“修正税”

碳排放外部性的存在，自然引出如何解决问题。事实上，经济学家在提出外部性问题的同时，就一直在探寻外部性问题的解决办法。根据前述外部性理论，外部性问题的产生，归根到底是私人成本和社会成本的不一致。外部性问题的有效解决，取决于能否通过各种方法使经济活动行为的私人成本和社会成本趋于一致。

新古典经济学认为，在完全竞争市场条件下，边际私人成本与边际社会成本相等，从而实现资源的最优配置；当两者不相等时，政府可以通过采取干预措施，如征税和补贴等手段，使边际税率或边际补贴等于边际外部成本或边际外部收益，实现外部性的内部化。按照这个思路，庇古提出了“修正税”，以使边际私人成本与边际社会成本相等，或使边际私人收益与边际社会收益相等。通过对某些特定的经济行为征税，可以达到提高特定商品或服务消费价格的目的，以此调节供求关系，达到减排目标。与此同时，碳税作为一种约束手段，对排放课税即是增加了排放的成本，相当于给产业释放出一个持续清晰的价格信号，促使排放主体根据税率自行调整财务规划，投资减排技术或设备。设计良好的碳税制度具有“双重红利”的效果：第一重红利即前述的减排，第二重红利则是政府通过碳税减少征收其他税目，如减征个人所得税、减轻中小企业税负等，达到“税收中性”（revenue neutral），或将碳税收入用于支持减排技术研发、低碳产业发展或社会福利事业，成为政府长期稳定财政收入的来源。通常认为碳税简单易行，执行成本低，只要对很少一些经济体（化石燃料进入经济循环的环节，如煤矿、炼油厂、能源贸易商、港口等）征税就能基本覆盖全国的化石燃料消费，其影响范围却可以波及全社会。

2.1.4　成本收益与均衡

2.1.4.1　成本收益与环境收益

成本和收益已成为我们衡量一切事物的一个基本标准。它是对社会活动的成本和收益之间的关系进行分析和评价的一种最基本的方法。成本与收益之间的关系实际上就是投入与产出的关系。企业的投入经过企业内部的运作、运营、整合和协调，最终转化为企业的产出。自利性、经济性、计算性是成本—收益分析的特征。

（1）成本理论

要深刻理解环境成本的含义，必须先从广义的成本管理含义研究开始。在学术理论界，对成本概念的使用比较混乱，从不同的学科视角出发，得出的含义存在一定的差异。对成本定义的总结如表 2.1 所示。

表 2.1 不同学术流派对成本的定义

学科门类	对成本的定义
马克思政治经济学	成本是耗费和补偿的统一体，我们应以资本耗费的价值部分作为成本计量研究的理论依据，同时应以成本价值的补偿尺度作为成本计量研究的实际出发点
西方经济学	生产成本 = 显性成本 + 隐性成本 + 正常利润
西方新制度经济学	提出交易费用，把成本概念的理解从生产成本转换为组织运行成本
西方会计学	成本是为了进行经济活动而有所失——就是为了耗用、挽救、交换、生产等而丧失或放弃的东西
管理学	一种企业生产、技术、经营活动的综合指标，与收益联系在一起

资料来源：本书作者整理。

国内学者对环境成本的界定与整理如表 2.2 所示。

表 2.2 企业环境成本分类

项目分类	成本界定
1. 自然资源耗减成本	1.1 主要材料费用耗减成本；1.2 辅助材料费用；1.3 其他耗费成本
2. 维持自然资源基本存量成本	2.1 人造费用；2.2 设备改进费用；2.3 日常维持费；2.4 工资及福利费
3. 环境保护费用	
3.1 维持生态资源	3.1.1 环境改进措施费、现状的支出
3.2 预防污染成本	3.2.1 环境咨询费；3.2.2 环境管理体系建立及运行费；3.2.3 环境评审费；3.2.4 工资及福利费；3.2.5 试验检验费；3.2.6 环境检验部门；3.2.7 工资及福利费；3.2.8 环境检验设备费及维修折旧费
3.3 治理生态资源成本	3.3.1 环境保护措施费；3.3.2 环境保护设备费
3.4 生态资源破坏损失	3.4.1 破坏费用；3.4.2 恢复费用；3.4.3 停工损失费；3.4.4 环境污染事故处理费；3.4.5 污染清理费；3.4.6 废弃物处置费；3.4.7 排污费；3.4.8 生态环境补偿费
4. 环境发展成本	4.1 环境改善费用；4.2 环境友好费用
5. 其他成本	

资料来源：谢琨．企业环境成本分类及会计实施［J］．四川会计，2002（5）．

（2）环境收益的界定

环境收益特指企业从一系列环境活动中所获得的经济效益。环境收益是从企业角度对环境保护和治理活动所做的经济评价，其评价指标以货币计量为主，以其他计量标准为辅。在环境管理会计中，环境效益是指在一定时期内企业进行环境保护和环境治理所形成的经济利益的流入，是采取环境保护措施所得到的经济利益的结果。其分类如下：

①企业社会责任环境收益

企业履行社会责任所产生的环境效益主要包括经济效益和社会效益（见图 2. 2）。

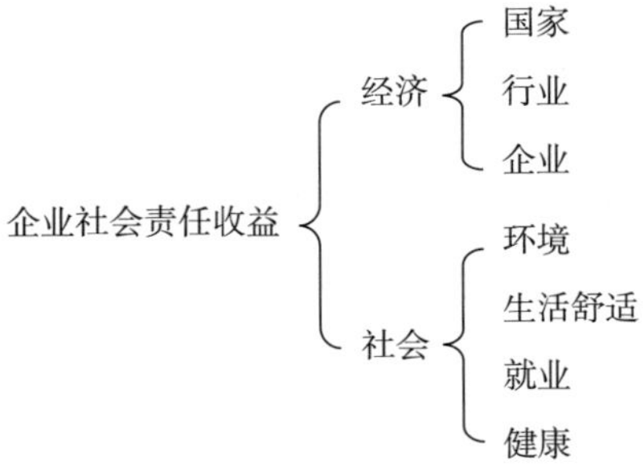

图 2. 2　企业社会责任收益

②企业管理收益和操作收益

企业环境收益的界定按照不同的思路其分类也是不同的。根据曾又其（2010）研究，企业的环境收益可分为管理收益和操作收益，其分析框架如图 2. 3所示。

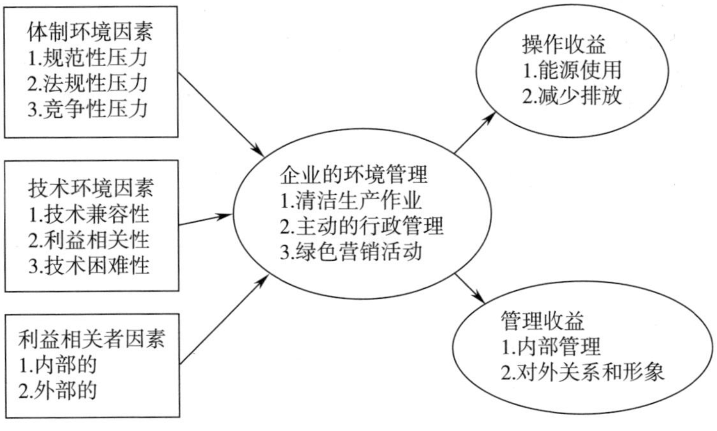

图 2. 3　企业环境影响因素和收益模型

③环境收益体现

环境收益界定为三个部分：直接收益、间接收益和潜在收益。

直接环境收益是指在企业环境管理中可以直接量化和用货币衡量的环境收益。主要包括以下几个方面：经营环境资源产品产生的收益；废水、废气、废渣“三废产品”再生利用所带来的收益；环境治理的咨询服务收入，企业在环境保护和治理取得良好效果和反响时，可向外有偿输出自身经验，由此而带来收益；国家颁发的环保贡献奖金；税收减免收入；获得银行低息或无息贷款所得收入；政府所发环保补助；其他收益。

间接环境收益主要是指企业推行环境管理所获得的综合效用，也是企业生态资产发挥作用的结果，它可以通过一定的参照对象进行对比，然后估计其收益，并用货币计量。本书对其做以下归纳：

a. 排污费、诉讼费、赔偿费减少而间接获得的收益。

b. 因变更产品设计、改造生产工艺使企业的“三废”排放减少，节约了大量的原材料、能源以及人力成本，这些因环境管理而带来的费用的节约也应计入企业的环境收益。

c. 环境管理使企业的形象得到改善，良好的环保形象会促生企业销售额的增加，企业因环境管理而促生的销售额的增加份额应计入企业的环境收益。

d. 企业因环境管理而得到的形象改善，会增加人们对企业的股票价值的评估，由环境管理而引起的价值增加份额也应计入企业的环境收益。

e. 通过企业环境信息披露，社会对企业的关注度提高，相当于变相地在给企业做广告，由此所带来的额外收益也应计入企业的环境收入。

隐性（潜在）收益是指因企业环境管理及环境绩效的改善而使企业获得的无法用货币进行直接衡量的收益。

a. 企业因推行环境管理，使企业的环境冲击降低，环境风险减小，从而使企业的竞争力增加。这可计入企业的环境收益。

b. 企业因推行环境管理，使自己的媒体曝光度增加，从而提升了企业的公共形象，增加了企业的品牌效应，由此而引起的企业品牌价值的增加也应计入企业的环境收益。

c. 企业由于推行环境管理，培育了其环境竞争力，这种环境竞争力极有可能转变为企业的竞争优势和核心竞争力，由此带来的企业价值增值不可估量。

d. 企业因推行环境管理，改善了员工的工作环境，使员工的工作更惬意、热情更高涨，由此而带来员工工作效率的提高，从而为企业创造了更多的利润，这种利润应该计入企业的环境收益。

e. 通过推行环境管理，增加了企业的环境曝光度，在提升企业形象的同时使企业的品牌形象得到改善，企业这种品牌价值的增值应是企业的隐性环境收益之一。

f. 通过环境管理，使企业的员工增强了环保意识，树立了环境观念，融入企业的绿色文化，必然会激发员工的绿色创新，这种人力资本价值提升和以后价值增值也是企业环境隐性收益之一。

2.1.4.2　均衡

一般均衡理论。均衡作为物理学的一个概念，当被引入经济学后，其内涵发生了变化。1769 年詹姆斯·斯图亚特（James Steuart）在经济学中第一次使用这一概念。自 1874 年瓦尔拉斯发表的《纯粹经济学要义和社会财富理论》到 20 世纪 50 年代阿罗和德布鲁完成了一般均衡理论的现代化阐释，均衡已经成为当代主流经济学辉煌、精美和博大理论体系大厦的核心和灵魂概念，是经济学学科理论体系赖以建立的中心组织范畴。一般均衡经济学的许多重大命题，如商品价格的决定、货币的供求、资源的最优配置、生产要素的充分利用和经济的稳定增长乃至国际贸易、国际收支等都是在均衡分析基础上得出的结论。主要观点包括：

- 一般均衡理论以深刻的理论和精练的数理模型回答了上述过程中经济均衡的存在及稳定性，以及经济均衡与经济系统的帕累托最优状态的相互关系。在“价格均衡”体系下，市场参与者会尽可能多地获得价格所透露的信息，在最大化利益的动机驱动下，追逐利润，调节供需，从而客观地对资源进行了重新分配，直至达到经济均衡。

- 自由竞争的市场机制是一般均衡的基础，经济主体的利润最大化和效用最大化推动市场产生供求的均衡，分散决策的市场行为下存在着一般均衡结构，均衡价格会引导市场秩序抗衡市场紊乱，使市场处于不断修复倾向于市场均衡状态，即使均衡并不总是市场常态。

- 现代主流经济学的“理性”概念以及相应的均衡类型主要有以下的关

系（见图2.4）。

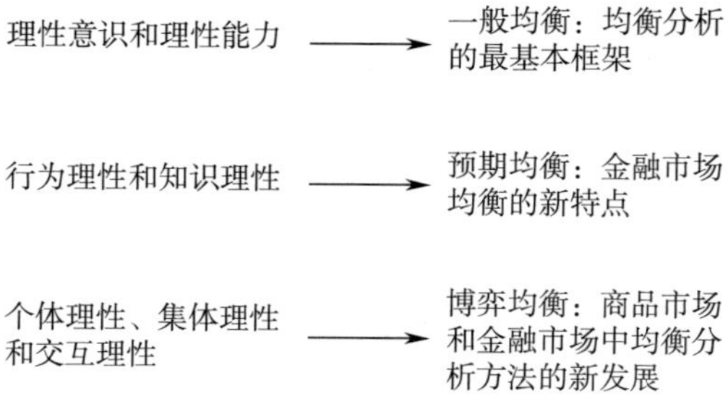

图2.4　经济人理性内涵、类型与均衡分析的对应关系

- 资本市场均衡理论的各个经典模型均衡分析既在一般均衡分析框架下，又因为金融产品的特殊性使得资本市场的均衡本质上是一种预期均衡。同时，博弈论的发展，为资本市场均衡研究提供了新的研究方法，产生了新的理论，如格罗斯曼—斯蒂格利茨悖论对金融市场均衡的研究等。
- 现代资本市场均衡理论（即资产定价理论）是现代金融理论一个主要和重要的组成部分，它集中体现了现代金融理论相对于传统金融理论的三个转变，即分析工具的定量化、研究层面的微观化和发展阶段的工程化趋势。但是，资本资产定价理论（CAPM）、套利定价理论（APT）和期权定价理论（OPT）等一系列经典资本市场均衡理论仍包括在新古典经济学框架之内，因为现代资本市场均衡理论承袭了新古典经济学的理性范式和理论建构特性。现代金融理论的核心体系是新古典经济学均衡分析范式之下的资本市场均衡理论。在从个体决策行为到市场一般均衡和产生福利效果的不断扩展过程中，按照新古典经济学信奉的准则看，这个过程的要点是：第一，经济个体是追求效用最大化的；第二，市场调节可达到均衡状态使每个人的效用最大化。CAPM模型最典型地反映了在金融市场中竞争均衡的形成，从而均衡价格的形成这一过程。新古典一般均衡分析框架（见图2.5）。

动力机制与均衡机制是人类社会经济赖以运行的两种最根本、最基础、最普遍的机制。它们将社会经济的各个部分和要素组合起来，使之成为具有内在逻辑的统一整体，规范并决定着整个社会经济发展的方向。社会经济发展的动力机制与均衡机制是有机的统一体，在这个统一体中，动力机制居主导地位，因为动力机制是经济发展的基础，也是均衡机制发挥作用的前提，当然，均衡

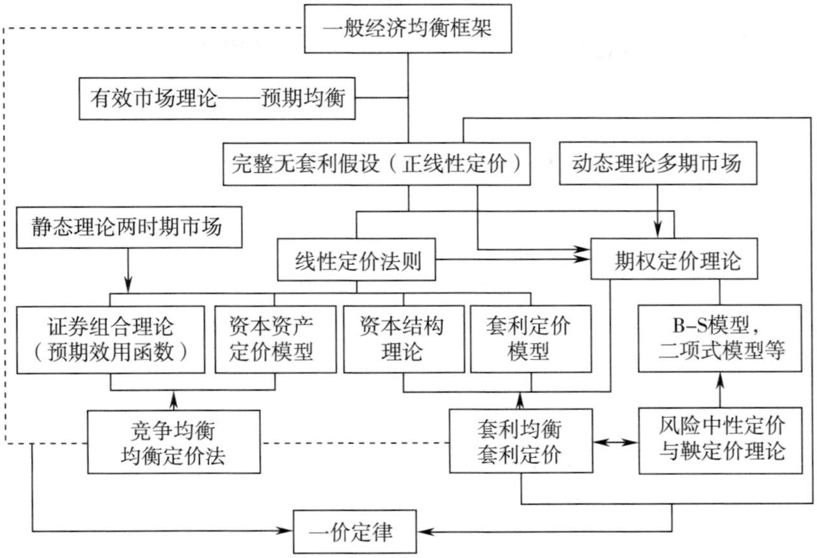

图 2.5　资本市场均衡理论及其定价方法的分析框架

机制也是必不可少的，因为均衡机制对经济的有效调节，有助于动力机制在新的起点上推动社会经济健康发展。

金融均衡理论。经济研究中的均衡是指经济行为主体已经实现了自身利益最大化，从而不再具有改变自身利益的倾向。当经济达到均衡状态时，市场中的资源配置就实现了效率最大化，金融均衡也不例外。但金融体系和整体市场经济一样，均衡只是一种瞬间的状态，失衡才是市场中的常态。

西方经济学者从货币均衡、利率均衡以及内外均衡三个方面对西方金融均衡理论进行阐述：

- 货币均衡。西方学者一般都是将他们关于货币均衡的思想隐含在其对货币供求的研究中，目的就是确立货币的均衡关系，然后将货币均衡与经济均衡联系在一起找出资源的最优配置状态。

- 利率均衡理论。用某一种因素、某一种市场均衡来讨论均衡利率水平的决定。

- 内外均衡理论。该理论旨在通过政府的宏观经济政策解决内外失衡的问题，主要代表人物有丁伯根、斯旺、米德和蒙代尔等。这里的内部均衡主要是指物价稳定和充分就业；外部均衡是指国际收支的平衡。一国实现内外均衡可采用支出管制政策、支出调整政策和支出转移政策。

- 理性预期均衡理论。理性预期均衡是一般均衡在非对称信息条件下的扩展，它是指所有交易者的价格预期与事后一致时的均衡，因而是一种随机均衡。这要求交易者拥有表述外生变量和内生变量关系的经济模型。凡是交易者拥有理性预期的经济模型的均衡解均可称为理性预期均衡。

- 博弈均衡理论。在不完全竞争的证券市场上，交易行为是博弈策略。在博弈论框架下，市场背景、交易规则、信息结构以及交易者信念等因素深刻影响着交易博弈的结果。不完全竞争博弈模型常常要求交易者具有更高的理性：不但保持了理性预期的特征，而且要意识到自己的决策会影响到别人。

2.1.5 金融支持理论与碳金融

2.1.5.1 金融资源配置理论

经济学家休·T. 帕特里克（Hugh T. Patrick，1966）在“欠发达国家的金融发展和经济增长”一文中认为，对金融发展和经济增长两者关系的研究可以采取两种路径。一种是“需求追随（Demand - Following）”方法，突出了经济增长对金融需求的促进作用，实质是金融的内生决定性，是实体经济部门发展的结果，其对经济增长产生的作用是负面的。另一种是“供给领先（Supply - leading）”方法。此种方法更加突出了金融供给的优先性，供给领先型的金融发展是在经济主体的金融需求之前，与需求追随型发展相反，它在经济增长进程中的作用是主动的。其实质是，通过融资安排，弥补投资效率较高的部门的资金缺口，从而促进资源配置效率的提高，强调了资本市场对经济增长的作用。通过将金融发展融入内生增长模型中，构造了具有严谨结构、缜密逻辑，并且规范论证的相关模型。实证分析的结果验证了金融发展和经济增长相互促进的结论。

2.1.5.2 金融支持理论

金融对工业革命的刺激作用。英国经济学家、诺贝尔奖得主约翰·希克斯（John Hicks）在《经济史理论》（1969）中对金融对工业革命产生的刺激作用进行了探讨。书中提到，工业革命是由金融革命导致的，而并不是大多数人认为的工业创新直接导致的。即只有在金融革命发生的大前提下，才会有工业革命的发生。

美国耶鲁大学经济学家雷蒙德·W. 戈德史密斯（Raymond W. Goldsmith）创建了有关经济增长和金融结构关系的相关研究，他被誉为现代比较金融学的奠基人。根据戈德史密斯的定义，一国的金融结构是由该国现有的金融工具以及该国的金融结构共同组成，包括各种现存金融工具与金融机构的相对规模、经营特征和经营方式以及金融集中度等。

金融结构变化对经济增长的促进作用。戈德史密斯考察了金融结构与金融发展这两者和经济增长间的关系。在《金融结构和金融发展》（1969）中，戈德史密斯首次提到以金融相关比率为主的存量和流量指标，用于对一国金融发展水平以及相应结构进行衡量。其中金融相关比率是指“某一时点上现存金融资产总额与国民财富（实物资产总额加上对外净资产）之比”。他对35个国家在不同时期的金融结构和发展的差异进行了实证分析，得出“金融相关比率越高，金融发展水平就越高，从而经济增长率就越高”的基本结论。他提出经济增长伴随着金融增长，所以经济增长越快，相应的金融发展也就越快。戈德史密斯提出导致发展中国家金融发展缓慢的原因是金融市场有效性差，资金配给方式不完善，使得政府干预取代了市场配置。

2.1.5.3　金融发展和行业成长关系理论

拉詹和津加莱斯（Rajan and Zingales，1998）提出了金融发展与行业成长关系理论，论证了金融发展对行业成长的作用机理。对外部融资依赖越大，则在行业发展中，金融发展所占的作用也就越大。金融市场的前瞻性发展会对那些对外部融资有较高依存度的企业的成长起到推动作用，也对金融体系的完善起到促进作用，同时也会较好地制约企业的道德风险以及逆向选择。因此金融发展可以降低外源融资的成本，提供了企业内源融资之外的融资渠道。金融工具的数量由金融机构的完善度、市场化程度以及区域分布的特征决定。金融工具可以有效地促进投融资以推动经济增长。

2.1.5.4　环境金融与低碳金融

环境金融是现代金融研究和发展的一个重要理论，它是对传统金融的延伸和升华。Jose Salazar 阐述到：环境金融指的是金融行业参考环境产业的需求而进行的金融革新。《美国传统辞典》有言：环境金融为环境经济的旁系，其着重分析怎样采取多样化的金融商品来维护环境以及物种多样性。环境金融是改善环境质量、转嫁环境风险的金融途径和方式，环境金融是为了保护环境以及为推动可持续的环境友好产业发展而进行的金融行为。

目前较为普遍的认识是，环境金融，又称“绿色金融”，是指金融业在经营活动中要体现环境保护意识，将资源和环境保护变量纳入经济发展的内生性因素加以考量，注重对生态环境的保护及对环境污染的治理，体现了对未来可持续发展的重视。金融杠杆能使社会资源的配置更加优化，促进经济发展与生态的协调。它不仅要求金融业率先引入环境保护理念，形成有利于节约资源、减少环境污染的金融发展模式，更强调金融业关注工农业生产过程和人类生活中的污染问题，同时寻求新的环保生产方式，为企业提供相关支持，促进企业、环保事业以及金融的优质快速发展。

低碳金融简称碳金融，是属于低碳经济发展模式中环境金融独树一帜的发展分支。碳金融的兴起源于《联合国气候变化框架公约》和《京都议定书》，在《京都议定书》的框架之下，国家碳排放交易机制（ET）、清洁发展机制（CDM）和共同履行机制（JI）三者互相协调，共同帮助各个缔约国以灵活的方式完成减排目标。

低碳金融的界定主要有两种。世界银行的定义称“碳金融是指向可以购买温室气体减排量的项目提供资源。”世界银行的定义使得其碳金融的概念范围限定在《京都议定书》规定的清洁发展机制（CDM）和联合履行机制（JI）的范围，因为只有在这两个机制框架下的减排项目才能获得联合国签发的核证减排量（CERs）。同时，定义中“提供资源”不是仅仅指“融资”，还把那些帮助发展中国家熟悉国际规则的“能力建设”活动也包含在内。而欧洲复兴开发银行的定义则把碳金融的概念限定在融资层面，“碳金融一词用于碳市场体系中帮助温室气体减排项目融资，与 CDM 机制和 JI 机制有关的国家有关”。

碳金融的操作性概念是“针对气候变化的市场化处理方案”。该定义把碳金融参与主体的范围扩展到了所有参与温室气体减排项目的机构。碳金融学术层面的定义与这一范围更广泛的操作性定义保持了一致：“碳金融代表了环境金融的一个特别门类，探讨碳约束型社会里的金融风险和机会，提供和应用市场机制转移环境风险和促进环境目标的实现”。总的来说，碳金融是环境金融在一个二氧化碳与其他温室气体存在可交易的排放许可的世界里的新发展。

我们认为，为明确中国碳金融发展的指向，有必要在借鉴环境金融及国内外学者对碳金融描述的基础上对于这一概念确立明晰的定义，即“碳金融”

意味着限制温室气体排放及转嫁碳交易风险的诸多金融体系方案和金融制度模式，不但包括碳排放权及其衍生品的交易、低碳项目开发的贸易，还涵盖碳保险、碳基金和其他有关融资中介行为和碳交易币种的确定等机制设计。完整的碳金融还应包括货币、监管等制度安排。从构建碳金融体系来说，应该涵盖市场体系、组织服务体系和政策支持体系三大方面。其中，碳金融市场体系包括交易平台、交易机制、交易产品、交易主体等方面，碳金融组织服务体系包括银行、证券、保险、基金等机构的碳金融活动、碳金融产品和服务创新，碳金融政策支持体系包括财政、金融、货币、监管等各方面的政策支持，具备减排的成本利润转变、能源链改革的资本流通、环境风险管理与转嫁以及国际贸易投资促进等作用。总而言之，碳金融是实现可持续发展的降低成本的途径，是低碳发展的核心经济手段。

因此，从碳金融的本质看，其服务对象和工具具有明显的金融属性。而碳排放权之所以具有金融属性，是因为它是一种能够产生未来现金流的同质权利资产，即各种实物能源可以碳当量形式实现权利及其收益的标准量化，并使其具有可交易属性和市场定价基础，这一特点符合金融资产的同质性、收益性和流动性特征。从碳排放权交易市场的实践看，金融化和证券化趋势也越发明显。此外，碳排放权交易更紧密地连接了金融资本与基于绿色技术的实体经济，不仅金融资本直接或间接投资于创造碳资产的项目与企业，而且来自不同项目和企业产生的减排量进入碳金融市场进行交易，被开发成标准的金融工具。因此，碳排放权交易具有金融交易的基本属性，是未来碳金融发展的主要方向和领域。故本书研究的碳金融市场主要就是指碳排放权的市场交易。

碳金融市场。碳排放权交易需要依托碳金融市场来开展和运行。碳金融市场是一个由人为规定而形成的市场，各种生产经营活动和能源使用过程中释放的二氧化碳都以标准化后的可交易形式在这个市场上转让、购买，最终实现总量控制下的余缺调剂，达到碳排放和碳需求的一般均衡。碳金融市场的参与方主要有供给方，包括项目开发商、减排成本相对较低的碳排放实体卖家、国际金融组织、碳基金、技术开发转让商等；还有需求方，包括有减排成本相对较高的排放实体买家，基于社会责任或履约义务进行碳交易的碳排放企业、政府、非政府组织以及个人等自愿买家。当然，有关金融机构也可以进入碳交易市场，并从中担当中介角色，提供交易平台、融资、保险、对冲交易等相关的金融服务。碳金融市场的发展与运作具有重要意义。

要保证碳金融市场的有效运作，高效开展碳排放交易，需要建立健全该市场的交易机制。具体而言，包括运作流程、价格形成机制、定价标准、交易法律规定等，机制的完善与规范是保证碳交易有序、顺利进行的关键。本书也将分析和研究适合中国国情和碳排放实际的碳金融市场的交易机制以及相关制度、标准以及外部支持条件的构建等问题。

总体来看，碳金融交易是把碳排放权视为一种商品，并采用市场机制管理的一种污染治理的经济手段。从本质上说，它是一种基于产权的交易，其产生、发展以及应用都以产权交易理论为根本，着重通过外部性的内部化来解决公共资源的成本收益不对称问题。

首先，碳权的内涵需要得到明确的法律界定。碳权是一系列权利的集合，包括所有权、使用权、交易权以及收益权、处置权等。正因为有了这些权利，外部性和内部性才有了划分的依据，碳权的初始分配和交易才有了供给和需求方的区别。同时，碳权不仅体现了权利方对权利客体的占有关系，而且反映了碳权供求双方之间的权利与利益关系。具体而言，政府在初始分配时将碳权以配额的方式无偿或者拍卖给需要排放的微观经济个体，这个过程使碳权变得稀缺和有价值，实现了污染引起的外部性的内部化，是排放者对社会成本的支付；然后，碳权在微观经济个体之间进行交易和交换，使得每个相关个体都在拥有对排放权的支配权以及收益权的同时，碳排放所带来的外部性就转化为排放主体的内生成本。

其次，碳金融交易源于交易成本的存在。一种制度或者政策的实行是由于其可以使交易成本最小。由于外部性的存在，一些具有公共资源性质的商品无法有效界定产权，社会外溢成本无人承担，资源往往存在过度使用的问题。假如没有交易成本，庇古税的开征、相关企业合并以及产权化均可以使社会成本与私人成本达到一致，实现资源的帕累托最优。但在存在交易成本的情况下，一方面，政府确定最优排放水平和对排放企业进行监测都会产生行政成本；另一方面，企业合并需要面临由企业所有者所引发的财产共有和内部化的交易成本。因此，产权明晰是首要和最优选择。当然，在这个过程中，明晰的权利应赋予排污者，因为作为广大、分散的排放受损者大多是单个居民，彼此间进行信息沟通和协调的成本巨大，因此，产权明晰下的碳金融交易是实现环境帕累托改进的必然选择。

综上所述，碳金融市场形成的内在理论逻辑是，环境的库兹涅茨曲线证明了我国现阶段进行碳金融交易存在必要性，外部性理论分析了我国进行碳交易所面临的问题以及要解决的矛盾冲突，产权理论基于解决外部性的考虑提出了有效方法。

2.2　环境经济政策手段

2.2.1　政策演进

环境的外部成本内部化，就是使生产者或消费者产生的外部成本进入它们的生产和消费决策，由它们自己承担或“内部消化”，从而弥补私人成本与社会成本的差额，以解决污染外部性问题。根据环境学理论，经典的环境经济政策工具一般简单地分为“直接管制”和“市场激励”两种手段，即政府和市场手段可以归为外部性内部化的政府解决方法，而自愿协商和社会准则可归为私人解决方法。

直接管制。它是政府以非市场途径对环境污染外部性的直接干预，包括命令和控制。当直接管制污染水平可行时，政府更愿意采用这种措施。其中，最有代表性的就是实施排污标准，即由管制部门制定并依法强制实施的每一种污染源特定污染物排放的最高限度。通常排污标准和惩罚相联系，如果超过标准，排污者将受到惩罚。

一般来说，直接管制是对生产和消费过程中所涉及的污染活动的直接干预，它不考虑厂商之间成本与收益的差别，而是“一刀切”。政府可能要了解一些市场状况和厂商经营情况，但市场和厂商在严格的行政管制中没有活动余地，缺乏灵活性。因而，直接管制虽然依从了环境标准，但在经济上却是缺乏效率的，成本较高。一些研究结果表明这种基于命令和控制的成本是很高的。

经济激励手段。在这一点上，经济激励手段却可以以更少的效率代价实现同样的环境标准。经济激励手段主要从影响成本和收益入手，利用价格机制，采取鼓励性或限制性措施，促使污染者减少、消除污染，从而使污染外部性内部化，以便最终控制环境污染。

环境经济手段可以被界定为“从影响成本效益入手，引导经济当事人进行选择，以便最终有利于环境的一种手段”。

多元化手段。由于能源和碳排放的特殊属性，需要运用多种政策工具才能较好地实现预期目标。政策工具按照政府介入程度由低到高可分为自愿性工具、混合性工具和强制性工具三大类 。在节能与碳排放领域中，有代表性的自愿性工具包括低碳社区或零碳社区，节能环保国际组织以及能源服务公司等；有代表性的混合型工具包括节能减排的宣传，新能源补贴，节能量交易和能源税/碳税等；有代表性的强制性工具包括《节约能源法》等一系列法律法规和标准，能效标识，节能教育和能源普查等。政策工具的选择需要综合考虑政策实施的效率、成本与效果。比如说市场手段具有高效低成本的特点，但是对于像能源这样具有一定公共属性的产品，仅仅用市场手段往往无法达到预期的效果，因此需要与其他工具联合使用。

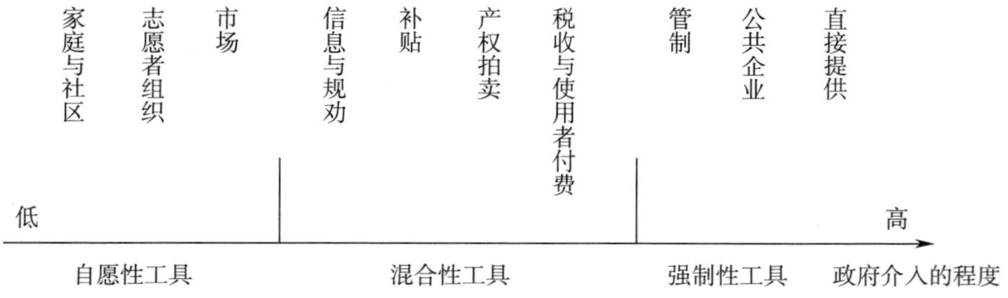

资料来源：Howlett et al. , 1995；陈庆云，2006。

图 2.6 政策工具分类图

2.2.2 现代环境保护的一般经济政策

伴随环境经济学作为一般独立学科的发展历程，人们开始探讨将各种经济政策、手段引入环境领域，解决困扰人类的环境问题，制订并出台实施各种环境经济政策。所谓环境经济政策是指运用经济手段特别是价格杠杆来解决环境污染、生态破坏等问题，开展环境保护工作的相关政策。一般经济政策主要包括：征收排污费、生态环境补偿费、资源税（费），环境保护经济优惠政策（如资源综合利用优惠政策、低息和优惠信贷政策、价格优惠政策、利税豁免政策），环境保护投资政策以及建立健全环境资源市场政策等；金融政策包括优惠贷款、环境基金、保险政策等。

2.2.2.1　一般经济政策

收费手段。收费通常被看作是对污染支付的价格，这种支付至少会部分地进入私人的效益—费用计算中，会带来刺激作用和增加收入的作用。排污收费面临的一个重要的现实问题就是很难对众多的污染者进行监测。为解决这个问题，环境监管部门设计了诸如投入收费等其他收费手段。投入收费是比较容易监测的收费手段，很多国家都征收的燃油税、润滑油税等都属于投入收费。

排污收费的优点在于如果收费的标准设计得准确，可使排污企业花费有效的钱用于削减污染，并且还能有助于产生有关污染削减成本方面的信息。而其复杂性在于，恰当的收费标准应根据污染数量及排污企业的不同而变化，实际应用过程中这样的标准是通过反复的试验和失败发现的，会给排污企业增加交易成本。

环境税是指国家对一切开发、利用环境资源的单位和个人根据其开发、利用环境资源的程度进行征收的税种。环境税是为了抑制生产中的环境负外部性效应，实现特定的环境保护目标、筹集环境保护资金、强化纳税人环境保护行为而开征的一系列税种，它既具有调节经济行为减少污染的作用，又具有为国家公共财政筹集资金的功能。这种税收的大小与逃掉的成本或未负担的费用相当，政府用征来的税收进行被污染环境的治理或对环保企业进行贴补。

环境税收具有调控职能，是一种既重经济效益又兼顾公平的环境经济政策手段。从广义上说，环境税收是税收体系中与生态环境、自然资源利用和保护有关的各种税种和税目的总称。环境保护税可分为两类：一是因环境资源的消耗而引起的破坏性损害而征收的环境资源税；二是针对环境资源的污染性损害征收环境污染税。

20 世纪 70 年代至 80 年代，西欧国家普遍对排污税和费的采用形成了环保税收手段的第一次浪潮。80 年代末，欧美各国越来越多地采用生态税、绿色环保税等多种特种税来维护生态环境，这可视为推行环保税收手段的第二次浪潮。荷兰是开征环保税费时间较长的国家，在 1971 年至 1996 年，环境税收已占国家税收总收入的 2.5%。1995 年 17 个经济合作与发展组织（OECD）国家中，与环境有关的税收收入占总税收收入的 3.8% ~ 11.2%，平均为 7%。环境税收在环境保护方面取得了一些效益，例如，瑞典的硫税（1991 年开征）使石油燃料的硫含量降至低于法定标准的 50%。引进燃料税后，每年 SO_2 的排放量降低了 19 000 吨。在挪威，1991 年引进的 CO_2 税使一些固定的燃烧工厂的 CO_2 排放量降低了 21%。在丹麦，对无危害废物收税已经使垃圾填埋成本翻倍。1987—1993 年，家庭垃圾降低了 16%，建筑垃圾降低了 64%，其他各方面的废物也均降低了 22%。

补贴是另一个重要的环境保护的经济手段。如果向生产者支付削减污染的费用，只要治理污染的成本小于得到的补贴，生产者就会投资削减污染。这个效果与排污收费的效果一致。在有些情况下，补贴可能会使污染削减行为发生比排污收费更加迅速。当然，不管什么情况下，这种补贴都会以产品的较高价格转嫁给消费者。

补贴包括各种形式的财政资助，目的是鼓励削减污染，或者是为削减所必需的措施提供资助。补贴的形式有赠款、软贷款和面向环境治理项目发放的优惠贷款三种。税收补贴主要指对于污染治理设备实行加速折旧、免税或者免费等措施。

对补贴的最大异议是认为它有悖于污染者付费原则。许多发达国家的政府对本国企业特别是大公司的污染治理提供大量的财政补贴，以使这些公司的产品保持低价从而保持竞争力，结果等于是由广大纳税人替那些大公司出钱治理污染。从经济学的角度来看，补贴用于污染削减存在以下一些问题：补贴可能产生这样一种期望，即政府可挽救排污企业，这将减少排污企业进行技术设备改造以降低污染水平的积极性；补贴要求掌握大量充分真实的企业信息，以决定补贴的对象，这造成了政策成本较高；补贴没有排污收费公正，很可能导致不公平竞争。

2.2.2.2 市场制度——排污权交易

排污权交易是当前受到各国关注的环境经济手段之一。早在 20 世纪 70 年代，由美国经济学家戴尔斯提出，并首先被美国国家环保局（EPA）用于大气污染源及河流污染管理，而后，德国、澳大利亚、英国等相继进行了排污权交易政策的实践。我国在大气污染控制方面也开展了可交易的排污许可证的试点工作，并取得了一定效果。

排污权交易的主要思想是，在满足环境要求的条件下，建立合法的污染物排放权利，即通常以排污许可证的形式表现的排污权，并允许排污权像商品那样被买入和卖出，以此来进行污染物的排放控制。排污权交易是在一个有额外排污削减份额的公司和需要从其他公司获得排污削减份额以降低其污染控制成本的公司之间的自愿交易。

一般做法是首先由政府部门确定出一定区域的环境质量目标，并据此评估该地区的环境容量。然后推算出污染物的最大允许排放量，并将最大允许排放量分割成若干规定的排放量，即若干排污权。政府可以选择不同的方式分配这些权利，如公开竞价拍卖、定价出售或无偿分配等，并通过建立排污权交易市场使这种权利能合法地买卖。在排污权市场上，排污者从其利益出发，自主决定其污染程度，从而买入或卖出排污权。

排污权交易的经验主要来自美国。美国的排污权交易计划代表着第一次大规模将经济激励手段运用于环境政策中的尝试，并且是极少数成功地应用并继续实行的政策之一。

2.2.2.3　环境保护中的金融保险手段

金融在当代经济体系中的作用越来越重要而且不可替代。伴随金融、保险市场的快速发展，将金融、保险工具引入环境领域，解决环境问题成为顺理成章的事情。

与解决环境问题的一般经济手段相比较，环境金融、保险手段由于其复杂的设计和经营，使得公众对其更感陌生。

环境项目 BOT 融资。BOT 是英文 Built - Operate - Transfer 的缩写，直译为“建设—经营—转让”，含义是：一个建设项目，通过招标和谈判，国外投资者（承建人）从委托人（通常是政府指定的委托人）手中获得项目的特许权。投资者成为特许权所有者之后，即从事这个项目的投资、建设、经营。在特许权享有期间，投资者通过对项目的经营，得到收益，用于回收投资成本并获得利润。特许权享有期满后，将项目完好地、无条件地转交给委托人。

根据 BOT 投资方式的特点和要求，项目一般集中于技术比较成熟、投资回报率较高的项目。国外多用于以下类型的建设项目：发电厂、煤矿、石油、天然气田、石油与天然气输送管道、桥梁、高速公路及公共交通设施、港口、机场、通信系统、供水工程。在环境领域，主要应用体现是通过 BOT 融资建立污水处理厂和污水处理设施。

需要特别强调的是，相对于发达国家而言，BOT 方式对于发展中国家的经济发展和环境保护意义更为突出，表现在其有利于发展中国家解决所面临的资金不足的矛盾，为政府提供了一条少花钱、多办事的有效途径。政府可利用自己在项目决策、税收、定价、土地开发等方面的决策权，通过项目招标方式，调动和吸引私人投资者的积极性，为政府提供一种新的资金来源。

在 BOT 的基础上，衍生出了一些新型的融资方式，如：BOO 方式（建设—拥有—经营），BOOT 方式（建设—拥有—经营—转让），BLT 方式（建设—租赁—经营）；BTO 方式（建设—转让—经营）。各种方式适用于具有不同特征的环境项目建设。

证券手段应用于生态环境保护中只是在少数发达国家和地区试行，由于其在技术上和各种实施条件上的要求都很苛刻，很难推广。目前实践中使用的或者理论上提出的一些证券手段有环境行为证券、废物处理证券、可交易的环境保护股票等。

环境保险与环境责任保险。将保险手段引入环境领域主要有两种形式，即环境损害责任保险（Environmental Pairment Liability Insurance）和自有场地治理责任保险（Own Site Cleanup Insurance）。前者以约定的限额承担被保险人因其污染环境造成邻近土地上任何第三人的人身损害或财产损失而发生的赔偿责任；后者以约定的限额为基础，承担被保险人因其污染自有或使用的场地而依法支出的治理费用。环境责任保险是本文研究主体，对于它的属性、特征与依存环境等内容是下一章分析的重点。

2.2.2.4 其他手段

押金—退还制度是一种保护环境的简单易行的环境经济手段。OECD 对该制度的解释是：对那些有潜在污染的产品征收附加费，用户如果把这些产品或产品的残留物返还到收集系统从而使得污染得以避免时，用户缴纳的附加费将被返还。

押金—退还制度的实质在于对可能造成污染的产品的销售征收附加费。当符合条件时，例如把用过的或废弃的物品送到集中地，避免了污染时，这笔费用可以退还。此制度一般由制造商自愿执行，在一些国家由政府强制执行。如挪威除在啤酒、软包装饮料的销售中实行押金制外，还对客车车体实行押金制。顾客买车时需支付一定数量的押金，车主退回废汽车时可以取回押金，这一制度使 90% 以上的废旧汽车及时得到收集和回收利用。并且押金制度也符合污染者付费的原则。因此，该制度已经得到很广泛的应用。美国法律规定，所有把有毒废物从封闭废物场释放入环境的可能责任者，对其所造成的损失有责任，必须缴纳一定数量的违章费，费用的多少与造成的损失有关。这一环境经济手段也是符合污染者付费原则的。如我国广东省珠海市环保局对审批项目实行“三同时”保证金制度，保证金约占总投资额的 3% ~5%，在企业进行“三同时”建设时拨回，专款专用。若企业不搞“三同时”，这笔钱就不返回了。这种办法和押金制的思路基本上是一致的。

鼓励金制度。执行鼓励金制度的目的是对污染者提供一种附加的经济刺激，使其遵守法律规定的环境要求。

2.2.2.5　分行业手段

2007 年 IPCC 制定的主要部门或行业温室气体减排的有效政策措施如表 2.3 所示。

表 2.3　主要部门或行业温室气体减排的有效政策措施（IPCC，2007）

部门或行业	政策措施
工业	能效标准、排放交易、自愿性协议
农业	为改进土地管理、保持土壤中碳含量、有效利用化肥和灌溉的财政激励和补贴
能源	降低或取消化石燃料补贴、开征能源税或碳税、再生能源研发补贴、再生
运输	车辆油耗效率标准、生物质能源配比标准、车辆税费（购买、燃料及停车、公共运输及无排放运输的补贴）
建筑与商业	建筑认证、需求侧管理、能源服务业激励、家电标准和标签、节能示范措施
林业	为扩大森林面积、减少毁林以及维护并管理森林而采取的财政激励

资料来源：IPCC 2007，Climate Change 2007：Mitigation of Climate Change Summary for Policy Maker.

2.2.3　政策评价

我国在减少温室气体排放方面的政策储备包括：建立完善温室气体排放统计核算制度，核算和编制国家和地方温室气体排放清单；改进地方经济社会发展综合评价考核办法；建立低碳产品标准、标识和认证制度；逐步建立碳排放交易市场。表 2.4 给出了 2008 年 IPCC 制定的环境政策工具和评估标准。

表 2.4　环境政策工具和评估标准（IPCC，2008）

类型	法规/标准	税收/收费	可交易许可证	自愿协议	资金激励	信息化手段	研究/开发
环境有效性	设定排放水平效果取决于守约和执行情况	取决于建立能诱导行为改变的税制能力	取决于与排放限额参与和守约情况	取决于方案设计，包括清晰目标基准参与设计和审查的第三方监管	取决于项目设计。如条例标准具有确定性	取决于消费者如何利用信息，且与其他政策联合使用时更有效	技术开发政策推广取决于持续融资可能长期具有高收益

续表

类型	法规/标准	税收/收费	可交易许可证	自愿协议	资金激励	信息化手段	研究/开发
成本有效性	取决于设计，统一应用，往往导致较高的守约成本	广泛应用的效果越好，机构与薄弱行政成本越高	效益随着有限的参与和较少的部门而减少	取决于政府激励，奖励和处罚的程度和灵活性	取决于补贴的程度和项目，这极可能造成市场扭曲	可能是低成本的。取决于项目设计	取决于项目设计和风险的程度
分配公平性	礼节与公平竞争的行动者可能处于不利地位	累退征税可以通过收入循环改善	取决于配额的初始分配，不利于小额排放者	请参与者能够获益	措施的收益者不一定是受益应得者	可能对缺乏信息的群体，如低收入群体，效果不明显	最初选择的参与者受益，容易造成资金分配错误
制度可行性	取决于技术能力，在市场功能差的国家，受管理者欢迎	在政治上通常不受欢迎，很难在欠发达的体制中实施	需要运作良好的市场和互补的机构	在政治上通常受到欢迎，需要大量的行政工作人员	受贿者欢迎既得利益者阻碍很难将其逐步清除	取决于特殊利益群体的合作	只要取得独立的决定取决于研究能力和长期融资

资料来源：IPCC 2007，Climte Change 2007：Mitigation of Climate Change Summary for policy Maker。

2.3 碳税

近年来，学界和国内财政、税务、环保等有关部门都对碳税问题进行了大量研究，目前关于碳税政策的研究分为两类，一是对各个国家征收碳税的模型模拟来分析碳税减排对能源系统、GDP、福利、投资、进出口、燃料价格等宏观经济的影响，二是分析碳税减排机制对收入分配、国际竞争的影响。

第一类研究基本都是利用可计算的一般或部分均衡模型来分析，研究结果普遍认为碳税能够减少能源消费以及二氧化碳的排放，而且减排将对 GDP 造成损失，对资本、进出口、价格、福利等都是负向的影响，并且部分文献认为存在一个最优的减排水平使 GDP 损失最小。

第二类研究主要针对碳税对收入、福利等的影响，这是衡量碳税能否在政治上被接受的一个重要因素。此外还有一些研究针对已经征收碳税的国家碳税政策实施的影响进行分析。

2.3.1　碳税（Carbon Tax）

2.3.1.1　碳税

碳税是指针对二氧化碳排放所征收的税。它以环境保护为目的，希望通过削减二氧化碳排放来减缓全球变暖的速度。碳税通过对燃煤和石油下游的汽油、航空燃油、天然气等化石燃料产品，按其碳含量的比例征税来实现减少化石燃料消耗和二氧化碳排放。与总量控制和排放贸易等市场竞争为基础的温室气体减排机制不同，征收碳税只需要增加较少的管理成本就可以实现。

2.3.1.2　碳税原理

来自庇古提出的边际损害成本应等于边际削减成本，需要采用向污染者收税的政府干预形式。碳税是针对二氧化碳排放所征收的一种环境税，以国内税的形式出现，一般按产地原则或目的地原则征收。虽然欧洲的许多国家都开征了各种各样的碳税或能源税，但国际间关于贸易方面关税谈判、税收调整方面的摩擦与争端却始终不断甚至愈演愈烈。

2.3.1.3　征税的目的

一般是为公共物品筹集资金，约束或减少那些被认为不当或可能导致社会成本增加的物品的消费。征收碳税则是要求企业或个人为温室气体排放支付费用，无论向谁征收，最终都将由消费者承担。对于碳税来说，每个碳排放主体可以在控制排放成本与缴纳碳税之间进行权衡和选择，如果纳税比减排更为合算，则可选择纳税，而不必承担较之更为昂贵的减排成本。

2.3.2　碳税政策设计

与一般的其他税种相似，设计碳税政策时应重点考虑征税范围、征税对象、税基及税率等问题。考虑到温室气体排放所带来的效应叠加作用，合理的碳税应覆盖到所有温室气体，即先按“全球变暖潜势”，对每种温室气体确定权重，再折算成二氧化碳排放当量进行征收。接下来的问题是在哪个环节征收。由于温室气体排放部门大多是受到政府机构控制的部门，如能源、交通和农业等。从“排污者付费原则”出发，对所有温室气体的排放源都征收碳税是合理的。对能源产品和耗能部门征收的碳税税基，只能用二氧化碳或含碳量计算。最理想的办法是，对那些产生负外部性的直接排放者依据核证的排放量征收碳税。由于大多数国家已征收燃料税或燃料消费税，所以只需要对征收基数作些调整，就可以进行碳税征收了。

2.3.2.1 碳税制度设计

碳税制度涉及两个问题：一是税率水平；二是不同部门、产品和使用者的税率差异。理想的碳税税率应等于边际减排成本和边际排放损失。税率较高，可以有效激励温室气体减排，但不利于经济增长，财政收入无法稳定和持久；税率过低，则不能有效控制温室气体排放，却比较容易获得持久稳定的财政收入。

由于可以直接向市场传递价格信号，碳税的征收范围对温室气体减排效果及整个经济运行的影响巨大。如对上游行业（资源所有者、能源生产者或供给者）征收，垄断性的大企业或者把增加的成本转嫁给下游企业或消费者，从而提高通货膨胀压力；又或阻碍市场传导价格信号，则碳税起不到既定减排作用。欧洲国家的碳税设计即以向下游用户征收为主，并设置差异性税率。

2.3.2.2 碳税收入使用

除了作为一般财政收入来源之外，碳税收入的使用主要有三类：第一，推动税收中性改革，运用碳税收入减少其他扭曲性的税收收入；第二，列入专项支出项目，如环境基金、环境工程项目经费等；第三，补偿那些受碳税影响较大的企业和群体。如能源密集型企业和低收入人群，以减少福利损失，目前大多数国家的碳税实践一般是上述几种方式的组合。碳税制度设计示意图如图2.7所示。

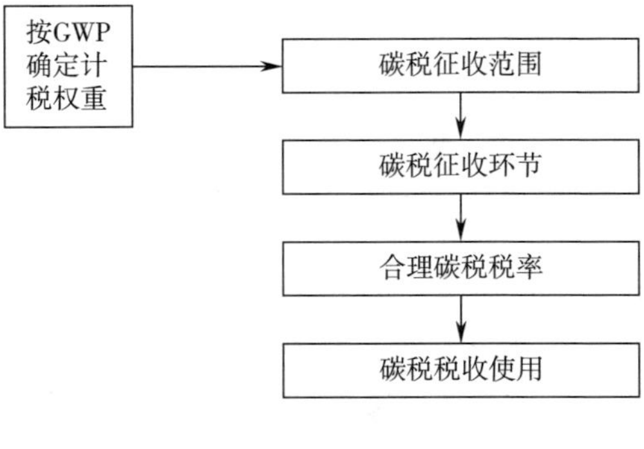

图2.7 碳税制度的设计和使用

2.3.3　碳税、能源税与环境税的联系与区别

碳税就是针对二氧化碳排放征收的一种税。更具体地看，碳税是以减少二氧化碳的排放为目的，对化石燃料（如煤炭、天然气、汽油和柴油等）按照其碳含量或碳排放量征收的一种税。能源税一般是泛指对各种能源征收的所有税种的统称，包括国外征收的燃油税、燃料税、电力税以及我国征收的成品油消费税等各个税种。

比较起来，碳税与能源税之间既相互联系，也存在着一定的区别。两者的联系为：在征税范围上，碳税与能源税有一定的交叉和重合，都对化石燃料进行征税；在征收效果上，碳税与能源税都具有一定的二氧化碳减排和节约能源等作用。两者之间的区别为：在产生时间上，对各种能源征收的能源税的产生要早于碳税，碳税则是在认识到排放温室气体破坏生态环境以及对全球气候变化造成影响后，才得以设计和出现的；在征收目的上，碳税的二氧化碳减排征收目的更为明确，而能源税的初期征收目的并不是二氧化碳减排；在征收范围上，碳税的征收范围要小于能源税，只针对化石能源，而能源税包括所有能源；在计税依据上，碳税按照化石燃料的含碳量或碳排放量进行征收，而能源税一般是对能源的数量进行征收；在征税效果上，对于二氧化碳减排，理论上根据含碳量征收的碳税效果优于不按含碳量征收的能源税。

环境税，一般是泛指对为实现一定的环境保护目标而征收的所有税种的统称。三者相比较，环境税的外延最大，既包括能源税和碳税，也包括其他与环境保护相关的税种，如硫税、氮税、污水税等。

碳税具有以下制度性缺陷：第一，碳税作为税收制度，不如其他减排政策具有正面经济激励效应，容易被纳税人抵制；第二，碳税的累退性特点是低收入者税负占可支配收入的比例更高；第三，碳税对能源密集型企业造成的负担和影响比碳交易更大。为此，实施碳税的国家大都实行一些碳税收优惠和补偿措施。如对一些行业和企业，尤其是能源密集型企业，实施宽松的减免与返还政策，以一定程度上降低碳税的实际效果，来换取公众的支持，保障税收公平和产业竞争力。碳税的实施经验基本上集中于欧洲和北美的部分国家和地区，如加拿大的魁北克省和不列颠哥伦比亚省。欧盟的碳税经验更为重要。

作为环境税改革的重要内容，20 世纪 90 年代开始这项政策开始在欧洲国

家实行，主要目的是保护环境、应对气候变化、扩大税基和降低劳动成本。碳税政策的主要内容是对能源消费和二氧化碳排放进行征税。税收收入用于减少所得税和非工资成本，同时为提高商业部门能效提供资金支持。

数据显示，欧盟国家碳税结构主要来源于交通领域，包括机动车常规税和机动车燃料能源税等。这主要是因为交通领域的能源价格弹性较低、能源消费量较大、税基稳定，因此交通部门是收购碳税政策影响的部门之一。

欧盟能源税方案以欧盟指令的方式出台。由于包含 CO_2 排放因素，可视为碳税，其基本功能不是为了增加财税收入，而是借此推动能源结构调整，促进消费者转换能源消费模式。能源税指令于 2004 年 1 月 1 日正式实施，设置最低能源税率。与仅对矿物油燃料收税的碳税相比，能源税指令覆盖的税基更为广泛。该指令对天然气、煤和碳都设置了最低税率。

2.4 碳排放权交易

2.4.1 碳排放权交易的基本概念

明确碳排放权及其交易的概念是设置碳排放权交易制度的前提和基础。

2.4.1.1 碳排放权的概念

排放权的本质和概念，自诞生之日起就充满争议。法律学者和经济学者从不同的学科角度给出了不同的解释。而且即使在法律学科内部，不同学者对排放权的认识也存在差异。吴元元（2003）、高利红（2003）等将排放权确认为用益物权，即非所有权人对他人之物所享有的占有、使用、收益的排他性权利。用益权是指无偿使用他人的物而不损坏或变更其物本质的权利。还有学者将排放权确认为环境权中的环境人格权，是一种特殊的新型人格权，兼有物质和精神双重属性，也是一种社会性的私权。王小龙（2008）则认为排放权是特别法上的物权（或称特许物权）——“环境容量使用权”。由此可见，目前法律界并没有对碳排放权的法律本质形成共识。

经济学家认为，排放权最初并不是一个法律概念，而是一个经济学概念。美国经济学家戴尔斯（Dales）1968 年根据科斯的产权理论提出排放权交易理论，并成功地应用于美国“酸雨”计划以来，排放权交易的低成本减排优势得到了政府的高度认可，并逐步推广到环境污染治理的各个领域。《京都议定书》中所提出的三种减排机制，其理论依据也源于此。政府之所以开展排放权交易，其意图在于运用经济手段来解决环境污染问题。即通过环境污染治理成本内部化，促使企业致力于污染治理。碳排放权交易的目标是使边际减排成本不同的企业通过交易实现低成本的减排。

由此可见，由于学科的差异，经济学和法学对排放权尚未取得一致的认识。本书认为，排放权是基于政府或国际组织的法规或信用建立的一种特别许可权。企业获得该权利，则获得了合法排放一定数量温室气体的权利。在所有的碳排放权交易机制设计中，一份排放权表示排放一吨温室气体，即二氧化碳等价物的权利。

2.4.1.2　碳排放权交易的概念

碳排放权交易主要是指边际减排成本不同的企业之间进行的交易行为，以此实现低成本减排的目的。排放权交易鼓励减排成本低的企业差额减排，并将获得的配额或碳信用通过交易的方式出售给减排成本高的企业，以帮助减排成本高的企业实现减排目标，以此降低企业的履约成本。

如图 2.8 所示，削减同样 1 吨的污染物，企业 1 的边际减排成本是 3 000 元，企业 2 的边际减排成本是 2 000 元，边际减排成本的差异为企业 1 和企业 2 之间的交易提供了可能。企业 2 可以通过低成本的优势加大减排力度，将剩余的排放权出售给减排成本更高的企业 1，最终两个企业的边际减排成本于 2 500元处实现均衡，这时双方停止交易，最终实现了排放权交易低成本减排的目的。

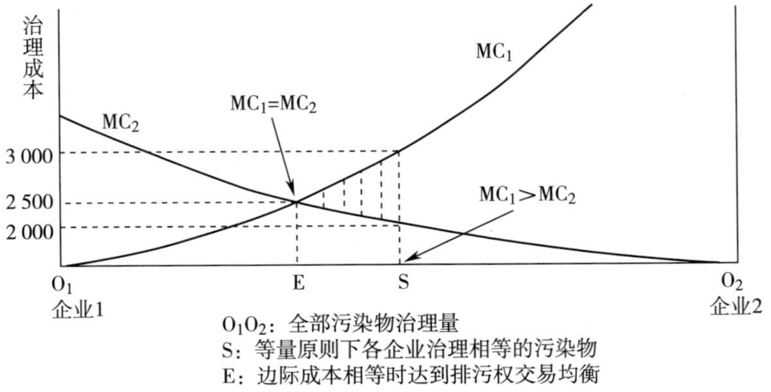

图 2.8　不同企业边际减排成本差异图

2.4.2 碳交易市场机制

2.4.2.1 碳交易与碳交易市场

"碳排放权交易"通常被简称为"碳交易"。这一概念最早出现于1997年12月在日本东京签订的《京都议定书》中。《京都议定书》提出二氧化碳的排放权可以像普通商品一样交易。《京都议定书》把氧化亚氮、氢氟碳化物、二氧化碳、甲烷、全氟化物、六氟化硫六种气体确定为温室气体。因此，碳排放权交易被泛化为各类温室气体（GHG）排放权的交易。另外，在所有的温室气体中，二氧化碳占据了绝对主导地位，因此温室气体排放权的交易被简称为"碳交易"，从事这种碳排放权交易的市场被称作碳交易市场。

碳交易市场又称碳排放权交易市场、温室气体排放权交易市场，或以碳排放权交易为实质的碳信用市场。碳交易市场的核心是碳排放权交易，是指根据各国政府实现对《京都议定书》的减排承诺的前提下，对本国企业实行二氧化碳排放额度控制的同时允许其进行交易。碳市场与其他商品的性质不同，特点见表2.5。

表2.5　碳排放权市场的特点与其他商品的比较

类型	普通商品	大宗商品	碳排放权商品	金融商品（货币、证券、保险、期货等）
储存成本	高	高	只有资金成本	只有资金成本
运输成本	高	高	无	无
生产材料	不一定	是	是	无关
先购买后生产/排放	是	是	否	否
同质性	低	高	同质	同质

碳现货（碳排放权）介于大宗商品与金融商品之间，是一种特殊的商品，其发放与清缴时间由政府规定，多为一年。发放过程见图2.9。

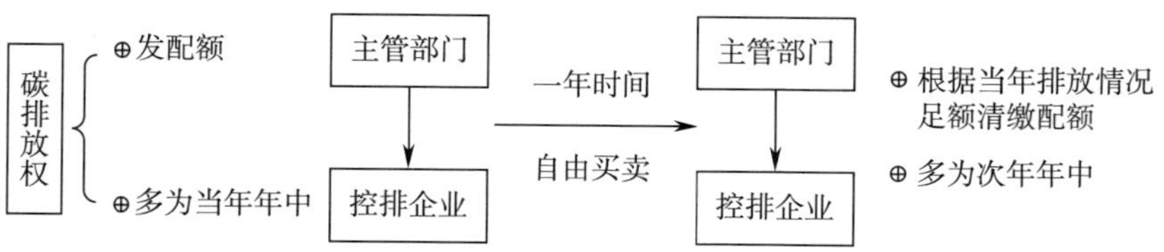

图2.9　碳排放权的发放过程

2.4.2.2　碳交易与碳税的区别

碳交易与碳税都是促进碳减排的有效措施，但有许多不同，区别见表 2.6。

表 2.6　碳税与碳交易比较

评估标准	碳税	碳交易
减排目标确定性	减排目标不确定，难以确定减排效果	总量控制下可以明确减排目标并知道是否达标
成本有效性	具有成本效率，但信息完备时才可获得，因此信息成本高	具有成本效率，实施成本可能较高
技术创新	对企业投资开发减排技术具有稳定的刺激作用，碳税收入可以专项投入鼓励技术创新	具有刺激企业投资开发减排技术的作用，但碳价不稳可能削弱这种激励
监管体系	单向、垂直、线式监管	网络式监管，多重监管
分配公平性	依赖于监管机构的征收范围和对碳税收入的支配	依赖于配额最初如何分配，以及监管机构如何支配有偿分配配额的收入
适应增长	会对产业增长造成影响，影响程度决定于税率的制定	内在机制能够适应新的增长
易被接受	政策实施对象接受度较低	达标选择的灵活性减少了接受阻碍
适用范围	分散式、中小型排放源	大型、集中式排放源
促进金融化	不利于与金融市场结合	利于实现金融化

资料来源：伦纳德·奥托兰诺．环境管理与影响评价［M］．郭怀成译，北京：化学工业出版社，2004.

2.4.2.3　碳税和碳交易对碳减排的优缺点

一种制度的好坏，我们主要从政策的有效性，减排成本的可知性，管理成本，政治上的可接受性，社会的公平性等几个方面来比较。

（1）政策有效性

在有效性角度上，英国经济学家 Pearce 认为，通过征收碳税提高产碳产品价格，会使私人成本增加。经济主体会千方百计地寻求降低生产成本的方法，这从客观上促进绿色节能技术的产生，从而有效地减少二氧化碳的排放。当然，征税不可避免地会产生无谓损失，如果碳税采取专款专用的使用方法，即把所取的碳税收入作为企业提高生产技术的补贴，那么无谓损失大大将会减少。此外考虑到原来碳排放企业的生产外部性，碳税有利于价格信号正确地反映生产成本，促进市场资源的配置，提高经济效率。同样，碳交易也具有相当好的效果。根据科斯定理，当各方能够无成本地讨价还价并对大家都有利时，无论产权是如何界定的，最终结果将是有效率的。因此，只要排放权初始的分配方式确定，则各企业通过市场交易，利用价格体系的机能，可以促使污染外部成本内部化，以达到最适当的二氧化碳排放水平。与碳税的税率由政府所制定不同，碳交易价格由市场决定。理论上，后者灵敏度更大，效率更高。

（2）减排成本可知性

减排成本的可知性决定了经济主体的遵从成本。在成本可知或可预测时，经济主体就能够合理地安排其生产并优化其投资决策，反之，企业因为顾虑，会选择一些次优方案，从而加大整个经济运行的成本。一般认为，碳税是达到既定成本最小的减排政策工具。因为碳税具有固定性和法律性，企业可以根据碳税制度，依照自身情况选择最优的减排路径。而碳交易中排放价格由于市场原因，会有较大的波动性，这样会增加企业的遵从成本。而减少此波动性，只能依靠市场制度的完善和市场主体自身意识的提高，故碳交易的减排成本有较大的不确定性。

（3）管理成本

各国碳税的征收一般是依据各国税制自身的体系，比如可以利用消费税体系，在石化能源的产生环节，进口环节征收消费税。因此碳税实际就是增加消费税的税目，并调整相应税目的税率，碳税的管理成本较低。而对于碳排放交易来说，初始排放权的分配，由于各方利益的博弈，需要经过一个较长时期的谈判，且还需要建立相应的排放权交易市场以及建立参与企业能源使用的报告机制、监控机制与惩罚机制，这些都需要较大的额外管理成本。不过也正是因为碳市场的建立，产生了一个新的行业，增加了较多的就业岗位，创造出巨大的经济价值，结果管理成本与经济效益一起递增。从这个角度来看，管理成本的提高并不意味着有较大的劣势。

（4）政治上的可接受性

政治上的可接受性主要从两个方面加以考虑：第一，政策引起的分配效应是否损害了很多我们认为不能损害的那部分人的利益，比如低收入者；第二，是否会损害那些有较强政治谈判能力的人的利益。在分析政治上可接受性时我们有必要将政策区分为两种类型，一种是推动型政策，比如税收、行政指令标准等；另一种是拉动型政策，比如一般很受欢迎的财政补贴。拉动型政策是非常受欢迎的，在实施的过程中往往受到的阻力较少，推动型政策往往要受到各方面的阻碍。碳税本身的累退性是推行实施阻力大的原因之一。此外，在不同类型企业之间的分配方面，税负主要集中在能源密集型企业。由于碳税相比无偿配给的排放权交易制度和行政指令标准，多了一块可利用的碳税收入，碳税制度可以通过其收入的运用来增加其政治上的可行性，可以用碳税收入来弥补对低收入者的负面影响。也可以通过补贴，促进企业、居民进行减排投资和减排技术的改进等。而对于碳交易制度，则要分两方面讨论。如果采用初始排放权免费配给制度，则往往会得到企业的支持，而这些企业往往是强势的主体，在政治上具有较强的可行性。不过这从公平性上是站不住脚的，因为它把有价值的排放权免费交给企业，等于将全社会的收入免费送给了这些排放大户。如果采用拍卖的方式获得初始排放权，这相当于提高了企业的生产成本（实际上是私人成本向社会成本靠拢），则企业的支持度或者说政治上的可行性就不会这么高了。

（5）社会公平性

从公平性角度看，税收是优选的政策。如果采用初始排放权免费配给制度，像上文所述，它相当于将全社会的收入免费送给这些排放企业，这不可避免地会产生寻租的问题。这样一方面有关系的企业往往会先得到配额，而没有关系的企业则要加大公关投入，会加重企业的额外负担，造成企业之间竞争的不公平。另一方面，这会强化政府在市场有效运行领域的行政干预，不利于经济市场化改革完善，且容易滋生腐败，与现在提倡建立廉洁高效的政府不符。如果采用拍卖等方式将排放权卖给企业，这样操作就有较大的公开透明性，即至少在操作层面上能够保证公平。由于产品在市场上流通，购买产品的人都会承担部分成本，确保中高收入者的公平性。但这样会损害低收入者的公平性，故可将拍卖排放权所取得的收入以福利的形式分给低收入者。如果采用碳税，则与初始排放权拍卖的排放权交易制度类似。

第3章　企业碳计量概述

通过前两个章节的学习，我们理解了全球正在发生的气候变化及其相关的谈判和低碳发展政策，也学习了碳排放权交易的概念及其经济学基础。在这一章里，我们将介绍企业是如何获悉和了解自己的碳排放量，并以此为依据来权衡企业在碳排放权交易市场上的交易行为。首先我们回顾一下碳排放和碳排放量的基本概念，然后开始对碳计量的定义和碳注册进行讲解。我们将介绍目前我国碳计量所面临的问题及其解决建议。我们还将讲述企业碳计量的整个过程，包括建立组织边界、设定运营边界、选择基准年和确认与计算温室气体排放量。最后，我们讨论产品层面的碳计量，讲述不同行业碳计量的特点及其范围，并介绍了一系列的案例以便深入理解、思考与应用。

碳排放是温室气体排放的总称或简称。我们用碳（carbon）来代表温室气体是因为二氧化碳是温室气体中最主要的气体。通常碳和二氧化碳之间可以相互转化。1 吨碳相当于 3.67 吨二氧化碳。

基于联合国政府间气候变化专门委员会（Inter－governmental Panel on Climate Change，IPCC）[①] 发布的《国家温室气体排放清单指南》[②]，碳排放量等于某一种能源的消费总量与该能源的碳排放系数的乘积。碳排放系数是每一种能源在燃烧或使用过程中，单位能源所产生的碳排放质量数。例如，依赖于颗粒化石燃料消耗的发电厂的二氧化碳排放系数为 0.765。这代表发电厂消耗一单位颗粒化石燃料排放了 0.765 单位的碳。英国石油公司（BP）中国分公司的碳排放计算器提供的资料显示：节约 1 升汽油等于减排 0.627 千克碳（1 升

① 联合国政府间气候变化专门委员会（Intergovernmental Panel on Climate Change，IPCC）是世界气象组织（WMO）及联合国环境规划署（UNEP）于 1988 年联合建立的政府间机构。其主要任务是对气候变化科学知识的现状，气候变化对社会、经济的潜在影响以及如何适应和减缓气候变化的可能对策进行评估。

② 以政府、企业等为单位计算其在社会和生产活动中各环节直接或者间接排放的温室气体，称作编制温室气体排放清单。

汽油的碳排放系数），等于减排 2. 3 千克二氧化碳（碳与二氧化碳之间的转化等价于 0. 627 乘以 3. 67 吨二氧化碳/每吨碳等于 2. 3 千克二氧化碳）；节约 1 升柴油等于减排 0. 717 千克碳，等于减排 2. 63 千克二氧化碳。更多能源碳排放系数请参考表 3. 2。

截至 2017 年，中国已经占据了全球碳排放排行榜的首位。其排放量为每年 10 357 万吨。占据第二位的是排放量为每年 5 414 万吨的美国。在美国，有一半以上的居民面临着呼吸污染空气的隐患。排名第三的是正在崛起的印度，其每年二氧化碳排放量为 2 274 万吨。该国已经签署了减排和使用清洁能源等相关协议以促进减排。全球碳排放排行榜上排列在第四位至第十位的分别是俄罗斯、日本、德国、伊朗、沙特阿拉伯、韩国和加拿大。表 3. 1 显示了 2017 年全球二氧化碳排放量的国家排名。

表 3. 1　　全球 2017 年二氧化碳排放量排名

排名	国家	每年二氧化碳排放量（万吨）
1	中国	10 357
2	美国	5 414
3	印度	2 274
4	俄罗斯	1 617
5	日本	1 237
6	德国	798
7	伊朗	648
8	沙特阿拉伯	601
9	韩国	592
10	加拿大	557

表 3. 2　　各种能源碳排放系数以及计算方法和公式

能源名称	平均低位发热量（kJ/kg）	折标准煤系数（kgce/kg）	单位热值含碳量（吨碳/TJ）	碳氧化率	二氧化碳排放系数（kg－二氧化碳/kg）
原煤	20 908	0. 7143	26. 37	0. 94	1. 9003
焦炭	28 435	0. 9714	29. 5	0. 93	2. 8604
原油	41 816	1. 4286	20. 1	0. 98	3. 0202
燃料油	41 816	1. 4286	21. 1	0. 98	3. 1705
汽油	43 070	1. 4714	18. 9	0. 98	2. 9251

续表

能源名称	平均低位发热量（kJ/kg）	折标准煤系数（kgce/kg）	单位热值含碳量（吨碳/TJ）	碳氧化率	二氧化碳排放系数（kg－二氧化碳/kg）
煤油	43 070	1.4714	19.5	0.98	3.0179
柴油	42 652	1.4571	20.2	0.98	3.0959
液化石油气	50 179	1.7143	17.2	0.98	3.1013
炼厂干气	46 055	1.5714	18.2	0.98	3.0119
油田天然气	38 931 kJ/m^3	1.3300 $kgce/m^3$	15.3	0.99	2.1622 kg－二氧化碳/m^3

说明：①低（位）发热量等于 29 307 千焦（kJ）的燃料，称为 1 千克标准煤（1 kgce）；

②上表前两列来源于《综合能耗计算通则》（GB/T 2589—2008）；

③上表后两列来源于《省级温室气体清单编制指南》（发改办气候〔2011〕1041 号）；

④“二氧化碳排放系数”计算方法：以“原煤”为例 1.9003 = 20 908 × 0.000000001 × 26.37 × 0.94 × 1 000 × 3.66667（近似于 3.67）；

⑤该表格来源于：http://www.tanpaifang.com/tanjiliang/2014/0914/38053.html。

3.1 碳计量概述

3.1.1 碳计量的定义

碳计量，又称碳排放量计量，是指碳排放量的计算，或者是指碳盘查和温室气体排放清单的编制。

3.1.2 碳排放计算依据

（1）温室气体排放与碳排放

温室气体排放：由于人类活动或者自然形成的温室气体，如：水汽（H_2O）、氟利昂、二氧化碳（CO_2）、氧化亚氮（N_2O）、甲烷（CH_4）、臭氧（O_3）、氢氟碳化物、全氟碳化物、六氟化硫等的排放。

碳排放是温室气体排放的一个总称或简称。温室气体中最主要的气体是二氧化碳，因此用碳（Carbon）一词作为代表。虽然并不准确，但可以简单地将“碳排放”理解为“二氧化碳排放”。多数科学家和政府承认温室气体已经并将继续为地球和人类带来灾难，所以“控制碳排放”“碳中和”这样的术语就成为容易被大多数人所理解、接受、并采取行动的文化基础。

（2）国际公认的相关准则

我国碳排放计算依据主要是以国际公认的相关准则、碳计算的范围为依据，主要有：

①温室气体协议。温室气体协议（Greenhouse Gas Protocol），简称 GHG 协议。提供了碳排放核算和报告的指导性原则，目前已经成为国际上政府和企业使用最为广泛的碳排放核算工具，核算结果通常应用于了解、量化和管理温室气体排放。GHG 协议由世界资源研究所（WRD）和世界可持续发展工商理事会（WBCSD）共同制定，最近发布的所有国际温室气体排放标准均由这两个机构负责制定，并为数百家企业完成了温室气体排放清单。

②空气质量和温室气体工具。空气质量和温室气体工具（Air Quality and Greenhouse Gas Toolbox）是国际港口协会（IAPH）开发的工具系统，该系统提供了与港口相关的空气质量以及气候变化相关问题的解决方案，空气、气候及其与港口和航运活动的关系的信息，以及减少排放策略与开发清洁空气项目和气候保护计划导则。

③碳足迹指导文件。碳足迹指导文件（Carbon Foot printing Guidance Document）是世界港口气候倡议（WPCG）公司联合一些港口共同制定的指导性文件，目的在于对致力于开发自己的碳足迹核算方法的港口提供技术指导。

（3）碳计算的对象范围

GHG 协议在核算企业温室气体排放时，定义了 3 类不同的碳排放源：

- 第 1 类排放源：企业活动产生的直接排放，来源于企业拥有或者控制的排放源的静止燃烧、移动燃烧、化学过程、生产过程或逸出源（非故意释放）的排放。
- 第 2 类排放源：企业活动消耗电力所产生的间接排放，企业购买并消耗的电力在发电过程中产生的直接排放。供配电的企业在供配电过程中消耗电力所产生的排放不计入范围。
- 第 3 类排放源：企业活动产生的除消耗购买电力外所产生的间接排放，包括购买的原材料的开发和生产过程、购买能源的运输过程、售出产品和服务的使用过程等所产生的其他间接排放，范围内的排放是企业活动产生的，但是排放源不是企业拥有或者能够控制的。

GHG 协议要求企业的温室气体排放核算至少应包括第 1 类和第 2 类排放

源的排放。

表 3.3　　　　　　　　GHG 协议主要排放源

第 1 类排放源：直接排放	企业拥有或者控制：静止燃烧、移动燃烧、化学过程、生产过程或逸出源（非故意释放）的排放
第 2 类排放源：间接排放	企业购买或消耗电力所产生的排放
第 3 类排放源	企业活动产生的除消耗购买电力外所产生的间接排放

（4）碳排放的一般计算方法

要在现实中有效降低 CO_2 排放，首先要在理论上探讨 CO_2 排放的估算方法、强度、绩效、影响因素等。因此，CO_2 排放研究成为能源经济学者、生态学者、地理学者、规划学者和政策制定者等在理论和实践层面共同关注的热点问题。基于此，排放估算方法进行了梳理。

①按照计算的系统程度，分成两种方法：一是利用生命周期评估（LCA）法，这种方法更准确也更具体；二是通过所使用的能源矿物燃料排放情景计算，这种方法较一般。

②按照计算的技术，可以分为两大类：一类是系数法；另一类是计算法。计算法又分为物料衡算法、实测法、模型法等。

a）系数法。排放系数法是指在正常技术经济和管理条件下，生产单位产品所排放的气体数量的统计平均值。排放系数也称为排放因子，可通过实测、物料衡算或者调查得到。

b）计算法

物料衡算法。根据物质守恒定律，物质是守恒的，这是一切计算的基础，在生产过程中对于某种特定元素和物质也是守恒的。以燃煤产生 CO_2 为例，燃原煤量乘以原煤含碳量折算为总碳量，扣除进入灰、渣、烟尘中的碳后，即为排入大气的 CO_2 的碳量。

实测法。实测法可以通过针对不同行业的典型企业开展大量的实际测量工作，记录燃料、设备及运行工况等情况，测量 CO_2 排放量，从而确定不同行业的 CO_2 排放量，进而确定碳足迹。此方法准确性高，但消耗人力和物力较大，成本较高。公式为：

$$G = K \cdot Q \cdot C$$

其中，G 为某气体排放量；C 为介质中某气体浓度；Q 为介质（空气）量；K 为式中单位换算系数。

模型法。模型化分析的经典应用可追溯到 20 世纪 70 年代出现的投入—产出模型。在此基础上，加进了污染排放和污染减排的因素就成为著名的环境 Leontief 模型，从而分化和发展出多种研究 CO_2 气体减排的分析模型。

在数学领域中已经发展形成了很多用于分析预测的数学模型，它们各有特点又各有其适用范围。所有预测模型共有的特点是利用已存在的历史数据和相关信息，结合科学合理的方法对未来数据进行分析估算。常用的定量预测模型主要有：时间序列模型，例如移动平均法、分解预测法、指数平滑法、自回归模型等；因果分析模型，如回归分析法、趋势外推法、投入产出模型、灰色系统模型等。见表 3. 4。

表 3. 4　　碳计算的一般方法

<table>
<tr><th>计算依据</th><th colspan="6">分　类</th></tr>
<tr><td rowspan="2">系统程度</td><td colspan="6">生命周期评估（LCA）法</td></tr>
<tr><td colspan="6">能源矿物燃料排放情景计算</td></tr>
<tr><td rowspan="6">计算的技术</td><td colspan="6">系数法</td></tr>
<tr><td rowspan="5">计算法</td><td colspan="5">物料衡算法</td></tr>
<tr><td colspan="5">实测法</td></tr>
<tr><td rowspan="3">模型法</td><td colspan="4">投入—产出模型</td></tr>
<tr><td rowspan="2">环境 Leontief 模型</td><td rowspan="2">定量预测模型</td><td>时间序列模型</td><td>移动平均法、分解预测法、指数平滑法、自回归模型等</td></tr>
<tr><td>因果分析模型</td><td>回归分析法、趋势外推法、灰色系统模型等</td></tr>
</table>

资料来源：根据相关资料整理。

3. 1. 3　碳排放预测模型——灰色模型

灰色系统理论是由华中理工大学邓聚龙教授于 1982 年提出并加以发展的。二十几年来，引起了不少国内外学者的关注，得到了长足的发展。目前，灰色系统理论在我国已经成为社会、经济、科学技术等在诸多领域进行预测、决策、评估、规划控制、系统分析与建模的重要方法之一。特别是它对时间序列短、统计数据少、信息不完全系统的分析与建模，具有独特的功效，因此得到了广泛的应用。灰色系统理论引起了国内外学者的广泛关注。灰色系统理论已成功应用到工业、农业、社会、经济等众多领域，解决了生产、生活和科学研究中的大量实际问题。灰色系统模型具体步骤如下。

（1）获取历史数据并进行处理

历史数据序列：$x^{(0)}(t)=(x^{(0)}(1),x^{(0)}(2),\cdots,x^{(0)}(t)),t=1,2,3,\cdots,n$

对历史数据进行一阶累加生成新序列：$x^{(1)}(t)=(x^{(1)}(1),x^{(1)}(2),\cdots,x^{(1)}(t))$

紧邻均值序列：设 $z^{(0)}(t)=(z^{(1)}(2),z^{(1)}(3),\cdots,z^{(1)}(n))$

其中，$z^{(1)}(t)=\frac{1}{2}x^{(1)}(t)+\frac{1}{2}x^{(1)}(t-1),t=2,3,\cdots,n$

（2）建立微分方程和构造矩阵

设 $x^{(1)}$ 满足一阶常微分方程，一阶微分方程为 $\frac{dx^{(1)}}{dt}+ax^{(1)}=u$

其中，a 是常数，称为发展灰数；u 称为内生控制灰数（或内生变量），是对系统的常定输入。此方程满足初始条件 当 $t=t_0$ 时 $x^{(1)}=x^{(1)}(t_0)$ 的解为

$$x^{(1)}(t)=\left[x^{(1)}(t_0)-\frac{u}{a}\right]e^{-a(t-t_0)}+\frac{u}{a}$$

并记做 GM（1，1）模型。

方程的展开形式为：$\begin{bmatrix} x^{(0)}(2) \\ x^{(0)}(3) \\ M \\ x^{(0)}(N) \end{bmatrix}=\begin{bmatrix} -\frac{1}{2}[x^{(1)}(2)+x^{(1)}(1)] & 1 \\ -\frac{1}{2}[x^{(1)}(3)+x^{(1)}(2)] & 1 \\ M & 1 \\ -\frac{1}{2}[x^{(1)}(N)+x^{(1)}(N-1)] & 1 \end{bmatrix}\begin{bmatrix} a \\ u \end{bmatrix}$

构造矩阵 $B=\begin{bmatrix} -z(2) & 1 \\ -z(3) & 1 \\ M & M \\ -z(n) & 1 \end{bmatrix},Y=\begin{bmatrix} x^{(0)}(2) \\ x^{(0)}(3) \\ M \\ x^{(0)}(n) \end{bmatrix},U=\begin{bmatrix} a \\ u \end{bmatrix}$

则上面方程的矩阵形式为 $Y=BU$

（3）矩阵计算

参数列为 U，则 $\hat{U}=\begin{bmatrix} a \\ u \end{bmatrix}$ 用最小二乘法求解可以得到：$\hat{U}=\begin{bmatrix} \hat{a} \\ \hat{u} \end{bmatrix}=(B^TB)^{-1}B^Ty$

进行矩阵计算，从而求得参数 a，u。

（4）求出预测模型

将参数代入时间序列函数得到一次累加生成序列的预测模型：

$$\hat{x}(t+1)=(x^{(0)}(1)-\frac{u}{a})e^{-at}+\frac{u}{a}$$

得时间响应方程从而可以计算得到 $\hat{x}^{(1)}(t+1)$ 拟合值。

再有还原公式 $x^{\hat{(0)}}(t+1)=x^{\hat{(1)}}(t+1)-x^{\hat{(1)}}(t)$ 还原，可以求得 $x^{(0)}(t)$ 模拟值。

（5）模型精确度的检验

预测模型的精确度可以通过后验方差比值 C 和小误差概率 P 来检验，具体方法为：

①计算残差 ε：由实际数值和预测数值比较后得到

残差：$E(t)=x^{(0)}(t)-x^{\hat{(0)}}(t), t=2,3,\cdots,N$

相对残差：$e(t)=[x^{(0)}(t)-x^{\hat{(0)}}(t)]/x^{(0)}(t), t=2,3,\cdots,N$

②计算原序列 $x^{(0)}(t)$ 标准差 S_1；计算残差序列 $E(t)$ 的均值 $\overline{E}_{(t)}$ 和标准差 S_2

$x^{(0)}$ 的均值：$\overline{X}=\frac{1}{N}\sum_{t=1}^{N}X^{(0)}(t)$

$x^{(0)}$ 的标准差：$S_1=\sqrt{\frac{1}{N}\sum_{t=1}^{N}[x^{(0)}(t)-\overline{X}]^2}$

残差的均值：$\overline{E}=\frac{1}{N-1}\sum_{t=2}^{N}E(t)$

残差的方差：$S_2=\sqrt{\frac{1}{N-1}\sum_{t=2}^{N}[E-\overline{E}]^2}$

③计算后验方差比值 C：$C=\frac{S_2}{S_1}$

④计算小误差概率：$P = P\{|E(t) - \overline{E}| < 0.6745S_1\}$

表 3.5　　灰色模型

模型精度等级	均方差比值 C	小误差概率 P
1 级（好）	C≤0.35	0.95≤P
2 级（合格）	0.35 < C≤0.5	0.80≤P < 0.95
3 级（勉强）	0.5 < C≤0.65	0.70≤P < 0.80
4 级（不合格）	0.65 < C	P < 0.70

（6）关联度检验法设 $X_0 = \{x_0(1), x_0(2), L, x_0(n)\}$ 为参考序列，$X_i = \{x_i(1), x_i(2), L, x_i(n)\}, i = 1, 2, \cdots, m$ 为其他序列，则 X_0 与 X_i 的关联系数为：

$$\varepsilon_{ij} = \frac{\min_j |X_0(j) - X_i(j)| + \rho \max_i \max_j |X_0(j) - X_i(j)|}{|X_0(j) - X_i(j)| + \rho \max_i \max_j |X_0(j) - X_i(j)|}，其中 i = 1, 2, \cdots, n$$

定义邓氏灰色关联度为 $\varepsilon_i = \frac{1}{n}\sum_{j=1}^{n}\varepsilon_{ij}$。关联分析实质上就是比较数据到曲线几何形状的接近程度。一般来说，曲线的几何形状越接近，变化趋势也就越接近，关联度就越高。因而在进行关联分析时，必须先确定参考数列，然后比较其他数列同参考数列的接近程度，这样才能对其他数列进行比较从而做出判断。在此处，邓氏关联度反映了拟合值与原来初始值的这种关系，通常邓氏关联度大于 0.6 时，表示关联性较强。

3.2　碳排放计量管理与应用

3.2.1　碳排放计量

碳排放量的计量计划的第一版本是由澳大利亚于 2002 年 2 月首次提出。整个计划分为四个部分。第一部分是参考文件，提供读者关于环境植被碳排放的背景信息，并且建立起该背景信息与碳汇①的场变量和评估的关联。第二部分为现场测量步骤的介绍，提供了测量方法学，即依据实地测量和已知的数学关系在某一时刻评估碳汇。第三部分是领域条款和附件，旨在提供给用户一个

① 碳汇是指通过植树造林、森林管理、植被恢复等措施，利用植物光合作用吸收大气中的二氧化碳，并将其固定在植被和土壤中，从而减少温室气体在大气中浓度的过程、活动或机制。

记录场变量①的领域条款标准，并且涵盖了更多的详细信息和第二部分特定章节的讨论。第四部分是表格，提供用户在碳计量计划中所使用到的文件表格。

3.2.2　碳计量的意义

气候变化是人类面临的最大威胁之一。二氧化碳作为影响气候变化的重要因素之一深受各国的重视。世界各国政府正采取有效措施对二氧化碳排放进行测量，并试图减少其排放。而企业则必须向注重环境保护的大客户报告其碳排放量。消费者和利益相关人士也越来越重视企业的环境责任。

世界各国政府为什么要对二氧化碳排放进行测量呢？只有能被测量的东西才能被管理。通过测量温室气体排放源，政府和企业才能清晰地定位减排的领域，随之减少其对环境的影响及其相关环保成本。在环境责任方面表现优异的企业往往一直在产品和商业模式方面进行着创新，并能够在关键时刻脱颖而出，成为行业的领先者。

政府和企业应该进行测量、报告和管理温室气体排放的主要原因如下：

- 结合环境保护，以提高企业商业过程的效率；
- 降低环保成本以及政府和企业的运营成本；
- 结合环境保护进行企业创新，以提高竞争力；
- 以进行测量、报告和管理温室气体排放的环保行为来提升企业品牌价值；
- 更好地管理环境污染相关的企业风险和企业社会责任；
- 增进与越来越多的重视企业环境责任的利益相关人士的沟通。

3.2.3　如何获得碳计量数据

3.2.3.1　碳注册（Carbon Registry）

碳注册是企业等实体单位测量其能源使用状况和温室气体排放量的在线系统工具。碳注册能对企业进行可测量、可报告和可核实（MPV）的碳核算有效管理。其目标是从企业和地方一级得到可靠的和可核实的能源消耗信息和二氧化碳排放量，旨在鼓励各企业自愿地通过在线注册系统输入参数来计算其能源消耗和得出温室气体排放清单。这些数据和计算结果将通过第三方核实认

① 场变量就是一个环境变量，是一个参数与其他参数的中介。

证。有了这些公开和标准化的信息，企业就可以有根据地采取措施以减少其温室气体排放和整体的能源消耗。

3.2.3.2 美国碳注册（American Carbon Registry）

在美国，企业是自愿加入碳注册系统，并公示自身的温室气体排放量。一般的程序是首先签署温室气体汇报协议，然后记录排放量，采取统一的标准进行碳的汇总，再按国际标准进行第三方认证。每年清单经核实后，通过气候注册信息系统的专门软件在网上公布。另外，企业之间的碳中和交易与注册系统无关，但是，该系统可以帮助记录企业间所发生的碳中和交易。

上一节所提到的这一美国在线碳注册系统和相关的方法学主要是从美国加州的气候注册组织引进。在该组织注册的公司分别来自美国各州、加拿大和墨西哥等地，从财富500强中的百名企业到很小的公司约330家，并且还在增长。其中，在2000年至2007年期间，加入该组织的美国公司98%属于电力行业、85%的属于石油冶炼行业，还有80%的属于废物处理行业。该组织建立了一套可信的、准确的、可持续的，并为美国各个行业所应用的温室气体排放汇报标准。该在线注册系统目前是一个自愿型的碳排放测量工具，也许美国最终会通过立法的方式来强制实施减排，那将使该碳排放测量工具得到政府政策支持。

3.2.3.3 中国碳注册

中国能源与碳注册系统是中国第一个关于能源使用和温室气体排放的在线注册系统。它以美国加州的成功经验为基础，并具有以下特点：

- 它以广东为试点，最终推广到全国；
- 它是符合中国国情的能效碳排放管理工具；
- 它为跨国公司、国有企业、地方政府及其实体单位提供可靠的、透明的、可核实的标准化信息工具；
- 它是帮助地方政府和企业追踪并实现其节能目标的重要机制；
- 它有利于建立测量和管理供应链温室气体排放和能源使用的通用标准。

3.2.3.4 获得碳计量数据的渠道：碳计量平台

碳排放计量过程很复杂，而且很费时。测量政府和企业等组织机构的碳足迹[①]需要收集各个方面的排放数据，从用电量到能源、材料和废弃物等。如果

---

① 碳足迹定义是个人或团体某段时间的碳排放量，这段时间可以是整个生命周期，也可以是某一段时间。

企业没有准确和一致地测量他们的碳排放量，他们就不能准确地获取排放信息，从而导致错误的商业决策。

企业碳排放计量管理平台消除了数据和模型上的风险，并且给出可以用于内部诊断和外部报告的一致的和可信赖的排放结果。使用碳排放计量管理平台能带来以下益处：

- 世界各处随地访问：企业碳排放计量管理平台建立在因特网上，任何能上网的电脑都能使用该平台，无须安装任何软件。

- 节约时间，节约成本：直观的软件架构使得企业能统一使用定义好的模型计算碳排放量。因此，企业无须自行开发数据模型，专注于减少碳排放。

- 用户友好性：用户友好的界面、向导以及直观的导航结构和帮助系统使得非专业人士也能使用该工具。

- 对企业的深入分析：企业碳排放计量管理平台通过展示不同商业单元或领域的温室气体排放量，定位温室气体主要排放源，使得用户能够准确理解并定位排放较高的区域，同时可以轻松进行情景分析和比较。

- 企业内合作：企业碳排放计量管理平台允许企业追踪不同领域的碳排放并收集到企业温室气体排放清单。使用同一个系统能够减少兼容性的问题，使得企业内部能够和谐地使用系统。企业碳排放计量管理平台适合团队合作，无论是数据收集还是信息传输及分享。

- 安全可靠：组织的数据被保存在安全的服务器上，数据每天备份。

- 遵守国际标准：企业碳排放计量管理平台是基于国际认可的一些标准上开发的，例如，温室气体盘查协议（GHG Protocol）① 和 ISO14064②。企业碳排放计量管理平台包含了这些国际认可的标准和相关碳排放数据库。

- 定制化：企业碳排放计量管理平台是一套完全定制化的网络应用程序，

---

① 温室气体盘查协议着眼于企业对自身温室气体排放的管理，未来可能参与的自愿或者管制型的减排方案和碳排放交易系统的需求，致力于协调各个方面相关人员来开发一个国际认可的温室气体排放盘查工具，即：温室气体盘查协议。

② 2006 年 3 月，ISO 组织公布了 ISO14064 系列温室气体盘查验证标准，作为企业建立内部查证以及温室气体排放管理系统的依据。因应京都议定书温室气体减排管制的发展，以及政府倡导的企业温室气体盘查登录，企业可以引用 ISO14064 这一温室气体盘查与管理的国际标准为根据，也可以就此申请国际验证。ISO14064 标准包括三部分：第 1 部分是组织层次上对温室气体排放和清除的量化和报告的规范及指南；第 2 部分是项目层次上对温室气体排放和清除增加的量化、检测和报告的规范及指南；第 3 部分是温室气体声明审定与核查的规范及指南（适用于核查方组织）。

它能根据客户不同需求进行定制化的开发。平台能够生成多种模板以及支持多种语言。

• 数据能进行导入和导出：系统提供自动把 Excel 格式的排放数据导入的功能。排放结果以及分析图表能通过 PDF，XML 以及 CSV 等格式导出。

• 配置快捷：企业碳排放计量管理平台能够在签约后数小时内为企业配置好。

• 培训和支持：企业碳排放计量管理平台包含一份操作指南，同时提供 Email 和电话支持。如果客户需要，也可以提供相应的培训。

• 企业碳排放计量管理平台能促使企业快速投入碳减排的环保运动中去，开始减少碳排放而且现在就行动：企业需要马上开始减少碳排放，企业应该认识到这可以在一种高效的模式下（企业碳排放计量管理平台）展开。低碳策略是一种成功的商业战略，能促使企业从今天就开始管理碳足迹。

3.2.3.5 企业碳排放计量管理平台案例

当前企业进行碳盘查主要通过咨询公司的手工 Excel 计算碳排放量，这个操作存在很多的弊端，而软件在数据的管理以及其他功能上能给企业碳盘查带来非常明显的效率和规范性上的提高。Carbon Accounting and Management Platform（CAMP）就是这样一款旨在为企业提供碳盘查以及碳排放量分析管理的解决方案的软件。CAMP 是一个针对各行业企业客户、发布在网上、为企业提供碳盘查和碳管理的软件平台。CAMP 的功能特点包括：

• 能随时随地访问，操作方便：相比 Excel 只能离线操作，软件允许用户可以在任何时间任何地方进行碳排放录入、分析、管理等操作。

• 能进行多语言版切换：它允许用户进行多语言版的切换，方便各国用户对软件进行操作。

• 方便的组织架构建立：通过权限设定，帮企业建立组织层次，使得上级机构能查看和管理下级机构的碳排放信息，利于企业上报和管理整个企业的碳排放量。

• 对碳足迹概念的引入：碳足迹的概念被引入，并对其做了一定的扩充。在 CAMP，碳足迹被定义为一个维度，可以是一段时间，也可以是某个部门或者生产环节。所有的碳排放量都对应某一个碳足迹。这样处理的好处是能把碳排放信息进行归类，便于软件对碳排放信息的分析管理，也便于理解。

• 预设碳排放系数，轻松计算：系统预设了合适的碳排放系数，避免了需要寻找碳排放系数的困难。只需输入或者 Excel 导入碳排放活动数据，即可轻松得到对应的碳排放量数据。

• 能进行图表分析：可以通过图表对碳排放信息进行比较分析，找出排放量较高的时间段或生产环节。随之进行针对性的整改，通过软件可以明显看出其改进的效果。同时 CAMP 软件还可以帮助企业实现情景分析，合并碳排放信息等操作。

• 能帮助导出碳排放数据：CAMP 提供三种格式的碳排放数据导出功能，分别是：XML、CSV 和 PDF。XML 和 CSV 主要用于系统间数据的传输。这对于拥有企业 ERP① 或 CRM② 系统的客户来说非常有效，通过 CAMP 系统导出的碳排放数据，集成到企业内部系统后可以方便决策层更好地查看碳排放量与企业成本及营业额之间的联系，为企业制定碳减排战略提供数据支撑。另外，CAMP 提供的 PDF 导出功能可以为客户生成一份自定义格式的碳排放信息报告，可以用于企业外部报告。

• 提供在线支持：通过在线交流和线下留言的方式，满足客户与碳咨询公司的沟通需求。

• 包含其他更专业的功能：包括对 ISO14064 整个流程的应用和管理，如：组织边界③、运营边界④的管理，排放源、碳排放系数的管理，甚至可以实现生成 ISO14064 最终清单的功能。

---

① ERP（公司资源管理）是 Enterprise Resources Planning 的缩写。ERP 将客户需求与公司内部生产经营活动和供应商资源相结合，为企业决策层提供解决企业产品的成本问题，并提高运营效率和资金合作。它不仅是优化企业管理的工具，也是先进的企业管理理念，实现了企业内部资源与外部资源的整合，也使得企业在激烈的市场竞争中获得了竞争优势。

② CRM（客户关系管理）是 Customer Relationship Management 的缩写，是指使用 CRM 技术来管理与客户的关系。在不同的情况下，CRM 可以是管理术语，也可以是软件系统。该软件系统是自动分析和销售（诸如销售、营销、客户服务和应用支持之类）有关的过程的计算机系统。其目标是减少销售周期和销售成本、增加收入、寻找扩展业务和提高客户价值所需的新市场和渠道、客户满意度、产品盈利能力和客户忠诚度。作为一种旨在改善企业与客户关系的新型管理机制，已经得到全球商业界的广泛认可和应用。

③ 组织边界就是企业需要进行温室气体排放量计量与报告的业务运营过程。

④ 运营边界就是被划分为“直接排放”或“间接排放源”的企业运营过程中的碳排放。

3.2.4 碳计量的应用

著名的卡亚公式解释了二氧化碳排放量等于人口、人均 GDP、单位 GDP 能耗量和单位能耗碳排量的乘积，公式如下：

二氧化碳排放量 = 人口 × 人均 GDP × 单位 GDP 能耗量 × 单位能耗碳排量

从卡亚公式可知，在我国经济高速发展阶段，中国始终是世界人口大国，GDP 也持续高速增长。要减少二氧化碳排放总量就必须降低单位 GDP 能耗量和单位能耗的碳排量。

鉴于单位 GDP 能耗量和单位能耗的碳排量的重要性，从低碳经济概念的提出，到各国政府和工业界、科技界的领导和专家推出的一系列碳排放减排措施，都始终围绕着碳排放的量化（单位能耗的碳排量）这一重要问题。

碳计量的具体应用主要表现在：

• 促进碳排放权交易顺利实施。《京都议定书》第十二条提出了“清洁发展机制”。该机制框架对碳排放权进行了规定：通过碳排放权交易既可协助发展中国家缔约方实现可持续发展，又可帮助发达国家缔约方实现遵守量化控制和减排的承诺。而碳计量是促进碳排放权交易顺利实施的一个环节，精确的碳计量结果决定了碳排放权的交易量。

• 帮助解决温室气体核查过程中的计量问题。按照国际标准 ISO14064 开展温室气体量化和核查工作就是要求在确定组织边界、运行边界和基准年的情况下，编制温室气体排放量清单和发布碳排放量报告。组织核查工作的基础仍然是活动水平数据的收集和碳排放系数的确定。ISO14064—2006 定义第 2.11 条明确规定“温室气体活动水平数据就是温室气体（Green House Gas，GHG）排放和/或清除活动的测量值”。因此，碳计量是最后形成清单和报告的工作基础。

• 帮助完成温室气体碳排放清单编制。低碳经济模式的顺利发展依赖于对于一个最重要的基础数据的清楚理解。这个数据就是碳排放清单。从理论上讲，通过对各类碳排放源的连续监测和计量所获得的数据进行统计和累加就可以得到这个清单。但由于碳排放源繁多和排放总量过大，能源消耗、工业过程、农业、林业和污染物等方面产生的碳排放绝大多数情况下是敞开式的，且气体排放成分复杂，所以，事实上是不太可能对温室气体成分分析后实现连续测量，并进行统计和累加，而得到这个温室气体碳排放清单的。因此，目前国际国内均采取收集活动水平数据的方式。通过直接的能源消耗和间接消耗的数量统计，再通过量化方法得到各种情况下的碳排放系数，编制出排放清单。碳计量则主要体现在用传统的计量手段对水、煤、电和气（汽）的用量计量上。通过这些数据的测量、保存、统计和分析就可以估算排放量并编制出对应的温室气体碳排放清单。

- 促进有效完成企业节能减排工作。通过温室气体排放核查和清单编制工作，可以确定企业的排放源和高能耗点。有了这些基础数据，企业就可以有针对性和有计划地开展节能减排工作，如引进技术和资金进行节能改造。企业可以建立统一的节能和温室气体排放管控体系。这些节能减排措施的运用都离不开碳计量的进行。

3.2.5　我国的碳计量工作进程

3.2.5.1　我国碳计量工作的现存问题

在企业层面，受市场经济体制下利润最大化意识和投入产出比意识的影响，进行碳计量工作所需的投入往往显得很高，致使有些企业领导会只顾眼前利益，因而忽视对碳计量的相关人力和财力的投入；还有些企业同样因为利润最大化意识和投入产出比意识的影响，对现有碳计量装置和设备管理不善或者维护不当，导致了其装置和设备的准确性和使用效果大打折扣。

在管理层面，政府部门推进节能减排的工作还未形成有效的整体运行推动体系，如建立一个完善、科学而统一的碳排放指标考核体系，特别是对碳计量的要求还不明确。这些部门对碳排放量高的企业的要求仍然仅限于引导和指导层次，执行工作力度不够。

3.2.5.2　我国碳计量工作可行的改善措施

鼓励和敦促企业加大碳计量投入。完善碳计量设备，严格按照 GB17167—2006《用能单位能源计量器具配备和管理通则》等法规要求，配齐一、二级能源计量器具并按时进行周期检定，保证计量设备的正常使用，并保证企业能源和碳排放活动水平数据的准确和可靠。

加强对碳计量的宣传，引导企业加强能源计量管理工作，包括碳计量管理工作。各级质监部门要继续加大对国家碳排放标准的宣贯力度，通过各种形式使企业管理者和广大职工重视能源计量工作，把碳计量体系完善与企业发展、加大经济利益结合起来，作为公司的重要工作之一加以重视。

建立联动机制。质监部门要与发改委、经信委、环保厅等部门加强横向联系与合作，通过这些部门在制定有关节能减排的法规和政策时，提出明确的计量要求，同时采信计量部门、技术机构和经过计量检定合格的计量器具出具的碳计量数据，对高耗能高排放行业和企业采取联合监管和执法行动，促使传统计量在低碳经济环境下得以充分的应用。

3.3 碳计量的过程：建立组织边界

实施二氧化碳排放权交易的基础是要对参与交易的各污染源所排放的二氧化碳能准确计量，继而实施有效的监督。中国电力、热力的生产和供应行业二氧化碳排放量占总量的40%左右，其他石油加工、炼焦、核燃料加工业、黑色金属冶炼等行业，也排在前列。

短期内做到对所有行业和企业的计量是不可能的，因而可以按区域、分行业进行监控，并可以先从排放量大的重点行业和区域试点。具体操作流程包括：（1）建立排污申报制度。企业、事业单位详细登记基本情况，包括主要产品、原材料和生产工艺流程图，生产工艺废气排放情况，燃料燃烧排放情况，污染治理设施情况等。对企业的基本情况，环保部门及有关责任部门应当进行严格审核，登记建档，统一管理。（2）进行二氧化碳排放检测。企业根据申报排放量进行自检，同时环保部门对企业实行监督性检测。目前，二氧化硫的检测是在污染源上安装 CEM 系统，可以进行连续检测，并且数据传送及时并准确。这为二氧化碳的检测提供了参考。但是，这些步骤尽管理论上可行，而在实际操作中也存在一些问题，比如：缺乏法定的数据计算方法；实时检测设备成本太高；数据覆盖面小。这些问题的解决都需要在实践中继续不断探索。

3.3.1 企业碳计量的过程

对区域和行业的碳计量是建立在对各个企业的碳计量的基础上的。企业碳计量的过程包括以下几个步骤，分别是：建立组织边界，设定运营边界，选择基准年和确认与计算温室气体排放量。而确认与计算温室气体排放量这一过程又包括鉴别排放源、量化碳排放、创建碳排放清单报告和内外部核查几个步骤。

企业碳计量的过程：

- 建立组织边界。
- 设定运营边界。
- 选择基准年。
- 确认与计算温室气体排放量：
  - ■ 鉴别排放源；
  - ■ 量化碳排放；
  - ■ 创建碳排放清单报告；
  - ■ 内外部核查。

3.3.2　建立组织边界的定义

企业要想进行碳计量就先要确认组织边界及运营边界。确定组织边界。换而言之，就是要确定企业的哪些业务与运营过程需要进行温室气体排放量的计量与报告。组织边界就是企业需要进行温室气体排放量计量与报告的那些业务与运营过程。

根据《温室气体盘查议定书》相关规定，企业需采取股权持分法或控制权法中的一种来确定组织边界。例如，某企业名下所有工厂是否都计算在内作为组织边界，还是仅仅计算企业全资拥有的工厂？温室气体盘查将协助确定相关企业的碳排放。这里的基本任务是决定究竟是基于对公司活动的“控制”比例还是“股权”比例来计算碳排放。

3.3.3　建立组织边界和运营边界的目的

- 作为建立组织温室气体盘查的边界整体规划的参考依据；
- 帮助清查与界定温室气体排放种类；
- 帮助辨识与营运有关的排放，鉴别温室气体的各种排放源，包括：直接、间接和其他间接排放源；
- 帮助建立企业的整个盘查边界：由建立的组织边界与营运边界，共同组成企业的盘查边界。

3.3.4 如何建立组织边界

组织边界的组织可由一个或多个设施组成。温室气体排放或移除可能产生自一个或多个温室气体源或温室气体汇。在《联合国气候变化框架公约》[①]中，所谓温室气体的“源”，就是指温室气体向大气排放的过程或活动；而温室气体的“汇”是指温室气体从大气中清除的过程、活动或机制。大气中温室气体的源有自然源和人为源之分。目前，大气中温室气体浓度升高的主要原因是人类活动引起的人为源的增加。

组织应采用下列方法之一来归总其温室气体排放与/或移除：

• 控制权法：组织对其拥有财务或运营控制权的设施承担所有量化的温室气体排放与移除；

• 股权持分法：组织依股权比例分别承担设施的温室气体排放与/或移除；

• 依据情况，企业可以选择只报告其控制权的排放量，而可以拥有权益股的排放量。

举个例子以进一步说明建立组织边界的控制权法和股权持分法两种方法。我国某公司对一家正在运行的工厂拥有财务以及运营控制权。同时，该公司占有这家工厂40%的股权，但是，该公司却不是这家工厂最大的股东。因此，在这一假设前提下，如果按照控制权法，该公司应对这家其拥有财务或运营控制权的工厂承担所有量化的温室气体排放与移除。然而，如果按照股权持分法，该公司并不持有这家工厂最多的股份，所以并不需要承担这家工厂最大比

---

① 联合国气候变化框架公约是指联合国大会于1992年6月4日通过的一项公约。同年6月，在巴西里约热内卢召开的有世界各国政府首脑参加的联合国环境与发展会议期间开放签署。1994年3月21日，该公约生效。联合国环境与发展会议地球峰会上有150多个国家以及欧洲经济共同体共同签署。公约由序言及26条正文组成，具有法律约束力，终极目标是将大气温室气体浓度维持在一个稳定的水平，在该水平上人类活动对气候系统的危险干扰不会发生。根据“共同但有区别的责任”原则，公约对发达国家和发展中国家规定的义务以及履行义务的程序有所区别，要求发达国家作为温室气体的排放大户，采取具体措施限制温室气体的排放，并向发展中国家提供资金以支付他们履行公约义务所需的费用。而发展中国家只承担提供温室气体源与温室气体汇的国家清单的义务，制订并执行含有关于温室气体源与汇方面措施的方案，不承担有法律约束力的限控义务。该公约建立了一个向发展中国家提供资金和技术，使其能够履行公约义务的机制。所谓温室气体的“源”，就是指温室气体向大气排放的过程或活动；而温室气体的“汇”是指温室气体从大气中清除的过程、活动或机制。截至2012年12月，加入该公约的缔约国共有196个。

例的温室气体排放与/或移除，而是仅仅需要承担该工厂40%的温室气体排放与/或移除即可。

在定义控制时，企业应该尽可能遵循财务报告的现有原则。以控制权法设定边界，运营控制权（决策权）只考虑两种：零或者100%。财务控制权则是0～100%。财务控制权的核算和财务核算准则一致，核算比较复杂，一般不采用。

3.4 设定运营边界

运营边界就是对企业运营过程中的碳排放进行划分的范围。而设定运营边界，就是针对企业组织边界内的事业体，定义温室气体的直接与间接排放源范畴。所谓温室气体的“源”，就是指温室气体向大气排放的过程或活动。确定组织内部的温室气体排放源是碳计量中重要的一环。不同行业和企业的排放源差别很大，需要专业人士帮助企业鉴别碳排放源。

3.4.1 温室气体的运营边界构成

- 直接温室气体排放源就是企业所拥有或控制的排放，即：组织拥有或控制的温室气体直接排放，如现场燃烧排放、企业自有车辆的燃烧排放和化石能源燃烧的排放；
- 间接温室气体排放源就是排放为企业作业的结果，或者其排放被另外一家企业拥有或控制，包括能源间接温室气体排放和其他间接温室气体排放。

3.4.2 直接温室气体排放源的构成

- 固定式排放源（电力、热或蒸汽的生产）：指固定式设备之燃料燃烧，包括锅炉、熔炉、燃烧炉、蒸汽锅、轮机、加热炉、焚化炉、引擎以及燃烧塔等的燃料燃烧；
- 移动式排放源（原料、产品、废弃物以及员工交通运输）：来自公司拥有或控制的移动污染源，比如卡车、火车、船舶、飞机、巴士以及一般汽车的燃料燃烧；
- 制程排放源（物理或者化学制程）：来自化学品及原料制造或加工，如水泥、铝、己二酸、阿摩尼亚以及废弃物的处理；

• 逸散性排放源：产自故意的或者非故意的释放，比如从接头、密接处、防漏填料和衬垫等的设备渗漏。

3.4.3 间接温室气体排放源的构成

• 能源间接温室气体排放就是组织在外购电力、热力、蒸汽或冷却过程中产生的间接温室气体排放，通常来源于企业的电力设施；

• 其他间接排放的温室气体就是因组织的活动引起的、由其他组织拥有或控制的温室气体源所产生的温室气体排放。包括：员工的商务旅行；非企业所控制的产品、原料以及废弃物的运输的碳排放；外部支援活动、委托外部制造以及特许授权经销商的碳排放；来自报告企业所产生的废弃物的排放是属于其他公司所拥有或者控制的，如垃圾掩埋场所排放出来的沼气；来自产品使用或弃置阶段以及报告企业所提供的服务的碳排放；员工的交通以及进口原料的生产的碳排放。

3.4.4 碳排放的范畴

为帮助描绘直接与间接排放，增加透明度，温室气体排放会计与报告将其定义为三种范畴：

• 范畴1：直接温室气体排放，包括固定式排放源、移动式排放源、制程排放源和逸散性排放源；

• 范畴2：能源间接温室气体排放，包括外购电力和蒸汽的温室气体排放；

• 范畴3：其他能源间接温室气体排放，员工的商务旅行；非企业所控制的产品、原料以及废弃物的运输的碳排放等。

企业在进行碳计量时，应当至少计算和报告范畴1和范畴2的温室气体排放。

3.5 选择基准年和确认与计算温室气体排放量

3.5.1 选择基准年

待盘查的组织需要有一个基准年份与未来年份的排放量进行比较。

选择基准年时应当考虑的因素有：

- 需要进行盘查的组织可能根据自身需要来设立这一基准年份。
- 当排放源的所有权/控制权发生转移时，基准年的设定应当进行调查以备进行调整。
- 当计算方法有所改变，进而导致在计算温室气体排放量有重大变动时，基准年排放量应随之调整，并应当溯及以往。

3.5.2　确认与计算温室气体排放量

确认与计算温室气体排放量有几个重要因素需要考虑，包括：量、报和查。

3.5.2.1　量：量化碳排放

量化碳排放有三种常用方法，分别是直接测量法、质量平衡法和排放系数法。

- 直接测量法是通过直接检测排气浓度和流率来测量温室气体排放量。准确度较高，但非常少见。
- 质量平衡法是一种对制程中物质质量及能量进出、产生及消耗、转换的平衡计算方法。
- 排放系数法应用最广泛。

排放系数法的应用遵从这一公式：

$$温室气体排放量 = 活动数据 \times 碳排放系数$$

活动数据一般是指燃油使用量、产品产量等，如交通运输燃油使用量、车行里程或货物运输量等。碳排放系数是指根据现有活动数据计算温室气体排放量的系数。

3.5.2.2　报：创建碳排放清单报告

根据 ISO14064 或 GHG Protocol 标准的要求，通过直接的能源消耗和间接消耗的数量统计，生成企业碳排放清单报告。建立该清单报告应当遵从如下原则：客观独立、诚实守信、公平公正和专业严谨。

创建企业碳排放清单报告的流程：

- 签订协议；
- 核查准备；

- 文件评审；
- 现场核查；
- 核查报告的编制；
- 内部技术评审；
- 核查报告交付；
- 记录保存。

3.5.2.3　查：内外部核查

分为内部核查和外部核查。

- 内部核查：由公司内部组织碳盘查的核查工作，对数据收集、计算方法、计算过程以及报告文档等进行核查。

- 外部核查：由第三方机构进行核查。市场上许多企业进行外部核查主要是由于国外客户的要求，需要第三方进行碳排放的核查报告。

3.6　基于产品层面的碳计量

碳排放量是指针对某产品在生产、运输、使用、回收和处理该产品时产生的平均温室气体量，同一产品的各个批次之间会有不同的动态碳排放量；针对某机构或企业，碳排放量是指其在运作过程中产生的直接、间接和其他碳排放量。接下来，这一节的内容将分行业对企业产品层面的碳计量进行论述。

3.6.1　电力行业

国家发展和改革委员会的国家应对气候变化战略研究与国际合作中心副主任邹骥表示，由于资源禀赋相对单一等现实情况，中国电力行业“以煤为主”的局面还将长期持续。要提高电力行业应对气候变化能力，当务之急是研究温室气体排放统计核算方法，为今后建立温室气体排放统计核算体系和实施碳排放交易奠定基础。

为了这一目标，《中国发电企业温室气体排放核算方法与报告指南（试行）》研究了温室气体排放的统计核算方法，并提出发电行业的全部碳排放计量包括化石燃料燃烧的二氧化碳排放、燃煤发电企业脱硫过程的二氧化碳排放、企业净购入使用电力产生的二氧化碳排放。对于生物质混合燃料燃烧发电的二氧化碳排放，仅统计混合燃料中化石燃料（如燃煤）的二氧化碳排放；

对于垃圾焚烧发电引起的二氧化碳排放，仅统计发电中使用化石燃料（如燃煤）的二氧化碳排放。

3.6.2　钢铁行业

根据“十二五”规划提出的“建立完善温室气体统计核算制度，逐步建立碳排放交易市场”和《“十二五”控制温室气体排放工作方案》（国发〔2011〕41 号）提出的“加快构建国家、地方、企业三级温室气体排放核算工作体系，实行重点企业直接报送温室气体排放和能源消费数据制度”的要求，为保证实现 2020 年单位国内生产总值二氧化碳排放比 2005 年下降 40% ~ 45% 的目标，国家发展和改革委员会组织编制了《中国钢铁生产企业温室气体排放核算方法与报告指南（试行）》，以帮助企业科学核算和规范报告自身的温室气体排放，制订企业温室气体排放控制计划，积极参与碳排放交易，强化企业社会责任。同时也为主管部门建立并实施重点企业温室气体报告制度奠定基础，为掌握重点企业温室气体排放情况和制定相关政策提供支撑。

《中国钢铁生产企业温室气体排放核算方法与报告指南（试行）》中提到：钢铁生产企业的二氧化碳排放总量等于企业边界内所有的化石燃料燃烧排放量、工业生产过程排放量及企业净购入电力和净购入热力隐含产生的二氧化碳排放量之和，还应扣除固碳产品隐含的排放量。

3.6.3　化工行业

《中国化工生产企业温室气体排放核算方法与报告指南（试行）》中显示化工生产企业的全部排放包括化石燃料燃烧的二氧化碳排放、工业生产过程排放、二氧化碳回收利用量、净购入的电力和热力消费引起的二氧化碳排放。化工行业的具体核算工作流程主要包括：

- 确定企业边界；
- 确定应核算的排放源和温室气体种类；
- 识别流入流出企业边界的碳源流及其类别；
- 收集各个碳源流的活动水平数据；
- 选择和获取碳排放系数数据；
- 依据相应的公式分排放源核算各种温室气体的排放量；

- 核算净购入的电力和净购入的热力导致的二氧化碳排放量；
- 汇总计算企业温室气体排放总量。

3.6.4 农业

农业碳排放量的计算方法主要包括生命周期评价法和投入产出法。在构建了农业碳排放测算体系后，只需要收集两类数据：活动数据和碳排放系数。前者是碳排放源的数量，后者是单位碳排放源所排放的温室气体数量。从生命周期角度计算碳排放量称为碳足迹。应用这个方法的关键在于完整界定碳排放活动，方法简便。投入产出主要用于分析能源消耗碳排放，所需数据较大，方法相对复杂，且我国的投入产出表每5年公布一次。因此，这个方法不能进行年度变动分析。

3.6.5 建筑行业

建筑行业的碳排放减排执行效果主要体现在绿色建筑的建造上。绿色建筑碳排放计量应以单栋建筑或建筑群为对象。绿色建筑碳排放计量范围为建筑运行过程中消耗的一次能源、二次能源所产生的温室气体。绿色建筑碳排放计量周期为1年。绿色建筑碳排放计量应以年碳排放总量和单位建筑面积年碳排放量进行统计，其中年碳排放总量单位为吨/年（t/year），单位建筑面积年碳排放量单位为千克/（平方米·年）（kg/（m^2·year））。

建筑行业建造绿色建筑的碳计量的主要步骤是：

- 对碳排放源的识别；
- 碳排放量化方法的选择；
- 碳排放活动数据的选择和收集；
- 碳排放系数的选择和确定；
- 碳排放量的计算。

建筑行业所运用的碳排放量计量方法依赖于以下这个公式：

$$\text{Carbon Emissions} = AD \times EF \times GWP$$

Carbon Emissions：碳排放量；AD：碳排放活动数据；EF：碳排放系数；GWP：全球暖化潜值。建筑行业认为绿色建筑运行计量期内碳排放总量为所有排放源的活动数据、其碳排放系数以及全球暖化潜值的乘积。

碳排放量化方法应科学合理，能将计算结果不确定性降到最低，并能得出准确、一致和可再现的结果。碳排放活动数据（AD）来源应准确可信。对于各种数据来源，应给出其可信度，并对计算的结果由此产生的不确定性进行评价。碳排放系数（EF）选择应合理可靠，优先采用政府间气候变化专门委员会（IPCC）和国家权威部门最新公布的数值。绿色建筑碳排放报告宜有第三方核证声明。

建筑行业的碳排放报告构建应包括以下内容：

- 建筑基本概况；
- 碳排放计量所覆盖的统计周期和范围边界；
- 对每种碳排放源排放进行量化（包括量化方法学和碳排放系数选定）；
- 对量化中任何碳排放源的排除作出解释；
- 对可再生能源和植被等碳汇的说明；
- 量化数据可信度说明。

3.6.6　城镇生活污水处理行业

与能源、建筑、交通等行业相比，污水处理减排成本低，减碳效益大。发达国家已经意识到污水处理行业蕴含的高效减排潜力，将其列入碳减排重点领域，并探索出了一些可行的碳减排路径。比如，美国和日本强调通过高效机电装备和高级控制对策节能降耗，同时加大污水污泥蕴含能源的开发回收力度。而欧洲则重视低碳处理新工艺研发，在可持续污水处理工艺研究方面居于领先水平。这些西方国家的经验为我国寻找污水处理行业的碳减排路径提供了很好的借鉴。这些可取的借鉴之处在于：

- 提高污水处理综合能效：美国在供水和污水处理行业提出三个层面的能效提高路径：一是采用高效机电设备，新建设施直接采购高效设备，已有设施逐步更新成高效设备；二是加强负载管理，满足工艺要求的前提下要使负载降至最低，同时，设备配置要与实际荷载相匹配，避免“大马拉小车”的状态；三是建立需求响应机制，根据实际工况的需求及其变化和动态来调整设备的运行状态。

- 采用高效机电设备：污水处理机电设备主要包括水力输送、混合搅拌和鼓风曝气三大类。采用高效电机是这些设备具有较高机械效率的前提。目前，污水行业的水力输送和搅拌设备均已经出现具备 IE4① 能效水平的高效电机，采用高效电机通常可实现 5% ~10% 效率提高。

近年来，我国也逐渐开始注意到城镇生活污水行业碳减排的重要性。2015 年，全国污水处理逸散甲烷和氧化氮产生的直接碳排放量为 2 512.2 万吨二氧化碳当量，电耗产生的间接碳排放量为 1 401.6 万吨二氧化碳当量，絮凝剂消耗产生的间接碳排放量为 70.9 万吨二氧化碳当量。2015 年，中国污水处理行业碳排放量为 3 984.7 万吨二氧化碳当量，单位水量的碳排放当量（碳排放强度）为 0.78 千克/立方米。

研究发现，中国污水处理行业有两大特点。其一，中国污水处理行业碳排放地域特征明显。在重点调研的华南、华东、东北、华北和西北五大地区中，华北地区碳排放强度高达 1.13 千克/立方米，是华南地区的二倍。其二，碳排放强度与污水浓度密切相关。2015 年，中国污水处理行业总电耗为 140 亿千瓦时，仅占全社会总电耗的 0.26%，远低于西方国家 1% 的比例。其主要原因是污水收集系统不完善导致污水收集处理率较低、污水浓度也较低、处理标准总体不高以及污泥处理处置滞后等。

3.6.7 森林碳汇

森林碳汇是指森林通过光合作用将大气中的温室气体二氧化碳吸收并以生物量的形式贮存在植物体内和土壤中的能力。森林的这种碳汇作用可以在一定时期内减少大气中温室气体的积累，从而减少该气体在大气中的浓度。森林作为陆地生态系统的重要组成部分，有着巨大的生物量，是地球碳循环重要的汇和库，它与气候变化有着直接的联系。数据表明，森林每生长 1 立方米生物量，就能平均吸收 1.83 吨二氧化碳，有着很强的碳汇功能。实施造林和再造林，增加森林的碳汇量是世界公认的最经济有效的解决二氧化碳上升的办法。

由于工业化进程加速，致使燃烧化石燃料产生大量二氧化碳，加之土地利用结构的变化使固碳作用下降，碳汇与碳源不能达到平衡，出现碳失汇，大气二氧化碳浓度增加导致了温室效应，并影响到全球碳循环。

---

① 目前，国际电工委员会 IEC 统一将全球的电机能效标准定为 IE1、IE2、IE3、IE4 四个等级，将 IE1 定为标准效率、IE2 为高效率、IE3 为超高效率，并发布其标准值。2014 年，IEC 组织发布了 IEC 60034-30-1，将电机功率范围扩大为包含 0.12kW ~1 000kW 的电机，并正式发布了 IE4 能效标准值。

降低和稳定大气中温室气体浓度的方式主要有两种，一是污染物减排，二是吸收温室气体。后者则与森林有着密切联系，这是因为森林具有通过光合作用和森林土地利用可以吸收、固定二氧化碳的森林碳汇功能。而通常情况下，通过植树造林来吸收和固定二氧化碳的长期单位成本要远远低于通过工业产业升级和利用工业污染治理减排的成本。这也是近些年林业碳汇项目日益受到国际社会普遍重视的一个主要原因。

3.6.8　航运与船舶行业

目前，国际海事组织（IMO）和欧盟委员会（EC）决定研究出一种精确测算船舶二氧化碳排放量的方法，对此航运业表示欢迎。此前，负责为 IMO 进行的温室气体研究多基于自顶向下的数据而展开。该数据以一年为参照时间，采集不同船型船舶的燃油消耗估算值为主要数据来源。尽管这样的数据明显有失精准，但从当前来看，这些数据仍是最值得参考的。目前正在进行的另一种研究将开始采用每艘船舶航次中的船上真实数据。这样，数据的可靠性顿将增强，但这需要找到一种测量和整理这些数据的万全之策。另外，为达到连续监控船舶碳排放的目的，该数据采集方案还要考虑纳入多套特定时间数据。现有四种方案很可能被用于此次研究，并为其准备好船舶燃油消耗排放的第一手数据。除了监测采信的强制性燃油交付单据外，监控船舶燃料箱、发动机燃油流量表和船舶发动机直接排放废气量都是可行之策。

3.7　航运碳排放计算

3.7.1　交通运输行业的碳排放计算

《2006 年 IPCC 国家温室气体清单指南》中的移动源（即交通部门）分为道路运输、铁路运输、航空运输、水路运输和其他。

交通部门是全球石油消耗最大和增长最快的部门，也是全球 CO_2 增长最快的部门之一。交通部门已经成为全球第二大排放 CO_2 部门，仅次于电力和供暖。在 IEA（国际能源署）的 450 情景中[①]，2020 年全球交通部门 CO_2 排放会达到 72 亿吨，到达峰值，到 2035 年降至 69 亿吨。IEA 的研究表明，交通

① 控制 CO_2 浓度在 450ppm 的发展情景，ppm：体积浓度，百万分之一。

部门的 CO_2 减排潜力会不断提升，2030 年以后，CO_2 减排潜力在整个能源利用 CO_2 减排潜力中的比例会不断升高，最终成为第一减排大户，交通部门到 2050 年将占能源利用 CO_2 减排的 37%。

根据《IPCC2006 国家温室气体清单指南》，移动源（交通部门）CO_2 排放核算可分为两类：

（1）方法一：自上而下方法。根据国家或区域范围内交通燃料消费数据乘以各种燃料的碳排放系数得到碳排放量。公式为：

$$c = \sum i \times Ei \times Fi \times Ki$$

式中，C 为能源消费碳排放量；E 为第 i 种能源消费量；F 为第 i 种能源的单位换算；K 为第 i 种能源的碳排放系数，$i = 1, 2, \cdots 7$，分别为煤炭、原油、汽油、煤油、柴油、燃料油和电力。基于燃料消耗的计算方法基本步骤为直接采用统计部门提供的燃料消费数据结合排放因子计算。

在这种情况下，CO_2 排放因子考虑了燃料中的所有碳，包括以 CO_2、CH_4、CO、NMVOC 和微粒形式排放出的碳元素。排放因子与交通工具所使用燃料的含碳量有关。

（2）方法二：自下而上方法，即基于交通行驶里程（客运/货运周转量）计算方法。

根据各种交通方式行车里程（客运/货运周转量）乘以每公里燃料消费量得到燃料消费总量，然后乘以燃料碳排放系数得到碳排放量。铁路、航空和船舶的基于交通行驶里程的 CO_2 排放计算过程与道路运输基本一致，不同处在于这些多数是采用客运/货运周转量代替道路运输中的机动车保有量 X 行驶里程。结合不同燃料类型的排放因子，计算相关运输 CO_2 排放量。其公式如下：

$$c = \sum Vij \times Sij \times Cij \times Ki$$

式中，C 为根据行驶里程（或客运/货运周转量的数据估算）的 CO_2 排放量，i 为燃料类型（例如汽油、柴油或折算成标准煤）；kg 或 T（吨）；j 为交通工具类型（如船舶、汽车、铁路、航空）；Vij 为使用燃料 i 的交通工具类型的数量，辆（或艘、架、列）；Sij 为每种交通工具类型使用燃料 i 每年行驶的公里数（客运/货运周转量），km；Cij 为交通工具类型 i 使用燃料的平均燃料消耗，1/km；K 为燃料类型 i 的排放因子。根据计算的不同燃料类型的使用量，结合不同燃料类型的排放因子，计算某种运输工具运输 CO_2 排放量。

在我国由于由交通管理部门和国家统计局发布相关的不同交通运输工具年货运周转量，虽然有各种运输工具的总数，但没有具体交通工具的燃料消费数据。故我们结合国内实际和以上两种方式，拟采用以下公式进行计算：

$$c = \sum [Sij \times Cij \times Ki]$$

i 为燃料类型（例如汽油、柴油或折算成标准煤）；kg 或 T（吨）；j 为交通工具类型（如船舶、汽车、铁路、航空）；Sij 为每种交通工具类型使用燃料 i 每年客运/货运周转量，T（吨）；Cij 为交通工具类型 i 使用燃料的平均燃料消耗，1/kg 或 T（吨）；K 为燃料类型 i 的排放因子。根据计算的不同燃料类型的使用量，结合不同燃料类型的排放因子，计算某种运输工具运输 CO_2 排放量。

3.7.2　航运碳排放计算范围界定与数据来源

航运业主要包括船舶生产和服务、国际海上运输和服务、内河运输和服务和港口及其服务等相关产业。

广义概念，从产业看，包括第二产业和第三产业，即船舶制造和船舶运输；从产业链看，“门对门服务”包括各种在内河、湖泊、远近洋行驶的船舶及其相关服务。

狭义概念主要是指“港到港”服务。包括船舶运输和相关港口服务。见图 3.1。

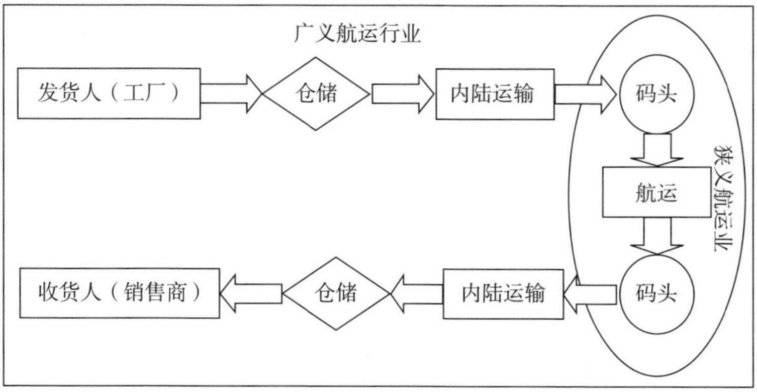

图 3.1　广义与狭义航运业

3.7.2.1 航运产业价值链

航运产业价值链具体包括：船舶生产和服务、国际海上运输和服务、内河运输和服务和港口及其服务等相关产业。

航运业是为货物、乘客提供水上运输服务，包括：船舶生产和服务、国际海上运输和服务、内河运输和服务、港口及其服务等相关产业。属于第三产业范畴的生产和生活服务部门。航运业是产业链、供应链和价值链的融合，增值性是其产业价值链的主要特征。各船舶运输业的各类投资不仅巨大，且相关产业链较长，其主要产业链结构如图3.2所示。本书航运碳排放计算主要界定在航运业、港口的碳计算。

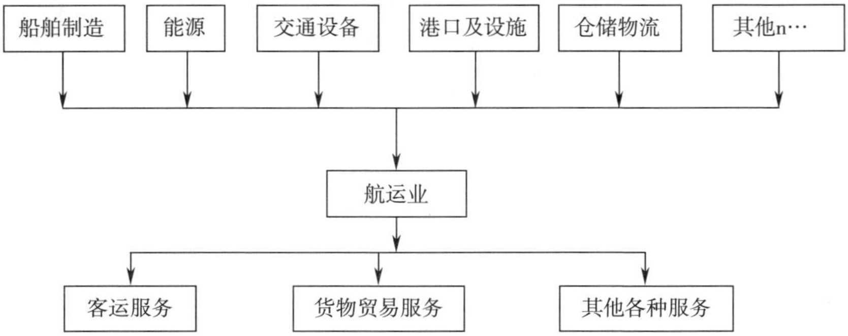

图3.2 船舶运输业主要产业价值链

3.7.2.2 船舶运输和港口服务的碳计算

（1）船舶运输碳计算

船舶运输碳计算依据主要是按照货运周转量折合成标准煤的单耗（标准煤吨/万吨），见表3.6、表3.7、表3.8。

表3.6 各类能源的单位换算表 单位：t标煤/t

能源	煤炭	汽油/煤油	柴油	原油/燃料油	电力
Ft	0.7413	1.4714	1.4571	1.4284	1.229t标煤/万 m^3

表3.7 各类能源的碳排放系数 单位：t碳/t标煤

能源	煤炭	原油	汽油	煤油	柴油	燃料油	电力
Kt	0.7476	0.5854	0.5532	0.3416	0.5913	0.6176	2.2132

表 3.8　**水路运输相关船舶单位周转量碳排放量**　单位：千克/吨公里

船舶类型	能耗情况	单位换算周转量柴油消耗量
小型机动船	0.0117	0.0368
大型船舶	0.0023	0.0072

资料来源：铁路——绿色交通的骄傲［J］. 铁路知识，2009（2）.

（2）排放主体温室气体排放量主要基于每班次航行燃料的消耗量和排放因子乘积，并加总每班次排放量获得，具体计算如下：

$$直接排放量 = \sum 化石燃料消耗量_i \times 排放因子_i$$

式中，直接排放量：化石燃料燃烧的二氧化碳排放量，单位为吨；化石燃料消耗量：第 i 种化石燃料活动水平，单位为吨；排放因子：第 i 种燃料的排放因子，单位为吨二氧化碳/吨；i：化石燃料的种类。

相关数据获取如下：

①活动水平数据获取

根据航次报告中的各种化石燃料消耗量确定活动水平数据。

$$每航次各种燃料消耗量 = \sum (加油量\ k + 离港前油舱存油量\ k - 到港后油舱存油量\ k)$$

k：航段名称。

②相关参数获取

排放因子主要根据燃料油、柴油和液化天然气的低位发热值、单位热值含碳量和氧化率等参数计算综合得到。相关燃料排放因子的缺省值见表 3.9：

表 3.9　**燃料排放因子的缺省值**

序号	燃料种类	排放因子（吨二氧化碳/吨）
1	燃料油	3.05
2	柴油	3.15
3	液化天然气	2.59

资料来源：《上海市水运行业温室气体排放核算与报告方法（试行）》的通知。

（3）我国对航运业港口碳排放的计算依据

主要是按照港口吞吐量和折合成标准煤的单耗（标准煤吨/万吨）与碳排放系数的乘积，其计算依据主要根据《交通运输部关于印发〈加快推进绿色循环低碳交通运输发展指导意见〉的通知》（交政法发〔2013〕323 号）和

《绿色循环低碳交通运输省份、城市、公路、港口考核评价指标体系（试行）》相关依据。

①考核评价指标体系

表 3.10　　绿色循环低碳港口考核评价指标体系（试行）

指标类别		指标名称
强度性指标		1 港口生产单位吞吐量综合能耗
		2 港口生产单位吞吐量 CO_2 排放
体系性指标	装卸运输装备	3 节能低碳技术应用
	生产基础设施	4 港口配备岸电设施情况
		5 绿色照明灯具比例
	生产组织模式	6 工艺优化措施
	港口信息化	7 港口生产智能化调度系统
		8 港口物流公共信息服务平台
	能力建设	9 港口能源管理信息化系统
		10 能源计量器具配备率
		11 交通节能减排规划、计划制定实施
		12 能源管理体系建设
		13 能源审计制度的建立和执行
保障性指标		14 组织与机构建立与运行
		15 节能减排目标责任评价考核制度
		16 科技创新机制
		17 节能减排宣传培训
特色性指标		可依据港口特点、项目创新情况，设立自定义项。自定义项应当符合绿色循环低碳港口与可持续发展的宗旨。申请方应在实施方案中提出自定义项申请，并阐述申请理由及分值。

资料来源：《交通运输部关于印发〈加快推进绿色循环低碳交通运输发展指导意见〉的通知》（交政法发〔2013〕323 号）和《绿色循环低碳交通运输省份、城市、公路、港口考核评价指标体系（试行）》。

②港口生产单位吞吐量综合能耗

指标定义：指港口完成每万吨吞吐量所消耗的生产综合能源消耗量。

计算方法：港口生产单位吞吐量综合能耗为统计期内港口生产综合能源消

耗量与港口货物吞吐量的比值，计算公式如下：

$$e = \frac{E}{P}$$

式中：e：港口生产单位吞吐量综合能耗，单位：tce/万吨吞吐量；E：港口生产综合能源消耗量，计算方法参照《港口能源消耗统计及分析方法》（GB/T 21339），单位：tce，各种能源折标准煤系数见表 3.11；P：港口货物吞吐量，单位：万吨。

考核依据：根据考核年度港口企业港口生产综合能源消耗量及货物吞吐量的统计数据等进行测算。

③港口生产单位吞吐量 CO_2 排放

指标定义：指港口完成每万吨吞吐量消耗的能源（不含电力、蒸汽）所排放的二氧化碳量。

计算方法：港口生产单位吞吐量 CO_2 排放为统计期内港口生产消耗的能源（不含电力、蒸汽）所排放的二氧化碳量与港口货物吞吐量的比值，计算公式如下：

$$c = \frac{C}{P}$$

式中：c：港口生产单位吞吐量 CO_2 排放，单位：吨/万吨吞吐量；C：港口生产综合碳排放量，消耗某种能源直接排放 CO_2 的计算方法为：消耗能源数量 × CO_2 排放系数，单位：吨，各种能源的 CO_2 排放系数见表 3.11；P：港口货物吞吐量，单位：万吨。

考核依据：根据考核年度港口企业港口生产综合二氧化碳排放量及货物吞吐量的统计数据等进行测算。

表 3.11　各种能源折标准煤系数与 CO_2 排放系数

能源名称	平均低位发热量（kJ/kg）	折标准煤系数（kgce/kg）	单位热值含碳量（吨碳/TJ）	碳氧化率	二氧化碳排放系数（kg－CO_2/kg）
原煤	20 908	0.7143	26.37	0.94	1.9003
焦炭	28 435	0.9714	29.50	0.93	2.8604
原油	41 816	1.4286	20.10	0.98	3.0202
燃料油	41 816	1.4286	21.10	0.98	3.1705
汽油	43 070	1.4714	18.90	0.98	2.9251

续表

能源名称	平均低位发热量（kJ/kg）	折标准煤系数（kgce/kg）	单位热值含碳量（吨碳/TJ）	碳氧化率	二氧化碳排放系数（kg－CO_2/kg）
煤油	43 070	1. 4714	19. 50	0. 98	3. 0179
柴油	42 652	1. 4571	20. 20	0. 98	3. 0959
液化石油气	50 179	1. 7143	17. 20	0. 98	3. 1013
炼厂干气	46 055	1. 5714	18. 20	0. 98	3. 0119
油田天然气	38 931	1. 3300	15. 30	0. 99	2. 1622

资料来源：中国节能产业网，中华人民共和国国家标准 GB/T 2589—2008 综合能耗计算通则。

第4章　监测、报告与核查（MRV）

全球应对气候变化而制定的国际制度和采取的举措对未来世界经济和国际政治将产生长远而深刻的影响。作为这些举措中的一部分，“可测量、可报告和可核查”（MRV）的碳核查成为了气候变化国际谈判中的重要议题之一。本章节从探讨MRV内涵和历史衍变入手，介绍了MRV的参与者、基本理念、工作基础和具体实施的意义。本章节还分析了中国MRV体系的现状和不足，提出了“共同但有区别责任”的理念和建设与国际接轨的有中国特色的MRV体系的建议。此外，本章节还介绍了MRV的第三方核查机构，国际标准化组织系列标准，核查对象、范围、要求和流程，核查程序，核查数据管理，核查数据管理的验证与偏差和中国数据质量管理的经验。为了更好地巩固学习，并将其应用于实践，本章节还引入了两个实际企业碳核查案例以供参考。

4.1　MRV体系

2007年12月，《联合国气候变化框架公约》第13次缔约方大会达成的《巴厘路线图》[①] 明确要求国家适当减缓碳排放行动（Nationally Appropriate Mitigation Action）要符合“可测量（Measurement）、可报告（Reporting）、可核查（Verification）”（以下简称“MRV”）这一准则。这成为气候变化国际谈判中的重要议题之一。为了更好地理解这一重要议题，我们先从理解MRV的定义开始学习。

4.1.1　MRV的定义

MRV是涵盖了可测量、可报告、可核查三个部分的一个体系。

① 2007年12月15日下午，经过持续十多天的马拉松式谈判，联合国气候变化大会终于通过名为《巴厘路线图》的决议。目的在于针对气候变化全球变暖而寻求国际共同解决措施。

可测量性：标准化的指南及核算方法学。测量是碳排放数据和信息的收集过程。可测量性要求明确测量的对象、方式以及认知测量的局限性，即根据已建立的标准，尽可能地以准确、客观的概念描述该现象。统计并核算温室气体排放数据，保证温室气体排放数据的准确性和科学性，并尝试以规范的方式进行周期性的核算。可测量性是支撑整个碳市场的基本起点。

可报告性：报告规则及数据的公开。报告是数据发送或信息披露的过程。在保证温室气体排放数据准确性和科学性的前提下，碳市场的 MRV 管理机制还应设置一套温室气体报告规则，要求达到规定门槛的企业或设施参与报告工作。

可报告性涵盖报告的主体、内容、方式和周期等。具体而言，报告的主体包括国家适当减缓碳排放行动的主体自主报告、商业主体报告、非政府组织报告、独立专家报告和国际机构报告等。报告的内容既包括国家适当缓减碳排放行动的主体的地理和人文等背景介绍，也包括具体的税收、研发、国际合作等相关政策和行动阐述。报告的周期则根据国家适当的缓减碳排放行动主体的不同而有月报、季报或者年报等差异。

可核查性。核查是针对碳排放报告的定期审核或独立评估。对温室气体排放数据的收集和报告工作进行周期性的核查，帮助监管部门最大限度地把控数据的准确性和可靠性，提升温室气体排放整体报告结果的可信度。欧盟十年的碳市场运行经验证明，要保证温室气体测量、报告和核查（MRV）机制的正常运行，首先需要一套完整的体系顶层设计方案，包括出台相关机构的职责和分工、翔实的技术细则标准和监督管理规程等一系列管理文件方案。考虑到中国即将参与碳交易的企业数量及排放规模，应借鉴美国的强制报告机制采用的大数据管理模式，减缓各方的工作压力。

一般来说，核查是一个技术性而非评价性的方法，即关于信息准确性及其产生过程可靠性的评估，而不是一个关于义务是否履行的概念。原则上，不论是定性的，还是定量的信息都可以被核查。可核查性的核心内容是核查主体和核查条件，核查的主体有自我核查和第三方核查，核查的条件则取决于信息的来源和类型。可核查性和可测量性一样，可以通过直接的观察或间接的引导完成。

可测量、可报告和可核查三者之间的关系：

- 一般来说，可测量、可报告和可核查三者之间的关系非常密切；
- 测量的技术与结果可能影响了报告信息的准确性和可靠性；
- 测量是依特定的标准而进行的，相应地，其结果应该具有可核查性；
- 可核查的价值在于保证报告的结果数据相互比较与验证；
- 气候变化背景下的 MRV 体系要求，国家适当缓减碳排放行动的主体以特定的标准进行测量，以公开和标准化的方式报告，并且保证该信息的准确和可靠性可以被比较和核实。

4.1.2　MRV 的历史衍变

- 1992 年《联合国气候变化框架公约》不仅确立了依据“共同但有区别责任”采取减缓和适应行动来应对气候变化的国际准则，还要求缔约方提供、定期更新以及公布国家履约信息通报。这可以被认为是 MRV 体系发展的雏形。
- 1997 年《联合国气候变化框架公约》第三次缔约方会议达成的《京都议定书》[①] 提出，气体源的排放和各种汇的去除及相应举措应当以公开和可核查的方式进行报告，并依据条款第七款和第八款进行核查。这表明了国际社会希望借 MRV 体系增强透明度的决心。
- 2007 年 12 月，《联合国气候变化框架公约》第十三次缔约方大会达成的《巴厘路线图》明确要求国家适当缓减碳排放行动要符合“可测量、可报告、可核查”这一准则。《巴厘路线图》则明晰化了 MRV 体系的要求：发达国家包括减排目标和举措在内的国家适当减缓碳排放的行动要符合 MRV；发展中国家可持续发展过程中获技术、资金和能力建设援助的国家适当减缓碳排放的行动要符合 MRV。
- 2009 年《联合国气候变化框架公约》第十五次缔约方会议暨《京都议

---

① 《京都议定书》（英文：Kyoto Protocol，又译《京都协议书》《京都议定书》《京都条约》；全称《联合国气候变化框架公约的京都议定书》是《联合国气候变化框架公约》（United Nations Framework Convention on Climate Change，UNFCCC）的补充条款。1997 年 12 月在日本京都由联合国气候变化框架公约参加国三次会议制定。其目标是“将大气中的温室气体含量稳定在一个适当的水平，进而防止剧烈的气候改变对人类造成伤害”。2011 年 12 月，加拿大宣布退出《京都议定书》，成为继美国之后第二个签署但后又退出的国家。

定书》第五次会议达成的《哥本哈根协议》① 进一步具体化了 MRV 的执行，包括 MRV 的主体、条件、频度、方式等，并在附录中预留了未来谈判的空间。

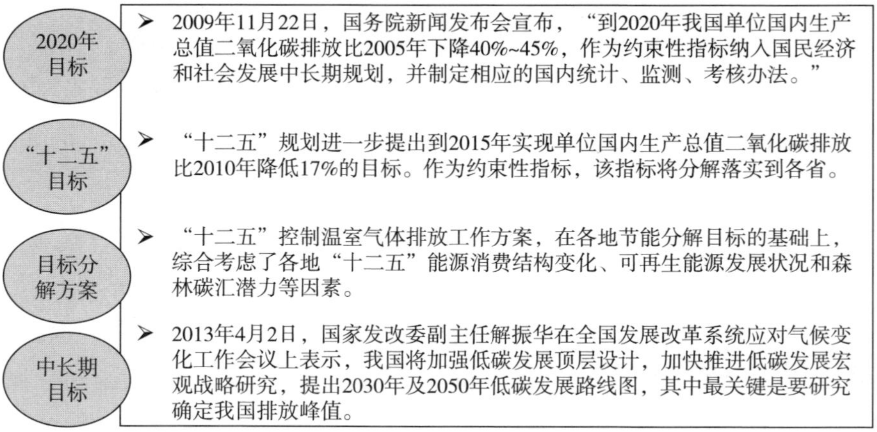

图 4.1　国内低碳政策

• 从对国际谈判博弈的分析中可以看出：公开、公正、公平的 MRV 体系正在成为未来共同应对气候变化和不断增进国际信任的重要环节，该体系既要满足跟踪国家适当缓减碳排放行动的主体气候变化解决方案的要求，还要涵盖因政治经济体制差异、国家发展阶段和目标不同而形成的多种政策和行动。

4.1.3　MRV 的参与者

我国计划 2017 年启动全国统一的碳排放权交易市场，根据《碳排放权交易管理暂行办法》和《碳排放权交易管理条例（征求意见稿）》，在 MRV 管理体系方面基本体现出以国家为主、地方为辅的责任划分。由国家提出 MRV 具体管理流程与技术要求，并对核查机构进行资质管理与监管，由地方政府负责企业报告监管、复查与财政支持。但目前 MRV 体系正处在逐步建设完善的阶段，地方政府在 MRV 制度执行过程中主导性较强。

目前国家发改委已陆续发布 3 批共 24 份温室气体报告指南，其中 10 个行业的指南上升为国家推荐标准；提出了配额分配数据报告需求，发布了《全

① 《哥本哈根协议》主要是就各国二氧化碳的排放量问题，签署协议，根据各国的 GDP 大小而减少的二氧化碳的排放量。《哥本哈根协议》目的是商讨《京都议定书》一期承诺到期后的后续方案，就未来应对气候变化的全球行动签署新的协议。

国碳排放权交易企业碳排放补充数据核算报告》；发布了第三方核查参考指南、核查机构及人员参考条件。

地方政府在执行过程中，可在国家指南、核算报告的基础上进行补充完善，自主决定是否建立信息报送系统，并参考国家的核查机构及人员条件、核查指南进行核查机构的遴选和核查活动的规范。为建立与国际接轨并具有中国特色的 MRV 体系，加快全国性碳市场建设进程。

4.1.4　我国应对气候变化而采取的政策的构成

目前，我国应对气候变化已经采取了以下一些政策：

- 《气候变化初始国家信息通报》（2004 年 10 月）；
- 《气候变化国家评估报告》（2006 年 12 月）；
- 《中国应对气候变化国家方案》（2007 年 6 月）；
- 《应对气候变化科技专项行动》（2007 年 6 月）；
- 《中国的能源状况与政策》（2007 年 12 月）；
- 《中国应对气候变化的政策与行动》（2008 年 10 月）；
- 《落实巴厘路线图——中国政府关于哥本哈根气候变化会议的立场》（2009 年 5 月）（以下简称《哥本哈根立场》）。《哥本哈根立场》提出了中国对 MRV 的基本原则；
- 《全国人民代表大会常务委员会关于积极应对气候变化的决议》（2009 年 8 月）和《中国应对气候变化的政策与行动》（2009 年 11 月）等。

4.1.5　MRV 体系建设中秉承的基本理念

《哥本哈根立场》提出了中国对 MRV 的基本原则，我们可以从其与《巴厘路线图》和《哥本哈根协议》关于 MRV 主张的对比中探讨中国 MRV 体系建设的理念。

- 虽然我国采取的《哥本哈根立场》与世界范围内提出的《巴厘路线图》和《哥本哈根协议》在发达国家 MRV 的表述方面有所差异，但基本精神一致。《哥本哈根立场》第三条第（二）款第 1 项中的第（3）、第（4）和第（5）部分提出包括发达国家在内的一系列国家应当承担有法律约束力的、大幅度的、量化的 MRV 的减排义务，发达国家的减排指标及相关政策、措施和行动应当满足 MRV 的要求等。而《巴厘路线图》第 1 条 b 款指出发达国家包括减排目标和举措在内的国家适当缓减碳排放行动要符合 MRV。《哥本哈根协议》第四条和第五条则确认了 2020 年的定量减排目标、基准年和减排措施。

• 《哥本哈根立场》第三条第（二）款第 2 项中的第（2）和第（6）部分提出：发展中国家适当缓减碳排放行动应当以发达国家提供 MRV 的技术、资金和能力建设支持为条件；MRV 的要求仅适用于获得支持的国家适当缓减碳排放行动。这与《巴厘路线图》第 l 条 b 款的要求基本一致：发展中国家在可持续发展过程中获技术、资金和能力建设援助的国家适当缓减碳排放行动需要符合 MRV。《哥本哈根协议》第八条也强调了发达国家对发展中国家的融资等支持，如在 2010 年至 2012 年期间提供 300 亿美元。在 2020 年以前每年筹集 1 000 亿美元资金用于解决发展中国家减排需求等。

• 但是，《哥本哈根协议》第五条对于非附件一缔约方区分了获得国际支持的国家适当缓减碳排放行动要执行国际 MRV，其他则要执行国内 MRV。这意味着二者的分歧在于：这些获得国际支持的国家适当缓减碳排放行动执行的是国际 MRV，还是国内 MRV。

4.1.6 MRV 的工作基础

我国碳市场 MRV 管理体系有如下几个工作基础需要满足：

• 项目级市场 MRV 工作基础：在项目级市场上，通过联合国气候变化框架公约下的灵活减排机制建设，清洁发展机制项目（CDM）① 执行委员会制订了一系列严格的规范与程序、方法学与计算工具，确保 CDM 项目 MRV 机制的管理。中国通过参与 CDM 项目，也获得了在政策、技术、资金等各个方面的能力建设，培养了项目审定与核查的第三方服务市场。在此基础上，中国于

① 清洁发展机制，是指《京都议定书》中引入的灵活履约机制之一。核心内容是允许其缔约方即发达国家与非缔约方即发展中国家进行项目级的减排量抵销额的转让与获得，从而在发展中国家实施温室气体减排项目。根据《京都议定书》第 12 章的定义，清洁发展机制主要解决两个目标：①帮助非附件 1 缔约方持续发展，为实现最终目标作出应有贡献；②帮助附件 1 缔约方进行项目级的减排量抵销额的转让与获得。该机制规定，在非附件 1 缔约方实施项目限制或减少温室气体排放而得到的通过认证的减排单元，经过由《联合国气候变化框架公约》的缔约方大会指定的经营实体的认证后，可以转让给来自附件 1 缔约方的投资者如政府或企业。一部分从认证项目活动得到的收益将用于支付管理费用，以及支持那些对气候变化的负面效应特别敏感的发展中国家，以满足适应气候变化的需要。

2012 年出台了《温室气体自愿减排交易管理暂行办法》①，建立了国内项目级减排市场，在 MRV 管理方面，开发了 180 多个核算方法学，制订了严格的核查机构审定和核证的规范要求，确保项目及其减排量的真实可信。

- 七省市碳交易试点② MRV 工作基础：中国七省市碳交易试点运行过程中，各个试点逐步认识到 MRV 在整个碳排放权交易体系中发挥的重要基础和核心作用，逐步完善试点碳市场 MRV 机制建设。目前，试点根据碳交易覆盖范围开发了 20 多个分行业的碳排放核算和报告指南或地方标准，涉及2 000余家重点排放单位；发布了适用本地区的温室气体排放报告格式，建立了电子报送系统；建立了核查机构管理机制，批准 80 余家核查机构，并制定核查程序和报告编写指南规范核查工作。试点碳市场 MRV 管理经验为全国碳市场 MRV 建设工作提供了经验借鉴。

表 4.1　　碳交易试点落地方案

试点	纳入行业	纳入单位标准	纳入单位数量
北京	电力、热力、水泥、石化、其他工业和服务业	年排放 10 000 吨以上	490
上海	工业行业：电力、钢铁、石化、化工、有色、建材、纺织、造纸、橡胶和化纤； 非工业行业：航空、机场、港口、商场、宾馆、商业办公建筑和铁路站点	工业：年排放 20 000 吨以上； 非工业：年排放 10 000 吨以上。	191
天津	电力、热力、钢铁、化工、石化和油气开发	年排放 20 000 吨以上	114

---

① 《温室气体自愿减排交易管理暂行办法》分总则、自愿减排项目管理、项目减排量管理、减排量交易、审定与核证管理、附则 6 章 31 条。

② 为落实“十二五”规划关于逐步建立国内碳排放交易市场的要求，推动运用市场机制以较低成本实现 2020 年我国控制温室气体排放行动目标，加快经济发展方式转变和产业结构升级，2011 年，国家发改委办公厅发布《关于开展碳排放权交易试点工作的通知》，正式批准上海、北京、广东、深圳、天津、湖北、重庆等七省市开展碳交易试点工作。试点工作的开展为中国的碳排放市场发展提供了支持和保障。自 2013 年正式启动碳交易试点以来，我国碳排放交易主要集中在七个试点省市，交易产品主要包括碳配额和国家核证自愿减排量。七个碳交易试点中，5 个地区（上海、北京、深圳、广东、天津）已完成两次履约，2 个地区（重庆、湖北）完成一次履约，其中，上海是唯一连续两年实现 100% 履约的试点地区。

续表

试点	纳入行业	纳入单位标准	纳入单位数量
广东	电力、热力、钢铁和石化	年排放 20 000 吨以上	242
深圳	工业（电力、水务和制造业务）和建筑	工业：年排放 5 000 吨以上； 机关建筑：10 000 平方米以上； 公共建筑：20 000 平方米以上	工业：635 建筑：197
重庆	电解铝、铁合金、电石、烧碱、水泥和钢铁	2008—2012 年中任意一年度排放量达到 2 万吨 CO_2 的工业企业	200 多家
湖北	电力、钢铁、水泥、化工等 12 个行业	2010 年、2011 年任意一年综合能耗 6 万吨及以上的工业企业	138

资料来源：本书作者整理。

- 全国碳市场 MRV 工作基础：《碳排放权交易管理暂行办法》[①] 明确了中央和地方管理机构对碳市场 MRV 的管理模式和基本要求，对企业、核查机构的报告与核查进行了原则性规定。目前，我国正在建立重点企（事）业单位温室气体排放核算和报告制度，确定了报告企业门槛，制订发布了 24 个行业的温室气体排放核算与报告指南，其中 10 个指南已经升级为国家标准，并将建立对核查机构的国家和地方两级管理体系。在全国碳市场 MRV 建设过程中，咨询服务机构和技术支撑单位发挥了积极作用。

4.1.7 建立 MRV 的意义与价值

4.1.7.1 建立 MRV 的意义

碳市场建设过程中，MRV 是国际社会对温室气体排放监测的基本要求，是《联合国气候变化框架公约》下国家温室气体排放清单和《巴黎协定》中国家自主贡献的实施基础，是建立国际互信，开展国际气候谈判的先决条件。

MRV 体系是碳交易的基础，也是碳市场运行的重要基础。准确核算和报

① 落实党的十八届三中全会决定、“十二五”规划《纲要》和国务院《“十二五”控制温室气体排放工作方案》的要求，推动建立全国碳排放权交易市场，国家发展和改革委员会组织起草了《碳排放权交易管理暂行办法》，于 2014 年 12 月 10 日发布，30 日后实施。

告温室气体排放量将成为碳市场的一项重点工作。一个完整的 MRV 监管体系可以实现利益相关方对数据的认可，从而增强整个碳交易体系的可信度。企业碳排放数据是碳配额分配及开展配额交易的基础，既为政府主管部门进行科学决策和对碳市场进行有效监管提供了可靠的数据支撑，更是督促企业摸清自身碳排放状况，并加强碳排放管控的有效工具。而在没有 MRV 的前提下，企业进行履约时提供虚假数据可能性会大幅度增加，使得碳价格出现不稳定，扰乱碳市场的运行，也蒙蔽了管理者的信息，造成碳市场无法真正激励企业进行节能减排技术投资。这样，碳市场在某种意义上也将失效。因此，MRV 体系也是碳市场平稳运行的基石。

4.1.7.2　MRV 的价值

在国际谈判的博弈中，MRV 正逐步发展为国家适当缓减碳排放行动的关键环节。

从可持续发展角度，MRV 体系在碳排放制度的安排中具有重要的意义。可持续发展的基本理念是既满足当代人的需要，又不对后代人满足其需要的能力构成危害的发展。构建有中国特色而且与国际接轨的灵活科学的 MRV 体系，是可持续发展和不断推进国家适当缓减碳排放行动的重要基础，必将成为碳排放制度安排中一项紧迫而长期的艰巨任务。

4.1.8　中国 MRV 体系建设面临的问题、核心举措与建议

4.1.8.1　中国 MRV 体系建设面临的问题

目前，全国碳市场在 MRV 体系建设上已经取得了较大的进展：发布了 24 个行业核算指南，其中 10 个行业指南已上升为国标；发布了《第三方核查参考指南》，为核查机构的核查工作提供了指导；发布了《第三方核查机构及人员参考条件》，在注册资金、业绩经验等方面提出了具体要求等。试点在与全国碳市场衔接时，也对 MRV 这一领域给予了最多的关切。有几个可能的障碍值得探讨。

- 需要根据国家方法开展核算、报告和核查：这是 MRV 领域最重要也是最显著的障碍。试点地区的企业进入全国碳市场后需要按照新的国家要求进行核算、报送，第三方核查机构也要依据国家要求进行核查。相比非试点地区从无到有地创建 MRV 体系，试点地区面临着要在原有体系的基础上做出调整。

这样的调整意味着试点主管部门要与控排企业就新的核算和报送要求进行大量的沟通解释和相关的培训，意味着要对当地核查机构依照国家核查标准进行培训和指导。这样大范围的法规调整和能力建设工作，如果在全国碳市场正式启动后再着手进行，可能会使得试点地区措手不及。

• 第三方核查机构是否需要重新备案：多个试点对核查机构以及核查员的资质有所要求。例如：注册资金、业绩经验、核查员数量等，各项要求的细节与国家《第三方核查机构及人员参考条件》中的条件有所差异。待国家的核查机构管理办法发布后，试点地区是否需要按照新的要求对核查机构进行备案，原有核查机构如不符合国家标准，是否还具备核查资质，这也是需要试点地区主管部门尽快决策的问题。

4.1.8.2 中国 MRV 体系建设的核心举措

我国建设 MRV 体系建设的核心举措可以归纳为以下几点：

• 我国对于 MRV 体系建设的态度可以从消极反对国际 MRV 转变为主动制定 MRV 国际规则的战略。中国作为发展中大国，既面临巨大的国际压力，也在谈判中具有举足轻重的地位，完全可以广泛地参与到国际规则的制定中，不断提高国家谈判能力，争取更多的话语权，为维护国家利益，同时也为国际社会改善全人类赖以生存的环境作出自己的贡献。具体可以围绕三个议题展开：一是明确国际 MRV 体系的主体、范围、条件、方式、程序等。二是要求附件 1 缔约方包括减排指标、政策、措施和行动以及对其他主体的技术、资金和能力建设等支持在内的所有国家适当缓减碳排放行动应当符合国际 MRV。三是界定《哥本哈根协议》中“得到国际支持的且根据协定确认列入附录 2 的国家适当缓减碳排放行动，界定需要进行国际 MRV”的含义和条件，使之具体、明确、可区分和可操作。

• 我国对于建设 MRV 体系建设的立场从力求阐明 MRV 到建设 MRV 体系的转变。《哥本哈根立场》关于 MRV 问题立足于阐明立场，这是厘清建设思路的基础。中国承诺到 2020 年单位国内生产总值二氧化碳排放比 2005 年下降 40% ~45%，并将之纳入国民经济约束性指标①。这不是定量减排目标，而属于自愿减排性质。从长远考虑，中国不仅要阐明立场，更要积极建设国内

① 约束性指标就是政府在公共服务和涉及公共利益领域对有关部门提出的工作要求，政府要通过合理配置公共资源和有效运用行政力量，确保有关指标的实现。

MRV 体系，并建立与国际 MRV 机制的有效衔接。这是可持续发展的必然要求。

4.1.8.3　中国 MRV 体系建设未来可能采取的措施或建议

● 健全 MRV 体系政策法规，强化法律效力。制定统一的法规和标准是 MRV 重要基础和保障。美国和欧盟在碳市场启动之初已颁布了明确的 MRV 专门性法规和标准，用来指导和规范碳排放监测和核查工作，以便获得各方认可的数据。其中欧盟采用的是区域整体立法，美国采用的联邦立法形式。目前我国虽然基本形成了应对气候变化法规体系，全国碳市场 MRV 体系建设上也取得了较大的进展，但从法律效力角度来看，国内 MRV 相关法规的法律层级都比较低，法律效力不强，违规成本过低。因此，针对目前 MRV 政策体系法律效力较低的现状，各试点地区应就碳市场运行过程中的经验教训进行及时总结并汇报国家，为制定国家层面专门性的 MRV 法律法规体系提供现实依据。在全国碳市场建设初期，建议强化 MRV 的管理、执行、评估和监督，明确相关方及其权利义务，不断建立和完善 MRV 体系技术细则和规范标准，形成政策法规保障。同时，通过积极参与国际谈判，借鉴欧盟和美国立法，在国家碳市场运行的合适时机出台覆盖温室气体的 MRV 专门性法律，确定 MRV 体系的法律地位，健全碳市场法律体系，以保障碳市场的长久运行。

● 建立 MRV 体系优化机制，提高体系生命力。在全国碳市场建设的初级阶段，国家发改委对 MRV 体系的管理机制及技术体系进行了基本的顶层设计，为 MRV 工作提供了有效指导。随着 MRV 制度的付诸实践，可进一步建立 MRV 优化体制，收集各方反馈意见，总结提出 MRV 制度的实践经验与优化措施，使 MRV 体系能不断适应企业温室气体核算核查要求。重点工作可包括：遵循逐步改进和完善的原则，建设初期在保证核算的精确性和一致性的前提下，先让大多数参与企业，特别是重点能耗企业能够达到 MRV 标准，在继续推进过程中不断完善 MRV 体系技术细则和规范标准，推动企业温室气体排放监测报告能力的提升，帮助企业尽快达到 MRV 体系要求；搭建与地方政府、企业、研究机构、行业协会等单位的双向沟通平台，定期收集并研究 MRV 制度实施的反馈意见，关注试点地区在建立地方 MRV 过程的有益经验；建立统一协调的 MRV 体系运行监督评估机制，不断总结 MRV 体系运作的经验。

● 充分发挥市场力量，建立可持续的第三方核查制度。在 MRV 制度建设的初级阶段，由于监管制度、管理规则不尽完善，且企业对 MRV 制度的接受程度有限，MRV 所需的第三方核查费用一般由政府承担。这有利于防止企业与核查机构的作弊行为，降低核查制度初期的成本障碍。核查服务的市场化，即企业自由选择并出资聘请核查机构，可促进核查机构间的竞争，有效促进核查成本费用的降低。在有效监管的前提下，可实现整个 MRV 体系效果不变情况下，运行成本的下降。MRV 制度主要为碳市场服务。碳交易市场归根到底是市场机制，政府以外的市场主体是碳市场运作的动力源泉。政府对第三方机构过度的行政管理不利于碳市场的长久运行。因此，核查服务的市场化是合理的发展方向，有利于建立可持续的第三方核查制度。在全国碳市场建设初期，对核查服务可以采用政府采购方式，但应及早对第三方核查机构和人员进行培育，提升其技术水平，逐步建立规范的监管和认可制度，逐步从成熟阶段过渡到市场化运作阶段，增进市场效率。

4.2 第三方核查机构

4.2.1 第三方核查的要求

所谓“碳交易第三方核查机构”是指具有一定的资格和能力，根据规定的核查规则、技术标准和程序要求，对本市纳入配额管理的单位提交的碳排放报告开展核查，出具独立的核查报告并承担相应责任的专业机构。设立“核查机构”既是碳排放交易后续最重要的制度建设内容之一，也是碳排放交易市场成功运作的基本保证。

（1）第三方核查机构和人员的要求条件

进入 2016 年，国家发改委加快推进全国碳排放权交易市场的相关工作。1 月 19 日，国家发改委发布《关于切实做好全国碳排放权交易市场启动重点工作的通知（附件）》，从碳排放权交易覆盖行业、控排企业排放数据填报、补充数据核算报告填报、第三方核查机构及人员要求、第三方核查流程规范五个方面加快推进规范全国碳排放权交易市场建设。

在统一碳市场中，国家要对 MRV 要求以及核查机构和核查人员的资质进行统一规定。《关于切实做好全国碳排放权交易市场启动重点工作的通知（附件）》对于参与碳排放核查的第三方核查机构及核查人员提出了资质、能力、人员素质等多方面的参考要求和条件。具体包括：

- 核查机构应具有独立法人资格。
- 企业注册资金不少于 500 万元，事业单位/社会团体开办资金不少于 300 万元。
- 符合核查员要求的专职人员至少 10 名，所申请的每个专业领域至少有 2 名核查员。
- 对于无相关审定或核证经历的机构，应在温室气体减排、清单编制、碳排放报告核算和核查等应对气候变化领域内独立完成至少 1 个国家级或 3 个省级研究课题：
  - ■ 或经国家碳交易主管部门组织的专家委员会评估认定合格；
  - ■ 同时要求核查机构与从事碳资产管理和碳交易公司不能存在资产和管理方面的利益关系；
  - ■ 对于七个碳交易试点省市备案的碳排放核查机构可继续核查工作，但要求核查机构近 3 年在国内完成 CDM 或自愿减排项目的审定与核查、碳排放权交易试点核查、各省市重点企事业单位温室气体排放报告核查、ISO14064 企业温室气体核查等领域项目总计应不少于 20 个。

（2）核查组成员至少应当符合以下要求

- 中华人民共和国公民；
- 大学本科及以上学历；
- 个人信用良好，无任何违法违规从业记录；
- 不得同时受聘于两家或以上的核查机构；
- 特定行业领域的工艺或运营；
- 边界的识别和财务分析；
- 二氧化碳排放源的识别和选择；
- 二氧化碳的量化方法和标准；
- 数据分析和评价方法（如不确定性、置信度、实质性偏差和抽样方法）；
- 针对核查人员要求不得同时受聘于两家或以上的核查机构，在相关领域有 2 年（含）以上的咨询或审核经验，并作为组长或技术负责人主持项目累计不少于 2 个或作为组员参与项目审核或咨询不少于 5 个等。

（3）履约单位如何选择第三方核查机构

履约单位可根据市发展改革委公布的第三方核查机构备案名单，并考虑核查机构的基础条件、专业经验、行业认可度和与核查机构是否存在利益冲突分析等情况和因素，选择合适的第三方核查机构为其开展核查工作。

4.2.2 第三方核查机构的意义

为了核实和查证控排企业报告的数据和信息是否真实、准确无误，避免相关利益方的干扰，核查通常由有资质的第三方专业核查机构完成。就国际经验来看，欧盟碳市场是世界上第一个碳市场，也是目前为止最大的碳市场，在MRV体系建设方面积累了丰富的经验。欧盟碳市场MRV体系成熟的重要标志就是建立了较为完备的法律体系，分别制订了温室气体排放监测和报告指南（MRR）与认证和核查指南（AVR）。为了适应新的变化，这两个法规在2009年又进行了一次修订，形成了2009/29/EC指令。在欧盟MRV体系中参与主体包括：主管部门、设施运营方、核查机构和认证机构。其中最具特色的就是认证机构。根据欧盟规定，第三方核查机构必须由认证机构进行认证和调查，取得相关资质后才有资格进行碳排放核查。否则，缺失认证环节会导致各个核查机构参差不齐，核查结果的稳健性不乐观。

4.3 国际标准化组织标准

MRV相关国际标准化组织标准[①]主要包括ISO14064：2006。ISO14064：2006是一个由三部分组成的标准，即：ISO14064－1：2006《温室气体第一部分：组织层次上对温室气体排放和清除的量化与报告的规范及指南》；ISO14064－2：2006《温室气体第二部分：项目层次上对温室气体排放减量或清除增加的量化、监测和报告的规范及指南》；ISO14064－3：2006《温室气体第三部分：有关温室气体声明审定和核查的规范及指南》。该标准规定了国际上最佳的温室气体资料和数据管理、汇报和验证模式。

构成标准的三个部分是：

- ISO14064第一部分详细规定了在组织或公司层次上温室气体清单的设

① MRV相关国际标准化组织标准。

计、制定、管理和报告的原则和要求。包括确定温室气体排放的边界，确定温室气体排放限值，量化组织的温室气体排放和清除以及识别公司改进温室气体管理具体措施或活动等方面的要求。

- ISO14064 第二部分着重对旨在减少温室气体排放量或加快温室气体的清除速度的温室气体项目或基于项目的活动进行了规定。它包括项目监测、量化与报告的原则和要求，并提供进行温室气体项目审定和核查的基础。它是针对具体工业和能源项目的要求，对温室气体项目，特别是以温室气体减排和提高温室气体清除的项目活动的报告规范与指南，重点在于对项目自愿规划、信用管理计划、温室气体排放计划的管理人员和参与项目建议者提出了要求。

- ISO14064 第三部分阐述了实际验证过程。详细规定了温室气体清单核查及温室气体项目核查的原则和要求，说明了温室气体的核查过程，并规定了其具体内容，如核查计划、评价程序以及对组织或项目的温室气体声明评估等。

4.4　核查对象、范围和流程

4.4.1　核查工作原则

核查机构在准备、实施和报告核查和复查工作时，应遵循以下基本原则：

- 客观独立：核查机构应保持独立，避免偏见和利益冲突，在整个核查活动中保持客观；

- 诚实守信：核查机构应具有高度责任感，确保核查工作的完整性和保密性；

- 公正表达：核查机构应真实、准确地反映核查活动中的发现和结论，还应如实报告核查活动中所遇到的重大障碍，以及未解决的分歧意见；

- 专业素养：核查机构应具备核查必需的专业技能，能够根据任务的重要性和委托方的具体要求，利用其职业素养进行专业判断。

4.4.2　核查对象

核查对象的确定分为对组织、项目、设备还有活动进行的排放监管，以及关注排放气体两个方面。核查对象是由碳交易主管部门根据交易市场以及管理辖区的实际情况决定的。目前各国有对设备进行监管的，有对企业活动进行监管的，如航空企业的航空活动，有对工厂和组织进行监管的，如日本选择了商业设施和工厂。美国、加拿大选择的是年排放量不低于25 000吨二氧化碳的实体或设施以及火力发电厂。英国选择的是中央政府部门、大学、零售商、银行、水利公司、酒店以及地方政府组织。深圳选择的是以法人为单位的组织。

4.4.2.1 核查范围

核查的温室气体主要包括二氧化碳，甲烷，氧化亚氮，氢氟碳化物，全氟碳化物和六氟化硫。目前各国主要监控的是二氧化碳。随着碳交易活动的深入开展，其他气体必将会纳入监管范围。

4.4.2.2 核查要求

碳核查的要求主要包括了对重点排放单位基本情况的核查、核算边界的核查、核算方法的核查、核算数据的核查和质量保证和文件存档的核查。

4.4.2.3 重点排放单位基本情况的核查

核查机构应对重点排放单位的基本情况进行核查，确认其是否在排放报告中准备和报告了以下信息：

● 重点排放单位名称、单位性质、所属行业领域、组织机构代码、法人、地理结构、排放报告联系人等基本信息；

● 重点排放单位内部组织结构、主要产品或服务、生产工艺、使用的能源品种及年度能源统计报告情况。

核查机构应通过查阅重点排放单位的法人证书、机构简介、组织结构图、工艺流程说明、能源统计报表等文件，并结合现场核查中对相关人员的访谈确认以上信息的真实性和准确性。

4.4.2.4 核算边界的核查

核查机构应对重点排放单位的核算边界进行核查，对以下与核算边界有关的信息进行核实。

● 是否以独立法人或是同法人的独立核算单位为边界进行核算；

● 核算边界是否与相应行业的《核算方法和报告标准》或指南以及备案的检测计划一致；

● 纳入核算和报告边界的排放设备和排放源是否完整；

● 与上一年度相比，核算边界是否存在变更。

4.4.2.5　核算方法的核查

核查机构应对重点排放单位温室气体核算方法进行核查，确定核算方法符合相关要求或指南以及备案的检测计划的要求，对任何偏离标准或指南要求的核算都应在核查报告中予以详细的说明。

4.4.2.6　核算数据的核查

核查机构应对核算报告中的活动数据、碳排放系数、温室气体排放量以及配额分配支持数据进行核查。

- 活动数据：核查机构应根据《核查方法和报告标准》或指南和备案的检测计划对重点排放单位报告中的每一个活动数据的来源及数值进行核对。核查的内容至少应包括活动数据的单位、数据来源、检测方法、监测频次、记录频次、数据缺失处理等内容，并对每一个活动数据的符合性进行报告。

- 碳排放系数：核查机构应根据《核算方法和报告标准》或指南和备案的监测计划对重点排放单位排放报告中的每一个碳排放系数的来源以及数值进行核查。如果碳排放系数采用默认值，核查机构应确认默认值是否与核算方法和报告指南的默认值一致。如果碳排放系数采用实测值，核查机构至少应对碳排放系数的单位、数据来源、监测方法、监测频次、记录频次、数据缺失处理等内容进行核查，并对每一个碳排放系数的符合性进行报告。

- 温室气体排放量：核查机构应按照核算方法与报告指南的要求对碳排放量的核算结果进行核查。核查机构应通过重复计算、公式验证、与年度能源报表进行比较等方式对重点排放单位排放报告中的碳排放量的核算结果进行核查。核查机构应报告排放量计算公式是否正确、排放量的累加是否正确、排放量的计算是否可再现、排放量的计算结果是否正确等核查结果。

- 配额分配支持数据：除核算方法与报告指南要求报告的数据之外，核查机构应对每一个配额分配相关补充数据进行核查，核查的内容至少应包括数据的单位、数据来源、检测方法、监测频次、记录频次、数据缺失处理等内容，并对每一个数据的符合性进行报告。

4.4.2.7　质量保证和文件存档的核查

核查机构应按核算方法和报告指南的规定对以下内容进行核查：

- 是否指定了专门的人员进行温室气体排放核算和报告工作；
- 是否制定了温室气体排放和能源消耗台账记录，台账记录与实际情况是否一致；

- 是否建立了温室气体排放数据文件保存和归档管理制度，并进行执行；
- 是否建立温室气体排放报告内部审核制度，并遵照执行。

4.4.3 MRV 的流程

• 排放企业根据管理机构的要求和自己提交的该年度监测计划，开展为期一年的排放监测工作；

• 排放企业在每年规定的时间节点前向管理机构报告上一年的排放情况，提交年度排放报告；

• 由独立的第三方核查机构对排放报告进行核查，并在规定的时间节点前出具核查报告；

• 管理机构对排放报告和核查报告进行审定，在规定的时间节点前确定企业上一年度的排放量；

• 排放企业在每年年底提交下一年度的排放监测计划，作为下一年度实施排放监测的依据，然后开始重复第一步的工作。

可以看出，MRV 工作必须由排放企业、管理机构和独立的第三方核查机构共同完成，根据承担主体的不同大体可以分为 MR（排放企业）和 V（核查机构）两部分。

履约机制：履约考核是每一个“碳交易履约周期”的最后一个环节，也是最重要的环节之一。基本原理是将企业在履约周期末所上缴的履约工具（碳配额或减排信用）数量与其在该履约周期的经核查排放量进行核对，前者大于或等于后者则视为合规，小于后者视为违规，要受到惩罚。

抵消机制：在目前的碳市场中，引入抵消机制，即允许企业购买项目级的减排信用来抵扣其排放量。引入抵消机制的目的一是为了降低企业购买项目的履约成本；二是为了促进未纳入碳市场范围内的企业通过减排项目实现碳减排，相当于通过市场手段为能够产生减排量的项目提供补贴。

4.5 核查程序

核查机构应按照规定的程序进行核查，主要步骤包括签订协议、核查准备、文件评审、现场核查、核查报告编制、内部技术评审、核查报告交付及记录保存等 8 个步骤。核查机构可以根据核查工作的实际情况对核查程序进行适当的调整，但调整的理由应在核查报告中予以详细说明。

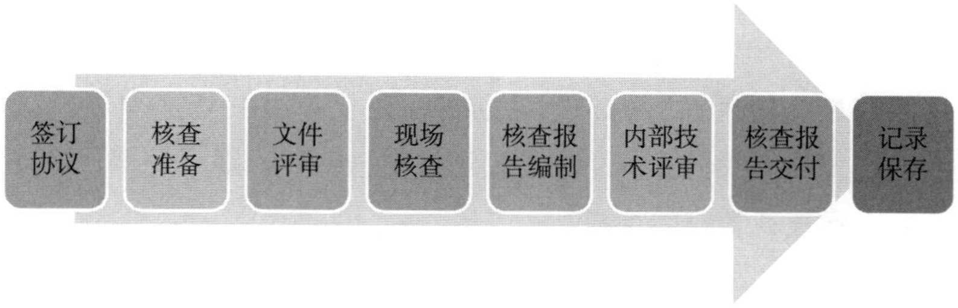

图 4.2　核查工作流程图

4.5.1　签订协议

核查机构应与核查委托方签订核查协议。核查协议签订前，核查机构应根据其被授予资质的行业领域、核查员资质与经验、时间与人力资源安排、重点排放单位的行业、规模及排放设施的复杂程度等，评估核查工作实施的可行性及与核查委托方或重点排放单位可能存在的利益冲突等；核查机构在完成上述评估后确认是否与委托方签订核查协议。核查协议内容包括核查范围、应用标准和方法、核查流程、预计完成时间、双方责任和义务、保密条款、核查费用、协议的解除、赔偿、仲裁等相关内容。

4.5.2　核查准备

核查机构应与委托方签订核查协议后，聘任有能力的核查组长和核查员组成核查组。核查组的组成应根据备案核查员的专业领域、技术能力与经验、重点排放单位的性质与规模及排放设备的数量等确定。核查组至少由两名成员组成。其中一名为核查组长，至少一名为专业核查员。核查组织应充分考虑重点排放单位所在的行业领域、工艺流程、设施数量、规则与厂商、排放特点、核查员的专业背景和实践经验等方面的因素，制定核查计划并确定核查组成员的任务分工。核查组长应与核查委托方和重点排放单位建立联系，要求核查委托方和/或重点排放单位在确定的日期内提交温室气体排放报告及相关支持文件。

4.5.3 文件评审

文件评审包括对重点排放单位备案的监测计划、提交的温室气体排放报告和相关支持性材料（重点排放单位排放设施清单、排放源清单、活动数据和碳排放系数的相关信息等）的评审。通过文件评审，核查组初步确认重点排放单位的温室气体排放情况，并确定现场核查思路、识别现场核查重点。文件评审工作应贯穿核查工作的始终。

4.5.4 现场核查

现场核查目的：现场核查目的是通过现场观察重点排放单位排放设施、查阅排放设施运行和检测记录（例如化石燃料的保存记录，采购记录或其他相关数据来源），查阅活动数据产生、记录、汇总、传递与报告的信息流过程，评审碳排放系数来源以及与现场相关人员进行会面，判断和确认重点排放单位报告期内的实际排放量。

4.5.4.1 现场核查计划

核查组应根据初步文件评审的结果，制定现场核查计划并与委托方和/或重点排放单位，确定现场核查的时间与安排。现场核查计划应于现场核查前发给核查委托方和/或重点排放单位确认。

现场核查的计划应包括核查目的与范围、核查的活动安排、核查组的组成、核查组的分工等。如果核查过程中涉及抽样，应在现场核查计划中明确抽样方案。现场核查的时间取决于重点排放单位排放设施、排放源的数量和排放数据的复杂程度和可获得程度。

4.5.4.2 抽样计划

当重点排放单位存在多个相似场所时，应首先识别和分析各场所的差异。当各场所的业务活动、核算边界和排放设施的类型差异较大时，每个场所均要进行现场核查；仅当各场所的业务活动、核算边界、排放设施以及排放源等相似且数据质量保证和质量控制方式相同时，才可以对场所的现场核查采取抽样的方式。核查机构应考虑抽样场所的代表性、重点排放单位内部质量控制的水平、核查工作量等因素，制订合理的抽样计划。

4.5.4.3 现场核查程序

现场核查一般可按照召开见面会介绍核查计划、现场收集和验证信息、召开总结会介绍核查发现等步骤实施。核查组应对在现场收集的信息的真实性进行验证，确保其能满足核查的要求。必要时可以在获得重点排放单位同意后，采用复印、记录、摄影、录像等方式保存相关记录。

4.5.4.4 不符合，纠正及纠正措施

现场核查实施后核查组应将在文件评审、现场核查过程中发现的不符合提交给委托方和/或重点排放单位。核查委托方和/或重点排放单位应在双方商定的时间内采取纠正和纠正措施。核查组应至少对以下问题提出不符合：

- 排放报告采用的核算方法不符合核查准则的要求；
- 重点排放单位的核算边界、排放设施、排放源的活动数据和碳排放系数等与实际不符合；
- 提供的数据不充分、数据不完整或在应用数据或计算时出现了对排放量产生影响的因素。

重点排放单位应对提出的所有不符合的因素进行原因分析并进行整改，包括采取纠正及纠正措施应提供的相应的证据。核查组应对不符合的整改进行书面验证，必要时可采取现场验证的方式。只有对排放报告进行了更改并提供了清楚的解释或证据并满足相关要求时，核查组方可确认不符合的关闭。

4.5.5 核查报告编制

确认不符合关闭后或者 30 天内未收到委托方和/或重点排放单位采取的纠正和纠正措施，核查组应完成核查报告的编写。核查组应根据文件评审和现场核查的核查发现编制核查报告，核查报告应当真实、客观、逻辑清晰，主要包括以下内容：

- 核查目的、范围及准则。
- 核查过程和方法。
- 核查发现：重点排放单位基本情况的核查；核算边界的核查；核算方法的核查；核算数据的核查，包括活动数据及来源的核查、碳排放系数数据及来源的核查、温室气体排放量以及配额分配相关数据的核查；质量保证和文件存档的核查。
- 核查结论：核查组应在核查报告里列出核查活动中所有支持性文件，在有要求的时候能提供这些文件。核查组应在核查报告中出具肯定的或者否定

的核查结论。只有当所有的不符合关闭后，核查组方可在核查报告中出具肯定的核查结论。核查结论应至少包括以下内容：

■ 重点排放单位的排放报告与《核算方法与报告标准》或指南的符合性；

■ 重点排放单位的排放报告与备案的检测计划的一致性；

■ 重点排放单位的排放量声明；

■ 重点排放单位的排放量存在异常波动的原因说明；

■ 核查过程中未覆盖的问题描述。

4.5.6 内部技术评审

核查报告在提供给委托方和/或重点排放单位之前，应经过核查机构内部独立于核查组成员的技术评审，避免核查过程和核查报告出现技术错误。核查机构应确保技术评审人员具备相应的能力、相应行业领域的专业知识及从事核查活动的技能。

4.5.7 核查报告交付

只有当内部技术评审通过后，核查机构才能将核查报告交付给核查委托方和/或重点排放单位，以便于重点排放单位于规定的日期前将经核查的年度排放报告与核查报告报送到所在地省市级碳交易主管部门。

4.5.8 记录保存

核查机构应保存核查记录以便正式核查过程符合要求。核查机构应以安全和保险的方式保管核查过程中的全部数码和电子文件，保存期至少10年，保存文件包括：

- 与委托方签订的核查协议；
- 核查活动的相关记录表单，如核查协议评审记录、核查计划、见面会和总结会签到表、现场核查清单和记录等；
- 重点排放单位温室气体排放报告（初始版和最终版）；
- 核查报告；核查过程中从重点排放单位获取的证明文件；
- 核查的后续跟踪；

- 信息交流记录，如与委托方或其他利益相关方面的书面沟通副本及重要口头沟通记录，核查的约定条件和内部控制等内容；
- 控诉和申诉以及任何后续更正或改进措施的记录；
- 其他相关文件。

4.6 核查数据管理

数据的真实性、可靠性和准确性是 MRV 的关键，数据质量是整个 MRV 中的重中之重。数据质量管理贯穿于整个 MRV 的实施过程，组织在进行温室气体排放检测和报告过程中，应注意数据结果的交叉验证。常用的交叉检查方法可应用于生产量与排放量的趋势比较、GDP 与排放量趋势的比较、行业碳强度的对比分析、主要耗能设备统计对比分析等。核查数据管理与核查机构的数据核查密不可分。核查机构应对核算报告中的活动数据、碳排放系数、温室气体排放量以及配额分配支持数据进行核查（具体内容如上文描述）。

4.6.1 碳数据库

碳数据库旨在建立一套长期的碳信用体系，规范并激励机构、组织与个人的节能减排行为。建立碳数据库有助于为实施“人民币—稀土—碳”的人民币国际化战略铺路，也有助于 2030 年前后中国碳排放达到峰值目标的早日实现。碳数据库不仅应该包含工业生产的碳数据，还应包含公众的低碳生活、低碳消费等日常行为的碳数据。碳交易普惠制是其中一个关键环节和步骤，可被看作是碳数据库的雏形。碳交易普惠制旨在建立一套长期碳币信用体系，以“碳积分”为核心，对公众的低碳生活、公益行为进行量化并给予相应激励，从而鼓励并惠及公益低碳行为，推进和创新发展碳市场。其中，碳数据库将成为对公众低碳行为进行数据量化的平台，是实现碳交易普惠制的基础。

为了准确记录和量化公众的低碳行为，相关政府部门可以通过碳交易平台和银行共同发行碳积分卡，居民以家庭为单位向交易所集中申请办理，申请时提供家庭成员结构、水电气表编号、公共交通卡、银行账户等基本信息。政府部门还需协调本地区供电局和自来水厂、燃气公司、公交公司、地铁公司等提供数据库接口，将持碳积分卡的家庭或个人的每月用水用电用气及低碳出行等数据导入碳数据库。通过社区讲解、入户宣传等方式向个人说明碳数据库的具体使用和操作方法。根据当地居民日常生活必需物资和能源使用平均水平，政府部门还可制定碳积分基准线。对于个人能耗在基准线下的低碳居民给予“碳积分”奖励，为碳积分卡持有人提供碳积分的记录、累积、查询和交易。

碳数据库的构建，需要政策、技术、金融和系统平台等支持。主管部门需出台相关政策，联合各行业机构和部门推进碳数据库的创建，成立国家碳数据库或国家碳数据管理中心，负责对全国居民碳数据的综合性管理。将居民个人碳排放情况进行量化，纳入数据库中，并探讨碳数据库与碳交易体系对接、普惠制方案实施等，在政策上予以坚定支持。技术上，应将碳积分卡中记录的公众消费数据全面转化为碳数据，并通过计算机系统录入国家碳数据管理库，探索碳数据库与供电局、自来水厂、低碳餐厅等单位的数据库系统进行对接，开发碳积分交易系统并进行运营维护，将碳数据库并网链接，实现个人查询。

应鼓励金融机构为碳数据库的构建以及参与普惠制的企业和个人提供低碳生产和服务相关的绿色金融信贷服务。成立专项碳数据库基金，用于支持碳数据的使用，并对采取碳积分抵扣的商家给予相应补贴，在资金上对碳数据库相关产业链的铺开提供支持。未来基于碳数据库的个人碳交易需要安全高效的交易平台和数据库支持，同时探索将碳积分交易与碳配额交易体系进行链接，让公众充分享受低碳发展带来的红利。

4.6.2 核查数据的验证与偏差

核查机构应在考虑核查的目的、保证等级、准则和范围的基础上，根据目标用户的需求，规定允许的实质性偏差。通常商定的保证等级越高，实质性偏差越小。在给定条件下，如果报告中的一个偏差或多个偏差的累积，达到或超过了规定的实质性偏差，即被认为具有实质性，并视为不符合。

实质性是指由于一个或若干个累积的错误、遗漏或错误解释，可能对温室气体声明或目标用户的决策造成影响的情况。这个概念用来说明核算出来的数据的准确度。实质性偏差是指温室气体声明中可能影响目标用户决策的一个或若干个累积的实际错误、遗漏和错误解释。实质性偏差其本质上指核算出来的数据与真实值之间的偏差。碳交易对数据的偏差都是有明确的要求的。只有当核算出来的数据的实质性偏差满足碳交易对实质性偏差要求的情况下，这个数据才是可用的。

4.6.3　中国数据质量管理经验

我国在 2017 年底已经宣布启动全国碳排放交易体系，建设全国碳排放权交易市场。目的是利用市场机制控制和减少温室气体排放、推动绿色低碳发展，进行一项重大的创新实践。碳排放核查是碳交易制度的核心工作之一，是获得碳交易市场基础数据的一项工作。就温室气体排放问题，国际上通常通行的是 MRV。重点排放单位的碳配额发放额度主要取决于碳排放核查报告。重点排放单位的碳配额发放主要采用基准法，基准法碳配额发放方法是以企业内部工序或装置为边界，相关的工序或装置仪表的计量数据计算得出。准确计量碳排放离不开能源和物料计量，需要能源和物料计量的支持。

2014 年 3 月 27 日，世界资源研究所与中国标准化研究院共同发布了温室气体数据质量管理的研究成果，包括研究性报告《完善温室气体核算制度：提升企业数据质量的经验与建议》及节能减排标准化计划联盟标准《工业企业温室气体排放数据质量管理技术规范》（STEC1010—2014）。作为温室气体数据质量管理研究项目的主要成果之一，《完善温室气体核算制度：提升企业数据质量的经验与建议》从质量控制与质量保证两个方面对温室气体数据管理进行了系统分析，汇集了国际优良实践和国内既有经验，包括我国在能源统计体系方面的资源和经验等。同时，在该报告中还提出了一套企业内部数据质量的管理系统，贯穿于数据收集、上报的整个流程，旨在推动企业分阶段、有条不紊地开展数据质量管理工作。

近年来，中国在温室气体减排方面做出了许多切实的努力，低碳省市、碳交易试点的建设工作及温室气体数据的收集和报告工作也竞相展开，如何合理核算温室气体排放量将成为日后的一项重点工作。

第 5 章　碳交易市场机制

碳排放权交易是基于市场机制的温室气体减排措施，也是我国积极应对全球气候变化、加快推进生态文明建设、促进绿色低碳发展的重要举措。党的十八届三中全会将推行碳排放权交易制度作为全面深化改革、加快生态文明建设的重要内容，十八届五中全会进一步明确了实施碳排放权交易制度的要求。碳交易市场建设包括建设政策法规体系、市场机制体系、技术支撑体系以及能力建设等方面，碳交易市场机制包含了配额总量设定与覆盖范围、配额分配机制、排放量 MRV（监测、报告与核查）机制、交易管理机制、履约与排放量抵消机制等方面。2011 年，国家发展改革委批准在北京、天津、上海、重庆、湖北、广东和深圳七省市开展碳排放权交易试点。2013—2014 年，试点地区先后启动碳排放权交易，逐步建立了区域性碳交易市场体系，为全国碳市场积累了有益经验。2015 年，习近平总书记宣布我国将于 2017 年建立全国统一的碳排放权交易市场。2016 年，我国正式签署《巴黎协定》，承诺为全球温室气体减排作出积极贡献。在我国建设全国碳排放权交易市场的最后筹备阶段，充分汲取国内外碳市场的经验与教训，创新优化碳市场机制设计，提高碳市场活跃性，有利于促进碳市场健康发展，加快推动实现绿色低碳发展。

这一部分首先介绍了碳市场的履约机制，包括国际和国内碳交易市场的履约机制，现有履约机制市场的表现及问题分析，滚动履约机制的设计思路，滚动履约的意义和全国统一碳市场背景下各大碳市场试点的履约情况研究。其次，本章节从碳市场的碳中和主要形式、碳中和实施流程、碳中和的抵消规则、碳中和的抵消案例、碳中和的抵消机制分析、全国碳市场抵消机制顶层设计的思路，及全国七大碳市场试点的抵消政策七个方面介绍了碳市场的抵消机制。本章节还介绍了碳泄漏的相关内容，涉及碳泄漏的原因、渠道、解决措施以及我国在防止碳泄漏方面的现状分析等内容。

5.1　碳交易市场交易机制

5.1.1　碳交易市场

5.1.1.1　碳交易与碳交易市场

碳排放权交易通常被简称为碳交易。这一概念最早出现于 1997 年 12 月在日本东京签订的《京都议定书》中。《京都议定书》提出二氧化碳的排放权可以像普通商品一样交易。《京都议定书》把氧化亚氮、氢氟碳化物、二氧化碳、甲烷、全氟化物、六氟化硫六种气体确定为温室气体，因此碳排放权交易被泛化为各类温室气体（GHG）排放权的交易。从另一方面来说，在所有的温室气体中，二氧化碳占据了绝对主导地位，因此温室气体排放权的交易被简称为“碳交易”，从事这种碳排放权交易的市场被称作碳交易市场。

另外，碳交易市场又称碳排放权交易市场、温室气体排放权交易市场，或以碳排放权交易为实质的碳信用市场。碳交易市场的核心是碳排放权交易，是指根据各国政府实现对《京都议定书》的减排承诺的前提下，对本国企业实行二氧化碳排放额度控制的同时允许其进行交易。

碳现货（碳排放权）介于大宗商品与金融商品之间，是一种特殊的商品，其发放与清缴时间由政府规定，多为一年。发放过程见图 5.1。

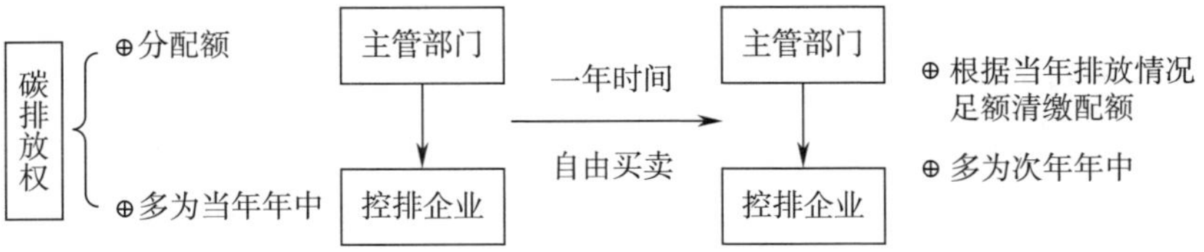

图 5.1　碳排放权的发放过程

5.1.1.2　碳交易体系

目前世界上存在的碳交易市场有三类：强制减排市场、自愿减排市场、强制性与自愿性相结合的市场。强制性减排市场又有两类：基于配额的交易市场和基于项目的交易市场。

5.1.1.3　碳交易合作机制

广义的碳交易市场机制是指通过对污染者采取适当的激励性或者惩罚性的

经济手段，促使污染者直接或者间接减少温室气体排放，主要包括燃油税、碳税、温室气体补偿基金及碳排放权交易等。狭义的碳市场机制主要指碳排放权交易。

在《京都议定书》中，各国的碳排放数额是以“净排放量”，即各国森林所吸收的二氧化碳当量从实际排放量中扣除后的余额来计算，并据此分配碳配额。在这个前提下，提出了三大机制：联合履约机制（Joint Implementation，JI），清洁发展机制（Clean Development Mechanisms，CDM）和国际排放交易（International Emission Trade，IET）。

（1）联合履约机制（JI）

《京都议定书》中附件一国家之间采用联合履约机制，即在附件一国家间进行的温室气体排放的交易，这种交易被限制在发达国家之间通过项目进行合作。具体内容是：在联合履约机制下，附件一的国家可以在另一个附件一国家的领土上建设减排项目，一方所实现的减排单位，可以向另一同为发达国家的缔约方转让，但是要扣减相应的、在与转让方协商确定的排放配额（Assigned Amount Units，AAUs）上的额度，通过计算减排量单位（Emission Reduction Units，EURs），实现《京都议定书》中确定的减排目标，附件一国家也可以授权其他的法人实体参与联合履约。按照《京都议定书》第 6 条规定，任何一个 JI 项目都必须经过参与国的批准，都需要从“源”中减少排放量，或者增加“汇”清除量。联合履约管理委员会（JI Supervisory Committee，JISC）是负责审核 JI 项目的最高权力机构。

（2）清洁发展机制（CDM）

CDM 与 JI 不同，是发达国家和发展中国家之间的项目合作。主要内容是发达国家与发展中国家（东道国）开展清洁项目合作，发展中国家通过获得资金支持和技术帮助等形式，换取投资项目所产生的部分或全部减排额度。换言之，就是以减排温室气体的“资金 + 技术”换取“排放权”。这个额度在清洁发展机制中被定义为“经核实的减排额度”（Certified Emission Reductions，简称 CERs，一个 CER 单位 = 1 公吨二氧化碳），作为其履行减排义务的组成部分。CDM 主要分布在造林和再造林、农业、能源工业、溶剂的使用、化工行业、废物处理、建筑行业、冶金行业、制造业等。CDM 机制是一种“双赢”机制。一方面，发达国家有机会大幅度降低本国实现减排所不得不付出的高昂成本；另一方面，发展中国家可以通过合作获得实现环境改善所需要的资金和技术。

（3）国际排放交易

在《京都议定书》三种主要机制中，国际排放交易是其中重要的组成部分。由于议定书固定了不同国家的减排责任，使得二氧化碳排放权成为国家间共同的稀缺资源，可交易的属性使之成为商品，公共资源在新的条件下演化成为生产要素。

国际排放交易的主要内容是，一个未能完成减排任务的国家可以从一个超额完成减排义务的国家以贸易的方式购入减排指标，并同时扣减转让方允许排放限额上的相应转让额度（AAUs）。这种交易的存在基于这样一种假设，即国家 A 或国家 B 所排放的二氧化碳具有相同的增温效果，因此两国的减排也就具有相同的可替代性。在规定的时限内，国家 A 不能完成排放目标，而国家 B 能完成减排目标且有富余。在这种情况下，国家 B 可以在碳市场上向国家 A 出售排放额度。碳排放权的价值在这种交易中得到体现。以二氧化碳排放权为交易对象的国际排放交易由此在全球减缓温室气体排放领域产生，交易的主体可以是任意一个有需求的国家。

在这三种减排交易机制之外，清除碳排放机制（Removal Units，RMUs）也是现行碳交易市场中的主要方式之一。RMUs 指附件一国家为实现《京都议定书》的减排承诺，可以通过植树造林，建造公共绿地等碳汇活动抵消所产生的碳排放量。见表 5.1。

表 5.1　碳排放交易单位及其机制

交易单位	名称	对应机制	使用范围	对协议国影响
AAUs	分配数量单位	国际排放贸易机制（IETS）	附件 1 国家之间使用	无
RMUs	排放量清除单位	清除单位排放单位机制（RMUs）	由减排量吸收形成的排放量	无
ERUs	联合履约减排单位	联合履约机制（JI）	联合履约监督委员会签发	无
CERs	经核实的减排单位	清洁发展机制（CDM）	由 CDM 执行理事会签发	获得额外的 AAUs

5.1.2　碳交易市场分类

当前世界上存在的碳交易市场有三类：强制减排市场、自愿减排市场和强制性与自愿性相结合的市场。强制性减排市场又有两类：基于配额的交易市场和基于项目的交易市场。

5.1.2.1 强制性交易市场

强制性交易市场又可分为两大类：配额交易市场和项目交易市场。

（1）基于配额的交易市场

配额交易市场为那些有温室气体排放上限的国家或企业提供碳交易平台以实现减排目标。配额交易市场的交易对象主要是政策制定者通过初始分配给企业的配额，如《京都议定书》中的配额AAU。这个市场可以给各个企业以直接分配或者拍卖的形式有偿或无偿分配配额，得到配额的企业可以向需求者有偿地提供所有权。配额交易的运行机制是碳排放的管理者在市场上拍卖或初始分配一定额度的排放量，得到“分配数量单位（AAUs）”或竞拍到排放额度的企业，可以将剩余的AAU拿到国际市场上卖给排放指标不够用的企业，以获取利润。如果该企业没有剩余竞拍或获得分配的排放额度突破总量限制，就必须到市场上去购买超额的“分配数量单位”。《京都议定书》附件一国家之间相互转让AAUs的交易就是基于配额的交易。

一般情况下，在这个市场上一些国家或企业在一定时段内有碳排放限额，如果这段时期的碳排放限额在期末不足或剩余可以在此市场购买或出售。世界上大多碳交易市场是此类市场，国际上比较大的配额交易市场有欧盟的温室气体排放贸易机制、美国的区域温室气体减排行动、澳大利亚新南威尔士州的温室气体减排计划、日本东京总量控制与交易体系等。

（2）基于项目的交易市场

项目交易市场的交易对象主要是通过实施项目削减温室气体而获得的减排凭证。《京都议定书》下的CDM和JI两种交易形式就是最典型的基于项目的交易。CDM项目产生的减排量称为经核证的减排量（CER），JI项目产生的减排量称为减排单位（ERU），买家从可证实的减少温室气体排放项目中，购买需要的排放碳信用额度。

5.1.2.2 自愿减排交易市场

自愿交易市场则是从其他目标（如企业社会责任、品牌建设、社会效益等）出发自愿进行碳交易以实现减排。自愿减排交易市场早在强制性减排市场建立之前就已存在，因其不依赖法律进行强制性减排，其中大部分交易也不需对获得的减排量进行统一认证与核查。虽自愿减排市场缺乏统一管理，但机制灵活，从申请、审核、交易到颁发所需时间相对更短，价格也较低，主要被用于企业市场营销，企业社会责任，品牌建设等。全球碳交易市场的分类构架图见图 5. 2。

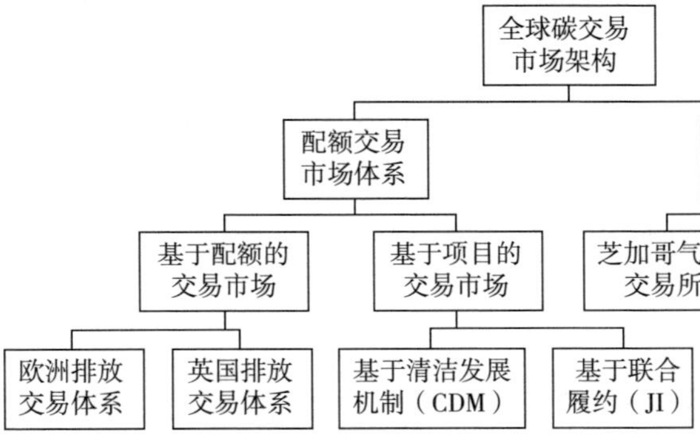

图 5. 2　全球碳交易市场的分类构架图

5. 1. 3　碳交易机制

随着《京都议定书》的正式生效，《联合国气候变化框架公约》附件一国家努力实现其减排承诺，碳排放权成为国际市场流通交易的商品，国家级和地区级的碳交易市场不断涌现。全球 20 多个平台，遍布欧洲、北美、南美和亚洲市场。亚太地区、澳大利亚、加拿大等国家或地区都在积极建立政策框架，筹建国内碳排放市场。

通过前述的三种灵活的合作机制形成的两类全球性碳交易机制：一类是总量控制和交易机制（cap – and – trade schemes）；另一类是基准和信用机制(baseline – and – credit schemes)。

在总量控制和交易机制下，政府计划制定出履约年度的排放总量，并向企业免费分配当期的配额，获得配额的企业需要根据实际排放量与免费配额相比较，如果配额高于排放量，企业可以将节余的配额在碳交易市场上出售获利或者用于抵补以后年度的排放；企业的配额低于排放量，企业则需要在碳交易市场上购买不足的差额，以抵偿其超额排放的部分。

在基准和信用机制下，政府在期初为企业设定一个排放基准。企业需要根据实际排放量与排放基准相比较，在该基准内，企业不需为其排放行为支付额外的成本。如果排放量低于基准额，则企业可以获得与差额部分等量的信用配额，该配额可以出售获利也可以抵减未来的排放。如果排放量超过了基准，则企业需要在市场上购买不足的配额，以抵偿其超额排放的部分。

通过上述这两类全球性碳交易机制，生成了两类碳交易市场：一类是基于配额的市场，另一类是基于项目的市场。其中配额市场（allowance - based market）是指参与方的碳排放权主要通过免费分配获得，这类市场的典型代表是国际排放权交易、欧盟排放权交易体系以及芝加哥气候交易所等；而项目市场（project - basedmarket）即参与方的碳排放权通过建立相应的碳排放项目获得，目前主要是联合履约机制和清洁发展机制，还包括除《京都议定书》规定以外的非京都自愿市场。

5.1.4 碳交易市场结构

为了以市场手段减排温室气体，《京都议定书》建立了三种合作机制：

第一种是国际排放权贸易机制（Emissions Trade，ET），指一个发达国家如果超额完成了碳减排任务，可以把超出标准的排放指标转让给其他没有完成碳减排义务的发达国家。

第二种是联合履约机制（Joint Implementation，JI），指发达国家之间通过项目合作，实现的减排的一方，可以把减排量转让给另一发达国家缔约方。

第三种是清洁发展机制（Clean Development Mechanism，CDM），指发达国家提供资金技术帮助发展中国家减排，而减排量在经过国际机构核证后，该发达国家可以将减排项目中获取“经核证的减少排放量”用于抵减其承诺的约束性义务。

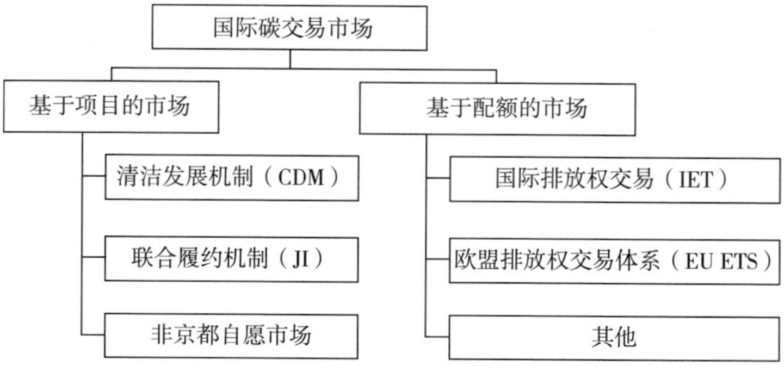

图 5.3　国际碳交易市场结构

以上这三种交易机制的共性在于“境外易地减排”，即通过这三种机制在全球范围内实现用最优成本达到最少排放的目的。《京都议定书》通过这三个灵活机制的运作，各国之间在彼此双赢的“境外易地减排”交易中，来实现控制和减少全球温室气体排放总量的目的。而这三种交易机制的区别主要在于：第三种机制是发达国家与发展中国家之间进行交易的一种协议，而前两种仅限于发达国家之间交易。目前国际上碳交易市场结构如图 5. 3所示。

表 5. 2　　市场主要不同点

特征	配额碳市场	项目碳市场
交易主体	《京都议定书》附件一的发达国家缔约方及其经营实体	《京都议定书》附件一的发达国家缔约方及参与项目的发展中国家
交易对象	配额	碳信用
创立原理	总量—交易机制	基准—交易机制
可用数量	由限额决定	每个项目所产生的减排量
市场状态	买家和卖家在配额交易中既有竞争又有平衡的利益	买家和卖家有使项目所产生的碳补偿额最大化的共同利益
排放源企业	通常是高排放者，如能源部门和能源密集型行业	由各个标准来定义，并不限定在高排放行业
独立第三方	在确认减排量过程中作用很小	在核证基准可信度和减排额方面扮演重要角色

5. 1. 5　碳交易主体

碳交易主体是多元化，表 5. 3 反映了不同的交易主体。

表 5. 3　　全球碳金融交易主体一览

交易主体	碳配额交易市场	自愿碳交易市场
国际组织	世界银行、联合国环境计划委员会	世界银行、联合国环境计划委员会
政府部门	缔约方国家、非缔约方国家	非缔约方国家
交易所	EUETS、UKETS 等	CCX、GGAS

续表

交易主体	碳配额交易市场	自愿碳交易市场
非政府组织	世界自然资源基金会	气候集团、世界经济论坛、国际碳交易联合会
金融机构	商业银行、投资银行、保险公司、证券公司	商业银行、投资银行、保险公司、证券公司
其他交易主体	各类私募股权基金、企业与个人	各类私募股权基金、企业与个人

5.1.6 碳交易的市场类型

5.1.6.1 交易范围

若按碳交易涉及的范围划分，碳交易市场可划分为国际级交易市场、国家级交易市场、州市级交易市场以及零售碳交易市场。

5.1.6.2 总量交易与基准交易

对碳交易基本类型的研究，理论界的争论主要集中在选择总量交易还是基准交易。

总量交易也称限额交易。其基本方式是：特定年份的二氧化碳排放的总额度由国家权威部门设定，而这一额度继而被分解为核定单位的排放权，通过某种方式实现初始分配，如拍卖、免费分配或免费与拍卖相结合，排放权被下放到有二氧化碳排放需求的厂商或个人等经济主体。分配完成之后这些排放权可以自由支配，因此获得排放权的经济主体可以在市场上将其出售。通常，如果实际的排放数量小于初始分配额度，出现的剩余差额就可以用来出售；如果排放量大于初始分配额度，就需要在市场上进一步购买排放额度，或者通过自身的力量实现减排。超出排放额度的排放行为是非法的，必然会受到惩罚。

典型的总量交易包括美国二氧化硫排放交易体系、欧盟的排放交易体系和丹麦二氧化碳规划。限额交易或总量交易的原理是设定排放上限，并以市场或非市场的方式分配给需要排放的经济体并允许其进行自由交易从而实现总体减排效果最优，这种方式的核心在于确定碳排放总量和进行初始额度分配的方式。

①分配。常见的分配方式有两种，一是祖父型分配，即“首先确定经济主体某一历史年份的产量或碳排放量在总量控制指标下直接进行分配”；二是

当期型分配，“按照总量指标依据现实的产生水平或碳排量来进行分配”。目前，祖父型分配在美国应用较多，汽油铅减少项目、酸雨计划乃至洛杉矶综合利用计划均属此类。美国国会在 2001 年对电力行业排污交易方案的论证，得出的结论是这种方式更具有成本效益。

②拍卖。与其他的排放相似，碳交易市场所采用的拍卖方式多采用封标拍卖和增价的英式拍卖。具体而言，封标拍卖又包括一价封标拍卖、单价拍卖和维克里式（Vickrey）拍卖。增价拍卖的主要形式包括上行时针拍卖和需求计划拍卖。

③免费与拍卖的混合机制。顾名思义，这种方式就是免费配给部分排放权，其余部分公开拍卖。这种方式在欧盟碳排放权交易体系中广泛使用。对于那些碳排放量较大、对实施减排的技术要求较高的企业，如化工、电力、冶金等高耗能行业，通常会分配免费的排放权。但免费的碳排放权不会超过其总排放量的 20%，其余 80% 的排放权都是通过拍卖进行分配。

基准交易又称基线交易或信用型的排放权交易。基准交易要求相关部门计算出当前技术水平下碳减排项目投入生产后的碳排放强度，这个碳排放强度就是“基准”，以这个基准为基础，碳排放的管理机构可以根据一定期限内基准与实际排放权的比较，来确定哪些是实际排放低于基准的参与项目实体，以及它们由此而获得的来自基线和排放量差额的信用额度，而这个信用额度可以用于碳交易市场上自由出售，反之，如果基线排放量低于参与项目实体的实际排放量，这些项目主体就必须购买额外的信用额度。如此看来，碳排放权可以储备和预支，因为基准交易下许可的发放是事后核准的。

5.1.6.3　全球具有代表性的碳交易市场

表 5.4 列示了全球范围内具有代表性的交易市场。

表 5.4　　碳交易的分类和代表体系

分类标准	分类类型	代表体系
强制性	强制性碳排放交易体系	欧盟碳排放交易体系（EU－ETS）、美国区域温室气体减排行动（RGGI）、澳大利亚新南威尔士温室气体减排体系（NSW GGAS）、美国西部气候行动倡议（WCI）、美国中西部温室气体减排协议（MGGA）、日本东京都总量控制与交易体系（TMG）
	自愿性碳排放交易体系	日本经济团体联合会环境自愿行动计划（KVAP）、日本自愿排放交易体系（J－VETS）、芝加哥气候交易所（CCX）

续表

分类标准	分类类型	代表体系
地域性	区域性碳排放交易体系	美国区域温室气体减排行动（RGGI）、澳大利亚新南威尔士温室气体减排体系（NSW GGAS）、日本东京都总量控制与交易体系（TMG）、美国西部气候行动倡议（WCI）、美国中西部温室气体减排协议（MGGA）
	全国性/跨国性碳排放交易体系	欧盟碳排放交易体系（EU－ETS）、日本经济团体联合会环境自愿行动计划（KVAP）、日本自愿排放交易体系（J－VETS）、芝加哥气候交易所（CCX）
行业性	单行业碳排放交易体系	美国区域温室气体减排行动（RGGI）
	多行业碳排放交易体系	欧盟碳排放交易体系（EU－ETS）、日本经济团体联合会环境自愿行动计划（KVAP）、日本自愿排放交易体系（J－VETS）、芝加哥气候交易所（CCX）、澳大利亚新南威尔士温室气体减排体系（NSWGGAS）、TMG、美国西部气候行动倡议（WC）、美国中西部温室气体减排协议（MGGA）

资料来源：张善明．中国碳金融市场发展研究［D］．武汉大学博士论文，2013.

5.1.6.4 碳交易标准

全球著名的碳交易标准主要包括4大类，见表5.5。

表5.5　　世界主要的碳交易标准

地区／机构	标准、指引或规范名称	适用范围
世界持续发展工商理事会（WBCSD）／世界资源研究所（WRI）	GHG Protocol The Greenhouse Gas Protocol 温室气体议定书	企业（组织）、产品
ISO／TC207	ISO 14064 温室气体盘查验证系列标准	企业（组织）
	ISO 14067 草案	产品
英国	PAS 2050：2008 Specification for the assessment of the life cycle greenhouse gas emissions of goods and services 商品和服务在生命周期内的温室气体排放评价规范	产品
日本	JIS TS Q 0010：2009 General Principles for the Assessment and Labeling of Carbon Footprint of Products 产品碳足迹评估与标示之一般原则	产品

资料来源：蒋婷．碳足迹评价标准概述［J］．信息技术与标准化，2010（11）.

5.2　碳交易市场的发展

5.2.1　沿革

从全球范围来看，碳金融虽兴起于《京都议定书》签署之后，但其辐射范围之广、影响主体之多可谓令人瞩目。一是包括国际组织、政府部门、交易所、非政府组织和金融机构在内的各方利益之间的博弈，使碳金融逐渐成为金融领域的新增长点和发展方向。二是碳交易作为一种减排机制，从诞生到现在的蓬勃发展，经历了一段漫长的历程，在这一过程中监管制度、交易机制的不断完善为现在的迅速发展奠定了基础。

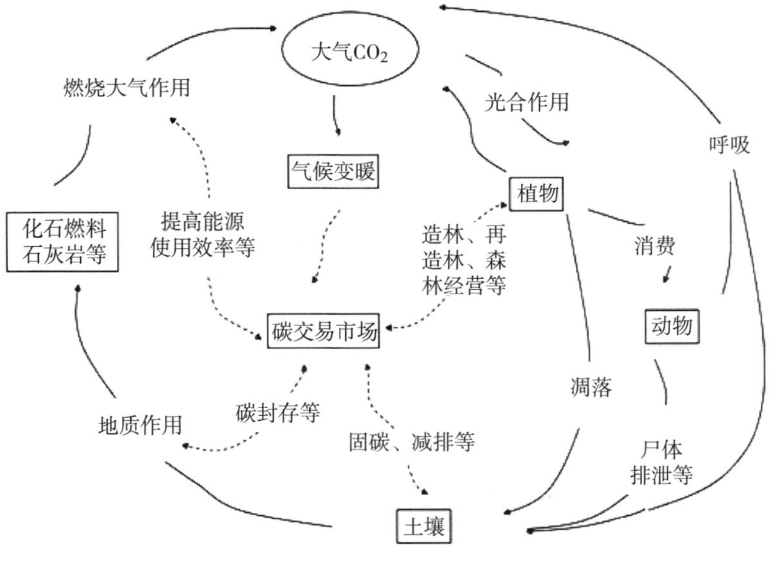

图 5.4　碳交易在全球碳循环的作用

同时，随着人们环保意识的增强，节能减排任务的日益紧迫，碳交易作为一种减排机制迅速发展，碳交易需求量大增，同时碳金融产品不断丰富。在 2005 年欧盟排放权交易体系首次推出碳排放权期货、期权交易，标志着碳交易衍生品时代的到来，碳交易衍生品交易活跃，为交易市场带来新活力。碳交易市场在全球范围内的迅速增多，加拿大、新加坡和东京陆续建立二氧化碳排放权的交易市场，英国排放交易体系、澳大利亚国家信托和美国的芝加哥气候交易所运营活跃并迅速扩张。2008 年首个碳排放权全球交易平台 BLUENEXT 开始营业，该交易平台随设施完善交易品种繁多并拥有专项的期货、期权市场。2013年6月18日，中国第一个碳交易试点在深圳正式启动。紧随其后，广东、上海、北京等地方碳交易试点纷纷在2013年年末开始运行。中国区域碳市场随即成为全球规模第二碳市场，仅次于欧盟。世界各国碳交易进展情况见表5.6。碳交易量更是迅猛增长。据联合国和世界银行预测，在未来几年内全球市场交易规模可达到2 000亿~2 500亿美元，超过国际石油交易规模。

表5.6　　世界各国碳交易进展情况

国别	名称	简介
欧洲	欧洲碳排放交易体系（EU－ETS）	2005年开始实施，采用总量控制及交易（cap and trade）制度，目前进入第三阶段。EU27个加盟国及冰岛、挪威、列支敦士登参与该制度，约11 000所大型二氧化碳气体排出源及设施为削减对象。预计2015年起同澳大利亚就相关制度开始整合
英国	碳排放削减委员会	2010年开始EU－ETS中无法全部覆盖的大型商业，公共事业行业及部门为削减对象，采用总量控制及交易（cap and trade）的排出量交易制度
美国	东北地区GHG削减计划（RGGI）	2005年东北地区7个州达成共识。第一期（2009—2011年）已经结束，目前进入第二阶段（2012—2014年）。截至2013年3月底共计9个州参加。2008年至2013年3月底共进行18次碳排放拍卖
美国	加利福尼亚州碳排放交易制度	2012年1月开始施行总量控制及交易制度的规则，2013年开始遵守排出量削减义务。该州参与了WCI并于2012年5月同加拿大魁北克市就相关内容和制度规则进行整合
美国	芝加哥碳交易所（CCX）	2003年开始实行自主参加型总量控制及交易的项目，第二阶段（2007—2010年）共计300个团体参加。2011年开始实行新的补偿（offset）登记制度
日本	自主参加国内排放量交易制度（JVETS）及二氧化碳补偿抵消（off-set）制度	东京都及埼玉县实行了排放量削减和交易的相关制度。东京是世界第一个削减对象涵盖商务楼排放，并启用都市总量（cap）控制项目的都市
加拿大	魁北克市碳排放交易制度	2011年12月采用总量控制及交易的制度规则。2013年开始遵守排出削减义务
澳大利亚	碳定价制度	2012年7月开始实施碳定价机制。2012年根据市场的价格进行交易排出量额度的交易，预计2015年转入实行总量控制及交易的排出量交易制度。2015年开始预计同新西兰及欧洲碳交易排放体系进行制度整合

续表

国别	名称	简介
新西兰	碳排放交易制度	2007 年 9 月发表。2008 年引入森林部后到 2014 年逐步扩大到各个削减行业部门。2010 年 7 月，能源部、液体化石燃料部、制造业部门开始成为削减对象。2015 年预计同澳大利亚进行制度整合
中国	碳排放交易试点制度	2012 年 1 月，7 个省市开始进行设立排出量试点交易。各省市于 2013 年开始正式交易，6 月 18 日，深圳在全国率先启动碳排放权交易。11 月 26 日和 28 日，上海、北京碳排放权交易正式开始。争取 2016 年在全国范围内实行碳排放交易制度
韩国	温室效应气体排放权交易制度	2012 年 5 月，总量控制及交易的国内排出量交易制度设立的法律得到通过，预计 2015 年 1 月实施
印度	节能证书（REC）制度节能达成认证交易（PAT）制度	2011 年，设立可再生能源证书的市场交易制度（再生能源证书（REC）制度）。同时，2012 年开始实施实际达成及交易制度（PAT），要求能源节约型产业部门有订立能源消费的削减目标

资料来源：产业信息网整理。

5.2.2　市场交易规模

碳交易在发达国家有较长时间的尝试，目前全球最大碳交易所为欧盟碳交易体系，在 2005 年成立至今的 8 年中，交易种类之一的碳排放许可（EUA）的交易总量取得了大幅增长，由 2005 年的 0.94 亿吨增加到 2012 年的 79 亿吨，交易金额达到 560 亿欧元。但 2008 年以来，随着欧债危机等影响，碳排放许可（EUA），碳核证减排量（CER）及减排单位（ERU）三项交易指标的月均价格均有所下跌，碳交易市场总体低迷。见表 5.7 和图 5.5。

表 5.7　　全球碳交易量的增长

年份	交易量（百万吨）	均价（美元）	交易额（百万美元）	世界碳排放量（百万吨）
2005	799	13.76721	11 000	29 677
2006	1 667	18.68506	31 148	30 692
2007	2 984	21.11495	63 007	31 411
2008	4 811	26.26169	126 345	32 207
2009	7 700	18.66688	143 735	320 498
2010	6 900	20.56522	141 900	33 615
2011	10 300	13.14414	135 384.6	34 698
2012	12 000	11.84741	142 168.9	35 600
2013	10 420	5.277572	54 992.3	36 000

资料来源：2014 年全球碳排放交易市场发展报告分析，OFweek 环保网。

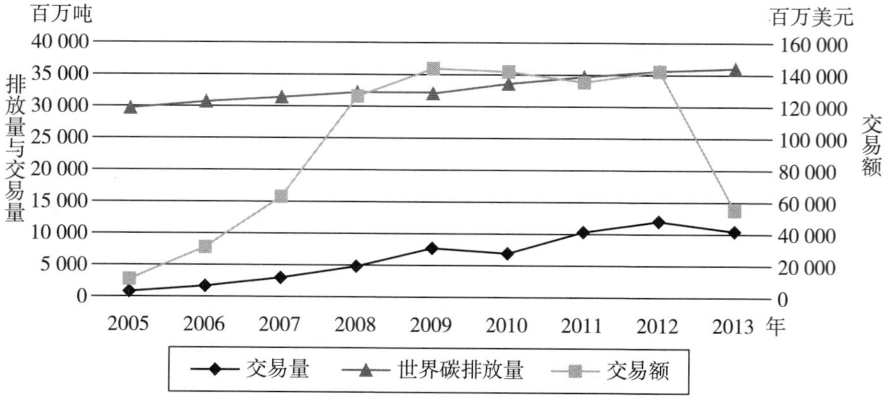

资料来源：2014 年全球碳排放交易市场发展报告分析，OFweek 环保网。

图 5.5　2005—2013 年全球碳排放量、交易量及交易额

5.2.3　我国碳交易市场的发展

欧美国家借助碳交易机制解决碳减排问题并取得显著成效，为我国提供了很好的借鉴经验，我国已经开始建立碳交易市场，碳交易活动也有所进展。本节将对我国碳排放交易的发展做一个梳理。

5.2.3.1　通过 CDM 项目参与国际碳市场交易

1997 年《京都议定书》签署之后，清洁发展机制（CDM）形成，为发展中国家参与碳排放交易提供了条件。在 CDM 项目中我国以发展中国家的身份向发达国家出售碳排放份额，这是我国参与碳交易的第一种方式。2001 年 1 月 25 日第一个 CDM 项目获得国家批准，此后 CDM 项目得到国家的大力鼓励和支持，我国 CDM 项目获批数目快速增长，成为我国参与碳交易的主要方式，由此产生的核证减排量也大幅增加。联合国气候公约组织的数据显示，截至 2011 年 10 月 10 日，我国一共批准 3 283 个 CDM 项目，其中 1 613 个项目在联合国注册成功，占全球注册项目的 45%，预计年减排量超 3 亿吨，占全球注册项目减排总量的 64%；2013 年底数据大幅增加，其中在联合国注册的项目总量增加到 3 614 个，占全球注册总量的 52.4%，其中的二氧化碳减排量为 5.72 亿吨，减排总量占世界全部 CDM 项目的一半以上；2014 年 6 月末发改委批准项目数量达到 5 058 个，在联合国注册的个数为 3 802 个，我国 CDM 项目全球累计核证碳减排量为 14.68 亿吨，占全球总量的 60% 以上。近年来我国的

CDM 项目签署数量持续上升，无论是在联合国的注册数量还是预计产生的减排量均居世界第一。

随着 CDM 项目在我国的火热发展，与之相关的中介、咨询服务机构也迅速崛起。如提供清洁发展机制（CDM）项目咨询、碳排放权交易核查、节能量审核、能源审计、清洁发展机制基金申请、合同能源管理项目开发、碳市场政策研究等服务。另外在国内也有一些商业银行直接参与 CDM 项目投融资、碳权交易、碳资产抵押等创新金融活动，极大地促进了 CDM 项目交易相关的金融发展。我国 CDM 项目取得的进步是我国碳排放权交易发展史上重要的阶段。

5.2.3.2　国内碳交易平台建设

国家对各地区城市制定了碳减排目标，见表 5.8。由此产生了碳交易市场兴起和发展。2013 年是我国碳交易的新纪元。按照“十二五”规划提出的目标“逐步建立碳排放权交易市场”，我国做出了切实的行动，在国内选择“五省两市”作为试点地区建立试点。试点全部采用欧盟碳交易体系的设计制度——总量控制下的碳排放权交易，总额度确定和分配各个试点各有特点，同时欢迎国内自愿减排项目的参与。2013 年 6 月 18 日继深圳市碳排放权交易试点鸣金开锣之后，其他试点依次开门营业，另外，国家发改委设计自愿减排项目的相关审批、核查、签发、管理流程，我国碳交易试点的建立进程已经为我国减排事业的发展做好了下一步的准备。我国碳交易的试点的进程见表 5.8。

表 5.8　“十二五”期间各试点地区减排目标分解

地区	2010 年基准数据			“十二五”碳强度目标（%）	“十二五”GDP 年均增长率估算（%）	“十二五”减排目标，2015 年承担减排量（百万吨）
	碳排放（百万吨）	GDP（10 亿元人民币）	碳强度（百万吨/每 10 亿元人民币）			
广东（含深圳）	529	4.1	130	-19.5	7.5	113
湖北	337	1.3	263	-17	8.1	62.1
上海	250	1.6	161	-19	6.9	12.2
重庆	151	0.6	245	-17	8.5	29.1
天津	155	0.8	193	-19	9.1	7.5
北京	115	1.2	97	-18	7.3	4.6
合计	1 537	9.5	162	—	—	228.6

资料来源：“十二五”节能减排指标分解到各地，上海证券报，2011-09-15。

表 5.9　　　　我国碳交易试点的建立进程表

时间	碳交易试点进展事件
2008 年 7 月	国家发改委第一次提出建立国内碳交易市场，此后三个月内北京、上海、天津分别成立环境资源交易所
2009 年 3 月	我国对外公布温室气体减排目标，计划至 2020 年单位 GDP 碳排放量比 2005 年降低 40% ~45%
2011 年 10 月	全国人大通过《中华人民共和国国民经济和社会发展第十二个五年规划纲要》，做出此阶段的减排目标。至 2015 年，单位 GDP 能耗比 2010 年降低 16%，单位 GDP 碳排量比 2010 年降低 17%
2011 年 10 月	国家发改委下发《关于建立碳排放权交易试点的通知》批准北京、上海、天津、重庆和深圳七省市开展碳交易试点工作
2013 年 6 月 18 日	深圳市碳排放权交易试点投入运行开启我国第一个正式运行的强制排放权交易市场
2013 年 11 月 26 日	上海市碳排放权交易在上海环境能源交易所启动
2013 年 11 月 28 日	北京市完成相关启动工作，北京试点开始运行
2013 年 12 月 18 日	广东省碳交易试点启动
2013 年 12 月 26 日	天津碳交易试点正式开启
2014 年 4 月 2 日	湖北碳交易试点启动
2014 年 6 月 19 日	重庆碳交易试点启动
2017 年 12 月 20 日	全国碳交易市场宣布启动。湖北和上海将分别承担注册登记系统和交易系统建设的任务

资料来源：作者整理。

5.2.3.3　碳交易受益主体

建设我国国内碳交易市场的目的是利用市场机制实现温室气体减排目标，从参与主体来看，主要利好以下四类企业：第一类是节能环保型企业，它们可以通过出售碳排放权（多余配额）获得营业外收入；第二类是具备环保项目资源，如具备林业资源的企业；第三类是为企业提供合同能源管理的节能服务性公司，通过为耗能建筑、工业企业节能减排，分享节能收益；第四类企业是从事替代技术、碳捕获或回收的企业。

5.2.3.4　试点交易范围

各试点城市在确定减排目标的同时，也把具体的碳排放量确定了下来，即把减排目标覆盖到了具体行业，其具体规划见表 5.10。

表 5.10　　我国碳排放权交易试点覆盖范围

试点省市	市场规模（亿吨）	纳入门槛	纳入行业	纳入单位数量	纳入单位排放量在行业占比
广东	3.88	2011—2014 年任意一年碳排放量大于 2 万吨的企业强制纳入，排放量为 1 万~2 万吨的企业为报告企业，必须提交报告	电力、水泥、钢铁、石化	242 家交易单位，1 850 家报告单位	约 58%
湖北	3.24	2010—2011 年任意一年综合能源消耗大于 6 万吨标准煤，纳入强制减排；0.8 万~6 万吨的企业需提交排放报告	电力、水泥、钢铁、化工、有色金属、汽车制造、玻璃、造纸	138 家减排单位	约 40%
上海	1.36	2010—2011 年，年排放量大于 2 万吨的工业企业及年排放量大于 1 万吨的非工业企业	电力、钢铁、石化、化工、有色金属、建材、纺织、造纸、橡胶、航空、港口、商场	197 家减排单位	约 50%
北京	0.6	2009—2011 年，年均直接、间接排放量大于 1 万吨的固定设施	电力、热力、制造业、公共建筑	490 家控排单位	约 40%
天津	1.08	2009 年后任意一年碳排放量大于 2 万吨的企业	电力、热力、钢铁、石化、油气开采、民用建筑	100 家控排单位	约 60%
重庆	0.33	年排放量大于 1 万吨的企业	电解铝、电石、烧碱、水泥、钢铁	200 家控排单位	—
深圳	0.33	年碳排放量大于 5 000 吨的企事业单位；建筑物面积大于 2 万平方米的大型公共建筑和 1 万平方米的国家机关办公建筑	电力、化工、建筑业	239 家企事业单位，197 家建筑物	约 38%

资料来源：作者根据公开数据整理。

5.2.3.5　交易流程与模式

我国各碳交易金融市场根据本地区、行业特征建立相关模式与流程，见图 5.6、图 5.7。

5.2.3.6　交易情况

我国七个碳交易试点的碳交易配额总量占所在七个地区的 38% ~60%，覆盖范围以高碳排放量为主的行业，如电力、钢铁、石化和水泥等，但是由于

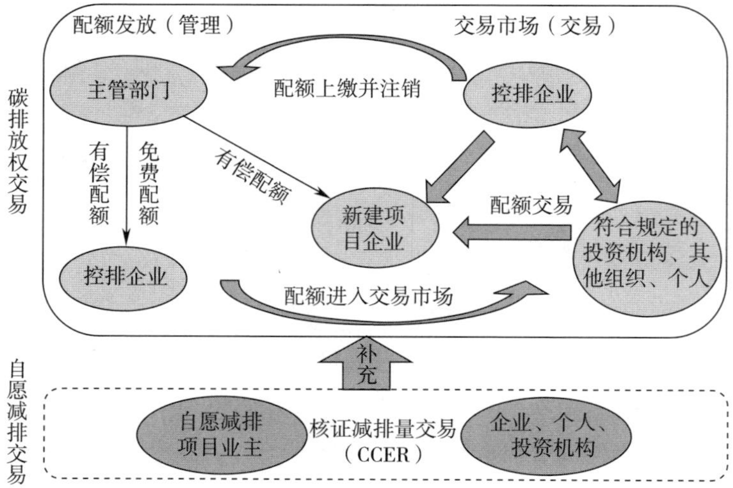

图 5.6　我国碳交易金融市场模式

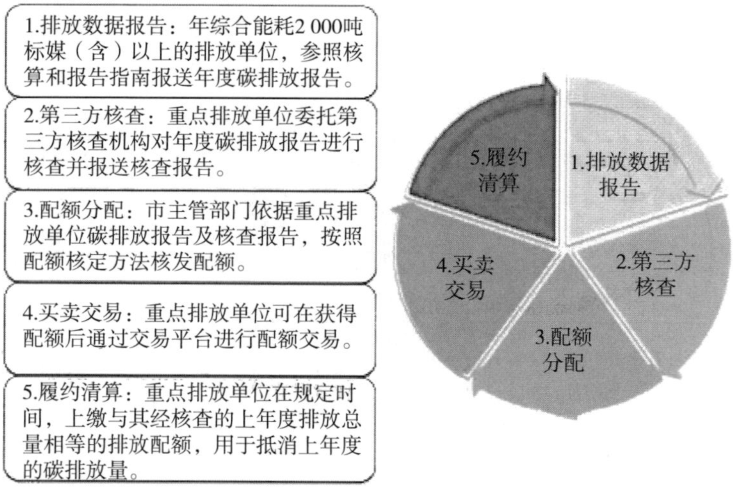

图 5.7　我国碳交易金融市场流程图

区域性差异，各个地区纳入的企业也有所不同。广东、天津、湖北由于当地的工业发达，高碳排企业较多，进入交易市场的门槛也较高。然而北京和深圳的服务业较为发达，是城市的碳排放主体，因而这两个城市纳入交易市场的门槛较低，企业数量较多。到 2014 年末，七个试点省市全部启动，交易试点运行平稳，全年交易额 1 360. 5 万吨，成交金额 44 853 万元，各试点省市的交易量、成交价和成交额见表 5. 11。

表 5.11　　国内各试点省市的交易量、成交价和成交额

试点省市	成交量（万吨）	成交价（元/吨）	成交额（万元）	最高价（元/吨）	最低价（元/吨）
深圳	195	60.21	12 200	86	30
上海	133	49.90	2 260	45.4	25
北京	106	59.29	6 280	77	48
广东	126	44.28	56.9	77	21
天津	101	20.30	2 048	50.1	17
湖北	685	23.40	16 000	26.59	22
重庆	14.5	30.74	445.75		

资料来源：姜绍俊，中国进入碳减排时代，中国电力网，2015－01－22。

2011 年起，我国先后在北京市、天津市、上海市、重庆市、广东省、湖北省、深圳市启动 7 个碳交易试点，探索建立碳交易机制，稳步推进制度设计、能力建设、人员培训等方面的工作，取得了初步成效。自 2013 年底 7 个试点启动以来，碳交易市场十分活跃，碳配额现货成交量价齐升，增速明显，但 2017 年有所减缓。截至 2017 年 12 月 31 日，七省市二级市场线上线下共成交碳配额现货接近 6 740 万吨，较 2016 年交易总量增长约 5.31%；交易额约 11.81 亿元，较 2016 年增长约 13.01%。CCER 交易量由于各试点碳市场公布的内容及口径不一，缺乏线上线下全国全口径的公开统计数据。在市场中交易的产品种类不断丰富，多样化的金融产品显示出我国碳金融市场的巨大潜力。见图 5.8。

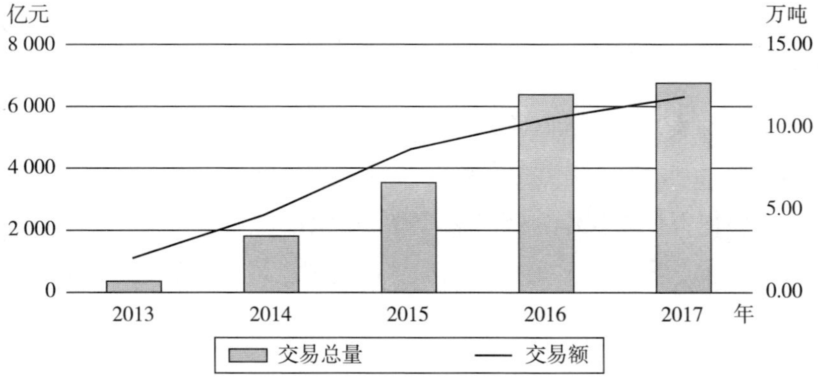

数据来源：我国碳排放交易市场发展现状和有效性分析，碳交易网，2018－08－07。

图 5.8　我国碳金融交易市场的发展情况

从行业角度看，碳金融交易市场中风电、水电、光伏发电占比交易分别排在前三名，见图 5.9。

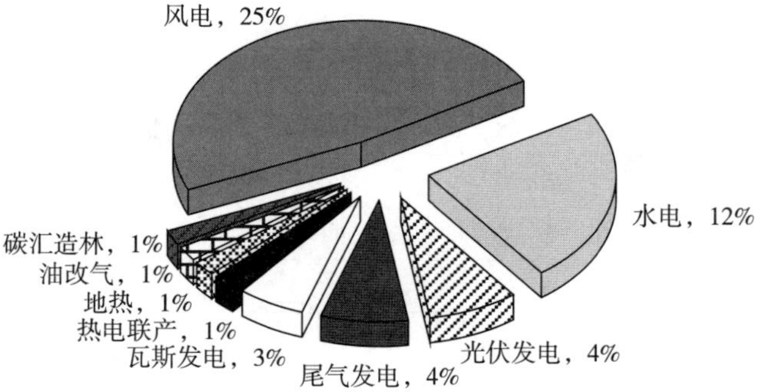

资料来源：中国碳排放权交易报告（2017），碳交易网，2017-10-16。

图 5.9　碳交易的行业占比情况

从项目地域分布来看，在试点省市中对 CCER 有较高本地比例要求的广东省和湖北省项目最多，分别为 7 个和 6 个，四川、甘肃、河北、云南等传统的 CDM 大省项目数量也占较大比重。

5.3　碳市场的配额分配

中国碳市场建设可分为三个阶段：准备阶段、启动阶段和发展阶段。在准备阶段（2017 年），碳市场管理者要为碳市场建章立制；各地方政府要支持中央碳市场管理部门，做好相关纳入企业的能力建设、纳入企业排放的 MRV（监测、报告、核证）以及各个碳市场部门的协调工作。在碳市场启动阶段（2017—2020 年），政府要作为市场的监督者和指导者，处理好政府和市场的关系；企业要把碳排放权作为资产来管理，运用市场化手段建立企业碳资产的管理制度。目前，我国排放配额分配和管理制度已进入实质性操作阶段，国务院已经批复了全国碳市场配额的总量设定和配额分配的原则方法。随着碳市场逐渐成熟，即进入发展阶段（2020 年后），企业将低成本地实现减排目标，政府也将实现排放总量的控制。

在这一部分，我们主要进行配额分配相关具体内容的介绍。本章节从碳配额的总量控制入手，讲述了碳配额总量控制制度的管理体系、总量控制管理模式的选择、总量目标的设置以及对总量控制制度的事后评估。本章节从全球范围、我国范围，以及我国七大碳市场交易试点的层面分别介绍了多层面的碳市场覆盖范围。本章节继续介绍了碳配额的确定方法，包括历史法、历史强度法和标杆法，以及配额的分配方法，包括配额分配的目标、程序、方式和方法。同时，本章节融入了若干碳配额相关的案例以便使读者深入理解。

5.3.1　总量控制

5.3.1.1　总量控制制度的管理体系

控制碳排放是一项全新的工作，需要一定的组织体系和制度基础来开展相关工作。通过立法确定总量控制的法律地位、在国家层面建立碳排放管理体系十分必要。从国外经验来看，通过立法形式明确管理机构与管理主体，并引入第三方机构管理，建立碳排放管理体系。澳大利亚新南威尔士和美国加州都用立法的形式明确规定了监管主体，并且都是以一个机构为主导，协调管理全部范围内的碳排放权交易。这种方法在排放控制的初期推广具有很大的促进作用，有利于减少行政部门间的冲突，提高了行政效率。欧盟碳排放交易体系建立了独立的欧盟中央管理处（The EU Central Administrator）对欧盟成员各国的国家配额计划进行审批，并运用欧盟独立交易系统（Community Independent Transaction Log）对二氧化碳交易进行监测和管理，并对系统运作成效进行评估。

5.3.1.2　总量控制管理模式的选择

在管理模式上，欧盟碳排放交易机制采取了集中和分权相统一的管理模式。欧洲碳排放交易体系覆盖 27 个主权国家，经济水平、政治体制和产业结构等方面差异较大，很难完全统一。于是欧盟碳排放权交易机制并没有直接指定成员国的排放权监管机构，而是仅对监管机构的权利义务职责做了原则性的规定。成员国可以享有一定灵活性的自主权，根据本国国情设计监管机制。完善的协调机制是集中与分权相结合的管理模式运行顺畅的保障。欧盟委员会通过发布多项关于排放交易的指令，为欧盟碳排放权交易机制奠定了法律基础，确定了各成员国实施排放交易时应当遵循的共同标准。美国实行分散式管理。美国因为没有统一的全国碳交易市场，也就没有设置相关的联邦管理机构，由各个区域碳排放组织或者地方政府自行设置机构管理碳排放交易。

我国碳排放交易试点省市均明确当地发展和改革委是碳交易的主管部门。

由于碳交易的专业性较强，政府缺乏相应的专业知识，为防止政府失灵，引入第三方监管机构十分必要，对配额分配、企业排放量进行监测，保证政策的公平、公正。从法理上说，自己监督自己往往是不利的，因而设置外部监督。在我国的法律体系中，由第三方机构对法律行为进行监督的立法体例比较常见，因而建议我国引入第三方监督机构对碳排放总量控制相关工作进行监督。

5.3.1.3　总量目标设置

（1）总量目标管制气体种类

从国外经验来看，对哪些气体排放具备监测能力是选择其是否作为管制对象的重要因素。2003 年欧盟排放交易指令规定，欧洲碳排放交易体系在第一阶段调控的温室气体种类只限于二氧化碳，这取决于欧盟当时的排放情况和监测能力。但在技术成熟的前提下，如果将更多种类的温室气体纳入管控范围，可以进一步降低减排成本。如美国区域温室气体减排行动、加州碳排放交易体系，交易气体种类则涵盖了《京都议定书》规定的六种温室气体：二氧化碳（CO_2）、甲烷（CH_4）、氧化亚氮（N_2O）、氢氟碳化物（HFCS）、全氟化碳（PFCS）、六氟化硫（SF_6）。

（2）总量控制目标的形式

总量控制目标的形式主要有两类：一是绝对量目标。面临的最大问题是总量目标应该允许多大的灵活性。二是相对量目标。包括每单位产出，部门交易量，组合标准，如可再生能源份额，可再生能源证书等。深圳提出建立“可调整的”总量控制体系，其实质仍属于相对量目标。虽然目前各试点省市总量设定的方法并不完全相同，但是大致的思路都是结合各地能源消费总量目标、碳强度减排目标、GDP 增速这三方面的参数设定。试点省市对碳抵消都做了规定，差别在于允许的抵消比例有所不同：深圳市和广东为 10%，上海允许 5%。严格的碳抵消规定有利于实现总量控制目标，特别是减少本地的排放的目标。

（3）总量控制目标涵盖行业

欧盟碳排放交易涉及行业较广泛。第一阶段就包含了能源业、耗能 20MW 以上的炼油、水泥、钢铁、陶瓷、玻璃以及造纸等行业，到第二阶段调控范围扩大到交通、化学、铝等行业，最近又尝试将航空业纳入管制范围。涉及行业越广，减排效果越好，而且市场越大，交易的成本越低，碳价格也会越稳定。美国的强制碳交易制度则比较保守，多集中在电力产业，如加州碳排放交易体系和美国区域温室气体减排行动。我国试点省市总量控制的涵盖范围均有所不同，与当地的产业结构有明显关联。深圳将工业、建筑以及交通业纳入强制减排范围，上海纳入了包括钢铁、石化、化工等在内的工业以及航空、机场、铁路、宾馆、金融等行业在内的非工业。广东则主要以水泥、钢铁、陶瓷、石化等高能耗、高排放行业为主。

（4）制定总量目标的程序与规范

与规划目标的衔接，征求主管部门、行业的意见，使制定的总量目标既能反映企业的实际需求，也形成有实质性约束的总量目标。科学合理的总量目标，包括对新进入者和退出者的处理，既能兼顾经济发展需要，又能有效控制温室气体排放的过快增长。由于各省市的具体情况和减排目标各有不同，所以在国家层面很难对总量控制范围和目标设置做出统一安排，需要地方将总量目标制定的过程公开。为建设国内统一的碳交易市场，应通过立法规定国家核证自愿减排量的统一标准。

5.3.1.4　总量控制制度的事后评估

总量控制制度作为一项长期性、基础性工作，需要根据实践中发现的问题不断修改，因此应通过法律明确规定定期对总量控制目标进行评估的合理性、运行绩效做出评估，据此对制度设计做出调整，以达到用较低的成本实现我国温室气体排放控制目标。总量控制评估的内容需要考虑对行业、对企业的影响，碳价格是否合理，是否有助于促进低碳技术的创新，还要加强对经济结构、能源结构转型状况，以及技术进步情况进行评估，以便及时调整总量控制目标。

总量控制定期评估的程序包括：对于定期的评估制度，应首先明确评估的方式、内容、范围、标准和时间，建立数据库，并将评估的结果及时向社会公布，作为交易活动的参考。另外，可以通过抽查的方式来对市场参与者的碳交易行为进行审查，并建立相应的数据库和黑名单，规范市场参与者的行为。从试点省市的《管理办法》来看，各地都没有要求对碳交易的实施效果进行评估。由于各地实际情况复杂多样，应当建立全国统一的评估标准，包括对碳交易的环境有效性、经济有效性以及对行业影响等方面作出评估，为完善制度设计提出政策建议。

5.3.2 覆盖范围

5.3.2.1 世界碳市场覆盖范围

欧洲碳排放交易体系覆盖了欧盟大约45%的二氧化碳排放。对于温室气体排放的类型，最初为了有利于机制的设计与执行，仅规定纳入了二氧化碳的排放，其他温室气体排放的监控只有在其情况允许的条件下才进行。从2013年开始，欧洲碳排放交易体系扩展了排放类型范围，包括来自铝制品的全氟碳化物和来自化学物品的氧化二亚氟。对于行业覆盖的选择，欧洲碳排放交易体系选择从最大的污染行业开始。最初，欧洲碳排放交易体系的指令规定，欧洲碳排放交易体系涵盖十大行业，具体包括：电力、供热和发电、炼油、钢铁、纸浆和造纸业、建筑材料业（水泥等）。欧洲碳排放交易体系的行业覆盖范围也随着时间而拓展：2012年欧洲碳排放交易体系将航空业纳入其覆盖范围；2013年开始，将铝制品和基础化工生产纳入其覆盖范围。但是，由于成本效益等原因，有些排放较高的行业并没有纳入欧洲碳排放交易体系的覆盖范围，比如，道路运输业、建筑行业、农业、林业和垃圾处理行业等。

针对覆盖范围，欧洲碳排放交易体系实现了对碳排放源的直接管制。欧洲碳排放交易体系所覆盖的实体细化到了设施层面，而非其上位的公司层面。同时，为了节约管理成本，欧洲碳排放交易体系所覆盖的绝大多数行业包括了一个门槛，即此前三年中每年的二氧化碳排放量均少于25 000吨的设施将排除在欧洲碳排放交易体系覆盖范围之外。另外，对于燃烧型设施，欧洲碳排放交易体系还采用了一个35MW的额外阈值。

作为世界上的碳排放大国之一，美国设定的碳市场覆盖范围包括了电力、工业、建筑和交通行业。与欧洲碳排放交易体系相比较而言，美国的覆盖范围认识到了建筑和交通行业碳排放的与日俱增及其严重性，然而尚未认识到航空业的碳排放具体情况。新西兰是唯一覆盖范围包括了所有在案的行业的国家，包括：电力、工业、建筑、交通运输、航空、废弃物和林业，为全球碳减排这个目标作出了贡献。总体来说，世界各国碳市场的覆盖范围都包括了作为碳市场起步行业的电力行业，大都也考虑到了工业。

5.3.2.2 我国覆盖范围

我国需要建立一个什么样的全国碳排放交易体系？碳市场在履行我国应对

气候变化承诺和实现国内碳减排目标中起多大的作用？全国碳市场如何助力供给侧结构性改革？这些是我国碳市场建设中面临的根本性问题，对这些问题的解答和全国碳市场的总量设定、覆盖范围选择与配额分配密切相关。

要建立全国碳市场，首先要确定这个体系的覆盖范围，然后才能谈及数据报告核查、配额分配和配额交易等其他设计要素。体系覆盖范围不仅要规定纳入交易体系管控的行业，也需明确纳入管控企业的门槛和温室气体种类等。因此，碳市场的覆盖范围决定了这个体系可以管控的温室气体排放总量的大小，也就从根本上决定了这个体系在履行应对气候变化国际承诺和完成国内碳减排目标中可发挥的作用大小，覆盖的碳排放总量足够大时，这个碳市场体系可对以上两个目标发挥比较大的作用。同时，当这个体系既覆盖了主要的能源供应部门，也覆盖了主要的能源使用部门时，这个体系也能更公平、有效地控制整个经济体的碳排放。另外，当碳市场覆盖到主要的存在产能过剩问题的高能耗行业时，能够真正助力供给侧结构性改革。

全国碳市场的覆盖范围应是多个行业。选择电力一个行业启动全国碳市场，是把电力行业作为全国碳排放交易体系建设的一个突破口，多个重点排放行业未来将逐步纳入进来。在 2015 年 9 月发表的《中美元首气候变化联合声明》中，提出全国碳排放交易体系将覆盖钢铁、电力、化工、建材、造纸和有色金属等重点工业行业。声明中指出的行业覆盖范围有充分的科学依据，很好地体现了我国应对气候变化和供给侧结构性改革的任务要求。

设定纳入交易体系管控的企业门槛也是交易体系设计和建设中的一项基础性工作。门槛越低，覆盖的企业数量就越多，市场管控的碳排放量就越大。但考虑到企业参与交易的能力和政府的管理成本，企业门槛也不是越低越好。我国碳市场初期覆盖范围包括石化、化工、建材、钢铁、有色、造纸、电力、航空等八个重点排放行业。这些行业中，年能耗 1 万吨标准煤及以上的企业大约有 7 000 家。这些企业的总排放量占到工业部门碳排放的 75% 以上，管住了这 7 000家左右的企业，就管住了工业部门碳排放的大头，同时政府的管理成本也在可接受的范围之内。因此，将年能耗 1 万吨标准煤（年二氧化碳排放 2.6 万吨左右）作为交易体系的企业门槛是比较合理的。

能源使用导致的二氧化碳排放是我国最主要的温室气体排放来源，占我国温室气体排放总量的 80% 以上。在交易体系建设初期，把能源使用导致的二氧化碳排放作为管控对象也是一个合理的选择。根据我们的测算，现在的国家碳排放交易体系完全建成后所管控的碳排放量将占全国碳排放总量50%以上，能够为我国履行国际应对气候变化承诺和完成国内碳减排目标作出巨大的贡献。

扩大覆盖范围，争夺分配标准的话语权。按照现有政策，全国碳市场覆盖石化、化工、建材、钢铁、有色、造纸、电力、民航等8大类32个子行业。值得注意的是，在目前我国经济“三期叠加”的大背景下，上述高能耗、高排放部门往往同时也是承担转型成本最多、利润受损最严重的部门。建立碳市场、推进节能减排政策的落实，有助于加快产业结构调整进程，但碳市场同时也在客观上增加了这些部门显性的减排成本。而随着配额总量逐渐趋紧、免费分配配额占比逐渐下降。这种显性的减排成本也将随之不断增加，给控排企业造成负担。随着我国产业结构和消费结构的改变，服务业占比越来越高，服务业能耗和排放占比也相应提升。此外，随着居民收入的提高以及生活消费方式的升级，居民部门直接消费的能源和碳排放占比也在不断提升。随着产业结构调整进程的推进，高耗能、高排放产业占比必将下降，因而固守现有的碳市场行业覆盖范围，也不利于总体减排目标的实现。

逐渐扩大碳市场的行业覆盖范围，将建筑业、交通运输、餐饮酒店和零售业等能耗和排放较为集中的服务业，以及大型公共建筑等部门纳入碳市场，是未来保障碳市场持续发展的必要途径。这样一方面可以扩大碳市场的覆盖范围，优化减排政策效果，另一方面由于服务业、公共建筑往往能耗和排放弹性较低，减排成本较高，因此其参与碳市场后会成为碳配额净需求方，从而在一定程度上降低工业部门的履约成本，缓解经济结构转型过程中的阵痛。

上海、深圳、北京试点碳市场过程中，已经纳入了服务业以及部分公共建筑设施，但考虑到全国其他地区的基础条件，这些部门没有纳入全国碳市场。但如前所述，随着碳市场的不断发展和完善，覆盖范围也将逐渐扩大，而这些市场的试点经验也将发挥重要的作用。按照《暂行办法》的规定，对于全国碳市场覆盖行业所属企业碳排放的核算方法，以及配额分配标准由国家发改委制订，但同时规定各省市可以自行决定扩大碳排放权交易的行业覆盖范围，而对扩大覆盖的行业核算方法以及分配标准如何确定，却没有明确。对于只有个别地区覆盖的行业，不应由国家统一制定，因此比较可能的方式是地方自行确定并报送国家主管部门批准并公示。同时为了保证全国市场标准的统一性，在其他地区覆盖相应部门时，也应遵照执行。如果按照这样的管理规则，则在全国碳市场逐步扩大覆盖范围的过程中，先前存在的地方制定标准将成为国家标准制定的重要参照。对于如上海、北京、深圳等经济较发达、产业结构较为先进的地区，在完成全国碳市场建设“规定动作”之外，适时增加行业覆盖范围、进一步研究更加科学、可执行，且具有可复制、可推广性的排放核算标准及配额分配方案，不仅有助于提高本地区碳市场的规模，更有助于在全国碳市场未来的建设进程中，占据更加主导的地位。

七大碳交易试点的覆盖范围。从表 5. 12 七大碳交易试点的覆盖范围可见，北京的覆盖范围包括六大行业，分别是电力、热力、水泥、石化、其他工业和服务业。这些行业中碳排放超过 1 万吨的企业将被视为重点排放单位。在 2014 年，这类重点排放单位数量为 415 个；在 2015 年有所上升，达到了 543 个。天津的碳市场覆盖范围包括了五个工业行业，分别是电力、热力、钢铁、化工、石化和油气开采。可见，天津的碳市场覆盖范围尚未包括非工业企业。天津市的高碳排标杆值为 2 万吨。而在 2014 年后，天津进一步加大了碳减排的力度，下调了该标杆值为对工业企业采取 1 万吨的标准，对非工业企业采取 5 000吨的标准。相似地，广东的覆盖范围包括了四个工业行业（电力、钢铁、水泥、石化）。2014 年后扩大到其他工业行业，并纳入非工业（宾馆、饭店、金融、商贸、公共机构等）。其标杆值为 2 万吨。在 2014 年后逐渐下调。2014 年后，工业降低到 1 万吨以上，而非工业为 5 000 吨以上。其重点排放单位在 2014 年为 202 个；在 2015 年逐渐减少，为 193 个。由重点排放单位的减少，我们得出如下结论：广东省的碳减排方面已经取得了一定的成效。深圳市的覆盖范围包括了若干工业行业（电力、水务和制造业等）和非工业行业的建筑业。深圳市的碳减排措施主要针对碳排放 5 000 吨以上的工业企业进行要求。2014 年后对碳排放 3 000 吨以上的工业企业，建筑 2 万平方米以上的和机关建筑 1 万平方米以上的非工业企业进行监管。作为七大碳交易市场试点之一的上海，其覆盖范围率先纳入了最多的行业，包括 10 个工业行业（电力、钢铁、石化、化工、有色、建材、纺织、造纸、橡胶和化纤）和 7 个非工业行业（航空、机场、商场、港口、宾馆、商务办公建筑和铁路站点）。相比北京和天津这两座直辖市，上海设立的高碳排标杆值略高，规定年碳排放超过 2 万吨的工业企业和年碳排放超过 1 万吨的非工业企业为重点排放单位，需要进入碳市场进行配额分配，参加交易以保持可持续的平稳生产。重庆市的覆盖范围包括电力、电解铝、铁合金、烧碱、电石、水泥和钢铁行业。其对于碳排放的容忍度在各个城市中最高，无论针对工业行业还是非工业行业，都是2万吨碳排放量。湖北省的覆盖范围包括了最多的工业行业，达到了12个之多，分别是电力和热力、有色金属、钢铁、化工、水泥、石化、汽车制造、玻璃、化纤、造纸、医药、食品饮料。其对碳排放的容忍度在所有七大碳交易试点中最高，为能耗6万吨标煤。达标企业数量为114个。

表5.12　　七大碳交易试点的覆盖范围

试点城市	覆盖范围	高碳排标杆值	重点排放单位达标数量
北京	非工业（电力、热力、水泥、石化、其他工业和服务业）	1万吨以上	2014年415个；2015年543个
天津	5个工业行业（电力、热力、钢铁、化工、石化、油气开采）	2万吨以上；2014年后，工业降低到1万吨以上，非工业为5 000吨以上	114个
上海	10个工业（电力、钢铁、石化、化工、有色、建材、纺织、造纸、橡胶和化纤）；7个非工业（航空、机场、商场、港口、宾馆、商务办公建筑和铁路站点）	工业：2万吨以上；非工业为1万吨以上	191个
广东	4个工业（电力、钢铁、水泥、石化），2014年后扩大到其他工业行业，并纳入非工业（宾馆、饭店、金融、商贸、公共机构等）	2万吨以上；2014年后，工业降低到1万吨以上，非工业为5 000吨以上	2014年202个；2015年193个
深圳	工业（电力、水务和制造业等）和建筑	工业5 000吨以上（2014年后3 000吨以上）；建筑2万平方米以上；机关建筑1万平方米以上	工业635个；建筑197个
重庆	电力、电解铝、铁合金、烧碱、电石、水泥和钢铁	2万吨以上	242个
湖北	12个工业行业（电力和热力、有色金属、钢铁、化工、水泥、石化、汽车制造、玻璃、化纤、造纸、医药、食品饮料）	能耗6万吨标煤以上	114个

资料来源：分析国内七大碳交易试点行业参与范围与企业排放门槛，易碳家期刊，碳交易网，2014－12－09。

5.4　配额确定方法

5.4.1　配额分配的目标

配额分配的目标是保证碳排放权初始分配的公平性。理论上，配额分配应坚持以下基本原则：

- 必须保持对减排的激励，包括对早期行动的激励；
- 不能对寻租活动或其他削弱体系的活动提供持续激励；
- 对于企业和政府来说成本最小化，促进市场效率；
- 因地制宜，结合当地的能源结构与排放特征设计合理的配额分配方式。

5.4.2　配额分配方法

虽然各试点配额确定方法都是“历史法（祖父法）①”或“基准线法（标杆法）”，但是除了重庆采取自主申报的分配方法外，其余试点碳市场均根据各省市的经济发展水平、能源消费结构、产业结构以及重点产业和未来发展的规划对配额确定方法进行了一些变化和革新。如一些试点采用的是以前几个年度的二氧化碳平均排放强度作为基准值，即历史强度法，该方法介于“祖父法”和“标杆法”之间，是中国试点碳市场对碳配额确定方法的创造性使用，是在碳市场建设初期，行业和产品标杆数据缺乏的情况下确定碳配额的过渡性方法。这里的祖父法可定义为使用历史基线年数据分配固定数量配额，因此也被称为“历史排放分配法”。

相对于“历史法”，“基准线法”的最大优点就是避免了“历史法”中可

---

① 祖父法，可定义为使用历史基线年数据分配固定数量配额，因此也被称为“历史排放分配法”。为了逐渐降低配额量，该方法经常与一些因素结合使用以逐渐减少配额。其主要优势是较为简单，只依靠历史排放数据。也是较为容易理解的方法，对碳排放交易机制参与者而言，比较清晰可预测。但是，祖父法也有一些缺陷。这种方法奖励那些过去做减排工作最少的企业，这不利于实现碳排放交易机制的目标。由于采取了先期减排行动，减排空间较小且能效较高的企业反而比能效低的公司得到的配额少，这有失公平。而且，根据祖父法定义，它只适用于碳排放交易开始时已经运营的设施或产能。对于新加入者、新增产能或需要额外措施的产能而言，该方法不能自动纠正。尤其对像中国这样快速发展的经济体而言，用祖父法作为分配方法是有问题的。如果新进入者配额规则设定不合理，新增产能可能会承受全部碳价格，从而限制了免费分配在保护行业竞争力方面的作用。而且，如何选择基准年份也容易发生争议，对那些出于各种原因在基准年度产量下降的企业不利。

能会产生“鞭打快牛”效果的缺陷，最大限度地体现了碳配额分配中的公平性原则，发挥碳市场激励企业减排的目的。但是实施“基准线法”的难度较大，不仅要考虑如何确定不同行业、不同设施、不同生产流程中的基准值，对企业生产范围、设备数量和计量方式的数据都有很高的要求，容易受主观因素的影响。因此“基准线法”主要应用于工艺流程相对统一、排放标准相对一致的行业，如电力行业。所以本章节就以除重庆外的六个试点碳市场中电力行业的基准线法为例，分析各试点不同基准线法的设定。

北京以2009—2012年设施供电/供热的“二氧化碳排放强度的平均值”来核算供热企业（单位）和火力发电电力企业的配额。天津依据“基准线法”对电力、热力、热电联产行业分配配额，2013年度的基准水平是由纳入企业2009—2012年正常工作情况下单位产出二氧化碳排放的平均值确定，2014年度和2015年度在上一年的基础上下降。深圳市电力行业的管控单位是以其历史平均碳强度作为基准值，即“历史强度法”。广东省电力行业的燃煤燃气发电（含供热、热电联产）机组配额确定采用的是“基准线法”，并按机组类型给出了容量基准线，即标杆值。对电力行业的资源综合利用发电机组（使用煤矸石、油页岩、水煤浆等燃料）则使用“历史法”分配配额。上海市的电力行业2013—2016年采用“基准线法”核定配额，参考的是《DB31/507—2010燃煤凝汽式汽轮发电机组单位产品能源消耗限额》，同时考虑上海市发电企业碳排放情况确定基准值，2013—2015年度的燃煤发电企业碳排放基准值是逐渐下降的，但是2016年度的基准值又恢复到了2013年的水平。湖北省电力行业的基准线设定最为复杂，2014—2016年度对电力企业的配额分配采用“双结合”的方法，即“历史法”和“基准线法”相结合、事前分配和事后调整相结合，将50%电力企业的配额使用“历史法”进行预分配，余下的50%用“标杆法”进行事后调整，但是对于不同燃料的发电企业采用的标杆值均不相同：2013年度电力企业的标杆值采用2011年纳入电力企业的碳强度的中位数，2014年度热力及热电联产企业标杆值也是碳强度的中位数，但是燃煤电力的标杆值则参考《煤电节能减排升级与改造行动（2014—2020）》中的先进值，天然气、煤矸石等燃料的发电企业采用的标杆值是当年的碳强度。2016年度按照机组以及燃料类型继续实施不同的标杆值：对燃煤电厂中超超临界以及60万千瓦超临界机组参考《煤电节能减排升级与改造行动（2014—2020）》

中的先进值；对于 30 万千瓦超临界及亚临界机组采用本省纳入电力企业同类型机组现役最先进值；热力及热电联产行业标杆值采用的是本省 2016 年位于第 30 位纳入热电联产企业的碳排放强度，对于采用天然气、煤矸石等燃料的发电企业以及纯热力行业，其基准值为企业基准年间碳排放强度的加权平均值。

所以综合来看，北京、天津和深圳三个碳市场电力行业采用的是“历史强度法”，广东部分电力行业和上海电力行业采用的“标杆法”。而综观三年来湖北省电力行业的配额虽然有 50% 的配额采用的是“历史排放量”来确定，但是另一半使用“标杆法”确定配额的方法越来越严格，逐渐由“历史法”过渡到“历史强度法”，之后是“标杆法”。而且对比其他试点，湖北省对部分电力企业确定配额的方法实现了真正意义上的“标杆法”，即以行业先进值作为标杆，而且先进值设置标准不断提高，从中位数提高到“30%”，再提高到现役机组的最先进值，再到规划文件中的先进值。

表 5.13　　各碳交易试点配额分配情况

碳交易试点	分配方法	配额预留	拍卖	抵消比例
北京市	制造业、服务业历史排放法；供热、火电企业历史强度法	不超过年度配额的 5% 作为调整量		5%，本地化要求 50% 以上
天津市	钢铁、化工、石化、油气开采的有产能历史排放法；电力、热力历史强度法			10%
上海市	工业、商场、宾馆、商务办公建筑历史排放法；电力、航空、港口、机场基线法（标杆法）			5%
重庆市	以配额管理单位既有产能 2008—2012 年最高年度排放量申报配额			8%
广东省	电力、钢铁、水泥大部分生产流程基准法（标杆法）；石化、电力、水泥、钢铁部分流程历史排放法	0.38 亿吨储备配额，包括新建项目配额和调节配额	2013 年、2014 年 3%；2015 年 10%	10%，本地化要求 70% 以上
湖北省	工业企业历史排放法；电力行业半基准法（50% 的配额采用的是历史排放法，另一半使用“标杆法”）	不超过碳配额总量的 10%，用于市场调控和价格发现（不超过 30%）		10%
深圳市	电力、燃气、供水、建筑基线法；其他企业历史排放法（历史强度法）	新进者配额 2%，主管部分预留 2%	不低于年度配额总量 3%	10%

资料来源：段茂盛，庞韬．全国统一碳排放权交易体系中的配额分配方式研究［J］．武汉大学学报（哲学社会科学版），2014（5）．

5.4.3 分配方式

配额分配的计算标准应考虑历史排放量、行业及企业减排潜力，早期减排行动、未来减排承诺、分配的基准年、履约期问题，以及配额的储存、借贷等问题。不同的配额分配方法，会产生不同的经济影响和政策效果。

- 免费分配，容易获得企业支持。其政治上具有可行性，但有悖于公平性。欧盟初始分配都采用无偿的方式。欧盟排放权交易机制指令规定：在第一阶段，至少 95% 的配额要无偿发放；第二阶段，至少 90% 的配额要无偿发放。对企业而言，碳排放权的无偿分配实质上是一种变相补贴，政府的权力资源易产生权力寻租。其次，无偿分配导致新建企业和已建企业之间不公平竞争，因为无偿分配是在已有企业之间进行分配，而新建企业必须有偿取得。再次，免费分配不符合污染者付费原则，企业无须为取得碳排放权利支付任何费用，使得这种资源的价值难以体现。

- 拍卖方式的优势。通过拍卖可为政府取得财政收入，使碳排放权的真实价值得以显现；激励企业进行技术创新，努力提高技术水平；更能体现公平公正原则。拍卖方式的弊端是它可能产生不正当竞争、存在市场操纵等，所以需要政府部门的严格监督。目前，美国区域温室气体减排行动对配额实行全额拍卖。

5.4.4 分配程序

如果要保证配额分配的公正、公平和分配效率，首先，在分配程序上应该做到公正、透明，向社会公示分配的原则、制度和分配标准。听取各部门、各行业重点单位的意见，对于重要的问题应组织专业人士、专家学者加以论证，对于有争议的问题还应该面向社会召开听证会。程序公正可以减少政府决策盲目性和独断性，还可以对政府行为实行有效的监督。其次，要加强信息透明度，加强对分配过程的监管。

5.4.5 配额分配现存的问题与建议

5.4.5.1 配额分配现存的问题

配额分配现存的问题有：第一，配额免费分配会引发过度分配（over - allocation）问题；第二，需要对市场机制进行完善，以解决碳价格的大幅波动问题。政府监管机制不完善，导致碳价格在机制运营的初期出现了暴涨或暴跌，给碳交易市场的平衡发展造成了不良影响。

5.4.5.2　配额分配现存的建议

结合国外配额分配的经验与教训，我国碳排放权的分配应当采取拍卖为主，无偿分配和有偿分配相结合的分配模式，在拍卖中应始终坚持公平公正原则，将碳排放权初始分配置于一个透明的环境，接受社会监督。

5.5　碳市场的履约机制

5.5.1　国际国内碳交易市场履约机制

5.5.1.1　国际碳交易市场履约机制

欧盟碳市场（EU ETS）履约机制。控排企业依据欧盟的规定，在每年 3 月底前报告其上一年度经核查过的二氧化碳排放量，在 4 月底前向所属成员国清缴与其二氧化碳排放等量的配额。欧盟碳市场履约机制分三个阶段，第一阶段（2005—2007 年）、第二阶段（2008—2012 年）和第三阶段（2013—2020 年），允许同一阶段内排放配额的预借和存储。在履约周期存在重叠的条件下，控排企业利用下一履约周期的配额弥补当前履约周期的配额短缺。控排企业也可将剩余的配额储存到下一履约周期使用。

韩国碳市场履约机制。韩国碳市场自 2015 年 1 月启动，包括第一阶段（2015—2017 年）、第二阶段（2018—2020 年）和第三阶段（2021—2025 年）。履约时间为每年 6 月，配额分配计划最晚会在履约期开始前 6 个月确定。免费配额最晚则在每个履约年开始前 2 个月分配给控排企业。在履约年结束后 3 个月内，报告核证排放量；在履约年结束后 6 个月内，上缴配额进行履约。

美国加州碳市场履约机制。美国加州碳市场履约机制分为三个实施阶段，第一阶段（2013—2014 年）、第二阶段（2015—2017 年）和第三阶段（2018—2020 年）。排放配额通过免费和拍卖的方式分配。排放配额可以无限存储且永不过期。一般情况下，控排企业必须用当年或往年的配额来完成履约。履约分为年度履约和履约期履约两种。一个碳交易实施阶段为一个完整的履约期。对于年度履约，企业需在次年的 11 月 1 日前上缴配额完成履约；在

2015 年、2018 年和 2021 年的 11 月 1 日之前，企业不需要履行上一年的年度履约义务，而应把上一个履约期所有剩余未缴的配额缴清，以完成履约期义务。

5.5.1.2 国内碳交易市场履约机制

国内试点地区碳市场履约机制。我国试点地区规定重点排放单位需要在履约期内向碳交易主管部门上缴与监测周期内排放总量相等的配额（根据各试点地区政策规定，可以一定比例的核证自愿减排量进行抵消）。试点地区均以一个自然年度作为碳排放监测周期。每一年对上一年度的碳排放量进行履约抵消。配额或核证自愿减排量须在注册登记系统中提交注销。履约期集中在每年的 5 ~6 月，天津、湖北履约时间为 5 月 31 日前，北京为 6 月 15 日前，重庆、广东为 6 月 20 日前，上海、深圳为 6 月 30 日前。

尽管集中履约具有便于碳交易主管部门对重点排放单位的管理、简化配额分配过程和及时加强调控等优势，但也存在以下主要问题：

- 履约期量价齐升现象明显。目前，大部分重点排放单位对碳交易的认识程度和重视程度还不够，没有成立专门的配额管理部门或指定专门人员进行配额交易操作，而是抱着消极的应付履约态度，直到履约期临近才开始进行自身配额的计算与交易。2014 年和 2015 年，试点地区碳交易市场履约期最明显的共同特征就是市场成交量激增、交易价格出现不同程度的上涨，并伴随较大的波动。以 2014 年为例，首次履约的深圳、上海、广东三地在 5 ~7 月的成交量分别占各自区域全年成交量的 69%、65% 和 85%，北京和天津的这一比例甚至达到了 90%，上海、深圳两地市场履约月份的成交量环比分别增长了 672% 和 516%。可见，试点地区交易市场表现出非常强的履约驱动特点，非履约期的成交量相对较少，这种履约期过度的量价齐升现象扭曲了减排成本的传递。此外，非履约阶段的流动性欠缺还会导致有价无市的情况出现，而在履约阶段也可能出现因配额总体富余从而集中抛售导致碳价急剧下跌的现象。这种在履约阶段和非履约阶段严重不对等的交易量不利于创造碳市场的流动性和发现真实的碳价格。

- 推迟完成履约现象普遍。正是由于我国碳市场履约驱动的特点，大部分重点排放单位都选择在履约期到来才开始筹备相关工作，甚至面临处罚时才不得不开始准备配额，导致试点地区履约整体推迟。因重点排放单位不能切实地作为利益相关者参与到市场交易中，进而造成市场价格失灵，资源无法达到优化配置。此外，具备资质的核查机构与核查员有限，而各个碳交易试点的2 000余家控排企业的核查工作都集中在4～5月，导致大量核查工作难以在规定的核查周期内完成，从而推迟了企业的履约周期。2014 年，五个开市的试点地区中，上海是唯一一个准时完成所有履约的试点，北京、天津、广东、深圳四个地区推迟半月到一个半月才完成履约。2015 年，七个试点地区中，北京、天津、上海、深圳按时履约，湖北、广东、重庆均出现了履约推迟现象，湖北推迟了近两个月才全部完成履约。

- 第三方服务机构发展受到制约。第三方核查机构需要在重点排放单位提交排放报告后与履约截止日期前集中完成大量的核查工作。目前，我国试点地区的重点排放单位从提交碳排放报告到履约截止日期约有 2～3 个月时间。然而，由于大多重点排放单位提交排放报告的积极性不高，经常拖延提交时间；同时由于具备资格的第三方核查机构与核查员数量有限，集中在短时间内完成大量的核查工作不利于保证核查报告质量。此外，除核查期外的时间，第三方核查机构和核查员无其他业务可开展，较大程度上影响了核查机构的生存和发展。

5.5.2　滚动履约机制设计思路

在深入研究当前国际国内单一履约机制利弊的基础上，提出滚动履约机制，即对纳入碳交易体系的重点排放单位实行多期滚动上缴配额来完成履约（滚动履约是一种全新的碳市场履约制度，将各行业的履约时间均匀地分配在一年的各个时间段），可以活跃碳市场，促进产品创新和多方参与，可作为全国碳交易市场机制设计的参考借鉴。

5.5.2.1　滚动履约期设定

滚动履约期的设定主要有按季度、双月和月度三种。

- 按季度履约。考虑首批纳入八大行业的控排企业，实行按季度分行业履约，每季度两个行业履约。待行业范围扩大时，按行业相关性划入相应履约季度。

- 按双月履约。可将首批八大行业划分为 6 个履约期，其中 4 个履约期各 1 个行业、2 个履约期涵盖 2 个行业。新增行业按行业相关性划入相应履约月份。

• 按月度履约。可将首批八大行业划分为 8 个履约期，每个履约期 1 个行业，新增行业填补月度空白，当纳入交易的行业超过 12 个时，可设置每月多个行业履约。或按行业的相关性程度将行业划入同一月份或相近月份履约。每个月份可设置 1 个或多个行业履约。从确保规则执行的可持续性和有利于市场活跃性的角度出发，建议实行单月滚动履约机制。

5.5.2.2 滚动履约方式

滚动履约方式主要包括配额周期、配额分配和履约方式三种。

• 配额周期。配额分配的周期设置为一年，履约期与配额周期间隔 3 个月，用于监测报告和核证（MRV）。每个月份履约行业的企业计算配额的时间周期为截止上一季度最末一天的前一年时间，即：M 年 N 月（$1 \leqslant N \leqslant 3$）履约企业，配额周期为（M－2）年（N＋9）月至（M－1）年（N＋8）月；M 年 N 月（N＝4）履约企业，配额周期为（M－1）年（N－3）月至（M－1）年（N＋8）月；M 年 N 月（$5 \leqslant N \leqslant 12$）履约企业，配额周期为（M－1）年（N－3）月至 M 年（N－4）月。如 2018 年 1 月履约的企业，其上一年的配额周期为 2016 年 10 月 1 日至 2017 年 9 月 30 日，依此类推。

• 配额分配。由国务院碳交易主管部门每年分期确定不同行业的碳排放配额总量，再由各省级碳交易主管部门按照统一配额分配方法，在该行业履约完成后 1 个月内分配到重点排放单位，可采取免费分配和有偿分配相结合的方式。

• 履约方式。重点排放单位依据国务院碳交易主管部门的规定，在所属行业履约期当月的最后一天前向所属省级碳交易主管部门清缴与其二氧化碳排放等量的配额（或可包含部分按规定可用于抵消的 CCER）。

5.5.2.3 滚动履约技术方案流程

滚动履约技术方案的过程主要包括监测计划制定、制作与递交排放报告、排放核查以及审核确认。

• 监测计划。重点排放单位需在每年配额周期的最后 1 个月末完成下一年度监测计划的报送。监测计划包括装机容量、产能、数据监测等关键信息与数据的报送。每一个配额周期为碳排放的监测周期。

• 排放报告。重点排放单位需在每年配额周期结束后的 1 个月（即履约前 3 个月）内完成上一年度的碳排放情况报告。

- 排放核查。经碳交易主管部门备案的第三方核查机构在每个行业配额周期结束后的第 2 个月（即履约前 2 个月）内完成对该行业的核查工作。

- 审核确认。碳交易主管部门应在配额周期结束后的第 3 个月（即履约前 1 个月）审核确认第三方核查机构提交的重点排放单位核查报告，作为履约依据。

5.5.2.4　滚动履约的意义

滚动履约的意义主要体现在对于促进碳交易体系的优化，涉及以下几个方面：

- 滚动履约有利于增加碳市场流动性。市场流动性关系碳交易市场的活跃性、持续性和稳定性。单一履约期导致的集中交易，不利于配额、CCER 的流动，也难以激发碳市场活力。实施滚动履约有助于放大市场需求，增加市场交易量，更好地发挥碳产品的金融属性，充分调动参与方的积极性和主动性，实现交易主体规模化、交易产品市场化，从而推动建立一个具有高度流动性和稳定性的碳市场。

- 滚动履约有利于碳市场产品创新。碳金融产品创新能够为市场提供充足的流动性，使碳金融发挥一般金融融通功能，引导市场发现碳排放的真实成本，扩大碳交易广度。实施滚动履约，有利于通过金融工具和产品设计，丰富和完善碳市场的金融投资功能，满足日益多元化的市场需求，促进碳金融产品的持续改进和创新。

- 滚动履约有利于碳市场价格发现。碳市场最核心的功能是促进节能降碳，就是通过透明真实的价格信号，来引导稀缺的碳排放权资源配置，以实现低成本、高效率的减排。实施滚动履约机制能够避免因单一履约期导致交易过于集中，可以驱使全年交易量呈现稳定的动态分布，同时避免价格的不合理波动。通过市场交易量和价格的合理波动实现减排成本传递，有利于发现真实的减排边际成本和边际收益，从而反映出真实的履约成本和减排收益之间的均衡。

- 滚动履约有利于碳市场主体多元化。碳交易市场的参与主体不仅是政府和重点排放单位，也包括金融机构、投资机构、碳资产管理公司、个人等多个参与方。实施滚动履约，重点排放单位可以在每年除履约月份之外的 11 个月作为投资主体参与碳市场，既作为控排的约束方，也作为市场投资的参与方。同时，通过活跃的碳市场，可以吸引更多的金融机构、碳资产管理公司、咨询服务机构、非控排企业、甚至个人参与市场，建设多元化的市场主体，让碳市场拥有足够的宽度，满足不同主体的利益诉求。

- 滚动履约有利于提高碳市场参与度。实施滚动履约，能够使参与各方的工作量实现全年相对均匀分配，有利于资源合理配置与利用。通过履约时间的错峰，重点排放单位、第三方机构以及碳交易管理部门履约期的工作量不会过于集中，可以避免集中履约容易出现的任务量激增的情况，在较大程度上避免由于任务量过重导致的履约延期及错误、纰漏的出现，促进履约按期顺利完成。同时，也有利于培育第三方核查机构，避免出现因单一履约期导致的每年仅2~3个月开展核查工作的情况。此外，滚动履约实现了不同行业控排企业的错峰履约，给企业提供了随时观察、学习其他履约企业做法和效果的机会，可以增强学习交流，从而帮助企业提高配额管理能力，提高积极性和参与度。

总体来看，实施滚动履约机制有利于增加市场流动性、产品创新、价格发现、培育市场主体和提高市场参与度，有利于全国碳交易体系优化。与此同时，实施滚动履约机制也将增大碳交易主管部门的监管难度，增加配额初始分配和MRV难度，在滚动履约机制下的配额分配方法、配额有效期及跨期交易、新增企业配额发放、CCER抵消机制等方面的具体机制设计还需要进一步深入研究与探讨，避免市场风险发生，为碳市场稳定有序和持续健康运行做好保障。

5.5.3 全国统一碳市场背景下试点履约情况研究

2017年12月19日，国家发改委印发《全国碳排放权交易市场建设方案（发电行业）》（以下简称《方案》），标志着全国碳市场正式启动。2011年以来开展区域碳交易试点的地区将符合条件的重点排放单位逐步纳入全国碳市场，实行统一管理。区域碳交易试点地区继续发挥现有作用，在条件成熟后逐步向全国碳市场过渡。按照《方案》要求，年排放超过2.6万吨二氧化碳当量，相当于综合能耗1万吨标准煤左右的企业将被纳入全国碳市场。其中，涉及电力企业1 700余家，碳排放总量达到30多亿吨。

在碳交易市场的相关机制中，履约机制是碳排放总量控制的关键环节，是控排单位承担减排责任的重要体现，也是碳交易机制持续运行的重要基础，能反映出碳市场制度设计与运行实施的状况。每年 6 ~7 月是碳交易试点的履约期。北京、上海、深圳、广州、天津 5 个试点已经是第五个“碳排放权”履约期，湖北、重庆也已经是第四个“碳排放权”履约期。作为非试点的两个省份，福建是第二次迎来履约期，四川作为非试点尚未参与配额交易。

5.5.3.1　各试点交易情况

各试点碳市场现货交易标的物主要包括碳配额和中国自愿减排量（CCER）。2017 年，上海碳市场现货交易良好运行，现货产品总交易量位居全国九个碳市场首位；广东省的碳配额交易量最多；重庆市暂无 CCER 成交量；北京市碳配额和 CCER 交易量基本持平；福建、天津、四川的交易量相对较少。2017 年 3 月 14 日，国家发改委发布公告，宣布于即日起暂缓受理温室气体自愿减排交易方法学、项目、减排量、审定与核证机构和交易机构备案申请。受此影响，各个试点的 CCER 成交量相对 2016 年都有所下降。

各地试点碳市场表现不一，碳价恐怕是重要的因素之一。在排放上限的约束下，参与实体可通过购买或出售排放配额满足其排放需求，使其在各履约期末持有足够配额抵消排放。如果某企业持有的排放配额超过其排放需求，剩余配额可通过交易机制进行出售。相反，如果该企业持有的排放配额不能满足其排放需求，超排部分的排放配额应向参与排放交易体系的其他企业购买，或在政府组织的拍卖上竞投获得，这就是碳交易的基本原理。故在一定程度上，碳价反映着一个地区或行业的平均减排成本。但由于各地碳价波动较大、碳价差异明显等现状，目前的价格并不能反映企业真实减排成本。

2017 年重庆、天津市场不够活跃，重庆从 2017 年 3 月底碳价一路走低，一度跌至 1 元/吨，年底方始回升，天津碳价下半年基本维持在 9 元/吨左右。其他试点碳价全年在 10 ~50 元/吨区间波动，北京碳价一年波动很大，6 月受到履约季的到来，碳价降到谷底。湖北碳价较为平稳，大致在 15 元/吨左右。上海碳价呈现年初高走，履约期后价格回落，年末呈现上行趋势。交易整体活跃，量价齐升，履约期前最低成交价 24. 75 元/吨，最高成交价 42 元/吨，在 35 ~39 元/吨间震荡。履约期后，市场活跃度逐渐下滑，价格随之下行。随着年末全国碳市场交易系统落地上海等多项利好政策的推出，价格逐渐呈现反弹趋势，最终全年以 35 元/吨收盘。福建上半年碳价稳定在 35 元/吨左右，履约季时开始下跌，年底已跌至20元/吨以下。深圳碳价总体在30元/吨左右，6月底履约完成后价格曾出现短暂下跌，后又逐步回升。广东碳价较为平稳，全年介于10～20元/吨之间波动。国家发改委初步估计，从长期来看，300元/吨左右的碳价才是真正能发挥低碳绿色引导作用的价格。

5.5.3.2 各试点履约情况

表5.14对2017年全国七大碳市场试点的履约情况进行了归纳。由该表可以了解到：除天津、深圳两试点按法定期限进行履约外，其他试点均延迟履约。在2017年，天津和广东的履约率相继达到了100%。

表5.14　　各试点2017年履约情况汇总

碳市场	正常履约时间	实际履约时间	控排企业数量	履约企业数	履约率
北京	2018－06－15	推迟至2018－08－31	943		
天津	2018－06－30	2018－06－30	109	109	100%
上海	2018－06－01—06－30	推迟至2018－07－31	271		
广东	2018－06－20	推迟至2018－06－28	246	246	100%
深圳	2018－06－30	2018－06－30	811	787	97%
湖北	2018－05－31	推迟至2018－08－31	344		
重庆	2018－06－20	未公布	未公布		
福建	2018－06－30	未公布	255		
四川	—	未参与配额交易	—	—	—

资料来源：全国统一碳市场背景下试点履约情况研究，北京和碳环境技术有限公司官方网站，http：//www. peacecarbon. com/cn/content/？513. html。

（1）北京

根据北京市发改委于2018年2月1日发布的《关于做好北京市2018年碳排放权交易试点有关工作的通知》（京发改〔2018〕222号），2017年度北京市重点排放单位共943家参与2018年碳排放权交易相关工作，重点排放单位应于2018年7月31日前，向注册登记系统开设的配额账户上缴与其经核查的2017年度排放总量相等的排放配额。2018年7月31日，北京市发改委发布《关于做好本市2018年碳排放权交易试点履约有关工作的通知》（京发改〔2018〕1568号），将2017年度的实际履约时间进一步推迟到2018年8月31日。2016年度，北京共有947家控排企业，其中22家未按时履约，履约率为98%。

（2）天津

天津市 2017 年度碳排放履约工作已于 2018 年 6 月 30 日结束，纳入碳排放权交易市场的电力热力、钢铁、化工、石化和油气开采五个行业的 109 家纳入企业中，履约企业 109 家，履约率 100%。这是天津连续两年履约率达到 100%。

（3）上海

《上海市发展和改革委员会关于做好本市碳排放交易 2017 年度履约工作的通知》各纳入配额管理的单位于 2018 年 7 月 31 日 17：00 点前，依据经市发展改革委审定的 2017 年度碳排放量，通过“上海市碳排放配额登记注册系统”足额提交配额，履行清缴义务。逾期未完成清缴的企业，将依据《上海市碳排放管理试行办法》相关规定进行处理。按照《上海市碳排放管理试行办法》（沪府令 10 号）的碳排放履约日期为每年 6 月 1 日至 6 月 30 日期间，今年的履约日期整整晚了一个月。截至 2018 年 8 月 13 日，上海还未公布 2017 年度履约情况。2016 年度，上海共有 312 家控排企业，1 家未按时履约，履约率 99.7%。

（4）广东

2017 年度广东省碳排放配额履约工作顺利完成。全省 246 家控排企业完成配额清缴，履约率 100%，从 2014 年度开始已连续四年履约率达到 100%。广东履约与其他省份最大的不同是其可以使用省级碳普惠核证减排量（PHCER）抵消碳排放量，但必须是控排企业在其排放边界范围外产生的 PHCER。截至 2017 年 12 月 31 日，广东省碳排放权配额累计成交量突破 6 500 万吨，居全国碳市场首位。2016 年度，广东 244 家控排企业全部按时履约，履约率 100%。

（5）深圳

2017 年度深圳市纳入控排的 811 家企业，截至 2018 年 6 月 30 日，已有 787 家管控单位通过注册登记簿系统提交足额配额，完成履约义务，履约率达 97%，较 2016 年度下降 2%。根据《深圳市碳排放权交易管理暂行办法》第三十六条的规定，管控单位应当在 2018 年 6 月 30 日前通过注册登记簿系统提交与其 2017 年实际碳排放量相等的配额，完成 2017 年度碳排放履约义务。对于截至 2018 年 6 月 30 日未按时足额提交碳排放配额履约的管控单位，将依照相关规定进行处罚。2016 年度，深圳共 811 家控排企业，8 家未按时履约，履约率99%。

（6）湖北、重庆

相比上述五个试点，湖北、重庆两地的行动则相对缓慢。2016年度两地均延迟履约，2017年度也是如此。根据《湖北省2017年碳排放权配额分配方案》，湖北省2017年纳入碳排放配额管理企业共344家，涉及电力、钢铁、水泥、化工等15个行业。2018年5月30日发布的《2018年湖北省碳排放权抵消机制有关事项的通知》抵消条件中特别强调项目产生地区为长江中游城市群（湖北）区域的贫困县（包括国定和省定），这是湖北省在“绿色扶贫”方面做出的实际行动。2016年度，湖北236家控排企业实际完成的履约时间是2017年12月。根据2018年7月12日湖北省发改委公布的《省发展改革委关于做好2017年度企业碳排放履约工作的通知》（鄂发改气候〔2018〕284号），湖北省2017年度的实际履约截止时间为2018年8月31日。控排企业可以使用经湖北省审核备案项目的减排量（CCER）用于履约，且减排量使用比例不超过该企业年度碳排放初始配额的10%。对于未能按要求完成履约的企业，将严格按照《湖北省碳排放权管理和交易暂行办法》规定，采取负面信用记录、2018年度碳排放配额双倍扣除、罚款等处罚。

根据《重庆市发展和改革委员会关于下达重庆市2017年度碳排放配额的通知》，2017年度，195家控排企业共发放100 448 153吨配额。根据《重庆市发展和改革委员会关于开展企业碳排放核查工作的通知》核查工作从2018年6月29日（星期五）开始，至7月29日（星期日）前结束，2017年度配额管理单位碳排放核查工作在7月29日（星期日）前完成。其2015年度的履约工作实施于2016年10～11月，2016年度的履约工作实施于2017年12月6日至2018年1月5日，2017年度的履约工作重庆又将延期。

（7）福建、四川

2018年7月30日，福建发改委公布2017年度碳排放权配额分配方案，根据分配方案，重点排放单位配额的发放将根据配额分配方法确定的计算结果来完成。因此，2017年度福建的履约相对去年将延期。2016年度，福建共277家控排企业，其中有6家未按时履约，履约率达98%。

尽管四川省也出台了《四川省碳排放权交易管理暂行办法》等一系列规章制度，明确交易产品包括排放配额、国家核证自愿减排量及其他符合规定交易产品，但四川并未像福建和其他试点一样开展配额履约，只有少量 CCER 交易。

综上所述：除天津、深圳两试点按法定期限进行履约外，其他试点均延迟履约。此种情况可能是由于国家发改委在 2017 年 12 月发布了《国家发展改革委办公厅关于做好 2016 年度、2017 年度碳排放报告与核查及排放监测计划制定工作的通知》（发改办气候〔2017〕1989 号，简称 1989 号文），要求各地按照 1989 号文组织开展 2016 年度、2017 年度碳排放数据报告与核查及排放监测计划制定有关工作，导致各地 2017 年度碳排放核查工作滞后，如福建目前刚刚完成 2017 年度碳排放核查的复查工作，配额分配方案也在 2018 年 7 月底刚刚出台，2017 年度的配额发放工作也相应延期。

5.5.3.3　未按时履约原因分析及建议

各个碳交易试点未能按时履约的原因①归纳如下：

- 国家发改委于 2017 年 12 月发布了 1989 号文，要求地方主管部门按照 1989 号文要求组织控排企业开展 2016 年度、2017 年度的碳核查，因此各地碳核查和配额分配工作较上一履约年度滞后，最终影响了 2017 年度的履约进度。北京、上海、广东、湖北四地为应对此种情况，均延后履约，用时间换空间，给予企业更多的时间去应对。

- 未按时履约企业反映了其参与交易的积极性不够。大部分重点排放企业都选择在履约期到来才开始筹备相关工作，甚至面临处罚时才开始履约工作。无论是在人才储备，还是在碳管理意识方面，都很薄弱。

- 近年来我国经济增速放缓，企业免费获得的碳配额较为充裕，这使得企业失去了提前通过碳市场交易购买碳配额而履约的动力，交易期更加集中在履约截止日期前。

- 我国具备资质的核查机构与核查员数量有限，而各个碳交易试点的 2 000余家控排企业的核查工作都集中在 4 ~ 5 月，导致大量核查工作难以在规定的核查周期内完成，从而推迟了企业的履约周期。

针对各试点未能按时履约的原因提出以下建议：

- 企业碳资产管理能力有待增强，应积极关注配额分配、市场价格、政

---

① 全国统一碳市场背景下试点履约情况研究，北京和碳环境技术有限公司官方网站，http://www.peacecarbon.com/cn/content/?513.html。

策导向和内部碳资产管理，加强能力建设，提高低碳意识，做好人才培养和储备，及早做好履约准备。

- 完善碳排放第三方核查机构准入机制，加强核查机构和核查员的培养。

5.6 抵消机制

5.6.1 碳中和

5.6.1.1 碳中和的定义

进入21世纪以来，全球气候不断恶化引起人们的深刻担忧，与此同时越来越多的环保人士通过节能、种树、购买自愿减排量的方式抵消自身碳排放，这项最初由环保人士倡导的一项概念，逐渐获得越来越多的民众支持，“碳中和”由此产生。碳中和是通过产生碳排放量的个人或者企业捐资造林，增加碳汇，购买减排量产品抵消个人或企业活动生产期间所产生的二氧化碳排放量，最终实现零碳排放。全球自愿碳减量行动趋势随之发生变化，已从组织碳足迹盘查过渡到碳中和，成为一种国际潮流。

5.6.1.2 碳中和的主要形式

碳中和要求实体确定所选定标的物的碳足迹，并文件化碳足迹管理计划，从而描述实体如何实现关于该标的物的碳中和。碳中和实现声明要求实体实现所选定标的物碳足迹的减少，并抵消剩余温室气体排放。

5.6.1.3 碳中和实施流程

碳中和实施流程包括三个步骤，分别是测定与证实，减排实施和碳中和声明。其中，测定与证实主要是针对标的物的界定以及碳足迹的测定；减排实施包括碳足迹的管理与规划以及碳抵消机制的实施；而碳中和声明的对象主要是指碳中和承诺声明和碳中和实现声明。

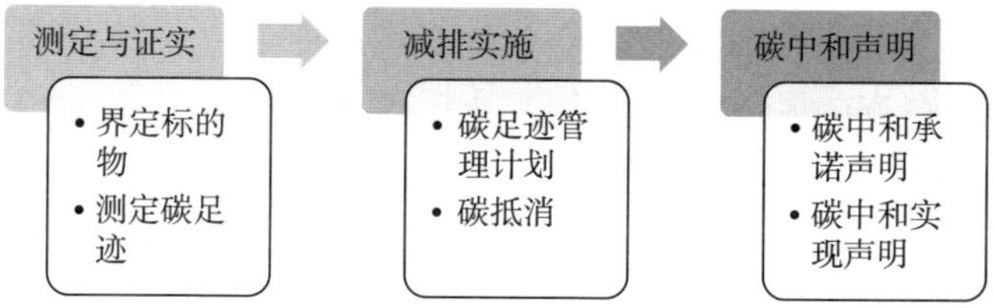

图5.10 碳中和实施流程

5.6.2　碳中和抵消规则

5.6.2.1　原则

根据英国 PAS 2060 碳中和证明规范，任何进行碳中和的实体应确定实现碳抵消所用的标准和方法论并形成文件。在任何情况下，包括由慈善机构赞助的抵消项目中，抵消所采用的方法论和类型均应符合以下原则：

- 购买的抵消额或返还的补偿信用额，应真实地代表其他地方温室气体额外减排量；
- 交易抵消额中涉及的项目应满足额外性、永久性、泄露性和重复计算性等准则；
- 碳抵消应经由独立第三方进行认证；
- 碳抵消项目的信用额，应在实现与抵消项目相关的减排后方可发行；
- 碳抵消项目的信用额应在实现声明公布之日起 12 个月内撤销；
- 碳抵消项目的信用额应由在注册处公开可用的项目文档予以支持，其中应提供的信息包括抵消项目、量化方法论以及审定和核查程序；
- 碳抵消项目的信用额应在一个独立可信的注册处予以保存和撤销。

5.6.2.2　碳中和抵消标准

目前符合碳中和抵消规范的标准如下：

表 5.15　　符合碳中和抵消规范的标准

范围	框架	机制与标准
国际	京都议定书框架	• 清洁发展机制 CDM（核证减排量 CERs） • 联合履约 JI（排放减量单位 ERUs） • 欧盟排放配额 EUAs • 英国政府能源与气候变化部（DECC）碳抵消质量保证计划
	非京都议定书框架（自愿减排）	• 黄金标准 • 自愿碳标准
国内		中国核证自愿减排量（CCER）

资料来源：碳中和实施流程及抵消机制分析，碳交易网，2017－02－06。

5.6.2.3　碳中和抵消

针对具体的产品、服务，企业在进行碳足迹管理规划及实施，实现温室气体减排的同时，对剩余温室气体排放进行碳抵消，才能最终实现碳中和。对活动类型的碳中和项目，如展会、音乐会存在即时性，也往往采用碳抵消方式实现碳中和。目前，全球已经出现不少活动碳中和典型案例，如2006年都灵冬奥会、2008年的北京奥运会、2010年的南非世界杯足球赛、2016年杭州G20峰会等。其中，都灵冬奥会是迄今为止首次实现全程“碳中和”的奥运盛事，为抵消赛事期间排放的近10万吨二氧化碳，组委会开展了“都灵气候遗产”活动，通过林业、节能减排和可再生能源项目进行了碳抵消。南非世界杯足球赛通过购买已评估的合格碳补偿来源，并宣告达成碳中和。获悉，北京市正在着手制定地方碳中和规范，并有意应用于2022年北京冬奥会。

（1）碳中和抵消机制分析

碳中和作为自愿减排活动，并无强制有效的规范性文件，如何保障碳中和的顺利推行，发挥其节能减排作用，有许多因素需要把控。

（2）抵消流程控制

碳抵消使用的碳抵消信用额需使用已产生的减排量，同时通过碳排放权交易机构等独立可信的第三方机构进行减排量的保存与撤销，出具相关交易证明文件，并由第三方机构对其碳中和合规性进行认证，排除了测算机构、碳抵消信用额交易机构及碳中和咨询服务机构对碳中和公正性的影响。同时，碳中和项目信息会在国际国内等碳中和平台上进行信息公示，包括碳抵消已撤销的注册链接，以防他人使用。

（3）碳抵消信用额质量控制

碳市场发展存在一个碳信用质量难题，如2010年2月国际碳市场爆发再生CER丑闻，出现一些被重复买卖的碳排放指标，这导致3月18日欧洲碳市场的剧烈震荡，投资者信心遭受重创，CER价格从每吨12欧元猛跌至不足1欧元，欧洲两家碳交易所甚至停止交易，以防被重复买卖的指标继续流入交易市场。因此，未来无论是配额市场、项目市场以及自愿交易市场，都必须有严格、连续性、高质量的标准来确保碳信用质量，帮助买家更好地理解一些类型的项目，如沼气回收项目、农业废弃物项目和可再生能源项目等，才能确保碳中和的社会环境效益。

（4）统一标准文件制定

碳中和包含前期温室气体排放测算、中期碳足迹管理规划制定及减排实施、后期实现碳中和，是强制减排之外的重要减排方式，能有效解决会展、演唱会等活动的碳排放；个人自愿减排等类型的温室气体排放，是国家低碳发展的重要手段，也是全民参与低碳活动的有效方法，应尽快得到国家的重视。国家及地区应配套出台符合碳中和需求的、符合低碳发展水平的地方碳中和规范化文件，从测算、购买、抵消、认可等流程上进行规范化管理，保障碳中和抵消机制的公正、公开、公平，以此让更多的人参与到碳中和行动中来。

5.6.2.4　全国碳市场抵消机制顶层设计的思路

全国碳市场抵消机制顶层设计的思路①有立法、管理和开发以及抵消三个层面。

（1）立法层面

- 正在修改温室气体自愿减排交易管理暂行办法，预计很快出台；
- 全国碳市场抵消管理办法（CCER 抵消规则）正在研究制定，尚未出台具体方案。

（2）管理层面

- 设立独立的行业自律机构（命名为 CCER 执行机构，已在民政部门注册）管理相关事务，政府剥离备案审批权（下放权力）；
- 简化流程；取消项目备案、方法学备案；压缩办理时限，申报材料（简化流程）。

（3）开发及抵消层面

- 多方面鼓励农林碳汇类项目；
- 碳交易管控项目不能申请（潜在风险）；
- 可用于抵消排放配额的减排量必须来自国家认可的 CCER 项目；
- 全国采用统一的抵消机制，各地方不能自行制定抵消规则；
- 严格控制抵消规模，避免对配额价格产生冲击（开工时间、类型）。

---

①　全国碳市场抵消机制顶层设计的思路，中国碳排放交易网，2017 - 04 - 18。

表 5.16　　全国七大碳交易试点碳市场抵消政策

试点	抵消信用类型	抵消使用比例	地域限制	项目类型限制	项目时间限制	政策依据
北京	CCERs	不得超出当年核发配额量的5%	50%以上应为本地项目；优选天津、河北等与本市签署对气候变化、生态建设、大气污染防治等协议地区	非来自氢氟碳化物、全氟化碳、氧化亚氮、六氟化硫气体项目及水电项目；非来自本市行政辖区内重点排放单位固定设施项目	2013年1月1日后实际产生的减排量	北京市人民政府2014年5月《北京市碳排放权交易管理办法（试行）》；北京市发展和改革委员会和北京市园林绿化局2014年9月《北京市碳排放权抵消管理办法（试行）》
	节能项目碳减排量	不得超出当年核发配额量的5%	本市行政辖区内	重点排放单位实施的节能项目产生的碳减排量除外；未完成国家、本市或所在区县上年度节能目标的单位实施的节能项目产生的碳减排量除外；暂不考虑外购热力相关的节能项目	2013年1月1日后签订合同的能源管理项目或启动实施的节能技改项目	
	林业碳汇项目碳减排量	不得超出纳入企业当年实际碳排放量的10%	本市行政辖区内	与CCER一致	应取得市园林绿化局初审同意的意见	
天津	CCERs	不得超出当年核发配额量的5%	优选北京、天津、河北地区	本市及其他碳交易试点省市纳入企业排放边界范围内的核证自愿减排量不得用于本市的碳排放量抵消：仅来自二氧化碳气体项目，且水电项目除外	2013年1月1日后实际产生的减排量	天津市人民政府2013年《天津市碳排放权交易管理暂行办法》；2015年7月《关于天津市碳排放权交易试点利用抵消机制有关事项的通知》
上海	CCERs	不得超出当年核发配额量的5%	无	无	2013年1月1日后实际产生的减排量；非来自本市试点企业排放边界范围内的国家核证自愿减排量	2013月11月《上海市2013—2015年碳排放配额分配和管理方法》；2015年1月《关于本市碳排放交易试点期间有关抵消机制使用规定的通知》

续表

试点	抵消信用类型	抵消使用比例	地域限制	项目类型限制	项目时间限制	政策依据
深圳	CCERs	不得超出当年核发配额量的 10%	制定了风力发电、太阳能发电以及垃圾焚烧发电项目的省份；优先和本市签署碳交易合作协议的省份和地区；农林项目不受地区限制	应由以下项目类型产生；可再生能源和新能源发电项目；清洁交通减排项目；海洋固碳减排项目；林业碳汇项目；农业减排项目	无	深圳市人民政府 2014 年 3 月《深圳市碳排放权交易管理暂行方法》；2015 年 6 月《关于印发深圳市碳排放权交易市场抵消信用管理规定（暂行）的通知》
广东	CCERs 或广东省审定签发的企(事)业单位和个人减碳量	CCER 使用比例不得高于企业上一年度实际碳排放的 10%	70% 以上的 CCER 来源于广东省内项目	二氧化碳，甲烷减排项目占项目减排量 50% 以上；水电项目以及化石能源（不包括煤层气）的发电、供热和余能（余热、余压和余气）利用项目除外	第三类项目除外	广东省人民政府 2014 年 1 月《广东省碳排放管理试行办法》；2015 年 2 月《关于碳排放配额管理的实施细则》
湖北	CCERs	不超过该企业年度碳排放初始配额的 10%	湖北省内项目；与湖北省签署了碳市场合作协议的省市项目（备案 CCER，年度用于抵消量不高于 5 万吨）	非大中型水电类项目；鼓励优先使用农林类项目	已经备案减排量 100% 可用于抵消；未备案减排量按不高于项目有效计入期（2013 年 1 月 1 日至 2015 年 5 月 31 日）内减排量 60% 的比例用于抵消；但这类项目在下一年的 4 月 20 日前获得国家发改委备案	2014 年 4 月《湖北省碳排放权管理和交易暂行办法》；2015 年 4 月《关于 2015 年湖北省碳排放权抵消机制有关事项的通知》
重庆	CCERs	2015 年前，不得超过审定排放量的 8%	无	非水电项目	2010 年 12 月 31 日后投入运行，碳汇项目不受此限制	2014 年 5 月《关于印发重庆市碳排放配额管理细则（试行）的通知》

资料来源：李峰，王文举，闫甜．中国试点碳市场抵消机制［J］．经济与管理研究，2018（12）．

5.7 碳泄漏

5.7.1 碳泄漏的定义

碳泄漏是指一个国家或地区采取二氧化碳减排措施，该国或地区一些产品生产（尤其是高耗能产品）可能转移到其他未采取二氧化碳减排措施的国家或地区。碳泄漏可以被认为是跨国界的外部性问题，其成为发达国家要求对发展中国家征收碳关税以及其他边境调节措施的重要依据。劳动力成本等因素导致发展中国家往往在制造业上有相对优势，全球产业链在资本效率等考虑下也更倾向于将工厂建在发展中国家。但是发展中国家技术相对落后，导致碳排放强度远高于在拥有更高技术的发达国家生产同一产品时所产生的碳排放强度。这一悖论将最终导致全球二氧化碳排放量的整体性上升。

根据之前的报告，由于中国出口产品附加值低、技术水平相对落后，并且中国的工业体系依赖以煤炭为主的化石能源，中国所生产的单位出口产品的碳排放强度是其进口产品的 8 倍。在贵州、宁夏和内蒙古等内陆地区，生产相同价值产品所产生的碳排放强度是其进口产品的 30 倍以上。因此，碳泄漏和碳转移的存在必然将阻碍我国实现全球二氧化碳减排目标的实现。

5.7.2 碳泄漏的原因

碳泄漏的产生原因是单边减排政策导致减排国家的相关行业生产成本上升，在国际市场上的竞争优势受到损害。因此，用于解决碳泄漏的政策选择包括：缓解国内相关行业的碳成本压力，或者提高进口商品的碳成本，即免费配额和边境调整两种措施。

5.7.3 碳泄漏的渠道

碳泄漏的产生主要有三种渠道：渠道一，竞争驱动的碳泄漏；渠道二，能源价格渠道；渠道三，能源密集型产业的国际转移。下面通过这三个产生渠道来分析碳泄漏：

- 竞争驱动的碳泄漏：采取减排行动的国家的减排政策，可能会增加碳密集型产品（如钢铁）的生产成本，如通过提高本国的技术能力来实现减排目的，技术能力的提高会增加研发的成本，即提高了产品的单位成本。成本的提高降低了这些商品在国际贸易中的竞争力。这将导致不采取减排行动的国家所生产的同类商品具有了相对优势。国际市场对碳密集型产品的需求就转向这些国家，国际产业发展格局和国际贸易的流向因而发生了改变，导致非减排国家能源密集型产业扩张，同时也增加了非减排国家的温室气体排放量。

- 能源价格渠道：2006 年 OECD 国家能源消费量为 55.5 亿吨标准油当量，占全球总量的 47%。美国是世界上最大的发达国家，也是能源消费量最大的国家，2006 年美国能源消费总量 23.2 亿吨标准油当量，占全球能源消费总量的 20%。因此，如果这些国家在较大范围内采取减排行动可能会减少这些国家对碳密集型化石燃料（如煤石油和天然气等）的需求，从而导致这些燃料在世界市场上的价格下跌。这样，对于其他国家，能源价格的下跌有可能扩大其对碳密集型燃料的需求进而增加其温室气体的排放量。

- 能源密集型产业的国际转移：减排政策可能降低生产要素（如资本、技术）在钢铁、水泥、建材、化工等能源密集型产业中的生产力，从而影响减排国的经济收益。为了提高生产活动的利润水平，减排国的企业以及跨国公司甚至该国政府可能出台相关政策促使将投资转移到非减排国家，从而促进生产要素在全球范围内的重新配置。在非减排国家，由于不受减排限制或限制相对较少，碳密集型产业在该国的排放量可能远远高于在本国的排放，因此这种产业转移导致了更多不受控制的温室气体增排。该过程取决于资本流动性。当资本流动性较大时，会扩大转移国家的能源产业转移数量，造成泄漏发生较多。

5.7.4　解决碳泄漏的措施

如上所述，用于解决碳泄漏的政策选择包括：缓解国内相关行业的碳成本压力，或者提高进口商品的碳成本，即免费配额和边境调整两种措施。

5.7.4.1　免费配额

免费配额是世界上大多数碳排放权交易体系在建立初期采取的主要配置方法。它能降低企业的碳成本，从而在一定程度上解决碳泄漏的问题。在具体政策设计上，免费配额法解决碳泄漏应该具备三个要素：首先，免费配额必须建立在碳交易体系持续运转的条件上，以防止企业将所得免费配额变现，并将生产转移至管制条件更宽松的地方；其次，根据排放基准确定免费配额的比例，该比例要能够保证对企业提高减排效率起到激励的作用；最后，针对价值链上游行业的免费配额应优于下游行业的免费配额，以防止行业为了避免较高的碳成本而选择进口中间投入品。

但是，免费配额在长期上并不利于提高企业的生产效率，也不符合“谁污染谁治理”的原则，还产生了大量的额外利润。即排放量较大的企业凭借自己获得的较多配额而产生的市场势力，抬高二级市场上的配额价格，结果配额的价格远高于企业减排的边际成本，并被加在产品价格中，最终将减排成本转嫁到消费者身上。因此，碳交易体系需要逐步降低免费配额的比例，增加有偿配额的比例。

5.7.4.2 边境调整

碳减排政策增加了减排国家相关行业的企业生产成本，使承担减排责任的国家的企业在国际市场上处于不利的竞争地位，边境调整正是为了纠正这种扭曲，保证承担减排责任的国内生产者与未承担减排责任的国外竞争者公平竞争的贸易政策。边境调整包括两种形式：其一是要求进口商购买碳排放配额，否则不允许进口；其二是碳关税或者碳边境税，碳边境税又可以分为两种形式，如果减排国家既对来自非减排国的进口商品征收碳关税，又对本国的出口商品实行税收减免，则称为完全调整；相反，如果减排国家只对来自非减排国的进口商品征收碳关税，而不对本国的出口商品实行税收减免，则称为部分调整。

然而，碳边境税也存在可行性与可操作性问题。由于各国环境政策和环保措施的不同，对产品征收额度也必然差异很大；此外，碳边境税也可能被贸易保护主义者滥用，从而产生负面影响；最后，如何量化来自非减排国家的进口商品含碳量也充满争议。

5.7.4.3 防止碳泄漏

一份中美专家合作的最新研究指出，作为“世界工厂”，世界最大碳排放国中国是全球“碳泄漏”程度最高的国家，其四分之一的工业碳排放来自出口产品的生产。这份 9 月 28 日发表于《自然气候变化》期刊的报告，基于 2007 年全球碳排放和贸易数据计算出由于生产供发达国家消费商品所产生的碳排放高达 17 亿吨二氧化碳，占自身工业排放总量的四分之一。作为中国商品的主要进口国，基于 2007 年数据显示，美国消费了中国出口贸易隐含碳排放的 24%，欧盟国家和日本则分别消费 25% 和 10%。其中，美国通过国际贸易转移了 9 亿吨二氧化碳排放，是世界上转移碳排放最多的国家。

目前的碳减排责任是按照排放的生产国而不是消费国来分配的，这样就造成了国际间的碳泄漏问题。因此通常主张采用消费视角的碳排放核算方式，但是这一核算仍然需要在精确性和数据更新上做大量工作。因为中国现在的排放总量接近美国的近 2 倍，即使考虑了碳泄漏的抵消作用，中国的排放仍然远高于美国。中国被转移碳排放最高的省份包括山东，江苏，广东，河北和浙江。这些省都是制造业大省，主要出口金属及非金属制品、化学产品和仪器设备，出口产业都是高能耗产业。

研究进一步指出，由于出口产品附加值低、技术水平相对落后，并且工业体系依赖煤为主的化石能源，中国所生产单位出口产品的环境代价，亦即碳排放强度，是其进口产品的 8 倍。在贵州、宁夏和内蒙古等内陆落后地区，生产相同价值产品所造成的环境代价是其进口产品的 30 倍以上。研究表示，劳动力成本等因素导致发展中国家往往在制造业上有相对优势，全球产业链在资本效率等考虑下也更倾向于将工厂建在发展中国家。但发展中国家技术相对落后，导致碳排放强度远高于发达国家生产同一产品时所产生的碳排放强度。这一悖论将最终导致全球二氧化碳排放量的整体性上升。因而，在消费视角碳排放核算基础上，建立一个全球范围的碳消费税体系有助于将碳排放的成本落实到真正产生排放的地区和个体。全球性的市场机制非常重要，但目前这一体系的建立面临相当大的国际合作障碍。由于中国劳动力成本和环境意识的提高，一些低端制造业从中国往非洲、东南亚的趋势一定程度上可以缓解中国隐含碳排放过高的问题。但碳排放和气候变暖问题是全球性问题，促使全球制造业改进技术才是解决“碳泄漏”问题的关键，因而国家间的技术转移和科技成果转化强调破除经济利益隔阂和知识产权壁垒，这也是气候谈判中的关键议程之一。

5.7.5　碳泄漏对我国的影响分析

5.7.5.1　碳泄漏问题的核心

碳泄漏问题的核心是能源密集型产业的国际竞争力。就能源密集型产品而言，其生产所密集使用的环境资源（煤炭、石油、天然气等）在我国并不丰裕，甚至较为稀缺，这表现为人均能源矿产资源的拥有量较低。我国经济增长以及能源密集型产业扩张所倚重的煤炭资源，其人均储量远远低于俄罗斯、加拿大、美国、德国等国。此外，中国原油，天然气的人均可开采储量也较低。另外，随着中国经济的增长，各种污染物以前所未有的规模和速度累积，对环境系统的自净功能形成了巨大的挑战，甚至已在许多地区导致环境质量的退化。据估算，近十年来中国的温室气体排放年均增加4%，导致平均气温升高，极端、反常气候事件频频发生。显然，随着环境系统所承载的污染物日益逼近环境容量的上限，中国的环境容量资源日渐稀缺。

碳泄漏的存在会导致我国能源密集型产业扩张，削弱减排国家能源密集型产业竞争力，可能会影响到其经济状况，如引起该国发生失业等问题。这也是发达国家用碳泄漏问题向我国施压的主要原因。从长期来看，对于减排的发达国家而言这也可能是对夕阳工业的一种转移手段，该国通过延伸夕阳工业的生命周期，为其创造更多的物质财富。而对我国来说，能源密集型产业转移可能在短期内会提高我国的技术水平，带来经济利益，但却没有考虑到我国的环境成本，而且从长期看则有可能会阻碍我国的自主研发能力并影响我国的可持续发展。

5.7.5.2 我国分区域防止碳泄漏

《中国低碳发展报告（2014）》分析，若仅从消费端来讲，煤制气与常规天然气无异，一般意义上认为其燃烧产生的二氧化硫、氮氧化物等大气污染物和温室气体排放远低于煤炭。但中国工程院院士、清华大学建筑节能研究中心主任江亿等专家的最新研究表明，氮氧化物是造成雾霾天气的“元凶”，而热电联产“煤改气”这一技术路径并不能显著降低氮氧化物排放，因此并不能达到预期的治理效果。从整个生命周期来考虑，煤制气项目替代煤炭将造成更多的煤炭资源消耗和温室气体排放。以发电为例，用煤制气替代煤炭每发一度电将多消耗115克标准煤，同时增加温室气体排放196.3克（二氧化碳当量）。

《中国低碳发展报告（2014）》以北京市为例，北控集团与内蒙古呼和浩特市政府签订的《绿色能源进京——煤制气项目合作框架协议》提出，每年内蒙古地区将输送40亿立方米煤制气入京。这40亿立方米的煤制气每年将替代北京市约894万吨的煤炭消费，相当于北京市2012年煤炭消费总量的40%。如果从北京市目前燃气热电联产的现实来看，煤制气作为天然气的一种，其燃烧产生的二氧化硫远远低于燃煤热电联产，氮氧化物和二氧化碳排放也得到有效控制。如果仅从大气污染防治的角度来看待煤制气的生产与消费的话，在目前北京市热电联产的技术水平下，煤制气替代煤炭确实是相对清洁的。煤制气替代煤炭确实可以达到有效降低大气中 $PM_{2.5}$浓度的效果。然而，仅从消费端来分析煤制气的资源与环境影响是片面的。从全生命周期的角度来看，煤制气具有更高的碳排放和环境成本。气候中心的研究结果显示，煤制气的生产过程是资源密集型的，每生产 1 立方米的煤制气将消耗 6 升水和 3 000 克原料煤。从煤炭消费的角度计算，北京市每年引进 40 亿立方米的煤制气可减少约 894 万吨的煤炭消费，而内蒙古因为每年生产 40 亿立方米的煤制气将会增加煤炭消费约 1 203 万吨，占内蒙古 2012 年煤炭消费总量的 3.3%。从而，北京—内蒙古两地的煤炭消费每年将会净增加约 309 万吨。

尽管北京市因为使用煤制气替代煤炭而减少了约 738 万吨的温室气体排放，而煤制气的温室气体排放主要集中在生产环节，因此，从全生命周期的角度计算，北京—内蒙古两地总计将会净增加约 377 万吨的温室气体排放。从资源消耗的角度来看，内蒙古因每年生产 40 亿立方米天然气将增加水资源消耗约 2 400 万吨，占 2012 年该地生活用水总量的 2.3%，相当于约 66 万内蒙古城市居民一年的生活用水量。然而，2011 年内蒙古自治区水资源总缺口已达 10 亿立方米，煤制气的大规模生产将加剧这一趋势。

第 6 章　船舶大气污染与碳排放治理

6.1　船舶污染及碳排放

6.1.1　船舶污染及其类型

6.1.1.1　海洋污染的定义

联合国海洋污染专家组（GESAMPCX983）将海洋污染定义为："人类直接或间接地把某些物质或者能量引入海洋环境，导致产生损害生物资源，危及人类身体健康，妨碍包括渔业活动在内的各类海洋活动，损害海水质量和环境质量的使用等。"

6.1.1.2　船舶对海洋环境污染的类型

（1）油类的污染；（2）运输有毒货物带来的污染；（3）船舶垃圾物的污染；（4）船舶生活用水的污染；（5）船舶造成的大气污染；（6）压载水携带的外来生物污染；（7）船舶防污底漆带来的污染；（8）拆船工业带来的污染。

6.1.1.3　船舶污染的特点

船舶造成的污染有以下几个特征：（1）多样性。船舶排放的物质有油类、毒性有害物质、船舶垃圾、船上生活废水、噪声等。其中主要的是油类物质，来自船舶任意或意外排放。（2）流动性。海水的流动性，船舶的移动性决定了由船舶进入海洋的污染物不可能局限在或固定在某一点而静止不动。一次污染可能会波及多个国家，给污染的治理造成诸多不便。（3）侵权性。污染物质进入海洋是由于人为因素而不是自然因素，也就是说污染行为在主观上表现为人的故意或过失（如：洗舱污水、机舱污水未经处理排入海洋），在这种侵权行为关系中，与船舶污染有关的人为侵权人，包括船舶所有人、经营人、承租人和对环境污染事件负有直接责任的人员。污染受害人为沿海国家、当地政府、居民、渔民和企业。（4）危害性。船舶污染使海洋水质受到损害，海洋生物的栖息环境遭到破坏，严重影响海洋本身的调整功能，给海洋生态环境、海洋生物资源、海洋渔业生产等带来严重危害。从而影响到全球生态平衡，严重威胁人类的生存环境。

6.1.2 船舶碳排放及其危害

6.1.2.1 船舶碳排放的来源

实际上，影响气候变化的气体有许多种，《京都议定书》所定义的温室气体包括 CO_2（二氧化碳），CH_4（甲烷），N_2O（氧化亚氮），HFCs（氢氟碳化物），PFCs（全氟化碳），SF_6（六氟化硫）等六种，以前三种为主要，其中 CO_2 的温室效应贡献最大，而且考虑到排放数据的可得性和排放监测技术问题，通常选择 CO_2 作为温室气体的通称，其他温室气体可以通过各自的“全球变暖潜能”系数，折算成 CO_2 当量。

海运作为一种安全的运输方式，与航空、铁路、公路运输相比具有最高的燃油效率时也产生最小的 CO_2 排放率（克/吨·公里）。其单位碳排放也远远低于其他类型的运输方式（如表6.1和图6.1所示），承担了90%以上的世界贸易运输，是全球经济的基础，也是全球经济可持续发展的保障。MEPC（海环会）第59次会议公布的研究数据表明，2007年海运温室气体的排放比例约占人类活动排放总量的2.7%，虽然不高，但足以相当于某些工业化国家的排放量，而且，按预期持续增长的海运贸易，如果不采取控制措施，到2050年海运温室气体排放将增加1.5~2.5倍。所以，海运业也被期待作出更多努力来应对全球气候变暖。2009年9月22日，在联合国总部召开的气候变化峰会上，已经明确，迅速增加的海运温室气体排放必须在《哥本哈根协议》中得到关注。

表6.1　不同运输方式下运输每吨货物的碳排放量比较

运输方式	CO_2 排放（t/gCO_2）
飞机（航空运输）	500
现代货运（卡车、汽车）	60~150
现代货运（火车）	30~100
海运轮船	10~40

数据来源：http：//timeforchange.org/co2-emissions-shipping-goods。

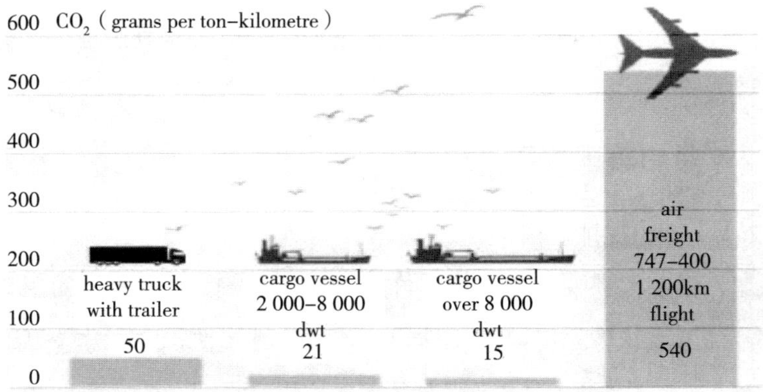

图 6.1　不同运输方式 CO_2 排放率比较

船舶碳排放主要是船舶在营运过程中造成的大气环境污染。船舶在营运过程中 CO_2 是燃烧的主要产物，正常条件下燃料完全燃烧，其中的碳几乎全部转化为 CO_2，只有很小一部分以 CO_2 和 HC 等形态存在。所以，通常 CO_2 的排放水平可通过燃料消耗计算而得，并作为基准以计算其他污染物的排放水平，而 CO_2 可作为不完全燃烧的标志物。

虽然有很多不同的物理特征，但燃料油都是碳氢化合物。C 的分子质量是 12.01，CO_2 的分子质量是 44.01，因此每单位质量的 C 经过充分燃烧后，转化为 44.01/12.01 = 3.664 单位质量的 CO_2。故只需了解燃料中的 C 含量（Ccarbon %），即可计算出 CF = Ccarbon ×3.664。

表 6.2　　船用燃料分类及其碳含量和 CO_2 排放因子对照

燃料类型	规格	Ccarbon%	CF
船用柴油（MDO）	ISO8217，DMX 级	0.875	3.206000
船用轻燃料油（LFO）	ISO8217，RMD 级	0.86	3.151040
船用重燃料油（HFO）	ISO8217，RMK 级	0.85	3.114400
液化石油气（LPG）		0.81	2.967840
液化天然气（LNG）		0.80	2.931200

资料来源：蔡孟池．营运船舶低碳排放评价研究［D］．大连海事大学硕士论文，2011.

CO_2 来源主要表现在以下三个方面：

- 运输散装货物的船舶在港口装卸和转运过程中产生的粉尘和挥发性油气及化学品，从而对港口附近局部区域大气环境产生明显不利的影响；

- 船舶发动机以及锅炉等设备燃烧燃料后产生的尾气，该污染的长期排放造成的大气污染后果严重，并随船舶的航行形成流动的污染源；
- 船舶目前大多使用含 CFCS 及其他卤化物的制冷剂和灭火剂，由于技术性或事故性的泄漏而对大气环境造成的危害。

6.1.2.2　营运船舶温室气体排放特征

（1）难以判断排放行为的发生地

营运船舶在靠港或航行过程中都需要燃烧化石燃料，很难判断某条船舶在船旗国、港口国或沿岸国的管辖范围内或航行在不受任何主管机关控制的区域内排放了多少温室气体。由于这个原因，无法将船舶温室气体排放纳入以国家作为统计基础的《联合国气候变化框架公约》及其《京都议定书》的减排体系当中。

（2）经营方式的复杂性

船舶的经营方式有班轮运输、航次租船、定期租船和光船租船。在航次租船或定期租船情况下，船舶的营运费用和成本由船东承担，而在光船租船情况下，船舶营运费用和成本则由船舶经营人承担。此外，船东还有可能将船舶委托给船舶管理公司代为经营。在不同的经营方式中，船东和船舶经营人对船舶能源效率的关注程度自然存在差别。

（3）船舶燃油交易的灵活性

船舶燃油交易可以与大型石油公司或其他供应商完成，还可以在远离港口的近海完成交易，交易的灵活性给海运燃油交易量的统计带来的困难，也增加了在燃油销售环节采取措施降低温室气体排放的难度。

（4）能源效率较其他运输方式更高

尽管营运船舶排放的温室气体总量不容忽视，但是从所完成的货物周转量方面考虑，海运比公路、铁路和航空运输方式的能源效率都高。因此，提倡由海运货物向陆运和空运方式转移的减排措施虽然在表面上减少了国际海运的温室气体排放量，但却增加了全球温室气体的排放总量。

6.1.2.3　航运碳排放的危害

船舶航运在国际交通运输中起着重要作用，其中远洋航运更是全球主要的货物流动方式。联合国贸易和发展会议报告显示，截至 2010 年初，全球商业船只总吨位达到 12.76 亿吨，比 2009 年增加 0.84 亿吨。随着运输船舶数量日益增加，其大气污染排放也日趋严重。在港口、海峡和船舶流量大、航线密集的部分海区，船舶排放的污染物显著改变了局地和区域的空气质量，给沿海居民的健康、生活和工作带来了严重的影响。

船舶污染排放在交通移动源中占有重要比例。与机动车源相比较，船舶源虽然排放总量较少，但其机械以柴油和重油为主要燃料，具有耗油量高、污染物单机排放量大等特点。其尾气中所含的颗粒物、NO_x、SO_2 等污染物质，会对物理化学性质敏感的海洋空气造成严重的影响。此外，相对于机动车源，船舶源排放的总量以及对大气气候的影响未得到很好的量化，统一计算方法仍有待完善。船舶排放引起的大气污染问题，越来越受到国内外学者的关注，关于船舶排放主要有 3 个研究方向：对大气气候的影响、源清单的计算、排放因子的测量。船舶大气污染的主要影响包括：

（1）船舶所承运的有毒有害气体泄漏扩散而造成的大气污染

船舶的大气排放物，主要由发动机燃料燃烧所产生。其尾气化学组成中，包括气态的 CO_2、CO、NO_x、SO_2 和 VOC 等，以及颗粒态的 BC 和 POM 等。船舶排放的 NO_x 和 SO_2，在大气中通过物理化学转化生成二次的硝酸盐、硫酸盐等，也是重要的船舶源污染物。这些排放的污染物质具有显著的环境效应，不仅改变当地的空气质量，还对区域乃至全球大气的辐射收支产生影响。

船舶普遍使用的燃料油是重油，重油是原油提取汽油、柴油后的剩余重质油，其特性是很高的含硫量、高黏度，以及含有如氧和钒等重金属。欧洲研究机构的数据显示，按照欧洲的排放标准，一辆小汽车一年行驶 15 000 公里，其硫氧化物的排放量约为 100 克；而一艘使用 3.5% 硫含量燃料油的万箱集装箱船一年行驶 280 天，其硫氧化物排放量高达 5 200 吨。也就是说一艘万箱集装箱船一年的硫排放量相当于 5 200 万辆小汽车，且全世界与其单位排放能力相同的大小船舶约 9 万多艘。

（2）对空气质量的影响

船舶的尾气会严重影响当地的空气质量。一方面，船舶直接排放 NO_x、SO_2 和 BC 等污染物质；另一方面，二次生成的硫酸盐，O_3 等也增加了大气污染物的浓度。船舶排放近 70% 发生在离海岸线 400 千米之内的范围，在港口和航线密集的沿海地区形成空气污染；O_3 和气溶胶的前体物，在大气中可以传输数百公里，从而进一步影响内陆的空气质量。

（3）船舶排放的成云效应

船舶排放的颗粒物，部分可作为云凝结核，使海洋云层产生变化。受船舶排放影响的云层，云凝结核数浓度产生显著的改变，云层反射率改变，云滴的有效半径和光学厚度受到影响。在卫星图像上，受影响的云层呈现长长的曲线，这被称为“船舶轨迹”。

船舶的尾气中，排放的颗粒物约有12%作为云凝结核存在，使大气中云凝结核的数量增加了将近10倍。Lauer等的研究表明，来自船舶的污染物使得海洋大气中云滴数显著增加5%～30%，导致云的光学厚度增加5%～10%。

（4）对人类身体健康的影响

2014年7月3日，非营利性国际环境保护组织——自然资源保护协会（NRDC）在京发布了《船舶和港口污染防治白皮书》。白皮书指出，一艘中型集装箱船一天排放的$PM_{2.5}$污染物相当于50万辆柴油汽车一天的排放量。消息一出，备受公众关注。

6.1.3　航运低碳排放的压力

一直以来，在三大运输系统（陆运、空运和水运）中，水运被认为是最清洁的运输方式。据业内人士分析，“水运是典型的‘低碳运输’，其成本仅为公路的1/7，铁路的1/3”。目前，水路货物运输占全社会运量比重正逐年提升，随着水路运输装备标准化、大型化发展，水运低碳优势将更加凸显。但最新的研究发现，船舶也是重要污染源之一。全球每年排放的氮氧化物气体中30%来自水上船舶。根据国际油轮独立船东协会的研究报告，水运业目前每年消耗20亿桶燃油，排放了超过12亿吨的二氧化碳，约占全球总排放量的6%。各种研究报告逐渐将水运业的温室气体排放问题放到聚光灯下，成为国际社会关注的焦点之一。低碳水运就是指船舶在水上运输和停靠港口装卸货物时最大限度地降低船舶温室气体的排放量。如果再不重视船舶等非道路移动污染源的治理，大气质量达标是不可能实现的。船舶主要排放硫氧化物、氮氧化物和$PM_{2.5}$等多种大气污染物，可谓移动的“火电厂”。

（1）来自国际组织的压力

根据联合国国际海事组织（IMO）研究报告，船舶温室气体排放主要来自四个方面：废气排放、货物排放、冷冻剂排放、其他排放其中，废气排放产生的温室气体量占绝大多数，主要废气物为二氧化碳，产生于船舶的主机辅机和锅炉的燃料消耗。

在碳排放结构方面，由于航运业能源消耗和货物运转的大幅度增长，导致国际海事组织和发达国家日益重视航运业低碳减排的问题，国际航运温室气体限制排放的大势已不可逆转。国际海事组织（IMO）的一份报告指出，如果航运业对碳排放不加以控制，将在2050年增长5倍，占全球总排放的18%。

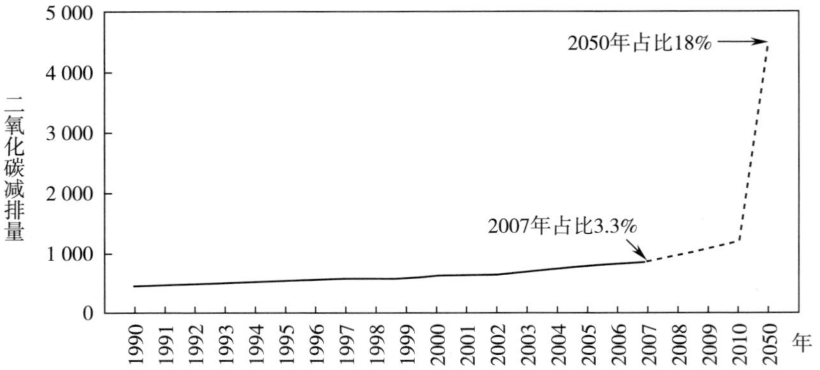

资料来源：IMO GHG Study。

图 6.2　国际航运业 CO_2 排放量以及走势预测

船舶作为水上移动的大气污染排放源，对环境的负面影响在国外很早就被重视。欧洲环保局在2013年发布的一份报告中写道，航运是当前最不受管制的大气污染物来源之一，大气污染物从海上远距离飘到陆地，而全球约70%的船舶排放位于距离海岸线400千米的范围内。欧洲自1990年以来船舶运输业排放的 $PM_{2.5}$ 和氮氧化物等大气污染物持续增加。这种情况如果持续下去，到2020年航运业将成为欧洲最大大气污染排放源，甚至超过所有陆源污染物总和。

由于欧美等发达国家急于取得航运减排成果，极力推进有关讨论，强行推动将新船能效指数（CEEDI）和船舶能效管理计划（C SEEMP）作为《国际防止船舶造成污染公约》（以下简称《MARPOL公约》）附则VI的修正案强制实施。IMO从2010年3月召开的MEPC第60届会议开始，探讨采取技术减排、营运减排和市场机制“三管齐下”的方式，全面推动航运船舶减排目标。

在2013年，欧盟委员会向欧洲议会提交了《关于海运二氧化碳排放监测、报告以及认证（monitoring，reporting and verification）的欧盟议会以及理事会条例》（MRV条例）的提案。欧盟MRV将在2015年7月1日正式生效，届时，MRV将作为欧盟港口准入条件适用于所有进入欧盟港口的5 000总吨以上的船舶。所有进入欧盟成员国港口的船舶都将就其全程与二氧化碳排放相关的数据进行详细检测和记录，并获得相关机构认证，遵守有关船舶温室气体排放的监测、报告和认证（MRV）的条例上述规则。

从总的发展趋势分析，航运船舶温室气体减排势在必行，我国只能为国内航运界适应新发展变化尽量争取时间。

（2）来自经济的压力

欧盟是中国的第一大贸易伙伴，自2009年以来，中欧贸易额保持20%以上的年增长速度，其中中欧贸易90%以上通过海运完成。因此，对于欧盟MRV的实施，中国海运企业应保持高度关注，未雨绸缪，及时做好相关准备。

另外，在2011年9月，世界银行和国际货币基金组织（IMF）打算提出建议，向发达经济体空运和海运商征收飞机和轮船燃料税，以帮助减少二氧化碳排放。这两个组织提出，税率按每吨二氧化碳25美元计。这项制度如果实行，预计空运业和海运业二氧化碳排放量将各自减少5%～10%；至2020年，每年税收可达2 500亿美元。

（3）国内的压力

从交通运输业行业看，该行业是全社会石油消费的主要行业，也是建设资源节约型、环境友好型社会的重要领域。2008年交通运输业石油消费量约占全国石油终端消费总量的36%，2015年交通运输业汽油消费量占我国汽油消费总量的比例将近50%，其中公路运输、水路运输、城市客运在交通运输业中的比例分别约为44%、20%和15%。

从航运业看，我国是世界航运大国和造船大国。从实际控制的船队规模来看，我国商船总运力位居世界第二；从船舶工业来看，新造船舶完工量居世界第一位，承接新船订单量居世界第二位（来源：船舶工业协会）；从外贸依赖度看，逾90%的进出口贸易运输量由海运承担。交通运输部有关研究显示，我国实际控制远洋船队的CO_2排放量约占全球国际海运排放总量的4%～5%，其中中国旗远洋船队排放量约占2%。经初步测试，我国国际航行大型船舶能效营运水平与德国、比利时等发达国家接近，但小型船舶能效营运水平与主要发达国家有一定差距。实施国际航运船舶温室气体减排的技术和营运措施，对我国航运业影响不大，但将给国内造船业带来挑战。在目前IMO开展的新船能效设计指数研究方面，韩、日等国处于领先水平，而我国起步晚、差距大。一旦该议题实行强制化，会给我国造船业带来巨大冲击。

从空气污染的角度，中国内河航运资源丰富。截至2015年底，中国拥有水上运输船舶16.59万艘，净载重量2.72亿吨。全球十大港口中，中国占据八席，吞吐量约占全球四分之一。船舶运输所带来的环境污染问题日益突出。据测算，2013年全国船舶二氧化硫排放量约占全国排放总量的8.4%，氮氧化物排放量占11.3%。然而目前，船舶大气污染物排放标准在中国仍是空白。

根据预测，2020年行业能耗和碳排放总量较2015年增长20%以上、资源占用和污染物排放也将呈现总量巨大且持续增长态势，依然繁重的交通运输发展任务与日益刚性的资源环境约束之间的矛盾将会愈加凸显。

（4）来自行政管制减排的压力

由于交通运输是能源消耗和温室气体排放的重要领域，而我国已成为全球最大的二氧化碳（CO_2）排放国。国际气候变化谈判形势日益严峻，减排压力不断加大。我国向联合国提交的《强化应对气候变化行动——中国国家自主贡献》已确定了到2030年左右CO_2排放达到峰值并争取尽早达峰的目标，并提出到2030年非化石能源占一次能源消费比重提高到20%左右。目前我国仅公路水路运输能耗就占全国石油及制品消耗总量的30%以上。因此，国务院把交通运输行业确定为节能减排的重点行业之一，国务院明确要求加快建设以碳排放为特征的交通运输体系。

中国环境保护部在2015年6月8日公布《船舶发动机排气污染物排放限值和测量方法（中国第一、二阶段)》，向全社会第二次公开征求意见。2015年开始实施的新《环境保护法》，对于污染治理提出了更为严格的排放控制要求和责任追究制度。国务院已发布《大气污染防治行动计划》《水污染防治行动计划》《土壤污染防治行动计划》，这些行动计划的关键目标和主要任务都要求在“十三五”期间取得关键性突破。交通运输行业的机动车尾气排放、船舶与港口污染防治等已列入国家污染防治行动计划。

另外，在《交通运输行业“十三五”规划》中，对航运业的减排提出了要求。一是总体目标。到2020年，营运船舶单位运输周转量能耗和CO_2排放分别下降 6% 和 7%，城市客运单位客运量能耗和 CO_2 排放分别下降 10% 和 12.5%，港口生产单位吞吐量综合能耗和 CO_2 排放均下降 2%。二是行业污染物排放得到有效控制。京津冀、长三角、珠三角区域船舶硫氧化物（SO_x）、氮氧化物（NO_x）和颗粒物（PM）排放总量在 2015 年基础上分别下降 65%、20% 和 30%。以上这些管理措施都对船舶制造、船东营运和港口经营带来低碳减排压力。

6.1.4　低碳减排对航运业的影响

MARPOL 73/78 附则 VI 2011 年修正案中的 EEDI 和 SEEMP 等措施无疑将对我国的航运业产生重大影响。

（1）对新造船的影响

IMO 在拟采取的船舶温室气体减排措施方面，主要从技术，营运和市场这三方面考虑。对新造船而言，影响最大的是在技术方面。在 MEPC 58 次会上 IMO 通过的新造船能效公式（EEDI）计算导则统一强制实施，势必将提高船舶的设计标准和水平，对船机配合要求更高。另外在船舶建造方面可能由于对高技术附加值的技术要求而导致建造成本增加。

（2）对营运船东的影响

首先，前面提到了造船成本的提高，随之而来的就是航运企业船舶购买、维修费用的提高。船舶在 2013 年 1 月 1 日以后的第一次国际船舶防止空气造成污染证书（IAPP）中间检验以后，都必须强制配备 SEEMP；船舶能效管理也要纳入船舶安全管理体系。根据 SEEMP，船上相关人员要定期负责记录并报备公司，公司相关负责人员也要对能效管理数据进行整理分析。船舶管理公司的能效管理体系也要与安全管理体系一起定期接受内部和外部的审核。这些都会提高船舶管理成本。这些成本提高以后，会影响到运价。如果成本转移到货方，运输价格提高是在所难免的，这对于航运企业在市场中的竞争力就产生了直接的影响。

其次，节能减排效果的达到。在看到对经济方面负面影响的同时，也应该看到“船舶能效规则”的实施将有助于我国航运企业进一步提高管理水平和技术实力。通过科学的能效管理，可以实现船舶的节能减排。对于节能减排所产生的效益与运营成本提高之间的比例，现在尚无准确评估。但可以肯定的是，节能减排既有助于降低成本，又可以减少船舶温室气体排放对于环境的损害。

最后，从长远来看，IMO 实施船舶 CO_2 减排政策，将进一步推进我国海运业进行深入、细致的技术改造和综合管理水平的提高，提高中国企业的综合竞争实力。因此，短期可能会有一定的经济成本，但长期有利于航运企业的竞争力，有利于行业的可持续健康发展。

6.2 行业减排

6.2.1 行业减排的定义

行业减排（Sectoral Approaches，SAs）。是一种非强制碳金融市场减排机制，是基于各国尤其是发展中国家整体减排目标，通过在主要排放行业设立行业排放标准而形成的排放权余缺交易机制。目前国际上的行业减排，主要是发展中国家向发达国家出售低于行业排放标准的核证减排量（CER），交易形式上和现行 CDM 机制类似，只是更强调减排的行业归集性。

行业减排源于 2007 年底达成的《巴厘行动计划》。该计划认为减排技术的开发应用对于降低温室气体排放有重要意义，因此明确在行动计划中提出了为促进减排技术在各国的开发应用，各方应当充分考虑“采取合作的行业方法和具体的行业行动”，以最终提升延缓气候变化的国内和国际的行动。巴厘行动计划 1（b）对两种行业减排机制——行业信用和行业交易，进行了讨论，包括“各种方法、市场的机会、提高成本效益、促进减排行动”等。跨国行业减排方法在巴厘行动计划 1（b）（iv）中首次提出，“合作的行业减排和特殊的行业行动”。同时，巴厘行动计划提出合作行业减排应该与发展中国家的国家适宜减排行动（NAMAs）联系起来，并且全球行业减排中的排放减少不应该限制于包括国际航空和海洋运输在内的任何特殊经济领域。

6.2.2 行业减排分类

目前关于应对气候变化的行业减排方法还没有一个统一分类，国际能源署（IEA）尝试从国家和行业的角度将行业减排分为四类。

从国家层面看分为两类：一是国别的定量方法，国家自发对行业减排进行设定，并得到国际社会的认可，例如“无损”目标的方法的确定即属此类；二是从一个国家推动行业减排政策措施的强制性和激励程度进行分类。从行业层面看分为两类：一是全行业限额方法。指企业或组织在单一行业约定下，在全国范围内实现一个减排目标；二是技术导向的方法。根据以上分类又可将行业减排分为三种具体模式（Egenhofer 和 Fujiwara，2008）：一是跨国行业减排方法。例如旨在使一个行业参与全球性或全球行业减排，并且以企业为龙头的减排方法；二是自下而上的国家承诺，包括无损目标等；三是作为激励机制的自上而下的行业信用，例如行业 CDM。全球行业减排工作研究机构认为，在这三种行业减排模式中，跨国行业方法获得的支持远少于自下而上和自上而下的行业信用方法。

总体看，行业减排在实施范围、机制设计等方面有别于基于国家层面的减排方法，是着眼于行业设计的减排方法的统称。蔡闻佳、王灿、陈吉宁（2010）根据不同设计者提出的行业减排方法的定义，将行业减排设计要素归纳为 11 个方面。

表 6.3　　行业减排的主要要素构成

要素名称	要素定义
法律的约束力	是否具有法律约束力的减排目标或相应承诺
责任主体	政府单独负责/政府与行业协会联合/企业自行参与
地理区域	全球范围/跨国界的双边或多边范围/仅限一国国内
系统边界	整个经济体范围/单一的全行业/某行业内的多个项目
目标类型	减排政策的执行/减排技术的研发和推广/减排技术标准的制定和执行/完成减排的绝对或者相对目标
目标的严格性	由某一政府自行决定的目标/设立“统一”但兼顾地区差异的目标/以项目相对基准设立的减排目标/以行业相对基准设立的减排目标/国家范围内的全行业减排目标
执行方式	由政府决定/由企业决定/在特定范围内执行/完全出于自愿
与碳交易市场的关系	没有关系/包括在现有的碳交易市场中/将建立新的碳交易市场
资金来源	由企业自行筹资/国际基金的援助/来自官方的援助资金/来自碳交易市场
主要关注点	发展中国家的积极参与/减排技术的研发与推广/防止市场竞争的扭曲/成本是否有效/减排是否可持续
管理机构	相关行业协会/清洁发展机制执行委员会（CDMEB）《公约》相关缔约方大会（COP）所达成的新协议规定的机构/由政府和相关行业参与构建的新机构/某一国家政府（国家作出并由 COP 接受的承诺）

资料来源：作者整理。

将以上多种要素按照不同的方式进行组合，就形成了20多种行业性的不同减排方案。根据这些行业减排方案的核心内容，可以分为3大类，如表6.4所示。

表6.4　　行业减排方案分类

类别	行业减排方案
基于政策方法	可持续发展政策和措施（SD－PAMs）
基于技术方法	技术合作
	行业技术标准
基于排放方法	跨国界的双边或多边/全球性的排放目标
	行业信用减排机制①，行业无损减排目标②，有约束力的行业减排目标

资料来源：作者整理。

6.2.3　行业减排的主要机制和原则

与EU－ETS、CDM等减排机制不同，行业减排机制不设定总量限额，也不以项目为基础，其交易原则和机制设计与其他碳交易机制特别是限额交易机制存在较大不同③。

（1）单向交易

在行业减排机制设计中，需要设定一个固定的行业能效或相对排放标准，所形成的CER只能从发展中国家向发达国家出售。具体运作机理是：首先是发展中国家通过在特定行业（如电力、钢铁、水泥、交通）自愿减排承诺达成“无损失”的排放强度目标（CO_2/单位产品）；然后对超额完成目标产生的额外减排信用额可用来进行碳信用交易。显然，这种碳交易在碳资产流向上和CDM一样，仍是发达国家向发展中国家转移减排资金和技术，单向交易特点

① 行业信用机制（Sectoral Crediting Mechanism，SCM）是基于项目的清洁发展机制（CDM）向行业层次的扩展。低于行业基准排放量或基准排放强度的经核证的减排量将通过一定流程获得信用额度。政府和其他指定的机构负责将信用分配给行业中的单位。

② 行业无损目标（Sectoral No－lose Target，SNLT）是指发展中国家基于自身国情和国际最优能效或排放标杆等信息，自愿设立目标年的行业温室气体排放目标（如绝对排放量目标、排放强度目标、技术渗透率目标等）；若在目标年无法达到此目标，发展中国家会因此受到惩罚；若在目标年达到并超过此目标，多出的温室气体减排信用将可以出售给发达国家。在此过程中，发达国家将通过技术和资金援助机制来鼓励发展中国家设立并达到更为严格的排放目标。

③ 新华社．欧盟碳交易机制（EU－ETS）简介，2016－05－22，06：13：08.

并未改变。但与 CDM 不同的是，CDM 以项目为单位，由于立项、注册、核准等不确定因素的影响，相关企业并不总能通过减排实现收益。而在行业减排机制中，只要满足了能效指标即可获得相应收益或补贴，减排收益的不确定性因此降低。

（2）无损设计

无损设计是行业减排的另一个重要特点。无损设计是指相对于强制减排的不减受罚，无损设计是减排有益、不减不罚。在国际行业减排实践中，无损设计通常指没有强制减排义务的发展中国家可以针对某个行业做出自愿碳减排的目标承诺，如果实际减排量超过了承诺的目标，经相关机构确认后，可以向国际碳交易市场出售超过目标的减排额度，或者从国际上接受等量资金援助。如果该发展中国家的行业实际碳减排没有达到自愿承诺的目标也不惩罚。按照行业无损目标（Sector No Lose Targets）的原则，行业减排目标由国家设立，然后分配到地方政府执行。地方政府可以通过各种激励措施如贴息贷款、资金补贴、减免税收等来执行。企业在这些激励或强制措施下开展减排活动最终达到减排目标。若此行业的减排效果超过预先设定的基准，超出部分可用于碳信用交易，产生的收益将上交政府，然后政府可通过补贴形式发放给企业，也可通过统计各企业产生的额外减排信用额的数量，把碳交易产生的收益按规定比例发放给企业。

（3）交易原则

①程序简化

行业减排方式突破了 CDM 方法学上以项目为基础的局限性，不再强调减排的额外性，实施成本较低。首先，行业减排信用方法使企业进行碳交易可有多种形式，既可在联合国注册核准，也可通过其他国际合作方式实施。其次，行业减排信用方法针对的是整个行业碳减排量的考核，避免了 CDM 模式中落实项目规模小、减排量不大从而缺乏开发价值的弱点，并且降低了由于具体项目所需的复杂考察而产生的高额交易成本。最后，对电力、水泥、钢铁、汽车、铝业等碳排放比较高的行业而言，相关的生产企业比较集中，容易以产业为基础达成协议，从而在全球范围内控制数目可观的排放源。

②扩大参与度

从目前情况看，《京都议定书》覆盖的温室气体排放不到全球的 27%，特别是一些排放大国并没有承诺具体的减排目标。因此，在国际上推行行业减排应该能有效突破所谓的“南北限制”，为控制全球温室气体排放提供一个更具有可操作性的替代方案。对于发展中国家来说，它们普遍缺乏在全经济体范围内准确监测碳排放的能力，而单一行业排放的监测则相对更容易，对相关监测机构的能力建设也要求不高，因此减排管理成本相对较低而且比较明确。此外，针对特定行业的减排方案在操作上更容易将减排与提高能效等其他政策目标相结合，因此可将国家层面应对气候变化的减排政策与更复杂、更广泛的产业结构优化调整战略结合起来，从而增强减排的政治意愿和可操作性。

③强化竞争公平性

理论上，一个国家可以通过对某些行业进行集中减排，从而在保证完成减排任务的同时减轻其他相关受保护行业的减排压力。与之相对应，如果其他国家没有相应降低相关受保护产业的减排实际负担，该国的受保护行业就会因此而获得不公平的相对竞争优势。实际上，发达国家如果实施强制减排政策，通常会增加该国减排企业的总成本，成本的上升有可能影响该企业的竞争力，进而导致其市场份额和利润下降，这是发达国家的减排企业难以接受的，最终可能迫使发达国家的政府不得不放弃进一步的减排政策。基于此，必须设计一个综合性的行业减排方案，尽可能将关联行业纳入其中，从而将特定产业的全球竞争者置于同等考核之下，促使其能做出同等减排努力。这一点对于钢铁和铝业等行业来说尤为重要，因为这些行业是能源密集型的、具有全球化分布特征的产业。

④讲究政策的针对性

综合性减排方案旨在将所有温室气体和所有排放国都包含在内。在综合性减排框架下，各经济体能够在最大范围内灵活选择减排方案。比如在减排行业确定上，就可选择排放量大而减排成本低的行业，进行减排以实现减排的规模经济；同时在综合性减排方案下，选择特定行业实施减排，还能避免被监控行业向非监控行业进行碳排放转移而产生所谓的“碳泄漏”现象。相反，专门针对特定行业提出的减排方案可能由于限定了选择范围而提高减排成本或降低减排效率，达不到减排最优“性价比”。

较之综合减排方案，行业减排模式可将减排目标集中在一些目前急需采取减排行动的高排放行业，一则可以降低高排放行业正在发生的大量投资所产生的碳排放；二则也可将减排目标集中在有较多国际合作的行业，以促进相关关键减排技术在国际间的转让和利用。总之，行业减排方案的针对性更强且更容易操作，符合前述渐进式减排的普遍国际经验。

6.3　国际航运碳减排政策与发展

国际社会在对海洋开发和管理中，对深海底开发、大陆架、领海、经济领域、海洋环境保护等领域确定了一系列海洋秩序的国际海洋法公约。1997 年签署的《京都议定书》中规定了各发达国家的承诺减排比率。规定指出，航运事业从运输领域来分可划为内航运输和海洋运输。内航运输作为国内经济活动的一环，理所当然从属于《京都议定书》的减排框架之内。理论上讲，以内航运输为主的轮船，通过更新硬件设施、优化航行路线等实现的减排，经第三方机构认证后，可用于完成国家承诺的减排目标。

但是，海洋运输（即本篇报告中“航运碳减排”的范畴）则属于国家间的行为，将其划归于某一国的减排范围在理论上和实际上都非常困难。因此，《京都议定书》虽然对发达国家的减排做了量化要求，但对海洋运输碳排放却无法进行限制。对于游离于政策框架外的海洋运输，联合国气候框架公约（UNFCCC）只能寄希望于国际海事组织（International Marine Organization，IMO）能够研究制定出一套适合自身特点的减排制度来。而对于一直主张遵循 IMO 规定的各国政府和航运企业来说，IMO 的政策变化与导向也直接影响着海洋运输的碳减排计划。

IMO 是联合国负责海上航行安全和防止船舶造成海洋污染的一个专门机构，同时也是一个促进各国政府和航运业改进海上安全、防止海洋污染与加强海事技术合作的国际组织。目前该组织拥有 172 个加盟国。受 UNFCCC 的委托，IMO 开始探讨一个全球性的旨在减少海洋运输 GHG 排放量的具有约束性的制度。

6.3.1　国际海事组织对航运碳减排的政策发展

国际海事组织自从成立以来，一直积极探索航运碳减排之路，不断推出新的法规和减排措施。IMO 组织下的海洋环境保护委员会（Maritime Environment Protection Committee，MEPC）对于船舶使用燃油质量和大气污染物排放问题的谈论研究从未间断。从既重视经济发展，又重视节能减排的视角出发，IMO 提出了“能效规则方案”。总量控制着眼于整个航运业的排放规模，而能效规制则着眼于每艘船舶的“排放效率”。

6.3.2 大气污染物排放控制政策沿革

从表6.5可以了解到各国政府和海洋环境保护委员会的政策和所做的工作。

表 6.5　　MEPC 大气污染物排放控制发展历程

时间	重要事件及成果
1972 年	通过的涉及船舶废弃物的海上投弃和焚烧处理的《伦敦条约》
1978 年	MARPOL73/78 议定书。主要是限制船舶废气对大气的污染
1987 年 11 月	第二次保护北海国际大会，中北海各国部长发表声明同意在诸如 IMO 这样的恰当的组织中开展行动以提高燃油质量标准，减少海上及大气污染为主旨的工作
1989 年 3 月	在 MEPC 大会上，多个国家提交涉及燃料质量和大气污染的文件，文件中同意从 1990 年 3 月开始将防止大气污染与控制燃油质量一起作为 MEPC 的长期工作计划
1990 年	挪威向 MEPC 提交了关于船舶造成大气污染整体看法的文件，文件涉及了关于硫排放，氮氧化物排放，氯氟烃排放等方面的问题
1991 年	由 MEPC 讨论，专门工作组起草，国际海事组织大会通过关于防止船舶造成大气污染大会决议案 A. 719（17），要求 MEPC 准备起草一个关于防止大气污染的 MARPOL73/78 公约新附则
1997 年 9 月	在 IMO 43 次会议上，国际海事组织大会通过了 1997 年议定书，并将附则 VI（防止船舶造成大气污染规则）包含在议定书中。随着萨摩亚独立国的被批准加入，MARPOL73/78 附则 VI 已满足了 1997 年议定的生效条件（其合计商船队不少于世界商船队总吨位的 50%，至少十五个国家成为当事国之日后十二个月生效），《防止船舶造成大气污染规则》已于 2005 年 5 月 19 日生效。我国于 2006 年 3 月 15 日向国际海事组织秘书长交存了加入《经 1978 年议定书修订的〈1973 年国际防止船舶造成污染公约〉》1997 年议定书的文件；2006 年 8 月 23 日正式对我国生效
2003 年 11 月	IMO 大会于伦敦召开，会议通过了关于船舶温室气体减排的政策和实施的 A. 963（23）号大会决议
2004 年 10 月	MEPC 第 52 次会议上在建立 CO_2 排放指标体系草案方面取得进展，并且督促各成员采取行动实施该体系，并在下一次会议上报告
2005 年 7 月	召开第 53 次会议，MEPC 通过了自愿临时试用的船舶二氧化碳排放指标。同时，MEPC 认为 IMO 关于温室气体排放导则中应该包括京都议定书中所有的六种气体。同时，散装液货和气体分委会（BLG）考虑到现有技术，回顾并修订附则 VI 和氮氧化物技术规则

续表

时间	重要事件及成果
2006 年 3 月	第 54 次会议上，特别成立了一个工作小组，以考虑防止船舶造成大气污染的相关问题，并考虑关于船舶温室气体减排政策和实施的 A. 963（23）号大会决议的后续行动。根据工作组的建议，视情况通过了两项旨在帮助实施 N 助田 TOL 附则 VI 的通告
2006 年 10 月	MEPC 的第 55 次会议上，考虑到由于燃烧石油排放出温室气体所导致的气候变化呈上升趋势，MEPC 同意建立一个具有时间表的工作计划，以确认并建立一个实现限制二氧化碳排放所必需的机制。根据大气污染工作小组的讨论，MEPC 通过了一系列关于附则 VI 的解释
2007 年 7 月	第 56 次会议上，提出设立专家组评估船舶气体减排各项提案的动议得以通过。该专家组正式宣布成立，并于 7 月 1 日召开首次会议。专家组将收集与商船队、燃料消耗、燃料类型、气体排放等相关数据，并评估其对健康和环境的影响。随后，再仔细考虑各项减少船舶气体排放的提案，以及对航运业、石油业和燃料业带来的影响
2008 年 3 月	第 57 届海环会批准了对 MARPOL 附则修正案，以减少船舶有害气体的排放
2008 年 10 月	第 58 次会议在英国伦敦 IMO 总部召开，会议通过 MARPOL 公约附则 VI 的修正案，对船舶大气污染物的排放提出了进一步的要求
2009 年 7 月	第 58 次会议召开，对减少国际航运温室气体排放技术和操作措施达成协议，并就采用市场手段奖励航运业的可行性进行深入讨论。会议决定专门成立一个技术组审议 MARPOL 附则 VI 相关文件，以区别于 GHG 工作组，并要求技术组根据大会讨论结果和意见完成 MARPOL 附则 IV 实施导则修订以及 MEPC 通函草案，并审议 ECA 区域指定问题及对残余燃油硫含量监测及燃油技术标准等
2010 年 3 月	讨论新造船能效设计指数的计算方法和基线问题，基本完成 MARPOL 附则 IV 基本框架内容
2010 年 9 月	讨论新造船能效设计指数的计算方法和基线问题
2011 年 7 月	通过“船舶能效规则”，并纳入 MARPOL 附则 IV 强制实施
2012 年 2 月	发布“EEDI”计算、检验发证导则，“SEEMP”制定导则，具体确定相关指标的计算和实施问题
2013 年	对海上运输产生的温室气体进行监测、报告和核实

资料来源：MEPC 第 41 届至 63 届的会议报告。

6.3.3　船舶温室气体减排措施及各国原则

船舶温室气体减排措施一直是 IMO 讨论的焦点之一，其减排的方式和方法涉及很多因素，与各国利益密切相关。在 IMO 第 58 次会议上，作为通信组的联合牵头国，澳大利亚和荷兰提交了船舶温室气体通信组报告，主要讨论船舶温室气体排放的技术、操作和基于市场的可行性措施，分为短期和长期措施，见表6.6、表6.7和表6.8。各国对其提出的各项措施，根据自身的国家利益，都表明了自己不同的原则性意见。

表6.6　船舶温室气体排放技术性措施

技术性措施（短期）	优化发动机性能，提高燃料消耗效率
	使用评估新造船 CO_2 排放指数测试模式，进行能源效率优化设计和制订管理计划
	使用岸电，风能
技术性措施（长期）	优化船体、推进器设计，提高发电设备效率，改进机内设计
	使用替代燃料，如天然气，生物燃料
	对新造船实施强制性 CO_2 设计指数，要求新造船舶设计参数能够获得低于国际基准值

表6.7　船舶温室气体排放操作性措施

操作性措施（短期）	确定船舶 CO_2 排放指数并向 IMO 或成员国报告，相互交流信息，以制定更加有效的燃油性能标准
	严格限制制冷剂气体的泄漏
	降低船速，按照气候条件确定航线和安排航程计划，使船舶始终以最经济的航速营运，在港区内限制航速
	提高交通控制、船队管理、货物处置和能源效率
	减少船舶黑炭和 NO_x 的排放，这些污染物有使全球变暖趋势
操作性措施（长期）	制定一个 CO_2 排放指数的外部验证机制，先从国家层面上实施，然后制定全球公认的验证标准，在国际层面上实施
	船舶营运者应满足一个单一的 CO_2 排放指数值，如 g CO_2/DWT n mile

表6.8　船舶温室气体排放基于市场措施

基于市场措施（短期）	基于市场措施（长期）
对国际航运设定一个 GHG 排放总限，对所有国际航行船舶收取 GHG 排放税，遵循污染者付费的原则。从船舶经营者或船东收取的费用将部分返还到航运业，成立排放基金，用于航运界研究 GHG 排放措施，发展中国家的气候变化，IMO 技术合作等经济实体与政府间自愿达成承诺，对每艘船使用一个自愿的 GHG 排放指数，以区别于其他竞争者，这些方法包括使用一种证书机制，如 Green Award System，Green Flag system 等	实施排放交易机制：船舶应获得 GHG 允许排放份额，在排放顶限下交易。船舶可自由选择最适合自己的措施，买进或卖出排放份额
	实施强制 CO_2 排放入港税：船舶必须向所使用的港口缴纳入港税，入港税根据技术水平、性能标准和管理体系等区别对待

6.3.4　时间要求

6.3.4.1　新船制造

MEPC 于 2011 年 7 月 11 日至 15 日召开的 MEPC 62 次会议上通过了“新船能效计算指标”（Energy Efficiency Design Index，EEDI）和“营运船的船舶能源效率管理计划”（Ship Energy Efficiency Management Plan，SEEMP），并纳入 MARPOL 附则 VI 中强制实施。根据该次会议通过的“船舶能效规则”，2015 年到 2019 年间建造的船舶需要改善能效达到 10%，2020—2024 年间建造的船舶能效则需增至 20%，而 2024 年后建成的船舶能效需达到 30%。营运船将建立改善能源效率机制，实施船舶能效管理计划。

具体来说，IMO 对 400GT 以上从事海洋运输类船舶做出了如下规制：新建船舶（规模体积以上）的 EEDI 值，必须低于 EEDI 参考值（个体船舶 EEDI≤EEDI 参考值）。

新建船舶包括（Ⅰ）2013 年 1 月 1 日以后签订造船合同的船舶；（Ⅱ）没有造船合同，但是于 2013 年 7 月 1 日之后动工的船舶；（Ⅲ）2015 年以后建成交付的船舶。另外，规模体积以下的新建船舶，只要求计算 EEDI 值，不强制要求达到 EEDI 规制能效水平。对于 EEDI 值达标的船舶，经 IMO 认证后，发放 IEE（International Energy Efficiency Certificate）证书。制定与完备 SEEMP（船舶能效管理计划）。每艘船舶都要根据 IMO 的指导手册制定 SEEMP，作为日常航行的规范手册而常备。值得注意的是，IMO 对各船只的 SEEMP 不要求强制认证（只要有就行）。时间要求见图 6.3。

图 6.3　新船能效时间要求

6.3.4.2 船舶排放标准

附则 VI 关于船舶氮氧化物排放控制标准分为 3 个阶段（见图 6.4）。2000 年 1 月 1 日至 2010 年 12 月 31 日期间建造的船舶所安装的船用柴油机应满足第一阶段标准，否则应禁止使用；2011 年 1 月 1 日至 2015 年 12 月 31 日期间建造的船舶所安装的船用柴油机应满足第二阶段标准，否则应禁止使用；2016 年 1 月 1 日以后建造的船舶所安装的船用柴油机应满足第三阶段标准，否则应禁止使用，其中，排放控制区内航行船舶的柴油机应满足第三阶段标准，排放控制区之外航行船舶的柴油机应满足第二阶段标准。附则 VI 将排放控制区进行内外区分，并规定了船舶使用燃油中硫含量的上限控制要求。

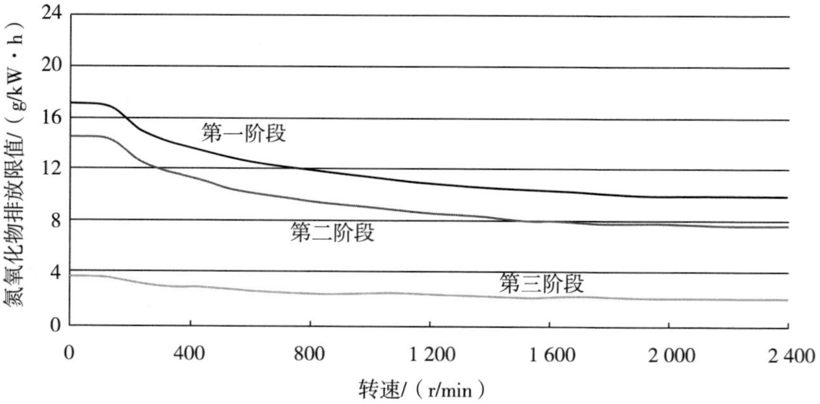

图 6.4　附则 VI 对船舶氮氧化物排放的控制要求

此外，要求 2018 年前完成全球燃油市场供需状况评估，确定在非排放控制区域是否将船舶使用燃油中硫含量 0.5% 上限的标准调整到 2025 年 1 月 1 日实施。

6.3.4.3 燃油使用与区域排放限制时间表

2008 年 10 月举行的 MEPC 第 58 次会议，通过了经修订的《MARPOL 73/78 公约》附则 VI，进一步明确排放控制区是指采用特殊强制措施防止、减少和控制船舶排放硫氧化物、氮氧化物、颗粒物或上述 3 种污染物，以便减少对船员健康或环境不利影响的区域。

附则 VI 将排放控制区进行内外区分，并规定了船舶使用燃油中硫含量的上限控制要求。根据 MARPOL ANNEX VI REGULATIONI4 及其修正案的要求，全球的航行区域目前分为两种排放区域。

（1）“一般海域”

对于一般海域，船舶使用燃油的硫分含量必须满足以下条件，见表 6.9、表 6.10。

表 6.9　　一般海域船舶使用燃油的硫分含量

海域 / 时间	2012－01－01 前	2012－01－01 及以后	2020－01－01 及以后
一般海域	≤4.5% m/m	≤3.5% m/m	≤0.5% m/m

资料来源：MARPOL ANNEX VI REGULATIONI4 及其修正案。

（2）排放控制海域（ECA）

ECA 包括波罗的海、北海到英吉利海峡南端连续海域/美国和加拿大从本国 200 n mile 以内的海域等地。对于 ECA 地区，船舶使用燃油的硫分含量则要满足：

表 6.10　　排放控制海域（ECA）地区使用燃油的硫分含量

海域 / 时间	2010－07－01 前	2010－07－01 及以后	2020－01－01 及以后
ECA	≤1.5% m/m	≤1.0% m/m	≤0.1% m/m

另外，北美加利福尼亚州（CA）和欧盟（EU）也对航行于其海域的船舶使用燃油中的含硫量提出要求，且最终目标都是降到 0.1% m/m 及以下。

此外，要求 2018 年前完成全球燃油市场供需状况评估，确定在非排放控制区域是否将船舶使用燃油中硫含量 0.5% 上限的标准调整到 2025 年 1 月 1 日实施。

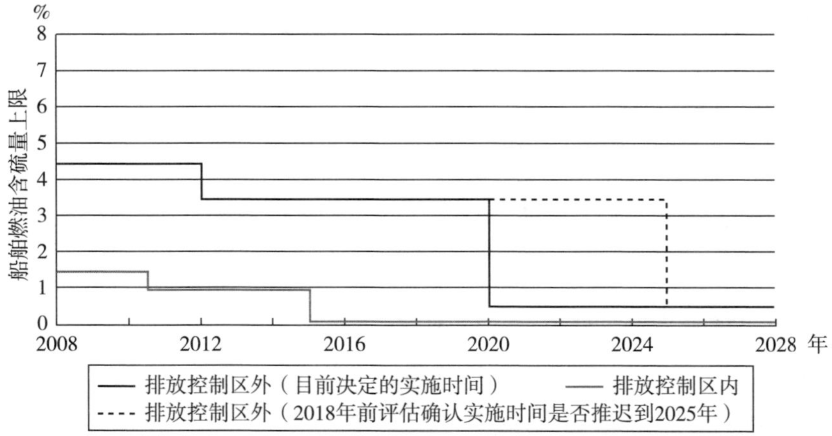

图 6.5　附则 VI 对船舶使用燃油中硫含量上限的控制要求

按照国际海事组织（IMO）的限值要求，航运企业2015年后若继续在排放控制区域（ECA）运营船舶，必须在以下三种方案中做出抉择：一是使用价格更高的低硫燃油代替目前普遍使用的重油；二是使用一些合适的但尚未经实践检验的技术如洗涤器，以降低重油燃烧产生的排放；三是使用液化天然气（LNG）作为燃料。

6.3.5 技术和管理措施

对船舶低碳减排，IMO建议采取的措施是技术、管理和市场手段。

6.3.5.1 技术手段

IMO强制实施控制船舶废气排放政策除要求船舶能效指数（EEDI）标准、船舶能效管理计划（SEEMP）等减排管理措施以外，还要求船舶采用配备岸电装置靠港使用岸电、安装柴油机颗粒过滤器、废气循环系统或选择性催化还原系统等减排技术手段。

（1）船舶建造方面

从既重视经济发展，又重视节能减排的视角出发，IMO提出了“能效规则方案”。“能效规则”是对船舶能源效率方面做出的限制，需要导入一个衡量能源效率的指标：

能效指标 = CO_2 排放量（克）/ 载货重量（吨）×航行距离（海里）

其中，分子表示环境成本，分母表示给社会带来的利益。能效指标数值越小，表示这艘船只越环保。如，从A港到B港运送相同的货物，排放量小的船只为能效高的船只；相同排放量的情况下，装载越多、航行越远的船只为能效高的船只。

改善能源效率的措施主要有以下两种：

①船舶硬件方面的要求，通过合理的船体设计、使用环保技术、绿色能源，配置太阳能、风能等措施改善。

其评价指数为：EEDI = CO_2 换算系数×燃料消耗率（gkW·h/）×发动机功率（kW）/载货重量（t）×航行距离（nm）。

②船舶设计阶段考虑的节能减排技术/设备包括：

清洁能源技术，包括太阳能、风能、燃料电池和热泵技术等；船体减阻技术装置/船型，包括低阻力船型优化设计、无/少压载船型设计、节能减阻及尾流能量回收技术与装置（如气膜减阻、压浪装置、尾部整流装置）、船体减阻涂层及复合材料应用技术、结构优化与重量控制技术等；船舶动力系统节能减排技术/装置，包括螺旋桨前导流鳍/反应鳍、螺旋桨后节能装置、螺旋桨—主机匹配设计技术、主机节能减排技术（如 LNG 双燃料柴油机、燃油添加剂、电子控制式气缸注油器）、节能高效推进系统（如柴油机—电力、太阳能—电力混合能源推进系统）、清洁燃料推进系统（如气体燃料发动机）、岸基供电系统（停港使用）等；船舶电力系统节能技术，包括智能电站配套技术、电力集成管理软件系统等；通过对牵引船船头以及（或者单独）对船艇较小的改进就可以降低船舶功率，并选择不同船型进行了模型试验和实例，绘制不同船型的船速和功率关系曲线图，证实通过优化船体的设计实现最优船速与功率关系比所选择的实例船舶有约 30% 的节能空间。

（2）船舶靠港使用岸电

船舶在港时通过采用港口岸电减少油耗以达到减少温室气体排放的目的。IMO 已经向国际标准化组织（ISO）和国际电工委员会（IEC）提出制定港口向船舶供应岸电的国际标准的请求。美国洛杉矶港率先实施靠泊船舶使用岸电替代船舶柴油机动力（Alternative Maritime Power）计划，船舶靠泊之后关闭使用船用柴油机供电，通过船舶上备用岸电箱和连接电缆使用码头的供电设施提供的岸电，计划实施后，船舶靠泊时产生的氮氧化物（NO_x）、硫氧化物（SO_x）和可吸入颗粒物的排放量大大减少，港区的空气质量得到大大的改善。

（3）提高船用燃油质量和研发新型替代燃料

目前在国际上使用的符合 ISO 标准的船舶燃油共有 19 种，其中船舶常用燃油的平均含硫量为 27 000ppm，污染性最大的燃油含硫量高达 45 000ppm，使用价格低廉的劣质燃油是造成温室气体污染的原因之一。具体见表 6.11。

表 6.11　　船舶燃料油主要成分及含硫量

项目	减压渣油	油浆	催化柴油	减压馏分油	直馏柴油
15℃密度（km/m^3）	1 010	1 030	930	910	850
50℃黏度（mm^3/s）	100 000	40	4	40	3.5
碳含量，m%	1.0～5.0	1.0～4.0	0.7～3.0	0.5～2.0	0.2～1.0

资料来源：ISO 标准的船舶燃油标准。

对于船舶燃油大气污染，MEPC 提出了燃油大气污染物排放控制手段要求，见表6.12。

表 6.12　　MEPC 对燃油大气污染物排放控制手段要求

燃烧前处理	采用低硫燃油（燃油去硫），低氮燃油，减少芳香烃含量，精细过滤，乳化磁化，放添加剂及对空气喷水等
	使用乳化后的燃油，能较大幅度地减少 NO_x，一般情况下，增加1个百分点的水将减少 NO_x 排放1个百分点。其影响程度随机型号的不同而不同
发动机燃烧过程中的处理 NO_x、SO_x、CO_x、VOC	推迟喷油并提高喷油速率。推迟喷油，降低燃烧时的最高温度，缩短氮、氧在高温下的停留时间，抑制了 NO 的生成，缺点是排气中的炭烟和 HC 增加，且经济性、动力性降低
	研制使用低污染的燃烧室。分开式燃烧污染物排量均较低，但经济性差；直喷式燃烧经济性好，但污染物排放量较大。需要研发一种污染物排量低的直喷式燃烧室
	增加空气中冷。在增压柴油机中采用空冷器，提高功率的措施，降低缸内温度，增加进气量，有效降低污染物排放
	提高喷射质量，保证良好的混合
对尾气后处理	废气再循环。将排气管中的一部分废气引入进气管与新气混合后再进入到气缸中，抑制燃烧，降低燃烧室中的温度，减缓 NO_x 生成，降低 NO_x 排放浓度。缺点是增加炭烟排放，降低柴油机功率下降，耗油率增加
	排烟脱硫。把柴油机或锅炉排出的烟气水洗脱硫，一般采用洗涤塔用海水脱硫，除硫率在90%左右，甚至高达98%
	催化反应法。利用 NH 有选择地对氮氧化物反应将有害的 NO_x 转化成无害的氮气和水蒸气

（4）研发使用清洁环保替代能源

氢、液化天然气、太阳能燃料电池和风能驱动技术相对于传统石油燃料是更为清洁的燃料，更具环保性，如果能在船舶上推广应用，其带来的环境效益将是巨大的。

6.3.5.2　营运性措施

根据海流、气象、位置等测算最佳航行路线、JIT 物流管理、提高装卸效率、船体维护保养等提高能效实现减排。这些措施是在现有硬件条件基础上，通过更加高效的管理和运作来提高营运效率。

（1）降低船舶航速

船舶温室气体排放量取决于船用燃油的质量和船舶航速，研究发现螺旋桨所消耗的功率与转速的立方成正比，因此降低航速可减少船舶主机功率，可以减少燃油的消耗，不仅降低了船舶的营运成本，也减少了温室气体排放。通过合理的航速控制，综合运用船队规划、航线优化、气象导航，可以避免出现航速过高、而在航线上的瓶颈处或者港口停驶、排队或者以次优的速度航行的情况发生，以海运物流效率的提高促进能源效率的提高和温室气体排放的减少。

（2）提高船舶运输组织管理水平

加强船舶运输组织管理，引导航运企业公司化改造，促进航运企业向规模化、集约化方向发展。积极发展大宗散货专业化运输、多式联运等现代化运输组织方式，提高船舶锚泊、靠泊效率和装卸效率，全面提升船舶营运组织效率，减少温室气体排放。

提高船舶载重量利用率，加强货物集散地规划及建设，船东联合起来形成高效的物流系统。充分运用信息化、网络化技术，合理组织货源，保持货流平衡，提高舱容利用率。

优化船舶运力结构，加快发展与航道能力相匹配的标准化船舶，淘汰高能耗、污染大的落后船型，引导发展专业化运输船队，提高船舶平均载重吨位，发展规模化运输，降低燃料消耗。

（3）控制制冷气体的泄漏

船舶使用的制冷剂、灭火剂、洗涤剂、发泡剂（隔热材料）等，在船舶营运、消防演习、检修、拆装过程中，会将一些耗损臭氧层的气体排入大气。2006 年联合国环境规划署把船舶和其他运输方式排放的制冷剂列入了评估报告中。

总之，通过以上措施，达到船舶的低碳减排。用图 6.6 表示不同阶段的措施。

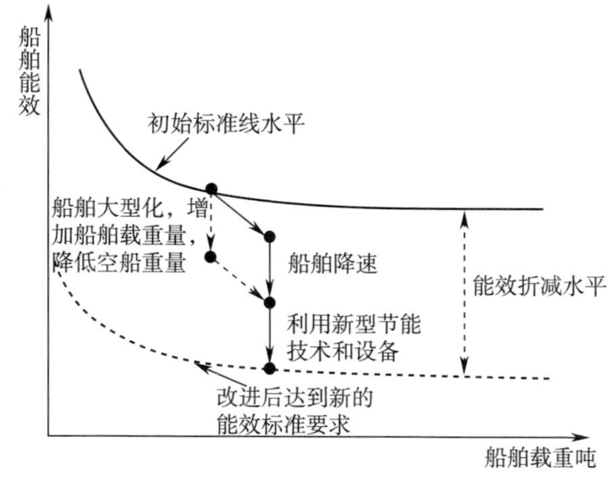

图 6.6　船舶的低碳减排的手段

6.3.5.3 市场机制

通过对污染者采取适当的激励性或者惩罚性的经济手段，促使污染者直接或者间接减少温室气体排放，主要包括燃油税、碳税、温室气体补偿基金及碳排放权交易等。

6.3.6 各国对航运低碳减排的措施

6.3.6.1 强制靠港船舶减排的措施

目前，欧盟实施了强制靠港船舶使用低硫燃油的减排措施。从 2010 年 1 月 1 日起，在欧盟港口停泊（包括锚泊、系浮筒、码头靠泊）超过 2 小时的船舶不得使用硫含量超过 0.1% 的燃油（该要求不适用于停掉所有机器而使用岸电的船舶）；船舶靠泊后应尽早转换为低硫燃油（硫含量不超过 0.1%），船舶开航前应尽量推迟切换为高硫燃油；燃油转换操作应记录在航行日志上。

美国加州于 2014 年 1 月 1 日实施强制靠港船舶使用岸电的减排措施。基于港口空气污染物大多来自船舶在港口航行、靠港和离港操作以及靠港作业时的特点，为进一步减少船舶污染物排放，美国除了通过设立北美排放控制区控制船舶在沿海航行活动中的废气排放外，经济发达、空气质量要求高的加州对于靠港船舶还提出更高的控制废气排放要求。

加州法典第 17 篇第 1 节第 7.5 分节第 93118.3 小节“靠泊加利福尼亚港口远洋船舶应用的辅助柴油引擎的有毒空气污染物控制”中强制要求从 2014 年 1 月 1 日起，挂靠加州港口的集装箱船（船公司船舶年挂靠加州港口 25 次以上）、邮船（船公司船舶年挂靠加州港口 5 次以上）和冷藏货物运输船靠泊期间必须不断加大关闭引擎和使用岸电的比例。法律规定，各船公司挂靠每一个加州港口的船舶使用岸电的挂靠次数占其在该港口总挂靠次数的比例在 2014—2016 年期间应达到 50%。2017—2019 年期间达到 70%。2020 年之后达到 80%。如果船公司挂靠船舶不能满足上述要求，每次停靠将根据情况罚款 1 000 ~ 75 000 美元。

目前，美国洛杉矶港、奥克兰港已同马士基班轮公司共同实施“引航员燃料选择”行动，即当引航员在进出洛杉矶港和奥克兰港的马士基公司班轮上执行任务时，有权决定是否将含硫量为 27 000ppm 的燃油转换成含硫量为 15 004ppm 的燃油。具体措施见表 6.13。

表 6.13　　燃油硫含量限值要求一览表

公约 / 法规	燃油硫含量（% m/m）	实施日期	实施区域
MARPOL 公约附则 VI	3.50	2012 年 1 月 1 日	SO_2 排放控制区外
	0.50①	2020 年 1 月 1 日	
	1.00	2010 年 7 月 1 日	SO_2 排放控制区内②
	0.10	2015 年 1 月 1 日	
EU 法令	0.10	2010 年 1 月 1 日	欧盟港口③
CARB 法规	1.50④ 0.50⑤	2009 年 7 月 1 日	加利福尼亚水域⑥
	1.00④ 0.50⑤	2012 年 8 月 1 日	
	0.10④ 0.10⑤	2014 年 1 月 1 日	

注：①IMO 已成立专家组，对燃油全球市场供应和需求、燃油市场发展趋势等进行分析评估，以确定该硫含量燃油的可获得性，如判定届时船舶无法满足该要求，则硫含量 0.50% m/m 的燃油标准将于 2025 年 1 月 1 日实施。

②MARPOL 公约附则 VI 第 14 条规定的排放控制区，目前包括：波罗的海海域、北海海域、北美海域、美国加勒比海海域（2014 年 1 月 1 日实施）。

③欧盟港口停泊（包括锚泊、系浮筒、码头靠泊）超过 2 小时的船舶不得使用硫含量超过 0.10% 的燃油。

④Marine gas oil，对应 ISO8217 标准规定的 DMA 级馏分油。

⑤Marine diesel oil，对应 ISO8217 标准规定的 DMB 级馏分油。

⑥加利福尼亚沿岸 24 海里海域及港口。

6.3.6.2　税收政策

除了相关的法律法规，很多发达国家还通过税收政策来对船舶废气排放进行控制。美国联邦环保局制定的有关减少船舶污染大气的税收政策规定自 2001 年起开始征收 NO_x 排放税，10 000 美元每吨，所收税金贴补用于支持相关研究以及实施降低污染的技术措施。1998 年瑞典海事管理局也推出了因环境而异的港口、航道税收制，取消了原有的以载货量为基础的航道税和低额入港税。德国、挪威、丹麦、法国和芬兰等国也正在积极计划构筑排放税框架，目的在于通过入港船舶废气排放直接与排放税挂钩，排放 NO_x、SO_x 等废气越多，缴纳人缴纳的港税以及航道税就越高，以此方法净化划定的“特别海区”。具体见表6.14。

表6.14　欧洲各国对硫排放超过0.1%的处罚政策

丹麦	等同于该航次取得的成本差价
瑞典	参照未来首例法院判罚数额
德国	2 000~5 000欧元（2 759~6 898美元）
英国	最高5万英镑（8.26万美元）
芬兰	参照未来首例法院判罚数额
波兰	最高4.5万欧元（6.2万美元）
爱沙尼亚	最高2 000欧元（2 759美元）
挪威	1万欧元起（1.38万美元起）
立陶宛	1 500欧元起（2 069美元）外加船载低硫燃油费用

资料来源：吕阳．欧盟国家控制固定点源大气污染的政策工具及启示［J］．中国行政管理，2013.

6.4　我国航运低碳减排政策

6.4.1　总体法规与政策

我国政府历来十分重视大气污染问题的治理。20世纪70年代，就展开了对酸雨问题的研究。1987年制定并在1995年进一步修正了《大气污染防治法》，提出了污染排放控制的相关办法，我国政府于2000年对《大气污染防治法》进行了修正，将机动车船排放污染的防治纳入法规管理的范围，并对机动车的排放标准做出了多次严加调整 。将应对气候变化纳入经济社会发展规划，向世界郑重承诺到2020年单位国内生产总值二氧化碳排放比2005年下降40%~45%的减排目标。

2014年12月22日全国人大常委会通过大气污染防治法修订草案；2015年3月出台大气污染防治重点专项实施方案征求意见。同时，还在不同时期颁布了《中华人民共和国大气污染防治法实施细则》《大气污染综合排放标准GB16297—1996》《中华人民共和国海洋环境保护法》《中华人民共和国节约能源法》等法规，《国家环境保护“十二五”规划》、国务院办公厅《关于印发2014—2015年节能减排低碳发展行动方案的通知》等，对环境保护、大气污染治理起到积极的推动作用。

国务院发布的《大气污染防治行动计划》中也只是提到“开展工程机械等非道路移动机械和船舶的污染控制”的原则性要求。目前，我国并没有将船舶废气排放纳入污染物排放统计的范畴，并没有配套计划。但随着未来大气污染防治的深入，控制船舶废气排放将成为我国特别是沿河和沿海港口城市要面对的一大挑战。

6.4.2　交通部对环境治理的政策

交通运输是国家节能减排的三大重点行业之一。从全球范围来看，交通运输业也是重点领域，在世界能源消费和温室气体排放中所占比重均超过 20%，且仍呈较快上升态势，节能减排责任重大，世界各国纷纷将发展绿色、低碳交通作为战略重点，交通运输部也制定了环保相应政策。

6.4.2.1　综合管理办法

《交通行业贯彻节约能源法实施细则》（2000 年 6 月 16 日），实施了营运车辆燃料消耗量限值标准；《航运公司安全防污染管理规定》（2007 年 7 月 19 日）；《公路水路交通节能中长期规划纲要》（2008 年 11 月 4 日）；《公路水路交通运输节能减排“十二五”规划》（2011 年 7 月 8 日）；《交通运输节能减排专项资金管理暂行办法》（2011 年 7 月 6 日）；《关于印发交通运输节能减排专项资金申请指南（2013 年度）的通知》（2012 年 11 月 7 日）；《加快推进绿色循环低碳交通运输发展指导意见》的通知（2013 年 5 月 22 日）；《关于“十二五”期第二批全国重点推广公路水路交通运输节能产品》；《关于印发万家企业节能低碳行动实施方案的通知》（2013 年 5 月 28 日）；《加快推进绿色循环低碳交通运输发展指导意见》（2013 年 5 月）；《交通运输行业贯彻落实〈2014—2015 年节能减排低碳发展行动方案〉》（2014 年 5 月 15 日）；《2014 年交通运输行业节能减排工作要点的通知》（2014 年 3 月 3 日）。

6.4.2.2　船舶污染管理

《防治船舶污染内河水域环境管理规定》（2005 年 6 月 20 日）；《老旧船管理规定》（2006 年 7 月 5 日）；关于修改《老旧运输船舶管理规定》的决定（2014 年 10 月 10 日）；《内河船舶标准化管理规定》（2014 年 12 月 12 日）；其中，交通运输部海事局于 2011 年 11 月 22 日发布了《关于实施〈73/78 防污公约〉附则 V 2011 年修正案的通知》（海船舶〔2012〕798 号），通过该通知推动 MARPOL 73 /78 附则 V“防止船舶垃圾造成污染规则”2011 年修正案在我国的执行。具体执行要求见表 6. 15。

表 6. 15　　船舶大气污染强制技术标准和控制要求

船舶种类		适用范围	强制性技术标准	控制要求
国际航行船舶		所有国际航行船舶	MARPOL 公约附则 VI 的 2008 年修正案	消耗臭氧物质；氮氧化物；硫氧化物；挥发性有机化合物；船上焚烧；燃油的供应和质量
国内航行船舶	海船	2008 年 9 月 1 日或以后建造的所有国内航行海船	《国内航行海船法定检验技术规则（2008 年修改通报）》	同原 MARPOL 公约附则 VI
	内河船舶	2008 年 3 月 1 日及以后建造的航行于三峡库区的船舶	《内河船舶法定检验技术规则（2008 年修改通报）》	消耗臭氧物质、氮氧化物

6. 4. 2. 3　港口管理

《港口建设管理规定》（2007 年 5 月 9 日）；《关于港口节能减排工作的指导意见》（2012 年 11 月 5 日）；交通运输部 2013 年发布实施《绿色港口等级评价标准》（2013 年 4 月 17 日）（以下简称《标准》），统一绿色港口认识，规范绿色港口评价，为推动港口转型发展奠定了基础；2014 年 6 月 10 日，交通运输部发布了《关于推进港口转型升级的指导意见》（交水发〔2014〕112 号），在“深化港口改革开放”部分，提出“研究完善港口评价机制，开展绿色港口等级评价”。

6. 4. 2. 4　我国交通运输低碳减排目标

交通部在《建设低碳交通运输体系指导意见》《公路水路交通运输节能减排“十二五”规划》《建设低碳交通运输体系试点工作方案》和《交通运输业“十三五”规划》等文件中均提出了明确的发展要求。

（1）水路交通运输节能减排“十二五”规划，体现在具体指标上，见表 6. 16。

表 6.16　我国交通运输低碳减排“十二五”发展指标及部分 2020 年指标

类别	指标	2010 年	2015 年	2020 年	备注
国内总体要求	单位国内生产总值二氧化碳排放比 2005 年下降			较 2005 年下降 40% ~45%	
	非化石能源占一次能源消费比重达到		-11.4%		
	单位国内生产总值能源消耗降低		-16%		
	单位国内生产总值二氧化碳排放降低		17%		
船舶吨位标准化	远洋平均吨位（吨）	23 000	25 000		
	沿海平均吨位（吨）	4 800	6 500		
	内河船舶平均吨位（吨）	480	800		
	其中：内河货运船舶船型标准化率	20%	50%		
	长江干线、西江航运干线和京杭运河船型标准化率（%）	<40	<70		
能源强度指标	营运船舶单位运输周转量能耗（%，基年：2005）		-15%	-20	15 年期间年均降低 1.33%
	其中：内河船舶分别下降（%，基年：2005）		-14%	-20%	15 年期间年均降低 1.33%
	海洋船舶分别下降（%，基年：2005）		-16%	-20%	15 年期间年均降低 1.33%
	港口生产单位吞吐量综合能耗下降比（2005 年）下降		-8%	-10%	15 年期间年均降低 0.67%
	民航运输吨公里的能耗		>3%		
	营运车辆单位运输周转量的能耗		10%		
CO_2 排放强度指标	营运船舶单位运输周转量 CO_2 排放比（2005 年）下降		-16%	-22%	15 年期间年均降低 1.47%
	其中：内河船舶分别下降比（2005 年）下降		-15%	-23%	15 年期间年均降低 1.53%
	海洋船舶分别下降比（2005 年）下降		17%	21%	15 年期间年均降低 1.4%

续表

类别	指标	2010 年	2015 年	2020 年	备注
CO_2 排放强度指标	港口生产单位二氧化碳排放下降比（2005 年）下降		-10%	-12%	15 年期间年均降低 0.8%
	民航运输吨公里二氧化碳排放下降率（%，基年：2010）		>3%		
	营运车辆单位运输周转量的二氧化碳排放		11%		

资料来源：根据交通部网站数据汇总。

（2）交通运输业“十三五”期间对航运业的减排要求

交通运输业“十三五”期间对航运业的减排要求进行了细化，不仅有发展具体目标，还制定了完成时间节点和控制减排区域。交通运输节能环保“十三五”发展具体目标，见表 6.17。

表 6.17　　交通运输节能环保“十三五”发展具体目标

所属领域	指标类型	指标名称	2020 年目标值	指标属性
节能降碳	能耗和碳排放强度	营运船舶单位运输周转量能耗和 CO_2 排放在 2015 年基础上下降率（%）	能耗减少 6%，CO_2 排放减少 7%	预期性
		港口生产单位吞吐量综合能耗和 CO_2 排放在 2015 年基础上下降率（%）	能耗减少 2%，CO_2 排放减少 2%	预期性
	能源结构	内河运输船舶能源消耗中液化天然气（LNG）比例在 2015 年基础上增长率（%）	200%	预期性
污染防治	主要污染物排放	京津冀、长三角、珠三角等区域船舶硫氧化物（SO_x）、氮氧化物（NO_x）、颗粒物（PM）年排放总量在 2015 年基础上下降率（%）	SO_x 排放下降 65% NO_x 排放下降 20% PM 排放下降 30%	预期性

资料来源：交通运输部《关于印发交通运输节能环保“十三五”发展规划的通知》（交规划发〔2016〕94 号）。

（3）“十三五”航运业节能减排时间安排。具体见表 6.18。

表 6.18　航运业碳减排时间节点

时间	要求
2017 年底前和 2020 年底	沿海和内河港口、码头、装卸站（以下简称港口）、船舶修造厂分别于船舶含油污水、化学品洗舱水、生活污水和垃圾等接收能力，并做好与城市市政公共处理设施的衔接，全面实现船舶污染物按规定处置。
2020 年底前	按照新修订的船舶污染物排放相关标准，完成现有船舶的改造，经改造仍不能达到要求的，限期予以淘汰。
2016 年起	禁止内河单壳化学品船舶和 600 载重吨以上的单壳油船进入“两横一纵两网十八线”水域航行。
2017 年底前	继续开展老旧运输船舶和单壳油轮提前报废更新；分级分类修订船舶及其设施设备的相关环保标准。
2018 年起	投入使用的沿海船舶、2021 年起投入使用的内河船舶执行新修订的船舶污染物排放相关标准。
2020 年底前	完成对不符合新修订的船舶污染物排放相关标准要求的船舶有关设施、设备的配备或改造，对经改造仍不能达到要求的，限期予以淘汰。
2020 年	船舶硫氧化物、氮氧化物、颗粒物与 2015 年相比分别下降，珠三角 -65%、长三角 -20%、环渤海（京津冀）水域 -30%。
	主要港口 90% 的港作船舶、公务船舶靠泊使用岸电。
	50% 的集装箱、客滚和邮轮专业化码头具备向船舶供应岸电的能力。
	主要港口 100% 的大型煤炭、矿石码头堆场建设防风抑尘设施或实现封闭储存。

6.4.2.5　水域船舶排放控制区

根据要求，我国水域船舶排放控制区主要包括三个：

珠三角水域船舶排放控制区：广州、东莞、惠州、深圳、珠海、中山、佛山、江门、肇庆 9 个城市行政管辖区域内的内河通航水域，本排放控制区内的核心港口区域：深圳、广州、珠海港；

长三角船舶排放控制区内河水域范围为南京、镇江、扬州、泰州、南通、常州、无锡、苏州、上海、嘉兴、湖州、杭州、绍兴、宁波、舟山、台州 16 个城市行政管辖区域内的内河通航水域。本排放控制区内的核心港口区域为上海、宁波—舟山、苏州、南通港；

环渤海（京津冀）水域船舶排放控制区：大连、营口、盘锦、锦州、葫芦岛、秦皇岛、唐山、天津、沧州、滨州、东营、潍坊、烟台 13 个城市行政管辖区域内的内河通航水域。核心港口区域为天津、秦皇岛、唐山、黄骅港。

其具体排放管理要求见表6.19。

表6.19　　水域船舶排放控制区

自2016年1月1日起	船舶应严格执行现行国际公约和国内法律法规关于硫氧化物、颗粒物和氮氧化物的排放控制要求，排放控制区内有条件的港口可以实施船舶靠岸停泊期间使用硫含量≤0.5% m/m的燃油等高于现行排放控制要求的措施。
自2017年1月1日起	船舶在排放控制区内的核心港口区域靠岸停泊期间（靠港后的一小时和离港前的一小时除外，下同）应使用硫含量≤0.5% m/m的燃油。
自2018年1月1日起	船舶在排放控制区内所有港口靠岸停泊期间应使用硫含量≤0.5% m/m的燃油。
自2019年1月1日起	船舶进入排放控制区应使用硫含量≤0.5% m/m的燃油。
2019年12月31日前	评估前述控制措施实施效果，确定是否采取以下行动： 1. 船舶进入排放控制区使用硫含量≤0.1% m/m的燃油； 2. 扩大排放控制区地理范围； 3. 其他进一步举措。船舶可采取连接岸电、使用清洁能源、尾气后处理等与上述排放控制要求等效的替代措施。

6.4.3　我国在航运低碳减排方面的保障措施

交通运输部成立了节能减排工作领导小组，启动了“车、船、路、港”千家企业低碳交通运输专项行动，其中船舶交通工具节能减排工作得到了国家的高度重视，推广了应用低碳型交通运输装备，强调了对营运船舶、港口装卸设备、管理节能、财政补贴等工作重视的必要性。

6.4.3.1　营运船舶

①在推进远洋、沿海、内河船型标准化，淘汰落后船舶。加快发展与航道能力相匹配的标准化船舶，淘汰高能耗、污染大的落后船型。对享受政府补贴的更新船舶，加装热泵、余热回收、减阻、废气处理等节能减排技术装备，同时鼓励“双尾船”等节能环保型营运船舶的推广。

②积极推进靠港船舶使用岸电，力争新建码头和船舶配套建设靠港船舶使用岸电的设备设施，在国际邮轮码头、主要客运码头、内河主要港口以及30%大型集装箱码头和散货码头实现靠港船舶使用岸电。

③加强研究船用热泵技术、低表面能涂料、余热回收技术及气膜减阻技术在内河船舶上的应用。

④对内河船舶实施能源油改气（天然气）项目。

6.4.3.2　港口装卸设备

①试点城市可选择重点港口建设项目，推进轮胎式集装箱门式起重机（RTG）“油改电”，争取在试点期末，试点港口完成 60% 以上 RTG“油改电”。推广应用港口机械节能技术和操作方法。

②加快发展采用市电供电的龙门起重机等高能效港口装卸设备和工具，引导轻型、高效、电能驱动和变频控制的港口装卸设备的发展，提高能源使用效率。研发推广电能回馈、储能回用等新工艺、新技术。出台了营运码头船舶岸电设施建设技术规范等法规、规划、标准和规范的制定与实施，对规范开展交通运输节能减排工作起到了重要的指导作用。

6.4.3.3　管理节能

（1）降低船舶航速

通过引导合理的航速控制，综合运用船队规划、航线优化、气象导航，避免出现航速过高、而在航线上的瓶颈处或者港口停驶、排队或者以次优的速度航行的情况发生，以海运物流效率的提高促进能源效率的提高和温室气体排放的减少。

（2）提高船舶运输组织管理水平

①加强船舶运输组织管理，促进航运企业向规模化、集约化方向发展。积极发展大宗散货专业化运输、多式联运等现代化运输组织方式，提高船舶锚泊、靠泊效率和装卸效率，全面提升船舶营运组织效率，减少温室气体排放。

②提高船舶载重量利用率，加强货物集散地规划及建设，船东联合起来形成高效的物流系统。充分运用信息化、网络化技术，合理组织货源，保持货流平衡，提高舱容利用率。

③优化船舶运力结构，引导发展专业化运输船队，提高船舶平均载重吨位，发展规模化运输，降低燃料消耗。

6.4.3.4　财政补贴

交通运输部通过交通运输节能减排专项资金，以“以奖代补”的方式激励和补贴航运企业实施船舶节能减排项目，开展节能减排工作。各年度的交通运输节能减排专项资金申请指南均将有关航运节能项目作为奖励对象。见表 6.20。

表 6.20　　国家对船舶、港口的补贴政策

项目	细分	条件	补贴标准	备注
一般项目	对节能减排量可以量化的项目	奖励资金原则上与节能减排量挂钩，对完成节能减排量目标的项目承担单位给予一次性奖励	根据年节能量按每吨标准煤不超过600元或采用替代燃料的按被替代燃料每吨标准油不超过2 000元给予奖励，对单个项目的补助原则上不超过1 000万元	交通运输节能减排专项资金管理暂行办法，财建〔2011〕374号 2011-07-07
	对于节能减排量难以量化的项目		可按投资额的一定比例核定补助额度，补助比例原则上不超过设备购置费或项目建筑安装费的20%；对单个项目的补助额度原则上不超过1 000万元	同上
船舶	沿海、远洋	（1）申请拆解船舶补助金的船舶应当为于2012年12月31日前取得所有权的，新建造船舶的总吨不小于拆解船舶的总吨等要求 （2）于2013年1月1日至2015年12月31日期间提前报废更新老旧运输船舶和单壳油轮的船舶所有人均可申请补助资金	单船补助金额将按照“单船补助金额=补助基数×船舶总吨×船龄系数×船舶类型系数”的公式进行测算。其中，补助基数为1 500元人民币/总吨；船舶类型系数为四个等级，即客船、液化气船、化学品船、油船、推（拖）轮为1.5，集装箱船、冷藏船、多用途船、滚装货船为1.2，散货船、杂货船、其他货船为1.0，驳船为0.6	财政部、交通运输部、国家发展改革委与工业和信息化部共同出台《老旧运输船舶和单壳油轮报废更新中央财政补助专项资金管理办法》
	内河	（1）新建LNG动力示范船补贴标准：2013年10月1日至2015年3月31日期间建造完工，可以申请补贴的新建LNG动力船范围 （2）船东具备内河水路运输经营资质 （3）新建LNG动力船满足一定的船舶建造要求且吨位不低于400总吨即可申请补贴	（1）单船补贴85万~140万元（约占新建差价成本的80%） （2）2015年4月1日至2015年12月31日期间建造完工，单船补贴约63万~100万元（约占新建差价成本的60%）	2014年4月，财政部、交通运输部近日联合发布《内河船型标准化补贴资金管理办法》

续表

项目	细分	条件	补贴标准	备注
港口	岸电技术，即“油改电”技术	靠港船舶使用岸电率考核。到 2020 年，在国际邮轮码头、主要客运码头以及 30% 大型集装箱码头和散货码头实现靠港船舶使用岸电	参见一般项目内容	《建设低碳交通运输体系指导意见》《公路水路交通运输节能减排“十二五”规划》
	泊位技术改造		参见一般项目内容	

资料来源：根据交通部网站资料整理。

2013 年度财政部、交通运输部共同安排交通运输节能减排专项资金共 7.49 亿元，对 367 个项目“以奖代补”。2013 年交通运输行业节能 613 万吨标准煤，相当于少排放二氧化碳 1 337 万吨。

6.4.3.5　指导探索碳排放交易、清洁发展机制（CDM）等在交通运输领域的应用

2011 年 6 月交通运输部《公路水路交通运输节能减排“十二五”规划》中提出，探索碳排放交易、清洁发展机制（CDM）等在交通运输领域的应用。目前我国上海港采取了相应措施，2014 年清缴碳排放万吨。

6.4.4　我国部分港口城市的低碳减排的政策与实践

6.4.4.1　上海市

上海市印发了《上海港“资源节约型、环境友好型”港口建设指导意见》的通知，制定了“资源节约型、环境友好型”港口评价指标和“环境友好型”指标。具体见表 6.21、表 6.22。

表 6.21　　上海港资源节约型建设指标

序号	指标	单位	目标	说明
1	港口生产单位吞吐量综合能耗	万吨标煤/万吨	到 2015 年，能耗比 2010 年降低 5%；到 2020 年，能耗比 2010 年降低 8%	约束性
2	靠港船舶使用岸电率	（%）	到 2020 年，国际邮轮码头、主要客运码头以及 30% 大型集装箱码头和散货码头使用岸电	参考性

续表

序号	指标	单位	目标	说明
3	岸线使用效能	万吨/米	与2005年相比，2020年上海港单位长度生产性泊位完成的货物吞吐量提高50%	约束性

资料来源：上海市交通委。

表6.22　　上海港环境友好型建设指标

序号	指标	目标	说明
1	SO_2、NO_x削减量比率	显著下降	
2	港口生产单位吞吐量CO_2排放	到2015年，排放比2005年降低10%；到2020年，排放比2005年降低12%	约束性
3	轮胎式集装箱门式起重机节能减排改造率	到2015年，完成100%	约束性
4	粉尘综合防治率	70%	约束性
5	污水综合处理率	100%	约束性
6	船舶污水和船舶垃圾接收率	100%	约束性

资料来源：上海市交通委。

6.4.4.2　香港地区

2011年18家远洋船公司签署《乘风约章》，承诺到2012年底在香港港挂靠的远洋船舶在靠港时尽可能换用低硫燃油。为延续《乘风约章》实施对香港空气质量的改善，2012年9月26日香港特区政府开始推行为期3年的泊岸换油计划，对在香港港靠港时换用硫含量不高于0.5%的燃油的远洋船舶减免一半的港口设施及灯标费。

6.4.4.3　深圳市

2013年9月20日，深圳市政府发布《深圳市大气环境质量提升计划》，提出相关激励补贴政策：对于港口建设岸电供电设备设施，在目前交通运输部交通运输节能减排专项资金奖励的基础上，增加地方补贴，使合计补贴和奖励金额达到码头岸电建设费用的50%。远洋船舶靠港期间使用低硫油（2014年12月31日前，含硫量不超过0.5%；2015年1月1日后，含硫量不超过0.1%）。在2014年1月至6月期间，对靠港使用低硫燃油的船舶，由财政补贴75%的油品差价，并对补贴政策效果进行评估；在2014年7月后，视评估情况对补贴方案进行调整。

6.4.4.4 其他部分沿海沿江港口城市的低碳减排试点实践

交通部开展了“车、船、路、港”千家企业低碳交通运输专项行动，从 2010 年 5 月开始，共有 1 126 家交通运输企业报名参加专项行动。开展了绿色低碳交通运输区域性和主题性试点工作。选定重庆、厦门等 10 个城市作为区域性绿色低碳交通运输区域性和主题性试点管理模式的试点，具体情况见表 6.23。

表 6.23　首批试点城市水运低碳发展领域及项目选择

城市	主要领域	典型项目
天津	绿色生态港口建设 优化船舶动力和能源消耗结构 推广水运节能减排新技术、新产品建设 水运智能化调度系统	港区地源热泵推广 中远散货船舶燃油系统优化 利用合同能源管理推进港区建筑节能 煤码头翻车筛分破碎系统 中远散货船舶更新 斗轮机零空闲变速操作法、集装箱边装边卸新工艺推广 港口能耗自动采集及管理系统推广 天津港集装箱多式联运
重庆	航道升级改造 优化船舶运力结构 提升水路运输组织管理水平	长江水陆甩挂运输 重庆港靠港船舶岸电系统改造 长江干线船型标准化
深圳	低碳水运基础设施 港口装卸设备技术改造	RTG“油改电” 靠港船舶岸电技术应用 LNG 拖车使用 LED 节能灯应用 太阳能光伏技术应用 纯电动港区巡逻车 港区油气合建应用
厦门	推广低碳运输装备 优化运输组织模式 优化船舶运力及能源消费结构 优化物流组织模式	RTG“油改电”、集卡“油改气” “中远之星”、厦门海峡邮轮中心靠港使用岸电技术改造 福建电子口岸关港贸一体化信息平台 厦门港设备能源管理信息系统

续表

城市	主要领域	典型项目
杭州	水运基础设施建设 水上运输环境优化	杭州航区“一体化”管理体系建设与应用 京杭运河（浙江段）三级航道整治工程 杭州航区富春江船闸改造工程
贵阳	水运基础设施建设	开阳港区、息烽港区、清镇市椒园码头建设
南昌	水运基础设施建设	疏港公路、铁路支线建设
保定	推广节能环保船舶	营运性燃气节能环保船舶应用推广
武汉	港口、船舶节能技术改造 船舶节能驾驶运行技术创新	港口选用轨道式集装箱龙门吊 武汉新港江海直达船舶节能技术 长江万吨级自航船 长江自航船舶节能操作法
无锡	基于物联网技术的交通信息化 发展水陆多式联运 港口节能技术改造	无锡高新物流空港物流园区多式联运 无锡—上海水路集装箱公共内支线 无锡市港口低碳优化改造 内河老码头物流物联网改造

资料来源：根据公开资料整理。

从已开展的试点实践来看，在水运低碳发展领域的选择上，各试点城市均结合本地交通运输行业节能减排的工作基础、未来发展目标和方向。

（1）重点关注内容。一是技术成熟，通常选择已经具备相对成熟技术或者已有较好的技术积累、具备了推广应用的基础条件的领域；二是预期效益显著，即投入产出比较优、投资风险不大、企业预期效益可观、有较强积极性的领域；三是符合政策导向，即符合国家、行业、省市节能减排重点扶持的领域，体现了可落实、可监测、可推广、成体系等原则，即：所选项目在试点期间（2011—2013 年）或者“十二五”期间可完成，其实施主体明确，资金有保障，进度计划明确，或已纳入相关规划；四是直接节能减排项目的节能减排效果可以监测，所有试点项目在进度上都可以监督考核；五是试点项目在实施前后都能一定程度上改善交通运输能耗和碳排放状况，具有示范性和可推广价值；六是试点方案总体要兼顾运输结构优化、新技术应用和提升管理能力等多方面项目类型。

（2）路径选择。总体上看，试点城市发展低碳水运的主要领域及项目选择，可以归纳为以下几种路径。

一是改善水运自身的能源消耗结构。能源消费结构由高碳能源向低碳能源逐步演进，是交通运输低碳发展的重要特征和终极目标。从各试点城市现有能源结构来看，港口的能耗以柴油、电力、煤炭为主，船舶能耗则以燃料油、柴油为主。开展了在港口和运输船舶中采用清洁能源技术替代原有化石燃料的项目的试点城市，主要是拥有规模大、能耗高的港口的城市，如天津、深圳、厦门等。采用的技术主要有地源热泵、太阳能、岸电、“油改气”等类型。

二是提高港口、船舶的能效水平。通过节能技术改造、操作方式优化等直接提高交通运输装备用能活动的能源利用效率，从而产生减排效果。集中开发这类项目的主要是港口规模增长较快、航运业发达的城市，如天津、武汉，代表性技术有斗轮机零空闲变速操作法、集装箱边装边卸新工艺、长江自航船舶节能操作法等。

三是提高水路运输组织效率。通过信息化、智能化等技术，对于原有运输组织模式进行集约化改造，使运输资源得到合理配置和高效利用，提高运输系统的服务效率，从而降低完成单位运输服务的碳排放。科技创新能力较强的城市，如杭州、厦门、无锡。

（3）实施效果

①航运与港口企业能源消耗实绩得以下降

我国航运企业和港口企业都进行了低碳行动，取得了一定的成效，自 2011 年起，我国正式执行交通运输能耗统计监测报表制度。具体减排情况见表 6.24。

表 6.24　　2011—2017 年航运与港口企业能源消耗实绩监测情况

分类	计量单位	2011 年	2012 年	2013 年	2014 年	2015 年	2016 年	2017 年
远洋与沿海企业	千克标准煤/千吨海里	7.0	6.2	5.9	5.1	5.2	5.0	4.4
其中：液化气船（艘）	千克标准煤/千吨海里	46.8	49.9	48.7				
多用途船（艘）	千克标准煤/千吨海里	9.5	10.2	8.4				
集装箱船（艘）	千克标准煤/千吨海里	9.0	7.5	7.0				
干散货船（艘）	千克标准煤/千吨海里	5.4	4.9	4.6				
油船（艘）	千克标准煤/千吨海里	4.3	3.9	3.7				
港口企业（亿吨）	吨标准煤/万吨	3.1	3.0	2.9	2.7	2.6	2.5	2.4
其中：沿海港口企业（亿吨）	吨标准煤/万吨	3.27	3.1	3.0				
内河港口企业（亿吨）	吨标准煤/万吨	2.15	2.1	1.8				

资料来源：2011—2017 年交通运输行业公报。

②试点城市的减排效益

从预期减碳效益来看，发展低碳水运对于试点城市实现减排目标的贡献度也存在较大差异。根据各试点城市的方案的预测，水运项目能够实现的 CO_2 减排量占试点方案减排总量的比例最高达到 78.6%，最低仅 7.9% 左右（杭州、贵阳、南昌除外）。其中，以港口的节能减排项目为主，其减碳总量约占水运总减碳量的 80.8%，见表 6.25。

表 6.25　　试点城市水运低碳发展项目预期减碳效益

城市	水运减少 CO_2 排放量（t/a）			占全市交通 CO_2 减排总量的（%）
		其中：船舶	港口	
天津	111 798	80 036	31 762	50.0
重庆	573 548	24 000	549 548	78.6
深圳	30 106	0	30 106	12.7
厦门	20 940	2 827	18 113	27.4
杭州	—	—	—	—
贵阳	—	—	—	—
南昌	—	—	—	—
保定	30 069	30 069	0	14.7
武汉	17 255	14 754	2 502	7.9
无锡	9 065	744	8 321	16.5
合计	792 781	152 430	640 352	—

资料来源：黄丽雅，低碳交通试点城市水运低碳发展思路与实践，第十六届中国科协年会——绿色造船与安全航运论坛论文集，2014-05-24。

如果按减碳途径划分，提高水路运输组织效率的项目占主体地位，约有 77% 的 CO_2 减排量来自该类项目；提高能效的项目次之，约占 14%；改善能源结构的项目减排量最小，约占 9%（见图 6.7）。结合相关资料分析，其原因主要在于项目实施的规模、技术经济性等。从首批试点城市方案总体来看，水陆运输组织优化类项目通常规模较大、成本效益较高，投资 19 700 万元，可实现 CO_2 年减排量 25 000 吨，成本效益比约为 1.3 吨 CO_2 年/万元。

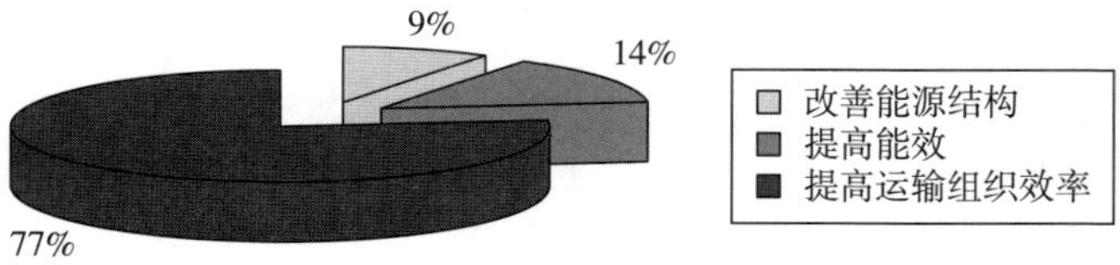

图 6.7　不同类型项目的减碳效益占比

第 7 章　航运碳资产管理

随着碳排放权市场的产生和发展，催生了碳资产这一特殊的资产。近年来，碳资产也日益受到人们的重视。本章节将对碳资产的概念、属性、特征及分类进行界定，对航运碳资产管理中收益与成本进行阐述。

7.1　碳排放权与碳资产

7.1.1　碳排放权

7.1.1.1　碳排放权的定义

碳排放权是一个立足于国际法的概念，是因《联合国气候变化框架公约》及其后续协议《京都议定书》中交易制度的提出和构建的产物，由此，国内学者认为碳排放权是因国际法律体系产生的新型权利，是准物权与发展权的统一 。由此引发学者从法学、管理学、经济学角度探讨碳排放权的特殊属性。国内学者从经济学视角，在分析碳排放权四种特殊属性（政府创设性、商品属性、金融属性与类货币属性）基础上，指出这些属性之间的动态演进关系。其中，政府创设性是基础，也是其形成市场的信用保障；金融属性是核心，该属性有利于提高碳交易市场流动性 ，是碳排放权市场成功运转的关键。

7.1.1.2　碳排放权功能扩展与演进

上述基于碳排放权属性及其关系的探讨，有助于发现其从权利到资产的实现路径：政府创设→金融属性→经济利益，政府创设是无形权利得以保障的基础，金融属性使其具有了广泛的接受性，从而扩展了该种权利的功能，这为其实现多元化经济利益提供手段与路径，从而实现从权利到资产质的飞跃。

另外，碳交易市场多方参与、灵活多样的定价，使其具有催化剂的作用，推动碳排放权在上述不同属性之间的动态演进，从而使其更符合资产的特性，其演进路径如图 7.1 所示，据此，可将其视为“政府创设、市场基础”型资产，这为从会计上确认碳排放权的资产类型提供指导。同时，我们也可以看出初始不同来源（外部、内部）、不同方式（有偿、无偿）的该类资产的殊途同归本质，即最终汇集成“碳排放权”资产，从而为会计上平时依据来源、取得方式分类确认与计量，定期汇总报告碳资产提供理论依据。

我国现行碳交易市场中的配额可以存储到以后年度使用、减排信用抵消制度，强化了碳排放权的资产属性，即预期能够给企业带来未来的经济利益。而来自不同市场的交易数据，为会计确认与计量提供支撑与依据。这些市场包括：配额交易机制下的强制性碳交易市场，自愿性的碳交易市场，可交易排放认证。

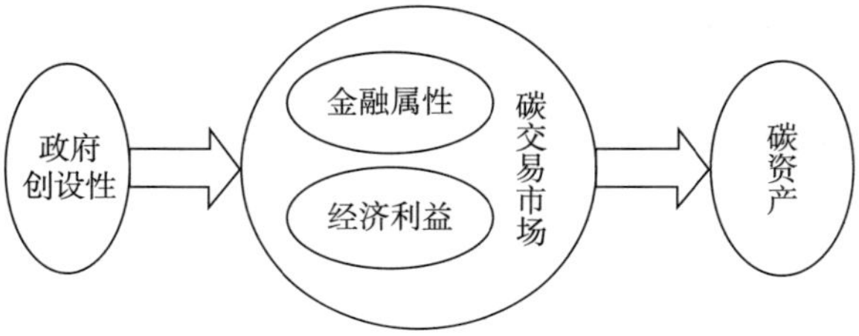

图 7.1　碳排放权属性到碳资产演进路径图

7.1.2　碳资产

7.1.2.1　碳资产的由来

1997 年 12 月，《联合国气候变化框架公约》缔约方第三次会议在日本京都举行，该会议在解决气候变暖问题中具有历史性意义，其主要贡献在于通过并签署了《京都议定书》，它明确规定人类排放的温室气体主要包括二氧化碳（CO_2）、甲烷（CH_4），氧化亚氮（N_2O），氢氟碳化物（FIFCs）、全氟碳化物（PFCs）和六氟化硫（SF_6）六种。由于在计量测算温室气体时会经常使用“碳当量”这一概念，有专家研究认为“碳”这个专用术语能够作为以二氧化碳为主要元素的温室气体的简称。在治理污染、保护环境方面，温室气体（简称“碳”）本身并不存在任何实际的价值，然而碳的吸收以及控制碳减排的活动本身则产生了有用的价值。因此，“碳资产”的概念应运而生。

7.1.2.2　碳资产的来源

参与碳排放权交易的企业以两条途径来完成其减排承诺：一条途径是通过优化生产流程或改进技术设备等，减少自身的实际碳排放量；另一条途径是通过合作与交易机制，从市场上购入所需的碳排放权。后者主要是由《京都议定书》建立的以下三种旨在减排温室气体的合作机制：国际排放权贸易机制（ET）、联合履约机制（JI）和清洁发展机制（CDM）。通过这三种合作机制形成的两类全球性碳交易市场，一个是基于配额，另一个是基于项目。其中，配额市场（Allowance - based Market）是指参与方的碳排放权主要通过免费分配获得，这类市场的典型代表是欧盟排放权交易体系和芝加哥气候交易所；而项目市场（Project - based Market）即参与方的碳排放权通过建立相应的碳排放项目获得，目前主要是基于 CDM 项目的市场。当前，我国的碳资产主要有两种：配额碳资产和项目减排碳资产。这两种碳资产分别从国内的配额碳交易市场获得和在国际上参与 CDM 项目等方式获得。

7.1.2.3　碳资产概念

资产的定义：从会计学的角度看，资产是指企业过去的交易或者事项形成的，由企业拥有或者控制的，预期给企业带来经济利益的资源。

碳资产是一种新兴的、特殊的资产。对于碳资产的概念，许多学者尝试进行探讨，目前还没有统一的看法。中国财政部在 2006 年 2 月发布，自 2007 年 1 月 1 日起正式实施的《企业会计准则——基本准则》（以下简称《基本准则》中第二十条对于资产定义的规定："资产是指企业过去的交易或者事项形成的、由企业拥有或者控制的、预期会给企业带来经济利益的资源。"对企业来说，可以通过政府配额分配的方式或者从其他企业或机构购买的方式获得碳排放权。因此，碳排放权是由企业在过去的交易或者事项中形成的；通过政府授予或者交易方式，企业对碳排放权获得了相应的所有权或者控制权；企业可以通过履约、转让或出售等方式直接或者间接获得经济收益；在进行履约转让或出售等活动中所发生的相关支出或成本是可计量的。因此，碳排放权具备资产的所有要素，可被认定为"碳资产"。

目前对碳资产的定义和概念的表述多数学者是从会计或资产评估等角度提出的，这也是由碳资产的经济属性决定的，因为对碳资产进行计量和管理的首要目的是对其数量和价值进行计量，进而达到资产管理和价值增值的目的。

参考环境会计关于资产的定义，碳资产（Carbon asset）是一种资产，具有资产的一般特征和属性，分为广义和狭义。广义的碳资产是从经济学角度考虑的，指企业通过碳交易、技术创新、节能减排或其他事项形成的，由企业拥有或者控制的，有价值属性且可以精确计量的，预期能给企业带来直接或间接经济利益的，与碳减排相关的有形的和无形的资产。而狭义的碳资产主要是从环境会计角度考虑的，指在总量交易机制下或者基准交易机制下，企业获得的排放权配额、或企业因技术或工艺创新而降低的碳排放量，以及企业通过碳交易购买的碳排放权，即只包括无形的碳资产。企业由于因技术或工艺创新而降低而减少的碳排放量，通过交易或出售而获取直接利益。当企业确定单位产品碳排放量后，经过一定的运营期后，如果单位产品碳排放量下降，那么就形成相应碳资产，如果上升，则形成碳负债。见图 7.2。

在目前情况下，由于广义的碳资产概念范畴宽泛，难以界定和操作，因此许多研究是采纳狭义的碳资产概念，即无形的碳排放权资产。更确切地说，碳资产是指企业获得的可直接或间接影响组织温室气体排放的碳排放配额和减排信用额。

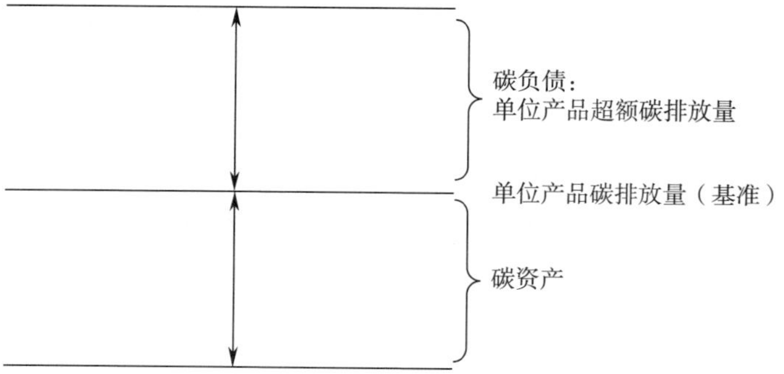

图 7.2　碳资产与碳负债

狭义的碳资产等同于碳信用，碳信用交易将碳排放额度作为一种稀缺资源、具备商品属性的商品进行公开交易，是实现碳减排的核心经济手段，交易中可获得交易收入。但重要地，形成狭义碳资产的前提是要设定减排基准，如果没这个基准线，那么碳资产数量无法计量，也无法得到外界认可。并且，培育和实现减排量是企业碳资产管理及参与碳排放交易的前提。

例如，在碳交易体系下，企业由政府分配的碳排放权配额，或者企业内部通过节能技改活动减少企业的碳排放量。由于这些情况使得企业可在市场流转交易的碳排放权配额增加，因此可以被称为碳资产。另外，企业投资开发的零排放项目或者减排项目所产生的减排信用额，且该项目成功申请了国际减排机制项目或者中国核证自愿减排项目，并在碳交易市场上进行交易或转让，此减排信用额也可称为碳资产。前者是配额碳资产，后者则是减排碳资产。

7.1.2.4　碳资产分类

企业持有的碳资产根据不同标准可以进行不同的分类，具体来说主要有以下八种。

（1）按来源分类

在碳排放权产生的初期，碳资产的重要来源就是配额，在全球碳排放权总量控制的背景下，政府规划出全国整个年度内的碳排放限额，将指标一级一级向下分解，直到分配给控排企业在生产经营排放温室气体时使用。碳配额分成无偿获得和有偿获得碳配额，最初的碳配额通常是无偿获得，但随着制度的成熟和排放目标的压力渐大，无偿获得碳配额通常会逐年下降，其最终目的是以有偿配额分配方式取代无偿分配碳排放权的方式，即产生了拍卖或交易的制度。所以，企业的碳资产在来源上有两种方式：一种是由政府无偿配额；另一种是在交易市场中有偿购买或竞拍：当企业生产经营所需要的碳资产超过了政府配额的碳排放权，就可以从其他企业购买尚有剩余的碳资产。

（2）按不同企业的持有目的分类

企业持有碳资产的目的通常会因企业的性质、企业各阶段的目标而有所不同，碳排放权带给企业经济利益的流入方式也因此而不同。根据持有目的可以将碳资产分为以生产经营为目的和以交易为目的两种。对被纳入控制排放范围的企业来说，主要是以生产经营为目的而持有碳资产，其被企业视为一项正常运转过程中的必需。以该目的持有的碳资产会为企业带来间接的经济利益，只有在碳资产有富余的情况下，才会以交易为目的，通过碳交易方式实现额外收益。而对于金融行业或非控排企业则通常是以交易为目的而持有碳资产，这些企业将碳资产视为一种类似股票的交易事项，其目的是为在碳交易市场中出售以赚取差价、获得利润，以这种目的持有碳资产产生的经济利益以直接的方式流入企业。

（3）根据碳市场交易的客体不同的分类

不同碳市场交易的客体也不同，主要可以分为基础碳资产产品和衍生碳资产产品。基础碳资产产品也称碳资产原生交易产品，是指基于《京都议定书》规定的交易机制所直接产生的碳资产交易产品，包括碳排放配额和碳减排信用额。碳资产衍生产品包括碳基金和碳金融创新产品等。如曾刚、万志宏

(2009) 指出了五种碳交易衍生品，包括应收碳排放权的货币化、碳排放权交付保证、套利交易工具、保险/担保、与碳排放权挂钩的债券。王留之、宋阳（2009）提出了几类碳资产相关的金融创新产品，主要是银行类碳基金理财产品、以核证减排量（CERs）收益权为质押的贷款、信托类碳交易产品、碳资产证券化等。

（4）按碳资产交易制度分类

根据《京都议定书》的不同碳资产交易机制，可以把碳资产分为配额碳资产和减排碳资产。配额碳资产是指通过政府分配或进行配额交易而获得的碳资产，它是在总量交易机制（cap - and - trade）下产生的。减排碳资产也称为信用碳资产，它是在基准信用机制（baseline - and - credit）下产生的，是指通过企业自身主动地进行温室气体减排行动而得到政府认可的碳资产，或是通过碳交易市场进行信用交易而获得的碳资产。鉴于按交易制度的标准来分类的方式具有普遍性和可量化性，在后续的研究中，本书主要依据这种分类方法对碳资产的配额碳资产和减排碳资产进行讨论。

（5）根据耗用期限不同分类

根据耗用期限的不同，碳资产可以分为流动碳资产和非流动碳资产。根据流动资产的定义，我们可以作出相应的延伸，对流动碳资产作出简单定义。流动碳资产是指能够在一年或者在企业一个营业周期内转换成现金或者耗用的碳资产。非流动碳资产则指除了流动碳资产以外的其他种类的碳资产。例如碳排放权可以根据它的来源不同分为配额碳排放权与减排碳排放权。只要是企业拥有或控制的碳排放权，无论是属于哪一类碳排放权，都可以在碳交易市场进行自由交易。即碳排放权为流动资产。

（6）根据其形态不同分类

可以将其分为有形碳资产与无形碳资产。有形碳资产就是有一定实物形态的碳资产。无形碳资产是指没有实物形态的碳资产。比如碳汇，虽然碳汇有几种种类，而目前运用最为广泛的还是森林碳汇。即企业可以通过植树造林以此来吸收空气中的二氧化碳。它的存在以企业自主营造的森林为基础，故碳汇为有形碳资产。低碳设备其实就是传统固定资产中具有节能减排这一特殊性质的一类固定资产，也属于有形资产，根据有形与否，应属于有形碳资产。根据无形碳资产的定义我们就可以知道，企业的碳排放权无论是属于配额碳排放权还是在碳交易市场所购买的碳排放权或是自主减排碳排放权，它们均不具有实物形态，故属于碳无形资产。

（7）根据企业取得碳排放权的方式不同分类

可以将碳排放权分为：配额碳排放权和非配额碳排放权。所谓的配额碳排放权，指政府根据一定的分配标准分配给企业，允许企业当期排放的碳排放权。政府根据其设定的当期全国减排总量，然后将减排总量依据各省市的实际状况，将减排总量的一部分按照一定的标准下发给各省市，各省市的发改委再根据本行政区域内各企业的情况将其所得的减排量综合节能减排目标以及各行业或各企业实际情况分配给企业，设定温室气体排放量上限。如果某企业已经被发改委纳入减排企业，并且当期产生的二氧化碳、甲烷等温室气体的排放量超出了发改委为其制定的碳排放量上限，那么对于其当期的多余排放量，企业便会付出一定的成本。企业可以采取缴纳罚款的方式来将其当期多余排放量清零。或者企业也可以通过在碳交易所购买碳排放权的方式来弥补当期实际温室气体排放量超出其分配得到的排放量的部分。若是企业在这段时期的碳排放量没有达到其所获得的配额碳排放权，那么企业便可以将其当期剩余的排放权进行出售。

非配额碳排放权就是指除了配额碳排放权之外的碳排放权，如在碳交易市场所购买的碳排放权以及企业自主节能减排所获得的减排碳排放权。减排碳排放权是在“信用交易机制”下产生的。“信用交易机制”是为了让温室气体的主要产生者——企业，能够自身积极主动地去进行节能减排。允许企业自身通过减少温室气体排放或者是通过碳汇等方式获得碳排放权。这类碳排放权企业既可以在其生产经营活动中耗用，又可以将其在碳交易市场进行交易以此来获得收益。如果企业当期的温室气体排放总量大于相关机构为其指定的碳排放总量，那么差额就是企业当期多排放的温室气体量，此时企业既可以直接向政府为多排放的温室气体缴纳罚款，也可以从碳交易所购买碳排放权来弥补当期多排放的温室气体。如果企业当期的温室气体排放总量低于相关机构为其指定的碳排放总量，那么差额就是企业所获得的减排碳排放权。它可以通过公平的碳交易市场来进行交易，把企业的减排碳排放权以一定的市场价格出售给当期未能完成减排任务的企业，来获得相应的经济利益。这样就可以让企业在为社会节能减排作出贡献的同时为企业带来经济效益，提高企业进行节能减排的积极性。

（8）为方便对碳资产进行后续处理，可将碳资产进一步分类为固定资产、无形资产

生产性生物资产以及交易性金融资产。对碳资产的划分不同会直接导致其后续计量的不同，故为了保证碳资产后续计量的准确性，这就要求我们对碳资产进行更为深入细致的分类。根据对以往的文献分析发现，大多数学者都在研究讨论碳排放权应该属于存货，还是无形资产或是交易性金融资产的问题。都忽视了对低碳设备、碳汇以及低碳技术的考虑。根据传统会计一系列会计科目的定义以及碳资产本身的特点，笔者认为不应该将碳资产一概而论地分为某类资产，应该将碳资产按其不同特点细分为各类资产，现对碳资产作五种分类。

①固定资产

固定资产是指企业所拥有的能够在企业生产活动中使用的或是能够被企业用于出租或是提供劳务的，并且其使用年限是超过一年的非货币性资产。就固定资产的定义我们可以发现，低碳设备是符合固定资产的定义的，低碳设备不仅仅是在企业生产经营活动中被耗用，与传统固定资产相比，它的主要用途是让企业在生产活动中排放更为少量的温室气体，主要是以减少温室气体排放量为持有目标。与传统固定资产最显著的区别是，低碳设备具有节能减排的效用。

②无形资产

无形资产是指企业拥有或者控制的没有实物形态的可辨认非货币性资产。低碳技术这一碳资产涉及的面相当广，它可以是一项关于新能源的新型技术，也可以是有利于企业进行温室气体捕捉与封存的技术，或者是能够提高我国石油或天然气等能源使用效率的技术。这些技术不仅可以为企业自身节能减排，也可以作为一项专利技术出售。低碳技术与传统的专利最大的区别在于低碳技术解决的是降低二氧化碳排放量的问题，它的存在基础是低碳经济。

③生产性生物资产

生产性生物资产，是指企业拥有的能够产出畜类或者果蔬类农产品或者能够用于出租的生物资产，比如产畜以及薪炭林等。1997 年在日本东京签订的《京都议定书》中将碳汇分为了四个种类，即森林碳汇、耕地碳汇、草地碳汇以及海洋碳汇。但是草地碳汇与耕地碳汇具有非持久性及容易泄漏的特点。虽

然海洋碳汇固碳量是森林碳汇的 10 倍，耕地碳汇的 280 倍，但是可实施性不高。故我国目前的碳汇主要采取森林碳汇，本书所指的碳汇也特指森林碳汇。由于企业建造或是购买森林碳汇不是为了出售，更无法在碳汇项目中收获农产品来进行出售，所以很显然森林碳汇并不属于消耗性生物资产。森林碳汇也不是为了产出农产品或者提供劳务、出租等，不属于生产性生物资产。虽然碳汇既不能产出农产品又不能提供劳务，但是该项碳资产可以产出一种新型资产——碳排放权，这与传统生产性生物资产所产出的农产品虽然类别不同，但它们都是商品，都可以用于出售以此获利。因为它的目的是采取植树造林的方式吸收二氧化碳，以此弥补企业生产经营中的二氧化碳排放过多的问题。或是经国家专门机构核证后，将减排的二氧化碳量用于交易。所以在对碳汇进行后续处理时，可以借鉴生产性生物资产的处理方式。

④交易性金融资产

交易性金融资产是指企业为了近期内出售而持有的债券投资、股票投资以及基金投资。如以出售时赚取买价与卖价差额为目的，从二级市场购买的股票、债券、基金等。传统的交易性金融资产是指债券、股票等，虽然减排碳排放权既不属于债券也不属于股票，但我们不能因此就否认它划归为交易性金融资产的正确性。传统会计中将同时满足以下几个条件的列为交易性金融资产：

首先，企业是为了短期内出售该项金融资产而取得此项金融资产。其次，该项金融资产是企业进行集中管理的可辨认金融工具组合的一部分，并且客观证据能够表明企业会在短期内采用短期获利的方式来对该项资产进行管理活动。根据传统交易性资产的满足条件，企业的碳资产中如低碳设备、碳汇、碳排放权中只能将碳排放权纳入交易性金融资产科目。但是对于碳排放权，则不能一概而论全部纳入交易性金融资产科目。例如企业所得的配额碳排放权并不是企业为了近期内出售获利而取得的碳排放权，该项碳排放权是为了弥补企业日常生产经营活动中所需排放量，不满足确认条件。而对于企业从碳交易所购买的为了近期内出售获利而取得的碳排放权则应纳入交易性金融资产科目。

⑤存货

存货是指企业或商家在日常活动中持有以备出售的原料或产品，处在生产过程中的产品，在生产过程或提供劳务过程中耗用的材料、物料、销售存仓等。根据定义，存货主要是指企业在日常生产经营活动中持有的，会在生产中耗用的原材料或是以备出售的商品。在低碳经济下，企业持有的以耗用为目的的碳排放权与传统存货相比，虽然不具有实务形态，但是企业持有的目的和存货一致，即为了在生产经营中耗用。企业持有的以耗用为目的的碳排放权的性质便类似于企业持有的原材料或是低值易耗品。为了正确核算企业在生产经营中所耗成本，不应当仅仅只核算其所耗用的原材料等，还应将其所耗用的碳排放权纳入其成本核算。鉴于持有碳排放权的目的是在生产中耗用，我们将以耗用为目的而持有的碳排放权划分到存货，在其持有期间可借鉴存货的计量方法进行计量。综上所述，我们将企业所持碳资产的分类如表 7. 1 所示。

表 7. 1　　碳资产的分类

分类依据	所属类别
根据耗用期限的不同	流动碳资产：碳排放权
	非流动碳资产：碳汇、低碳技术、低碳设备
根据其形态不同	有形碳资产：碳汇、低碳技术、低碳设备
	无形碳资产：碳排放权
根据企业取得碳排放权的方式不同	配额碳排放权
	非配额碳排放权
为方便碳资产的后续处理，对其做进一步分类	固定资产：低碳设备
	无形资产：碳排放权
	生产性生物资产：碳汇
	交易性金融资产：以投资为目的而持有的碳排放权
	存货：以耗用为目的而持有的碳排放权

资料来源：吴宏杰：《碳资产管理》，北京联合出版公司，2015 年 4 月。

表 7. 2　　碳资产的形态分类

碳资产类别	具体资产形态	持有目的
流动资产	煤炭、石油、天然气等化石能源以及外购电力等	有形物质形态，参与生产经营
	碳排放权（碳配额或信用）	无形资产形态，主要用于弥补超额排放或参与碳市场交易
固定资产	为碳减排购买的专用设备	实施长期减排战略准备的物质基础
无形资产	自主研发或外购的低碳降低能耗	提高减排技术效率
金融资产	碳期货、碳期权	降低碳排放权现货的价格风险

7.1.2.5　我国现有的碳资产

依据我们对碳资产所作的定义，我国现有的碳资产包括四种。

（1）碳排放权。碳排放权最早出现于 1997 年在日本东京签订《京都议定书》，《京都议定书》规定给每一个缔约国根据一定的标准为其制定一个温室气体排放量上限，以为其制定的排放量上限为依据，当该国实际温室气体排放量超过为其制定的排放量上限时，便会受到一定的经济处罚。从此，碳排放权和传统交易性金融工具一样，在其专门的市场——碳交易市场进行交易。这样一来，碳排放权就如其他类别的资产一样可以在交易市场上进行买卖，成为了一项特殊的商品。

（2）碳汇。碳汇是指企业可以将温室气体进行封存，以及采用一定的载体可以吸收空气中温室气体的相关植树造林以及其他活动。1997 年在日本东京签订的《京都议定书》中将碳汇分为了四个种类，即森林碳汇、耕地碳汇、草地碳汇以及海洋碳汇。虽然将温室气体进行封存以及吸收的方法有很多，但是出于可实施性以及有效性的考虑，现在我们所指的碳汇都是指森林碳汇。既然将碳汇列作一项碳资产，就意味着它是可以为企业带来经济利益的。而碳汇为企业带来经济利益的方式就是，将其在碳汇项目中封存或是吸收的温室气体数量经过专业机构进行认证，然后经过认证核准后的温室气体量便是企业拥有的碳排放权，对于此类碳排放权既能够用于企业的日常生产活动耗用，又能够在碳交易市场上进行出售，以此来获得经济利益。

（3）低碳设备。即指具有实物形态，具有节能减排作用的机器设备、运输设备、工具器具等。

（4）低碳技术。所谓低碳技术是在低碳经济发展模式下，有利于企业减少温室气体排放量或是能为企业从事二氧化碳的捕捉与封存事项的新技术。具体是指涉及电力、交通、建筑、冶金、化工、石化等部门以及在可再生能源及新能源、煤的干净高效应用、油气资源和煤层气的勘察开发、二氧化碳捕获与埋存等范畴开发的有效掌握温室气体排放的新技术。

7.1.2.6　碳资产的特征

（1）全球性与政策性

全球性。大气环境是无国界的，全世界共享同一个气体空间，温室气体的排放对地球环境的变化有着重大的影响，这将对人类未来的发展带来极大的不确定性。牺牲环境因素而获得的社会发展，最后将付出数百倍甚至是无法估量的代价来弥补今天的损失。基于经济发展与人类未来相权衡的角度，联合国在1992 年通过了《联合国气候变化框架公约》，形成共同的气候保护目标，保护全球人类赖以生存的自然发展空间。在此基础上形成的《京都议定书》，进一步明确了各国行动纲要，使各国在统一的方法框架下，针对气候变暖采取行之有效的方案，使得全世界在应对人类巨大的危机面前统一起来，而由此形成的碳资产，也逐渐成为各国控制温室气体排放的主要手段。因此，碳资产首先具有全球性。

政策性。环境生态是人类赖以生存的基础，作为环境政策的产物，碳排放权从产生之日起就与政策规则、环境监管密不可分。可以说，还没有哪项资产能像碳资产这样获得全世界共同的高度关注，上至联合国，下至世界各国、各地区，纷纷出台各种政策法规限制碳排放和保障碳交易运行。碳资产自身的高度政策性使得碳资产同时面临着政策风险和政策机遇，如何在碳排放制度和碳交易机制下化政策风险为发展机遇，如何在政策法规的引导下加强碳资产管理能力建设也是企业面临的重要问题。

（2）稀缺性

K. W. Easter 和 J. J. Waelti 认为“如果某资源存在竞争利用状况，那么就可以说该资源是稀缺的”。作为一种具有特殊性质的环境资源，碳资产的交易实质是获取或转让环境容量使用权。全球气候变暖越来越严重，社会各界对温室气体排放问题的重视程度不断上升，碳资产的稀缺性也随着环境容量使用的稀缺而日益明显。稀缺资源理论的核心观点是指一种资源只有在稀缺时才具有交换价值，所以碳资产具有的价值逐渐得到了社会的认可。

另外，碳资产作为一种环境资源，它并不是固定不变的，最终会在生产中被企业消耗。随着世界对碳减排的日益重视以及全球对碳排放权的逐渐紧缩，碳资产具有的稀缺性日益凸显。因此，当各国的气候管理目标都以排放权的形式确定，并分解到各个具体控排企业，因其总量被控制，各国的碳排放也成为了稀缺资源。碳资产作为温室气体排放的最终可衡量产物，在新的世界经济发展框架下成为一种影响各国经济发展的稀缺资源，价值显而易见。

（3）消耗性

碳资产的最终用途是将其消耗，即企业将拥有或控制的环境容量使用权在生产过程中不断被使用。其消耗性主要表现为两种途径：一是所持有企业在生产过程中直接使用消耗，二是通过在交易市场流通之后被持有企业消耗。由此可见，消耗性是碳资产作为一种环境资源的本质属性。

（4）投资性

碳资产具有商品属性，也是一种市场化的权利，所以其投资性主要表现为能够在公开、活跃的碳交易市场环境和平台中，企业可以将富余的碳资产进行交易，实现经济收益，使碳资产具有类似金融资产的一些特点，成为其投资性的表现。目前在欧、美等发达国家和地区已经形成比较成熟的碳交易市场，在我国也已经开展了区域性碳交易，碳基金业务、借碳业务和碳配额托管业务等投融资业务逐渐应用，并对交易规则和定价机制进行了具体的规定。美国的产权法将碳排放权定义为等同于金融衍生工具，并可以在银行对其以有价证券的方式进行存储。目前，我国碳排放权试点交易市场日益活跃，在此基础上我国碳金融业务也日益活跃。这不仅是连接碳市场和资本市场之间的桥梁，更体现了碳资产的投资性。

（5）可透支性

随着生产过程中温室气体的产生碳资产不断被消耗，但管理部门对温室气体排放的监测计量并没有完全同步，从而导致碳资产的可透支性。由于碳资产具有投资性的特点，使得可透支性的存在更为合理。具体而言，当存在活跃碳交易市场的情况下，由于碳资产的消耗与温室气体排放的监测行为不同步会产生时间差，在该段时间之间往往会透支使用碳资产（即超额排放温室气体），然而碳资产的投资性正好可以弥补透支消耗的额度，即这种行为存在合理的逻辑性。因此，可透支性是碳资产的一种本质属性，也是其区别于传统资产的一个重要特征。

7.2　碳资产经营与管理

7.2.1　碳资产主体

碳交易市场参与者包括国际组织、政府部门、交易所、非政府组织、金融机构、企业和个人，不同类型市场的交易主体见表 7.3。不同参与主体交易目的存在差异，理应考虑这种差异对会计处理的不同诉求，提供满足不同主体反映经济实质的处理方案。

表 7.3　　不同类型市场交易主体比较表

交易主体	碳配额交易市场	自愿碳交易市场
国际组织	世界银行、联合国环境计划委员会	世界银行、联合国环境计划委员会
政府部门	缔约方国家、非缔约方国家	非缔约方国家
交易所	EUETS、UKETS 等	CCX、GGAS
非政府组织	世界自然资源基金会	气候集团、世界经济论坛、国际碳交易联合会
金融机构	商业银行、投资银行、保险公司、证券公司	商业银行、投资银行、保险公司、证券公司
其他主体	各类私募股权基金、企业与个人	各类私募股权基金、企业与个人

资料来源：http：//www. tanpaifang. com/tanjiaoyi/. 2015/0102/41385. html。

7.2.2　碳资产确认与计量形成路径

7.2.2.1　碳资产会计处理把握的方法

（1）动态、开放。碳交易市场的发展具有阶段性、多样性、跨区域乃至跨国性，这些特点影响着碳排放权属性的演进方向、强度，这就要求采用动态、开放的理念设计碳资产会计处理方法。

（2）前瞻性。碳排放权已成为污染排放的代表，对其合理的处理能为其他排放权借鉴，因此应注重方法的前瞻性与普适性。

（3）灵活性。碳资产涉及主体多元，交易市场逐步从地区到全国甚至与国际主要市场对接，应具有一定灵活性，以能适应不同市场需求。

7.2.2.2　企业碳无形资产识别标准分析

“碳”能被称为资产，有着和传统资产不一样的形成路径，因此，必须以发展、演绎的思路来审视这类新型资产的内涵，并从历史渊源的角度看待从碳资产到碳无形资产的演化进程。企业碳无形资产产生和发展由以下三阶段组成：环境约束下的碳到碳减排活动的价值转换；碳减排活动资产化；碳资产无形化等，如图 7.3 所示。

以下将阐明企业碳无形资产产生的三个阶段，并讨论在碳无形资产产生过程中如何发掘其识别标准。

（1）环境约束下从碳到碳减排活动的价值转换

温室气体指任何会吸收和释放红外线辐射并存在于大气中的气体。《京都议定书》明确说明温室气体包括二氧化碳、甲烷、氧化亚氮、氢氟碳化物、

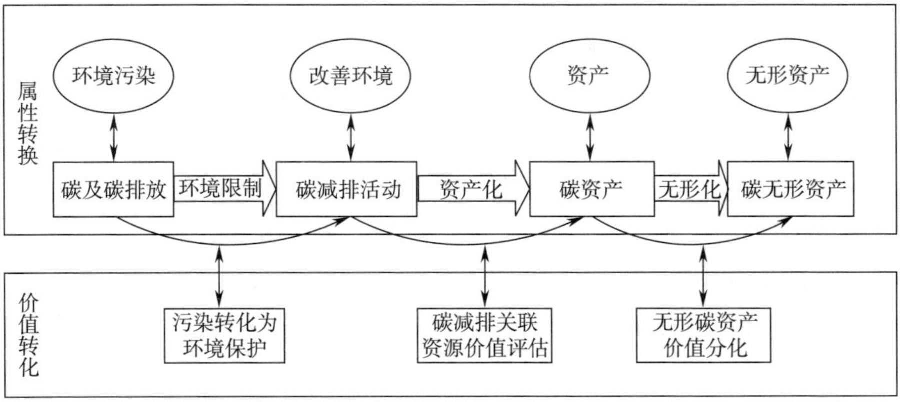

图 7.3　企业碳无形资产产生机理

全氟碳化物及六氟化硫等六种。温室气体计量单位通常用“碳当量”，故“碳”经常作为六种温室气体的简称（B ebbington、Gonzalez，2008），因此“碳”或“二氧化碳”表示所有温室气体。

从环境污染的角度，碳不仅没有任何价值，甚至是一种环境“污”染物，碳排放导致臭氧层破坏而与人类可持续发展背道而驰。对于企业而言，碳排放不仅有增加经济成本（比如碳税、超过碳配额高额罚款等）的风险，还须承担破坏社会形象所带来长远损失。然而碳减排或碳吸收活动对企业却极具价值。其价值主要表现在以下两个方面：

第一，碳减排活动是企业碳减排量产生的直接原因。有减排责任企业的碳减排量由配额碳排放权和实际碳排放量相减而得，而企业实际碳排放量与碳减排活动直接相关；无减排责任企业，碳减排活动直接决定企业自愿碳减排量。而上述两种碳减排量均可出售或通过碳信用获取融资，从而给企业带来经济利益。

第二，碳减排活动对企业产业结构具有重要影响。碳减排活动体现企业社会责任，树立企业低碳形象，对企业产业结构的影响包含两个方面：一是由碳减排活动形成的“碳标识”提高了企业在投资者或消费者心目中的形象，给他们提供倾向性选择因素；二是良好的低碳表现有利于企业绕开上下游公司的“碳壁垒”，进而优化企业产业结构。

比如，某汽车制造企业出于企业长远发展需要从 20 世纪 90 年代就开始测量并汇总本企业生产环节中的 CO_2 排放量数据，每年在该项工作的花费均计入生产成本，致使其产品成本比竞争企业略高。事实上该企业一直也在不间断地研发低碳生产技术，比如汽车喷漆工艺中的漆雾捕捉技术，也尝试在组装车间里安放氨水吸收 COT，从近几年测量的 CO_2 排放数据来看，生产过程中的碳排放总量确实逐年降低。但从 1992 年到 2012 年的 20 年间，一些高管不断对此提出质疑，他们认为 CO_2 排放具有明显外部性，企业投入大量资源得不到补偿。2014 年 12 月公司把新型喷漆工艺成功申请了 CDM 项目，目前处于待售状态，这改变了这些高管对碳减排方面投入的态度，他们越来越认为在环境限制下的 CO_2 减排活动具有重要价值，尽管 CO_2 排放于企业毫无价值。

（2）碳减排活动资产化

碳减排活动资产化分为两个部分：先分析碳减排活动资产化原因和过程，再探讨其资产化过程是如何导致碳资产诞生的。以下分别讨论之：

第一部分，碳减排活动资产化原因及过程分析。开展碳减排活动，企业须投资、开发与之相关的一些资源，比如购买低碳设备、研发低碳技术、建立低碳企业文化或制度等。资源强调的是自然属性，属于实物，而有效管理资源的途径是以价值评价为导向资产化，因为资产强调的是经济属性，是资源的价值和货币化体现（蒋正举、刘金平，2013），也就是说，与碳减排活动相关资源的资产化是企业实施碳减排活动的前提，而碳减排活动资产化实质上是把支撑该活动的相关资源从物质形态上的管理转化为价值形态上的管理，即把与碳减排活动相关资源资产化，如图 7.4 所示。

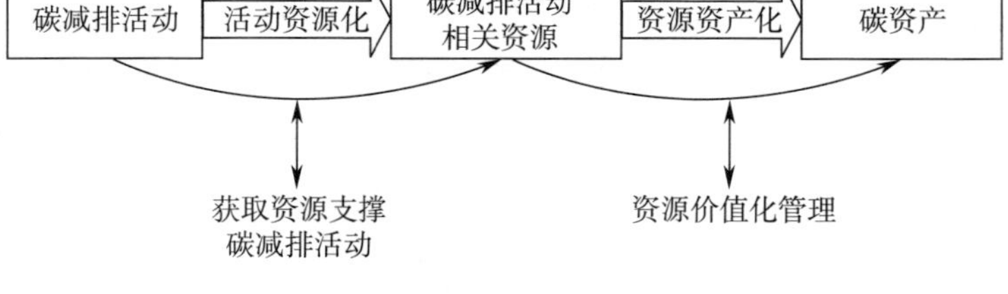

图 7.4　碳减排活动资产化过程

稀缺性和价值性是资源资产化的基础条件（严立冬等，2009）。碳减排活动价值性已证明了低碳资源有巨大经济价值。同时考虑到环境容量限制，相关资源及由此减少的碳排放量注定是稀缺而不可再生的。资源资产化过程由明晰产权与价值评估两部分组成（严立冬等，2009）。资产较为认可的定义是企业所有或控制的、预期给企业带来经济利益的、在过去事务或交易中形成的资源（李艳娥，2013）。定义中的企业拥有和控制与明晰产权意义相当，且资源未来收益可预期性的描述与资源资产化后价值评估内涵一致。资产化详细过程包括：

在明晰相关资源产权方面，明晰与碳减排活动相关资源的产权是其资产化第一步。这些资源大部分是由企业投资并积累而得，其所有权、使用权、收益权等毫无争议由企业所有，比如低碳设备、低碳技术、低碳制度等。而配额碳排放权一旦分配或拍卖给企业，则不会有产权争议。在二氧化碳可测量、可报告、可核查的条件下，企业的碳减排量可准确检测并核定，即碳减排量产权也是明晰的。

在评估相关资源价值方面，目前与企业碳减排活动相关资源的价值评估有文可鉴。冯路和何梦舒（2014）根据碳排放权的特性，在期货定价模型的基础上构建了碳排放权期货三种定价方法；朱跃钊等（2013）使用实物期权定价模型中的布莱尔—舒尔斯模型来计量碳排放权真实价值，并进行了实例演算；高喜超（2014）从现实价值、可持续性价值、不可模仿价值三个维度定性评价企业各类低碳资源对企业的价值。在价值评估数据可获得性方面，欧洲气候交易中心和中国碳排放交易网的碳交易动态价格可作为配额碳排放权和碳减排量参考价值，中国京、津、沪、渝、粤、鄂、深等 7 省市的碳交易市场已进入试点阶段，碳减排量的实际价值有案例可借鉴且有据可查，这都是碳减排活动相关资源价值评价的实践经验。

第二部分，碳减排活动资产化结果：碳资产的产生。碳减排活动资产化引发了与碳减排活动相关资源的资产化和货币化，碳资产应运而生。碳资产的边界和内涵应聚焦于与企业碳减排活动相关的资源上，因为资产是资源的价值和货币化体现，而不是一系列的活动的代名词。万林威和朱学义（2010）根据《京都议定书》，认为碳资产指实施碳减排项目，使得企业排放二氧化碳总量低于政府核定基准量，通过出售“冗余”基准量，从而获取经济利益的资源。该观点印证并切合碳资产起源的思路，但仅认定碳减排量为碳资产可能并不完善。洪芳柏（2012）提出碳资产是一个具有价值属性的对象，其体现或潜藏的所在低碳经济领域可能适用于存储、流通或财务转化的有形资产和无形资产。该观点拓展了碳资产范畴，使碳资产涵盖了所有具备低碳价值的有形和无形资产。结合上述分析和本章的研究思路，碳资产被定义为：与碳减排活动相关，预期能给企业带来现金流的经济资源。企业碳资产源于组织碳减排活动的资产化，故它是一种不同于传统资产的新型资产；同时碳资产边界判定为是否与碳减排活动相关，诸如配额碳排放权、碳减排量、低碳建筑、低碳设备、碳标签、碳披露制度、低碳技术等均与企业碳减排活动相关，故都应归属于碳资产。

比如，在肯定碳减排活动价值之后，前述汽车企业在生产中发现三个主要的碳减排活动：低碳项目申报、新型喷漆工艺生产及氨水吸碳。为顺利实现企业的碳减排活动，就必须重视这些碳减排活动实施过程中所使用的资源：比如碳检测系统、低碳技术、喷漆工艺设备、氨水吸附器及核证碳减排量等。企业高层希望在资产管理部门中设立了特殊资产管理小组，专门行使对低碳资产的管理职责，以保证这些碳资产能长期给企业带来收益，他们定义这些在碳减排活动中使用的全部资源为碳资产。

（3）碳资产无形化趋势分析

从碳资产中分离出“无形”碳资产单独研究符合低碳发展大背景，且迎合了企业有效管理碳资产的需求。首先，低碳建筑、低碳设备等碳资产成本较易核算，其价值评估通过可出售的碳减排量即可实现，因为碳盘查可较为准确地计算“有形”碳资产对碳减排量的贡献。其次，“无形”碳资产是“有形”碳资产能够高效运行的有力保证，它真正体现了企业产品或服务在与其竞争对手相比的持续性低碳优势。最后，随着全社会低碳意识的提高，碳资产的价值越发凸显于优化企业与社会关系方面（Benz、Truck，2009）：产品碳标签、碳会计披露制度、自愿碳中和制度等“无形”碳资产在重塑企业良好低碳形象，获得政府青睐、关联企业认可、消费者信赖方面发挥越来越重要的作用，并直接支撑着企业低碳文化建立、低碳技术研发等碳减排活动。比如，产品碳标签，这种把生产过程中碳排放量在产品标识出来的方式量化了企业碳排放结构，从而为高排放环节提供整改方向。同时这些“低碳”标识有助于提升投资者或消费者心目中的形象，并为他们提供选择因素，还可绕开上下游合作伙伴，特别是有减排义务的发达国家相关公司设置的“碳壁垒”（张亚连、张夙，2013）。因此，从碳资产分化出“无形”碳资产独立研究的趋势越发明显。

举例说明，前述汽车公司发现在低碳技术、喷漆工艺设备、氨水吸附器及核证碳减排量等资产中的低碳专利技术、核证碳减排量等往往是碳减排活动能够顺利完成的核心资产，然而由于它们“无形”的特性，且在会计处理方面所面临的困境，使得资产管理者容易忽略。同时，由这些“无形”碳资产很容易延伸出更多对企业有价值的另外的“无形”碳资产，比如，公司根据碳减排量数据逐年建立的碳会计披露制度，还有在低碳专利技术支撑下为家用汽车张贴碳标识等。公司相信这些延伸出来的“无形”碳资产将为公司树立绿色环保形象，提升汽车产品竞争力。

7.2.2.3　企业碳无形资产识别路径分析

资产识别指在组织所掌握的各种资产中，识别出哪些属于目标资产，其主要目标为生成目标资产明细。而企业碳无形资产识别是指在组织所掌握的各种资产中，识别出哪些属于碳无形资产，输出结果为企业有价值的碳无形资产明细文档。资产识别一般包括资产信息收集、资产对象识别、资产分类、资产赋值等步骤。首先，收集所有待识别资产信息；其次，通过合理识别方法识别这些资产为目标资产；再次，对识别出来的目标资产进行分类；最后，通过资产评估对资产赋值，而资产识别的关键问题是识别目标资产。

依据上述分类方式，即可把企业碳无形资产归类，如图 7.5 所示。

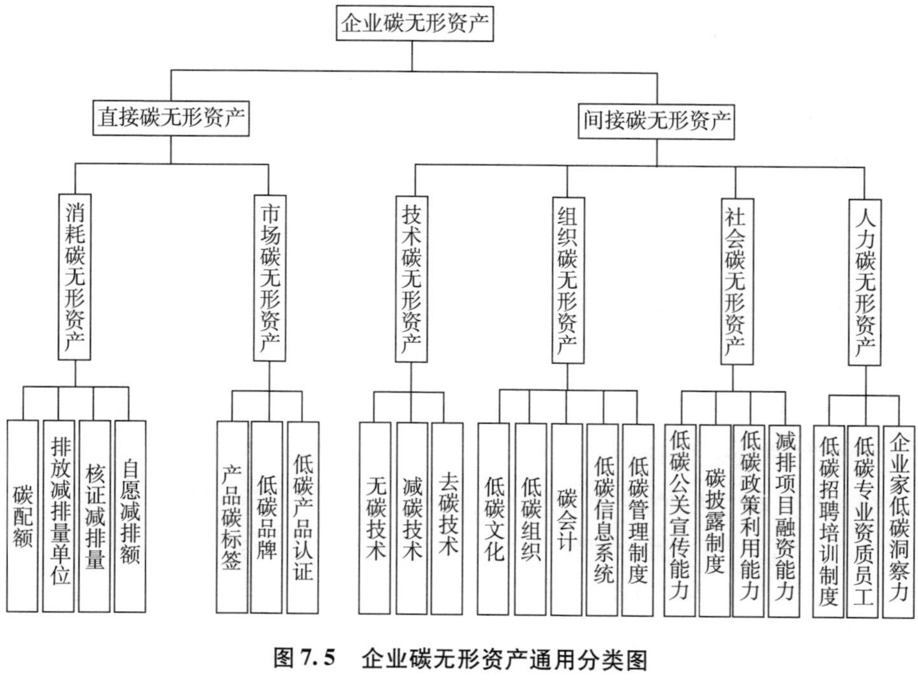

图 7.5　企业碳无形资产通用分类图

由图7.5可知，技术碳无形资产、组织碳无形资产、社会碳无形资产及人力碳无形资产等间接碳无形资产支撑并深度影响消耗碳无形资产及市场碳无形资产等直接碳无形资产的产生及价值呈现。另外，由于所有间接碳无形资产处于企业内部，不易为市场与消费者察觉，其价值不能直接体现，只能通过直接碳无形资产得以间接体现，因此本研究考虑从以下两个方面入手全面评估企业所有碳无形资产价值。

①通过市场与消费者实时数据评估消耗碳无形资产及市场碳无形资产等直接碳无形资产价值。

②通过研究间接碳无形资产对直接碳无形资产的贡献度间接评估间接碳无形资产价值。

总之，掌控所有企业碳无形资产价值需要两方面的重要信息：处于企业表层的直接碳无形资产的价值信息和处于企业内部的间接碳无形资产与直接碳无形资产之间的关联关系。

7.2.2.4 当前企业消耗碳无形资产的实际体现

企业消耗碳无形资产为周期内企业拥有的全部碳排放权总称，它主要包括两大类：碳配额和碳减排量。碳配额来源于政府，碳减排量来源于企业自身的碳减排活动。为了明晰本章评估主体，尚需确定消耗碳无形资产的具体范畴。以下通过分析消耗碳无形资产的交易主体和交易流程，进而归纳其具体范畴。

（1）交易主体分析

按照《京都议定书》规定，消耗碳无形资产的交易主体包括缔约方国家企业（Contracting Parties' Enterprise，CPE）、非缔约方国家企业（C Noncontracting Parties' Enterprise，NCPE）以及碳金融服务企业（Carbon Financial Service Enterprise，CFSE）。CPE须承担碳减排法律责任；NCPE暂不承担碳减排义务；CFSE本身不是碳减排主要管制对象，但却在碳排放权交易二级市场发挥了越来越重要作用。CPE的碳排放权来源于两种方式：配额碳排放权和购买其他企业被认可的碳减排量。除极少数有自愿碳中和计划的企业以外，NCPE一般参与自愿减排机制，其产生的被核准碳减排量可以自由交易，以项目为单位CDM项目和森林碳汇是自愿减排机制的基本形式；CFSE一般不进入碳交易的一级市场，而是为拥有预期碳减排量的企业提供金融服务。通常情况下，CPE若碳排放量超过配额碳排放量，则须向其他企业购入碳排放的权利，鉴于 NCPE 的减排的成本远低于 CPE，向 NCPE 购入碳减排量是较为常见的做法，而 NCPE 由于没有减排义务，其自愿碳减排量只能出售给 CPE 而成为碳交易市场中天然的卖家。而 CFSE 可同时为 NCPE 和 CPE 服务，只要这些企业拥有被认定的预期碳减排量，就愿意为其提供碳质押贷款等金融服务，碳金融服务已发展至碳基金等衍生产品的新阶段。

（2）交易流程分析

依据不同交易主体分析其具体流程。NCPE 类企业不承担减排义务，扮演消耗碳无形资产交易市场体系中卖家的角色。NCPE 适用于各类自愿减排机制，低碳生产与经营技术直接贡献碳减排量，而产品碳标签、政府低碳政策及低碳制度与文化则通过改善企业内外部低碳环境支撑着低碳技术研发和应用，从而间接贡献碳减排量，这些被自愿减排机制所认定的碳减排量主要出售给 CPE（或极少数有碳中和需求的 NCPE）。

CPE 类企业有碳减排责任，它们在消耗碳无形资产交易市场体系中的角色分为两种不同情况：①若 CPE 周期内碳排放量低于配额碳排放权，则产生所谓“剩余”碳排放权即碳减排量，可将该碳减排量出售，此时 CPE 是碳交易中的卖家；②若 CPE 周期内碳排放量预计高于碳配额，则须购入其他企业消耗碳无形资产（这里可以是碳配额也可以是各种核证碳减排量），企业消耗碳无形资产总量由碳配额与购入各种碳减排量相加而得。当然企业仍可以实施碳减排活动，使得实际碳减排量低于总排放权，从而产生碳减排量用于出售获利。该情形下 CPE 是碳交易中的买家。抛开社会环境效应，由于 CPE 碳减排的成本实际高于 NCPE，CPE 更优的选择是购入 NCPE 的碳减排量，故 CPE 主要为碳市场的消费者。同 NCPE 一样，低碳技术直接贡献碳减排量，而企业低碳制度与产品碳标签间接影响碳减排量。

CFSE 类企业不参与消耗碳无形资产市场的一级交易。通过评估 NCPE 和 CPE 的预期碳减排量，并为它们提供碳金融及衍生产品。

（3）企业消耗碳无形资产具体内容

基于上述分析，总结企业消耗碳无形资产具体范畴，如表 7.4 所示。

表 7.4　企业消耗碳无形资产具体范畴

资产类别	来源	含义	交易主体
碳配额	《京都议定书》中排放贸易机制	仅对 CPE 发放或拍卖，即周期内碳排放权，可在同地域内 CPE 间交易	CPE 与政府之间

续表

资产类别	来源	含义	交易主体
排放减量单位	《京都议定书》中联合履约机制	CPE 从其在其他 CPE 的投资项目中产生的碳减排信用，即 CPE 之间转让同等量的 ERUs	CPE 与 CPE 之间
核证减排量	《京都议定书》中清洁发展机制	CPE 从其在 NCPE 实施的减排项目获取经核证的 CERs 冲抵 CPE 减排目标	CPE 与 NCPE 之间
资源减排额	NCPE 自发购买减排指标以抵消其产生的碳足迹	不被核证的碳减排量或碳减排量发生在注册之前	NCPE 与 NCPE 之间

7.3 碳资产评估与管理

7.3.1 碳资产评估价值的影响因素

经典经济学理论认为，价格是价值的表现，价格围绕价值进行上下波动。由此可见，碳资产价格是碳资产价值的一种表现，但多种因素影响碳资产价格。

7.3.1.1 减排成本因素

企业在生产经营过程中，可以通过各种节能减排措施使得其排放的温室气体数量不超过分配的排放额度，然后将剩余的排放额度在碳市场进行交易，获取经济利益的流入，即该部分剩余排放额度就构成了碳资产评估的交易客体。所以，在评估碳资产价值时，我们需要考虑可以为企业减少温室气体排放而带来剩余碳排放额度的减排设施、技术的成本对碳资产价值评估的影响。

（1）设施投资成本

广义的节能减排设施，可以是治理污染设备也可以是节约能源设备，我们应在具体评估时面对不同行业、企业做出恰当的判断。设施投资成本包括设备机器的购买、运输、安装等直接费用支出，也包括相关的使用权、建筑物、施工设备等间接投入费用。

（2）减排设备运行成本

节能减排设施的正常运行才能使企业减少温室气体的排放，从而获得剩余的碳排放额度产生经济利益。减排设施维持正常工作状态会产生费用支出，包括员工薪酬费用、设备维护保养费用、基本水电费用、管理费用等。

（3）技术投入成本

企业要满足不断削减碳排放量的要求，就会加大技术方面的投入，比如使用新的清洁能源避免温室气体排放，更新高科技生产线提高能源利用效率等。所以技术投入成本包括新能源的开发、节能减排新技术研究、专利权引进、生产技术更新改造所有方面的成本支出，可以是研发人员的薪酬费用、培训费用、研发设备的购买成本、新技术及专利权的引进成本，这些都会成为企业减排支出的重要组成部分。

7.3.1.2　经济发展水平

经济发展水平的不同会影响社会需求，进而影响碳资产交易价格，同时也会在一定程度上影响碳资产价值的评估。经济发达程度增加时，企业的生产规模和投资规模加大，对碳资产排放的需求增加；同时，经济发展水平越高的地区，往往对环境的保护力度越大。所以，经济发达地区的碳资产交易价格一般会高于经济相对落后地区的碳交易价格。

（1）人均 GDP 指标

人均国内生产总值（人均 GDP）是发展经济学中反映经济发展状况的重要指标之一。人均 GDP 可以客观地衡量一个地区经济发展所取得的效益，也是人们认识该地区宏观经济运行情况的一个有效工具。所以人均 GDP 是一个区域经济发展水平的标志，是衡量该地区人民生活水平的标准。

（2）经济增长速度

在经济高涨时期，企业生产规模和投资规模扩大，生产和使用传统能源的企业对碳减排量的需求会大大增加。同时经济增长速度越快，对碳减排量的需求增加也越多。由于国家制定温室气体排放总量有限，碳排放量的供给没有变多，在供给缺乏弹性的情况下，会使得碳减排量相对紧缺，从而导致价格上升。供给与需求两者的关系会直接影响碳资产的交易价格，所以在不完全竞争市场下，经济增长在一定程度上会影响碳资产价值的评估。

（3）单位 GDP 能耗

单位 GDP 能耗是反映经济发展中对能源利用程度的一个指标，能够反映经济结构和能源利用效率的变化。随着产业结构状况、技术设备水平、能源利用效率等方面的差异，单位 GDP 能耗可以作为经济发展综合效益的参考指标，反映经济环境综合效益水平的高低。如果一个地区单位 GDP 能耗较低，则企业对碳减排量的需求相对减弱。

7.3.1.3 环境因素

碳资产具有环境资源的属性，它的产生、发展与环境因素有密切关系。环境的不断恶化直接影响温室气体排放量的控制以及对环境保护治理的要求。同时，极端气候的频繁出现在一定程度上会加剧能源的过度使用，产生大量的温室气体，碳排放市场需求量就会明显增加。由此可见，环境的变化不仅会导致碳排放量供给的减少，也会使得其需求增加，进一步影响碳资产价值的评估。

（1）环境容量水平

环境是一种有价值的稀缺资源，并且具有一定的自我净化能力。环境容量就是指某些人类活动对环境造成负面影响时，该环境区域内对不利因素自我净化的最大容纳量即最大限度的环境自我净化能力。对于碳资产而言，环境容量意味着某一区域内温室气体排放的最大额。由于不同地区间环境污染程度、能源稀缺程度、环境保护力度的不同，会影响对温室气体排放数量的限制。政府会结合环境实际情况、减排目标，在一定时间、空间范围内对温室气体的排放设定一个合理的总上限，即总量控制。如果本地区的总量控制非常有限，那么市场中对碳减排量的需求就会增加，碳资产价格会明显上升。

（2）环境治理水平

根据不同的环境水平、环保力度，对于环境保护治理有不同的要求，环境治理水平反映环境治理的积极性以及对环境质量的要求。环境治理水平越高，对于环境保护投入越多，那么企业碳排放量限制的要求也提高，会增加市场上碳资产的需求量。

7.3.1.4 其他因素

碳资产是一种复杂的新兴资源，是社会环境政策的产物。环境政策的变化、环保意识的提高、不同行业发展的环保需求都会在一定程度上影响碳资产价值的评估。比如环境政策对重化工行业的要求可能更加严格，其对碳资产的需求一般高于其他行业。

（1）政府产业政策倾向

根据经济发展水平的不同阶段以及各行业碳排放量的差异，政府对产业结构的需求有所变化，对不同行业的倾向力度也会改变。王丽梅（2010）认为政府态度的变化会直接或间接影响一个行业的发展，所以不同行业、企业的碳资产价值也会随着具体条件的不同而变化。如果政府对于某行业发展持有积极态度、支持其扩大规模，则该行业的投资会加大、企业会增多，会使得生产经营中需要更多碳资产。

（2）政府环境目标变动

碳资产是温室气体减排下的政策产物，政府减排目标、运作模式等都会影响减排的幅度及架构。如果政府的环境保护要求较高，则会积极研发和推广节能减排技术、实施更多减排政策措施，在相关能耗要求、低碳技术标准等方面会有严格的要求，需要取缔能耗大、工艺设备落后的生产方式从而促进企业向低排放模式发展。政府的一系列行为都会进一步作用于碳资产市场的供给与需求，影响碳资产价值评估。

（3）公众环保意识

随着社会的发展、生活水平的改善，人们的综合素质逐渐提高，对环境保护的态度和生活环境的要求也在慢慢改变，不再只追求物质层次的满足。沈洪满、赵丽秋（2005）认为经济水平的发展、物质条件的丰富都会促进公众环保意识的增强、传统观念的改变。在社会舆论、日常生活中，人们环境保护理念逐渐深入，一些自发的环境保护非营利性机构逐步发展，这些都会在一定程度上影响碳资产市场的价格。

7.3.2　碳资产评估要素

7.3.2.1　要素

由于排放权的价值是基于信用基础建立起来的，因此对碳排放权的评估应该以碳信用为基础。碳资产的范围应该包括碳排放权及其衍生品和项目排放权。要进行碳资产评估，在明确碳资产客体的情况下，还要明确由谁来评估，并确定评估方法以及评估的价值类型。

7.3.2.2　评估主体

按照主体的交易意愿，碳排放交易市场分为自愿和规范两类，这是根据交易双方是自愿还是在某种国家或法律的约束之下进行交易，像芝加哥气候交易所和澳大利亚新南威尔士排放贸易体系就是自愿的，而在京都议定书下履行义务的像欧盟排放体系则称之为规范的交易市场。目前，全球以规范下的碳市场为主。无论哪种，都存在一级市场和二级市场之分，在一级市场中，是国家或政府与排放主体的交易，在这一交易中，政府不是典型的市场参与者，而是行政管理者，而排放主体只是获得了一定量排放额的权利。虽然这不是一个自由交易的市场，但却是形成二级市场的必备条件，因此二级市场受到一级市场的约束。所以，评估主体应该分为两类：一类是基于国家层面的评价部门，针对一级市场的配额情况，来评价其排放总量的供给、免费分配量、公开拍卖价格的合理性等；另一类是在二级市场下，应该由第三方专业机构，譬如资产评估有限公司或碳资产管理公司等，这时的评估就如同目前在活跃市场上所进行的评估业务一样。

7.3.2.3 评估方法

（1）传统评估方法的技术分析

基于碳资产价值影响因素的分析，结合现有的资产评估方法和我国碳资产发展的实际情况，主要介绍收益法、成本法和市场法。

①收益法

收益法是基于被评估资产未来期间可以带来预期收益的预测，选用能反映现实情况的折现率将预期收益进行折现，从而得到评估结果的一种技术方法。收益法主要通过预测投资回报和选用恰当折现率对收益进行折现这两种技术要求，对目标对象的期望产出能力以及盈利能力进行估算，以期得到评估资产的价值。收益法认为资产的内在价值在于未来预期能够产生的收益，并依据这预期收益来评估其交易价值，这样的评估方式从理论上看比较科学合理，获得的评估结果也易于被资产业务各方接受。

运用收益法评估资产的价值的过程中，需确定三个基本要素：一是目标对象在未来期间给资产所有者带来的预期收益；二是恰当的资本化率或折现率；三是目标对象带来预期收益的持续时间。因此，收益法得到的评估结果是否准确可靠的关键在于是否运用科学合理的方法确定上述三个要素。换言之，应用收益法评估资产价值需要满足一定的条件：首先，未来预期收益能够合理预测同时能用货币来衡量；其次，资产拥有者获得收益所承担的风险能够合理预测，并且可以运用货币计量属性；最后，被评估对象预期获利年限能够被预测。

碳资产作为一种新型商品，在碳交易实践活动中仍处于探索阶段，市场相关数据和收益数据难以取得，要准确合理地预计碳资产带来的预期收益以及所承担的风险存在较大的挑战。从预期收益而言，碳资产的预期收益不仅包括通过碳交易直接得到的经济流入，还包括碳资产所带来的协同效应，即间接经济流入，所有影响碳资产预期收益的因素繁多复杂。如果不全面分析各影响因素，会降低评估结果的准确性；如果进行层层分析，则会导致评估成本不经济。因此，如何采用收益法评估具有特殊性质的碳资产仍然值得商榷。

②成本法

成本法主要立足于再次取得同样资产所需要成本的角度来评估资产价值。其基本评估思路是：首先取得被评估资产的重置成本，然后考虑相应的贬值和损耗，最终确定被评估资产的价值。在条件满足的情况下，潜在的投资者在做出投资决定时，愿意为之付出的购买价格不会超过重新购建该资产的现行成本。

成本法的评估主旨始终基于重新购建被评估资产展开的，资产的重置成本是否被潜在投资者和市场所承认接受是运用市场法时应考虑的关键因素。只有当资产能够持续使用并且在使用中可以为拥有者带来经济利益时，再次取得被评估资产的费用才能作为其价值构成的组成部分。

对于碳资产评估而言，重置成本反映的是其在投入过程中能够起到相应用途的价值属性。在考虑成本估算要素时，不仅包括各项耗费的资本成本，还包括另一方面的风险补偿。目前我国碳市场中进行交易的碳资产，大多是企业通过购置节能生产设备、研发清洁生产技术、使用新生能源等方式节能减排而节余的。在估算重置成本时就需要考虑企业在这些治理设备和减排设施上耗费的成本，然而在具体实践中企业减排的方式多种多样，使得合理计算重置成本变得相对复杂；而且很多减排方式是一种智力投入，难以用货币来计量，会造成货币计量出来的成本小于实际投入成本的情况。此外，在运用成本法时还需要充分考虑碳资产所有形式的贬值情况，包括由新技术出现造成的功能性贬值、政府政策变化带来的经济性贬值。对于复杂新兴的碳资产来说，运用成本法评估其价值困难重重。

③市场法

市场法也称为市场价格比较法，是指将被评估资产与公开活跃市场上类似资产的近期交易实例进行比较，根据两者的差异因素对参照实例的成交价格进行量化调整以评估资产价值的一种技术方法。在运用市场法进行评估时，我们的评估程序一般是：首先在公开的市场上找到与被评估资产相同或类似的参照案例；然后对比参照案例，根据两者差异因素进行科学合理的修正，从而得出被评估资产价值。一般的修正因素有交易情况、交易日期、市场因素、个别因素等几方面。在这一评估过程中的参照案例来自市场，同时评估结果也可以接受市场的检验，所以市场法是一种简单有效且具有说服力的评估方法。

由此可见，运用市场法的关键在于选择相类似的交易案例，建立恰当合理的可比因素修正体系和修正标准。但是由于碳资产是新兴复杂的资产，其交易价格会受地区经济、行业结构、社会因素、环境情况等多方面的影响，对可比案例的差异修正存在一定的难度，如果像传统资产一样仅从交易情况、交易日期、市场因素、个别因素这几个方面进行修正不能完全体现其实际价值。另外，在进行因素修正时，一般依据主观经验判断来进行定性分析，这会使得最后的评估结果存在较大的偏差。

（2）价值类型评估法

在评估一项资产时要根据评估目的确定价值类型。目前，国际评估准则以及中国评估准则都以列举的方式给出了几种价值类型：市场价值、公允价值、投资价值、协同价值等。

在碳排放权的会计计量中，我们看到其初始计量一般都是采用成本方式，而后续计量既有公允价值、市场价值之说，也有重估价值之说。当碳排放权在市场上作为资产交易时，一定也有其他价值类型，譬如投资价值 。同样，应该根据评估目的、市场条件和碳资产的状况来确定价值类型。

（3）碳排放权的会计处理

①历史成本计量

历史成本是其他种类的资产在进行相应的会计处理以及计量中最常使用到的计量属性。在历史成本计量属性下，将在购置资产时所实际支付的现金或现金等价物的金额，或是将企业在购置该资产时所付出的对价的公允价值作为该项资产的计量金额。通过阅读大量碳资产相关文献，笔者发现很多学者都将碳排放权确认为无形资产，并且在讨论碳资产时都只是探讨了碳排放权，他们认为碳排放权被确认为无形资产是合理的，并且应当采用历史成本来对其进行计量。他们认为，当一项碳资产被确认为无形资产时，该项碳资产的初始成本即为企业为获得该碳资产时所支付的购买价款。这里的购买价格是指在碳交易市场上进行能够在公平自愿的前提下交易双方所形成的成交价格。同时在双方进行交易时必须具有某种形式的交易凭证，获得资产的一方便以交易凭证为依据对其获得的碳资产初始确认。以往学者认为以该项价格作为取得该项碳资产的成本进行入账是合理而又可靠的。但只针对于将碳资产确认为无形资产时，其计量属性采用历史成本，这种观点是不全面的。企业的碳资产有低碳设备、碳汇、碳排放权以及低碳技术等，无论企业是以支付银行存款，还是非货币性资产交换等方式取得碳资产，该项低碳设备的入账价值都应采用历史成本。

虽然采用历史成本这一计量属性具有一定的合理性和可靠性，但是仅仅只将历史成本作为企业碳资产的计量属性也是存在一定缺陷的。在碳交易机制日益发达的低碳经济时代，碳资产的价格是经常波动的，相同的碳资产在不同的时期取得其成本具有极大的差异性，如果仅仅以历史成本作为碳资产的计量属性，则企业的碳资产价值就会失真，企业的财务报表上也无法真实反映出企业所持碳资产的价值，因此无法做出正确的节能减排方针政策。另外，本书上述章节在对企业的碳资产所作分类时，将其分为了配额碳资产和非配额碳资产，当企业获得政府的配额碳资产时，要么企业是无偿获得该项碳资产，要么企业在取得该项碳资产时只付出了极其少的现金或其他形式的成本。这就意味着，在企业取得该项碳资产时如果按照历史成本来进行计量，那么企业的该项碳资产的价值就为零或者极低，就不能对其价值进行可靠准确的计量。

②可变现净值计量

可变现净值就是以该项资产在未来的预计销售价格扣除为了使该资产达到可销售状态时所发生的一切加工及其他相关成本及税费后的净额。在这一计量属性下，碳资产依据其能在交易市场上正常出售所能获得的现金或是其他形式收益的金额，扣除碳资产在进一步加工环节和其在销售环节所必须产生的相应成本以及相关税费后的净额作为该项碳资产的计量金额。

以往文献中大量作者认为当碳资产被划分为存货时，则该碳资产则应该采用可变现净值的计量属性，对于被列为存货的可变现净值则其在期末计量时应采用成本与可变现净值孰低计量。与传统会计中的资产一样，当碳资产的可变现净值低于其成本时，则表明此项资产预计未来会给企业带来的经济利益低于该项资产的账面价值，因此应将该项碳资产的可变现净值低于其账面价值的部分从该项碳资产的账面价值中扣除，计入当期损益。若不将其可变现净值低于账面价值的份额计入当期损益，则会出现虚计碳资产的现象，使企业为节能减排所付出的成本及其收益缺乏准确性。这一处理方法也是符合会计几大重要原则中的谨慎性原则。

虽然这种计量属性具有一定的优点，但该属性也存在一定的缺陷。若企业取得某项碳资产的目的不是为了在企业的日常生产经营活动中消耗，而是为了进行投资，在无论国外碳交易市场还是国内碳交易市场都日益发达完善的当今，碳资产在碳资产市场上的价格经常波动，碳资产在不同交易日的市场公允价值将具有极大的差异性，如果仍旧采用可变现净值计量属性，首先会使得企业所反映的碳资产的相关公允价值失去及时性，影响管理者的实时决策，其次在企业的投资活动中也无法反映碳资产的相关价值变动，以此影响了企业财务状况的真实性。因此，在对企业的碳资产进行计量时也不能单一采用可变现净值计量属性。

③公允价值计量

公允价值是指交易双方在交易市场上进行交易时，在公平以及自愿的原则上双方所达成的协议价格。根据公允价值的定义我们便可知道，只有当企业能够及时可靠地取得资产的公允价值时，才能使用这种计量属性。基于合理的市场预期，此时碳资产的公允价值才是真正的价值。低碳经济作为当代一种新型的经济发展模式，无论是国际还是国内都出现欣欣向荣之势。从表 3.1 和表 3.2 可以看出，当今不管是我国的碳交易市场还是国际碳交易市场都已经初具规模并且迅速发展，碳资产公允价值的持续可靠取得将得以实现。在国内外碳交易市场逐步发展的经济背景下，我国已经有了利用公允价值对其所持有碳资产进行计量的前提条件。

这种计量属性也存在一定的缺陷。因为企业取得碳资产的目的是因企业而异，也是因碳资产而异。有些企业取得碳资产是为了投资，在一定时期内获利，比如企业从碳交易所为近期内交易获利而购买的碳排放权，犹如传统会计中企业购买交易性金融资产就是为了在短期内将其在金融市场上进行交易而获利。企业购买的某些碳资产则是为了企业在正常的日常生产经营活动中耗用，比如企业为节能减排而购买的低碳设备，以及为弥补日常生产经营耗用而买的碳排放权。我们可以看出，如果企业购买碳资产的目的是为了在日常生产经营活动中所耗用，以此来满足该企业在生产活动中排放二氧化碳的需要，那么该项碳资产的成本应当具有可靠性，从而为管理者作出正确的决策提供充分可靠的依据。若将以耗用为目的而拥有的碳资产按照公允价值进行计量，那么在国内外碳交易市场都逐步发展的当今，其公允价值可能会随时变动且发生较大的变动，从而导致在计算企业耗用碳资产所产生的成本时具有极大的波动性，无法准确衡量企业为节能减排所付出的相应成本。

综上所述，不管是历史成本计量属性还是可变现净值计量属性或是公允价值计量属性，它们都存在着一定的缺陷性，比如历史成本计量属性虽然能够可靠地计量企业有偿购得的碳资产，但是在计量企业无偿取得的碳资产或是以明显低于其价值的成本所取得的碳资产时缺乏准确性。虽然我国的碳资产已然满足使用公允价值计量属性的前提，但是对于在企业日常生产经营活动中耗用的碳资产，该计量属性的运用又有失合理性。所以，在对企业减排日益重视的如今，更应该提高企业碳会计核算准确性，对企业碳资产计量属性不能选择一种计量属性，企业应根据自身碳资产实际情况进行合理准确的选择。

7.3.2.4　碳资产的估值过程计量

（1）碳资产的初始计量

碳资产在进行初始计量时应按照该项碳资产的实际成本进行计量，即以企业取得该项碳资产直到该碳资产能够达到预定用途而发生的全部支出，作为企业取得碳资产的初始成本。根据碳资产的来源不同，取得的方式不同，碳资产的初始计量也不同。

①配额碳资产的初始计量

对于企业拥有的从政府无偿取得的配额碳资产，就应该在传统会计中政府补助相应处理原则进行初始确认和初始计量。“政府补助是指企业从政府无偿取得货币性资产或非货币性资产，但不包括政府作为企业所有者投入的资本。”

从政府补助的定义可以看出，要将一项碳资产列为配额碳资产需要满足以下两个条件：首先是无偿性，即企业取得该项配额碳资产是不需要企业付出现金或是现金等价物的；其次是该项碳资产不是政府对该企业的资本性投入。企业的配额碳资产是政府分配给企业的一项资产，是企业从政府无偿取得的非货币性资产，是能够直接取得的，并不是政府的资本性投入。企业得到政府分配的碳资产符合政府补助的定义和特征，应该将该项碳资产作为政府补助，根据《企业会计准则第 16 号——政府补助》对该项碳资产进行初始确认以及初始计量。

②减排碳资产的初始计量

减排碳资产是指企业通过自主积极参与节能减排项目（目前最为常见的项目就是森林碳汇）在吸收了空气中的温室气体或是减少了温室气体排放之后，经过相关专业机构认证核准之后的碳排放权。由于企业自主投资的节能减排项目从其计划到建设再到该项目建设完成产生节能减排效用，并且被专业认证机构核准认证，是需要一个相对较长的期间的，应当将企业在该减排项目中投入的人力、物力以及财力等与该项目的其他成本、费用计入该碳资产成本中，以该节能减排项目的使用寿命依据进行分摊，将每年分的金额作为自主减排碳资产当期的成本计入“碳支出”的。

③外购碳资产的初始计量

对于此种类型的碳资产，其初始成本应当包括购买该项碳资产时所支付的购买价款、相关税费以及发生的其他让其达到预计可使用状态的相关费用。若外购碳资产是属于低碳设备，则其初始成本还包括与该项碳资产相关的运输费、安装费以及其他相关费用等。企业的碳资产包括低碳设备、低碳技术、碳汇以及碳排放权等，对于低碳设备和碳汇这类碳资产则需要明确另外一个问题——达到预定可使用状态。企业通过外购所获得的碳资产是否已经可使用，应该根据实际情况进行具体分析。若企业购入的碳资产是无须安装便可直接使用的低碳设备，在企业购入该低碳设备后便可即刻发生节能减排的效用，那么该项低碳设备从企业购入时起便已经处于可使用状态。如果企业购入的低碳设备只有在安装调试后才能达到节能减排的效用，其中某些资产属于碳资产，某些资产不属于碳资产，那么此时应将符合碳资产确认条件的纳入碳资产核算，并且根据各类资产的公允价值占总的公允价值比重来对取得该组资产所付出的总成本进行分摊，最后根据各单项碳资产所分摊的成本确认为该碳资产的初始成本。

④投资者投入的碳资产

对于此类碳资产，应当按照双方拟定的投资合同或是双方在自愿平等基础上确定的协议价值确定该项碳资产的初始成本。若是有关该项碳资产的投资合同或是协议约定价值不公允，就不能按照双方拟定的投资合同或是双方在自愿平等基础上确定的协议价值来对碳资产进行初始确认，此时则应按照该项碳资产的公允价值作为其入账价值。

（2）碳资产的后续计量

对于低碳设备、碳汇以及低碳技术等碳资产的后续计量可以借鉴传统会计中的固定资产、生产性生物资产以及无形资产等的后续计量方法，因为从本质上来说这些碳资产本质上仍属于固定资产、无形资产等，只是为了让企业在低碳经济时代能清晰明了地反映出企业为节能减排所付成本以及所得收益，才将这些碳资产单独列示。

通过非货币性资产交换所获得的碳资产，即企业以存货、无形资产、固定资产及其他形式所取得的碳资产。如果在该项交换中，企业为取得该项碳资产还另外支付了补价，则其初始成本即为企业为获得该项碳资产而换出的某资产的公允价值与企业为取得该碳资产而支付的补价以及为取得该碳资产所支付的有关税费之和；若企业在进行非货币性资产交换时收到补价，则应该将其换出资产的公允价值减去其收到的补价再加上支付的相关税费，作为该项碳资产的成本。

碳排放权的后续计量，应该根据企业持有碳排放权的目的进行区别计量。

①为了在企业生产中耗用而持有的碳排放权——采用成本模式进行后续计量

对于被政府强制纳入节能减排体系的企业或者自愿申请节能减排的企业来说，其在日常生产经营活动中有碳资产消耗，由于碳资产要在其生产经营活动中产生消耗，对碳排放权的消耗则应当纳入企业当期成本中，所以对于该类企业持有的碳排放权要采用成本模式进行后续计量。成本模式计量就是依据碳排放权的历史成本进行后续计量。由于碳排放权与其他碳资产相比较而言具有另外一个特殊属性——可透支性，这一属性就导致企业在生产经营活动中耗用碳排放权时，出现企业透支碳排放权的情况，比如：政府当年给某企业的配额碳排放权是 1 000 吨，这 1 000 吨便属于企业的配额碳排放权，但可能会出现企业当年实际排放量为 1 500 吨，那么其中 500 吨的差额便是企业所透支的碳排放权。在企业生产活动中耗用的碳排放权可借鉴企业存货发出计价方法，存货发出计价方法有先进先出法、移动加权平均法、月末一次加权平均法和个别计价法。基于碳排放权可透支性这一特性，对于以企业在生产经营活动中耗用为目的的碳排放权可以采用在移动加权平均法基础上进行改良后的特殊移动加权平均法。

碳排放权的移动加权平均法即将碳排放权可透支性这一特性纳入传统移动加权平均法。当企业每次新购进碳排放权时，就重新计算一次该企业碳排放权的单位成本，以此成本来核算企业在新购进排放权之前所耗用碳排放权的成本。具体为，将每次企业新购进的碳排放权的成本加上新购进之前企业剩余碳排放权的成本或是企业透支的碳排放权的成本（此时为负数），除以新购进碳排放权量加上新购进前企业剩余的碳排放权或是减去新购进碳排放权之前企业所透支的碳排放权量，据以计算企业碳排放权的加权平均单位成本，作为企业在下次新购进碳排放权前企业所耗用的碳排放权成本。计算公式为：

碳排放权的单位成本 = 原有剩余（或透支）碳排放权成本 +
本次新购进碳排放权成本 /
原有剩余（或透支）碳排放权 +
本次新购进碳排放权
(7.1)

本次耗用碳排放权的成本 = 本次耗用碳排放权量 × 碳排放权的单位成本 (7.2)

本期剩余碳排放权成本 = 月末剩余（或透支）碳排放权量 × 碳排放权单位成本 (7.3)

将以改良后移动加权平均法计算出来的当期耗用的碳排放权的成本计入企业当期损益。

②企业为了投资而持有的碳排放权——采用公允价值计量模式

并非所有的企业持有碳排放权都是为了其在生产经营活动中耗用，有些企业持有碳排放权是为了进行投资。目前我国已经成立了北京、上海、广州、深圳、湖北、重庆、天津碳交易所，国内的碳交易机制日渐完善，与已经发展逐渐成熟的金融市场一样，在碳交易市场也可采用投资方式获利。由于碳排放权投资性的存在，使得某些企业在碳交易市场上出售以获得经济利益为主要目的而持有的碳资产。由于企业持有该碳排放权的目的不是为了在企业生产经营活动中耗用，是为了在碳交易市场上出售以获得经济利益。所以，在具有活跃碳交易市场的条件下，其计量方式类似于一种金融工具，应当对此类碳排放权采用公允价值模式进行计量。碳排放权采用公允价值模式进行后续计量，不用集体折旧也不用摊销，应当以资产负债表的公允价值进行计量。碳资产的公允价值与其账面价值之间的差额，计入当期损益。

（3）碳资产的折旧与摊销

碳资产的折旧与摊销就是在碳资产的预计使用寿命内，依据相应的方法将碳资产的原价扣除该项低碳设备的预计净残值，并且对有减值准备的碳资产扣除其减值准备后的金额进行合理准确的分摊。在对碳资产进行折旧或摊销时应该考虑到影响低碳设备折旧的几大要素：碳资产初始成本、预计净残值、减值准备及其使用寿命。在选择该碳资产的摊销方法时，应该根据该项碳汇为企业带来经济利益的实现方式决定。

在对碳资产进行分类时，将低碳设备划分为传统固定资产，碳汇为生产性生物资产，低碳技术划分为无形资产，虽然它们与传统资产相比具有节能减排性，但是它们本质上仍然为传统资产的类别，故我们在对其进行折旧与摊销时可以借鉴传统资产的方法。那么对于碳资产的折旧与摊销便可以采用年限平均法、工作量法、双倍余额递减法以及年数总和法，应该注意的是在碳资产采用工作量法时，此时的工作量是指该碳资产能为企业减少的二氧化碳排放量，或是能为企业带来的核证吸收二氧化碳量。这是碳资产采用工作量折旧法与传统工作量法的区别。企业应该考虑到本企业低碳设备的实际情况采用适合企业的折旧方法。企业一旦选择任何一种摊销方式，不能随意更改。对于企业碳资产的折旧与摊销，应当计入企业当期损益（即碳支出）。

（4）碳资产的后续支出

碳资产的后续支出即为碳资产已经登记入账后，企业在生产经营中持有该碳资产时产生的与该项碳资产相关的其他支出（更新改造支出以及修理费用等）。其核算内容包括在原有低碳设备基础上进行的改建扩建、改良支出以及修理、装修支出，核算方法应根据具体情况分别列入资本性收入的有关科目和当期费用。具体来说应当依据支出效用是否有利于延长碳资产寿命或是使这项碳资产预计在未来期间内为企业带来的经济利益超出了原来的预估值，则应该将在其持有期间发生的相关费用资本化，将其计入该项碳资产的成本。如果企业在持有碳资产期间发生的后续支出，并没有对企业持有的该项碳资产发生实质性的变化，比如既没有延长碳资产的使用寿命，也没有提高企业在持有碳资产期间的节能减排量，那么对于这类费用，应当直接将其计入企业当期损益。如果企业在持有碳汇期间发生的后续支出，并没有对企业持有的该项碳汇发生实质性的变化，比如既没有延长碳汇的使用寿命，也没有提高企业在持有碳汇期间的二氧化碳吸收量，那么对于这类费用，应当直接将其计入企业当期损益。

（5）碳资产的处置

当碳资产处于以下两种条件之一时，应当对该低碳设备终止确认：首先当该项低碳设备处于出售、转让、报废或毁损、对外投资、非货币性资产交换以及债务重组等时；其次当该项低碳设备无论是运用于企业的生产经营还是用于出售都不能给企业带来任何形式的经济流入时。当碳资产满足上述任何一条件时，都应当对其予以终止确认。企业出售、转让、报废碳资产或是发生碳资产毁损，其无法再为企业带来经济利益的流入，则不再符合碳资产的确认条件，应当将其报废并予以转销。在处置该项碳资产时，应当将处置该项碳资产的处置收入扣除该项碳资产的账面价值以及相关税费后的余额计入当期损益。在进行碳资产处置时应当注意，在处置该碳资产时可能会发生一系列清理费用，这时在核算计入当期损益的金额时，应当扣除发生的清理费用。同时，在处置该碳资产时也可能会因为企业出售残料获得收益，此时应在核算计入当期损益金额时加上此项金额。

7.3.3 碳资产管理

（1）强化碳审计，减少碳交易信息的不对称

真实可靠的碳交易信息既是维持与平衡碳交易市场价格的保障，同时又是维系交易双方长久合作的基石。但是，企业的最终目标是为了实现自身利益的最大化，这就导致市场上各利益相关者竞相逐利的现象。有些企业为了减少生产成本，使企业低碳生产的机制形同虚设，市场信息的不对称性引发了碳交易价格的不公平。因此，若想保证碳交易信息的真实性与可靠性，市场上就需要引入与建立审计鉴证机制，促进碳交易信息的验证，并监督公司实际碳资产的交易。随着碳交易市场的发展，评估各利益相关方的关键指标是碳资产管理社会责任报告是否为认证报告。也就是说，经过碳审计的公司更有可能获得利益

相关方的关注。但在进行碳审计的过程中仅仅靠国家监管部门的力量来辨别企业社会责任报告真假难度较大，因而社会审计（即注册会计师审计与社会公众的监督与检举）在碳审计过程中也起着难以替代的作用。作为独立的第三方机构，注册会计师具有客观公正的社会形象，准确的碳审计专业知识和丰富的咨询服务经验等优势，可以确保碳交易相关信息验证的顺利完成。社会公众的力量也不容小觑，公众可以对企业存在碳超标现象举报相关监管部门，通过强化政府审计与社会审计的有机结合，减少碳交易市场的信息不对称。

（2）创新碳业务，如碳预算和碳核算，以提高企业声誉

从战略创新的视角来看，碳资产管理的过程是动态变化的，创新碳资产业务显得尤为重要。随着绿色发展观念的盛行，碳资产管理理念深受企业关注，如沃尔玛、戴尔、IMB 等都要求供应商对碳信息进行披露，碳信息披露不仅是企业承担社会责任的表现，更体现了企业的碳风险的管理能力。如果供应商未能及时披露碳资产，他们会仔细考虑重新选择供应商。通过创新碳资产管理业务的方式，企业既可以实现技术创新，还能实现产品创新和业务模式创新，进而提升企业的声誉。

（3）引入金融机构参与碳资产管理业务，放宽金融机构碳交易市场准入

首先，由于银行等金融机构在资产管理及金融产品开发等方面具备丰富的管理经验，而银行等金融机构通过开发与创新碳金融产品能够起到活跃碳交易市场、平衡碳价波动的重要作用，它可以进一步提高碳交易市场的流动性，并增加碳交易公司的参与意愿 。然后，银行等金融机构雄厚的资金优势可以降低碳交易过程中由于企业资金不足而出现的流动性风险，从而保证企业碳资产管理业务的顺利开展。此外，银行等金融机构可以通过自身经验最大限度避免资产管理过程中的信用风险。金融机构的碳资产管理业务有助于降低管理流程中的流动性风险和信用风险。

（4）规范碳核算，为碳资产管理提供经济计量基础

通过碳盘查可以实现企业碳资产的技术计量，而碳资产的价值计量可以通过碳会计来进行。由于涉及碳交易的碳排放交易公司或相关公司没有统一的碳资产交易处理标准，为了实现碳会计信息的可比性原则，迫切要求政府和其他有关部门规范统一的碳交易会计制度和规定。与传统会计相比较，碳会计能够为企业碳会计决策提供大数据依据，实现碳交易过程中对于碳资产与碳负债等

的确认与计量。同时，碳资产的确认和计量将有助于提高企业会计信息质量，以及环境管理的细化和系统化水平。以碳会计为理论基础的碳审计、生态补偿机制、环境监督等环节，将在绿色发展理念及生态文明建设中发挥指导作用。

（5）实施碳预算，以建立碳资产管理的战略目标和预算计划

“碳预算”源于全球和国家碳预算，即核算一个国家乃至全球在一定时期内允许排放到大气中的碳量，如果将“碳预算”理念扩展到企业管理的层面，企业不仅要关注销售，采购，生产和盈利等个别预算指标，还要求企业必须明晰企业自身发展的“碳足迹”。与传统预算相比，碳资产的战略预算的优势在于：第一，战略预算具有全局性与可持续发展性，它要求企业必须考虑环境风险因素，提高碳资产利用效率，优化配置碳资源，不断提升碳资产管理水平；第二，战略预算可以将财务指标和非财务指标结合起来，还可以将企业减排、履行社会责任等的非财务指标纳入企业的战略预算；第三，战略预算更为宏观，涉及企业内外部因素，同时还包括了国际和国内的环境政策走向的预估，企业可以以政策制度作为保障来适时调整自己的碳战略预算；第四，碳战略预算能够充分发挥碳预算绩效评估的功能，有利于激励和约束企业员工和部门共同践行节能减碳，提高碳资产管理效益水平，实现企业的绿色、低碳、可持续发展。因此，企业必须将碳减排、碳交易和碳风险等因素综合考虑在预算范围内，进一步完善和发展企业的碳资产战略预算管理。

7.4 航运碳资产交易的收入与成本

7.4.1 国内外对航运碳交易的推动

从国际海事组织（IMO）第59届海环会（MEPC）开始，IMO试图利用市场机制进一步推动海运温室气体减排的意向不断加强。以丹麦等国提出的海运温室气体基金机制（UHU FUND）以及挪威、英国、法国、德国提出的海运温室气体排放交易机制（ETS）是其中2个代表性机制，见图7.6。

另外，欧盟委员会发布声明称2013年将引入一项针对航运业的措施，用于监控、核查和报告航运业的温室气体排放。上述措施是建立未来可能的市场机制的第一步，这些市场机制包括将航运业纳入欧盟碳排放交易体系。

对我国航运业来说，欧盟有一个类似的“豁免条款”，即我国若能在欧盟

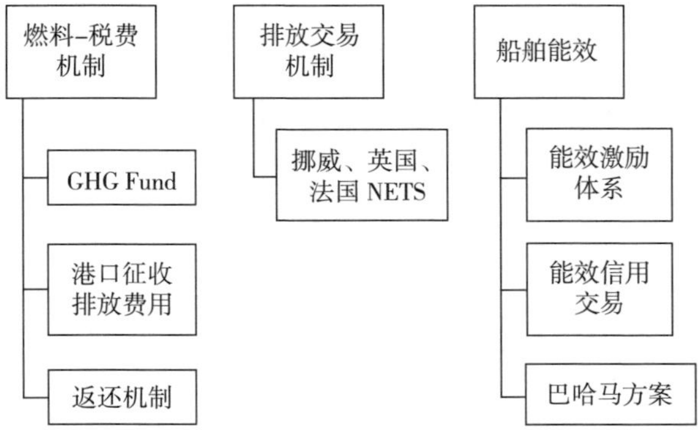

图 7.6　航运碳排放交易机制

征收航海碳税之前先行设立自己国内的碳排放交易体系，则欧盟将不再把我国的航运业纳入欧洲的碳排放交易体系。将试运行碳交易或碳税二者之中的一种模式。正因为存在着这样的“豁免条款”，交通运输部正在组织相关科研院所开展研究，对不同市场措施的利弊进行研判，并考虑先在国内航运业内部试运行碳交易或碳税二者之中的一种模式。

2011 年 6 月交通运输部《公路水路交通运输节能减排“十二五”规划》中提出，探索碳排放交易、清洁发展机制（CDM）等在交通运输领域的应用。另外，交通部在《绿色循环低碳交通运输省份、城市、公路、港口考核评价指标体系（试行）》的通知在节能减排市场机制推进中指出：指标是指节能减排相关的市场机制，如碳交易、合同能源管理、清洁发展机制、能效认证、领跑者制度等方面发展情况。考核依据是在各城市交通运输主管部门查看合同能源管理项目、清洁发展机制项目、碳排放交易试点项目材料和车船能效及碳排放认证等市场机制推广相关材料。

7.4.2　航运碳资产交易收入的获得过程

航运碳资产是航运企业拥有或控制的，可能带来未来经济利益的，与温室气体排放有关的各种有形或无形的碳资源。即指在设定基准排放量后，企业由于实施有助于减排的项目而减少的碳排放量，包括船舶生产和服务、国际海上运输和服务、内河运输和服务、港口及其服务等相关产业的碳资产。航运业低碳各类投资不仅投资巨大，且相关产业链较长。

从航运企业管理角度看，碳资产贯穿于企业产品生命周期的整个过程，是物质流和价值流的统一体。由图 7.7 可知，投入端的航运碳资产是产生直接和间接碳排放的来源，碳核算、鉴证和报告是管理碳排放不可或缺的环节，碳配额的交易则是整个碳资产管理的一种调节手段，发挥着降低履约风险，减少碳成本的作用。

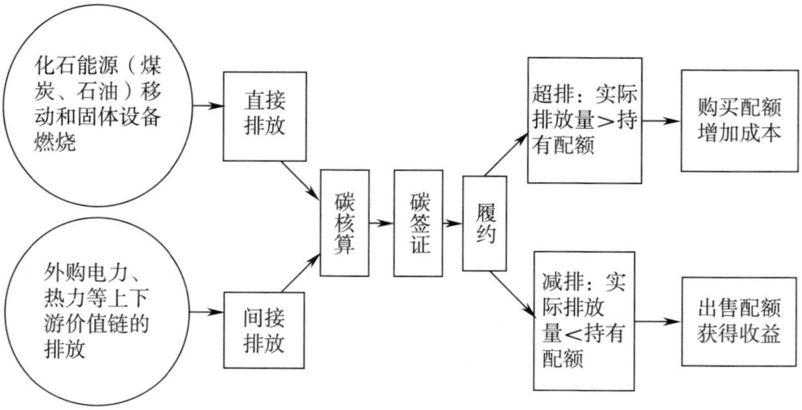

图 7.7　航运企业全生命周期的碳资产管理

7.4.2.1　航运碳交易收入

（1）一般企业低碳节能收益构成

结合经济学以及环境会计学对收益的定义，我们认为，低碳经济发展战略下航运企业低碳节能收益是指一定经营期间的企业经营收益，包括财务收益和非财务收益（无形收益）。财务收益可以用货币计量，是直接收益，而无形收益通常难以用货币计量，是间接收益。

表 7.5　　　　航运企业环境收益构成

项目分类	收益界定	金额
直接收益	经营环境资源产品产生的收益	
	废水、废气、废渣“三废产品”再生利用所带来的收益	
	环境治理的咨询服务收入	
	国家颁发的环保贡献奖金	
	税收减免收入	
	获得银行低息或无息贷款所得收入	
	政府所发环保补助	
	其他直接收益	

续表

项目分类	收益界定	金额
间接收益	员工环保意识增强	
	企业社会形象提升	
	促进社会就业	
	改善工作生活环境	
	减少因环境带来的疾病	

资料来源：张欣，史英明．航运企业环境成本计量与核算［J］．经营与管理，2012（3）．

（2）我国航运碳减排的界定

关于航运碳排放计算交通部已做出了规范，在《绿色循环低碳交通运输省份、城市、公路、港口考核评价指标体系（试行）》（2013 年 12 月 19 日）文件中，对船舶、港口碳排放及其计算进行了规范。

①营运船舶单位运输周转量二氧化碳排放

指标定义：指评价地区在用营运船舶完成单位周转量实际平均排放的二氧化碳量。

计算方法：营运船舶单位运输周转量二氧化碳排放 = 营运船舶二氧化碳排放/营运船舶运输周转量。

②港口生产单位吞吐量二氧化碳排放

指标定义：指评价地区沿海及内河港口完成单位吞吐量实际平均排放二氧化碳量。

计算方法：港口生产单位吞吐量二氧化碳排放 = 港口生产二氧化碳排放/港口吞吐量。

根据第二部分船舶、港口吞吐量与消耗标准煤折算系数、各能源折算 CO_2 排放量以及结合上述公式，预测水运货物周转量和航运碳排放量。

7.4.2.2　航运碳减排与交易收入

作为航运企业低碳节能的收益主要为直接收益和间接收益。不同类型的减排效益涵盖了如改善能源结构、提高能效和提高运输组织效率等多个目的，见图 7.8。本章节研究港口与航运公司（船舶为主体的）节能减排的收益，主要分析内容见表 7.6。

从我国沿海地区碳减排的实施效果看，如果按减碳途径划分，提高水路运输组织效率的项目占主体地位，约有 77% 的 CO_2 减排量来自该类项目；提高能效的项目次之，约占14%；改善能源结构的项目减排量最小，约占9%（见图7.8）。结合相关资料分析，其原因主要在于项目实施的规模、技术经济性等。从首批试点城市方案总体来看，水陆运输组织优化类项目通常规模较大、成本效益较高，投资19 700万元，可实现CO_2年减排量25 000吨，成本效益比约为1.3吨CO_2年/万元。

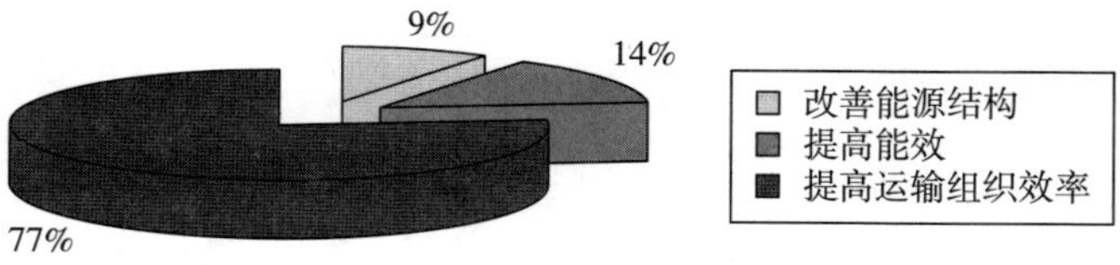

图7.8　不同类型项目的减碳效益占比

如果考虑未来碳交易收入的角度，则船舶低碳减排收入包括运输过程节能获得收益、港口停靠卸货节能收益、减少碳排放获得交易收入；港口低碳减排收入包括节能收益、减少碳排放获得交易收入。见表7.6。

表7.6　航运节能减排收益来源

<table>
<tr><th>项目</th><th colspan="3">内容</th><th>说明</th></tr>
<tr><td rowspan="5">船舶</td><td colspan="3">一、运输过程节能获得收益</td><td rowspan="7"></td></tr>
<tr><td rowspan="3">二、港口停靠卸货节能收益</td><td>远洋运输船舶</td><td rowspan="3">使用岸电减少的碳排放量收益
使用岸电后减少的用油获得的收益</td></tr>
<tr><td>沿海运输船舶</td></tr>
<tr><td>内河运输船舶</td></tr>
<tr><td colspan="3">三、减少碳排放获得交易收入</td></tr>
<tr><td rowspan="2">港口</td><td colspan="3">一、节能收益</td></tr>
<tr><td colspan="3">二、减少碳排放获得交易收入</td></tr>
</table>

其中，按照国家明文规定并执行相关政策，我国船舶直接体现的可以以货币进行计量的低碳减排收益，即直接收益。主要包括财政补贴收益和企业节能收益。见表7.7。

表 7.7　　我国船舶、港口环保直接收益

主体	财政补贴收益	企业节能收益
船舶运输企业	（1）远洋老旧船报废更新 （2）沿海老旧船报废更新 （3）内河船舶油改气，新建 LNG 动力船	（1）船舶靠港使用岸电后减少燃油支出后的收益 （2）船舶运输过程节能收益
港口企业	（4）内河港口泊位低碳节能技改补贴收益 （5）沿海泊位低碳节能技改补贴收益 （6）龙门吊油改电补贴收益	（3）港口生产低碳节能收益

其中，船舶靠港使用岸电后减少燃油支出后的收益，是指为了改变船舶靠港期间通常采用船舶辅机发电的情况，提供船舶设备、人员生活的正常用电，因船舶发电机组存在功率小、综合效率低、有害气体排放量大、噪声污染严重等问题，采取通过岸电技术或岸电供船，即集装箱船、油轮、客轮等船舶到港挂靠码头后，根据当地港口法规，立即关停船用发动机，用电缆线插座接通港口码头上的供电设施链，船舶供电线路与岸电联网，此时船舶的照明、空调、设备等一切用电均由船岸提供保障，直至船舶离港。这项技术也称“油改电”技术。靠港船舶使用岸电，能有效降低船舶污染物排放，大大降低整体环境污染排放指标，对于减轻港口地区空气污染、提升环境质量具有重要意义。

低碳节能经济下航运企业的收益有两个特征。

（1）收益的长期性

企业实施循环经济发展战略的长期性是指企业进行清洁生产后，经济收益将表现出长期性特点，即在运用初期由于清洁生产系统运行边际成本较高，运用成本较大，经济收益极为有限。但随着清洁生产的不断进行，边际成本逐渐降低，运行成本必然降低，经济收益提高，并显示出实施循环经济发展战略、进行清洁生产带给企业的竞争力是非常强大的。

（2）收益的不确定性

企业收益不确定性是指在实施循环经济发展战略过程中受到各种风险因素的影响以及评估方法等选择不同，导致收益估算存在着不确定性。由此测算出的经济收益当然难保其可靠性，存在着一定的风险。

7.4.2.3 航运碳减排的成本

（1）船舶减排采取的技术和操作措施

目前，国际航运业全过程至少受以下方面因素影响，导致减排压力巨大。首先是日常航运过程中温室气体排放，新船制造过程中的排放、船只解体后的处理问题等。从减排技术的相关成本看，挪威船级社（DNV）根据相关资料和行业数据对船东进行的能效研究，同时也参考了自身的研究成果和技术展望，DNV 绘制了减排曲线（如图 7.9 所示），根据减排曲线总结了 2030 年世界船队实现减排可采取的技术和操作措施。

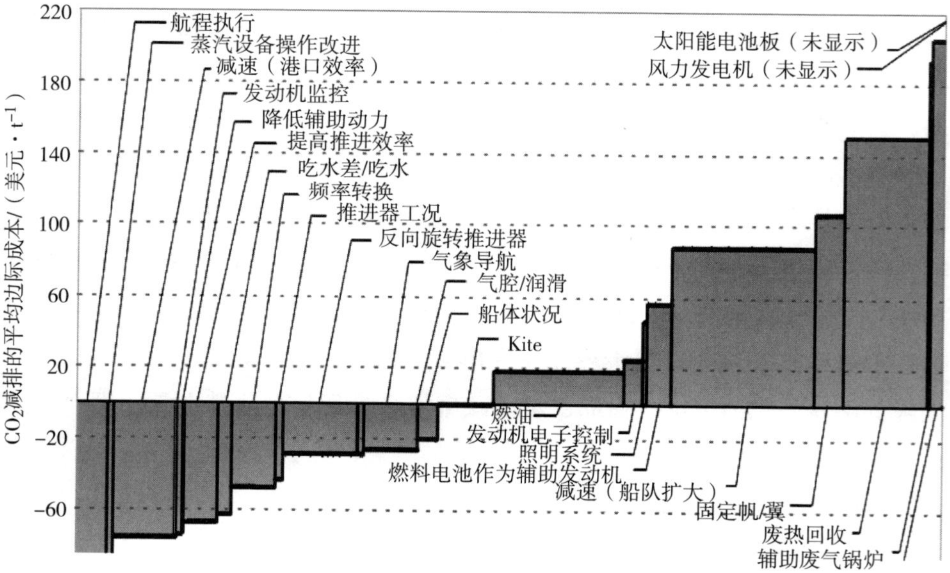

图 7.9 挪威船级社（DNV）航运技术减排的相关措施和边际成本

这项分析一共涉及了 25 项不同的措施，其中 17 项是技术措施，8 项是运营措施。这项研究采用国际海事组织（GHGS）研究提出的船队模型作为 2008 年的基线，分析得出世界船队在 2008 年的二氧化碳总排放量是 9.25 亿吨，采用 DNV 的情景模型预计 2030 年的基线排放量是 15.3 亿吨，因为考虑到世界船队在这期间会大幅扩张。

图 7.9 的条形柱的宽度代表了与基线情景相比的全球船队的 CO_2 减排潜力。条形柱的高度代表了实现每吨 CO_2 减排的平均边际成本（假设已经采取了其左边的所有措施）。图 7.9 所显示的边际成本是各种船舶（各类船型）的

平均成本。该图从左向右是按每吨 CO_2 的减排成本顺序排列的。在采取了一种措施后，其他措施的效果就会下降，因此应首先实施成本效益最高的减排措施。

（2）我国航运业减排成本

我国的航运企业都具有社会责任意识，也积极履行环保责任，但是环保成本巨大，收益有限。

①航运业整体减排成本的界定

从环境会计学的角度，对环境保护投入的成本主要包括固定成本和变动成本，见图 7.10。固定成本包括固定设备成本支出、固定管理成本支出、固定销售成本支出、固定财务成本支出。由于我国航运业可以直接获得数据和体现的主要是固定成本中的设备支出等，因此本章主要研究与分析预测航运业（船舶、港口）的固定成本。

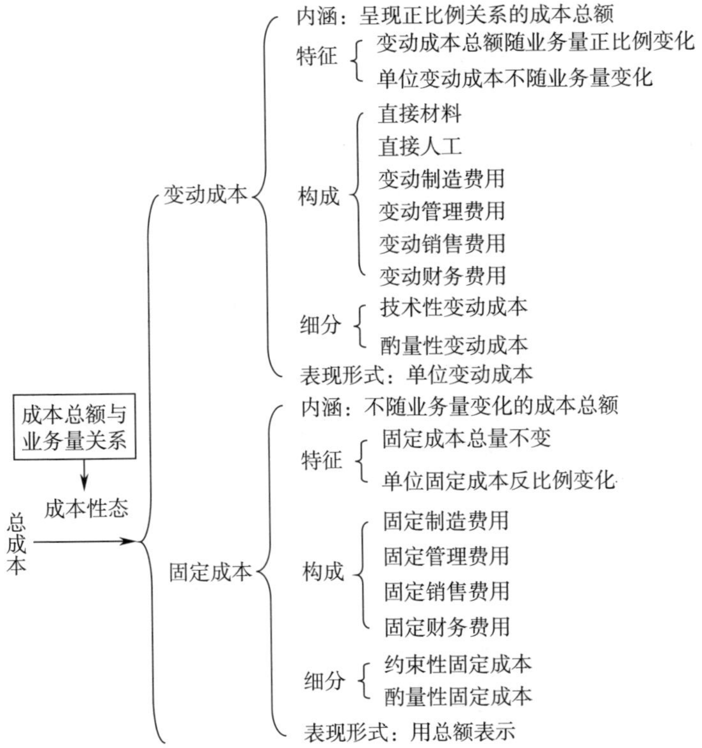

图 7.10　固定成本与变动成本

②我国船舶、港口环保总支出主要计算的内容

我国船舶、港口环保总支出主要内容：航运企业、港口企业的支出为主（因船舶制造的环保支出数据我国无此方面的统计，故在此不做计算）。具体见表7.8。

表7.8　　我国船舶、港口环保总支出主要内容

主体	项目内容
船舶运输企业	（1）远洋老旧船报废更新 （2）沿海老旧船报废更新 （3）内河船舶油改气，新建LNG动力船 （4）燃料油重油改用轻质油
港口企业	（1）环保投资 （2）港口岸电改造 其中：①沿海生产性码头；②内河港口万吨级泊位 （3）龙门吊油改电

老旧船报废成本。船舶报废年限及其结构情况。

a）交通部《关于国内船舶报废年限规定以及外籍船舶进口年限的规定》①，见表7.9、表7.10。

表7.9　　国内（海船）船龄标准及报废年限规定

船舶类别	购置、光租外国籍船船龄	特别定期检验船龄	强制报废船龄
一类船舶	10年以下	18年以上	25年以上
二类船舶	10年以下	24年以上	30年以上
三类船舶	12年以下	26年以上	31年以上
四类船舶	18年以下	28年以上	33年以上
五类船舶	20年以下	29年以上	34年以上

资料来源：交通部发布的“老旧运输船舶管理规定”有关于船舶报废年限的规定，2006年7月5日，2009年11月30日交通运输部修正。

① 航运在线，2012-8-21，14：09：00。

表 7.10　　国内（河船）船龄标准及报废年限规定

船舶类别	购置、光租外国籍船船龄	特别定期检验船龄	强制报废船龄
一类船舶	10 年以下	18 年以上	25 年以上
二类船舶	10 年以下	24 年以上	30 年以上
三类船舶	16 年以下	26 年以上	31 年以上
四类船舶	18 年以下	28 年以上	33 年以上
其中黑龙江水系船舶	18 年以下	33 年以上	39 年以上
五类船舶	20 年以下	29 年以上	35 年以上
其中黑龙江水系船舶	20 年以下	35 年以上	41 年以上

资料来源：交通部发布的“老旧运输船舶管理规定”有关于船舶报废年限的规定，2006 年 7 月 5 日，2009 年 11 月 30 日交通运输部修正。

b）老旧海船分为以下类型

船龄在 12 年以上的油船（包括沥青船）、散装化学品船、液化气船，为三类老旧海船；船龄在 18 年以上的散货船、矿砂船，为四类老旧海船；船龄在 20 年以上的货滚船、散装水泥船、冷藏船、杂货船、多用途船、集装箱船、木材船、拖轮、推轮、驳船等，为五类老旧海船。

c）老旧河船分为以下类型

船龄在 10 年以上的高速客船，为一类老旧河船；船龄在 10 年以上的客滚船、客货船、客渡船、客货渡船（包括旅客列车轮渡）、旅游船、客船，为二类老旧河船；船龄在 16 年以上的油船（包括沥青船）、散装化学品船、液化气船，为三类老旧河船；船龄在 18 年以上的散货船、矿砂船，为四类老旧河船；船龄在 20 年以上的货滚船、散装水泥船、冷藏船、杂货船、多用途船、集装箱船、木材船、拖轮、推轮、驳船（包括油驳）等，为五类老旧河船。

d）根据中国拆船业发展“十二五”规划，在我国有 35% 以上运营船舶船龄超过 25 年①。

我国船舶类型及其结构情况：我国海船主要包括散货船、杂货船、集装箱船、油轮、多用途船、其他船，见表 7.11。

---

① 中国拆船业发展“十二五”规划。

表 7.11 我国海运船舶分类概况

船型	散货船	杂货船	集装箱船	油轮	多用途船	其他
比例	55.9%	7.1%	13%	15.1%	6.2%	2.7%
平均吨位	42 500 吨	6 676 吨	886TEU	81 000 吨		
平均船龄	15 ~ 17	19 ~ 23	12.2 ~ 13.5	12.2 ~ 13.5	15 ~ 17	

资料来源：徐永炎．浅析我国船舶类型标准化［J］．中国电子商情：科技创新，2013（15）．周霄．浅析海运船舶现状和发展趋势及对我国港口建设的影响［J］．魅力中国，2014（4）．

③我国船舶淘汰理论成本

国际远洋船舶淘汰总成本 = ∑（散货船 + 集装箱 + 油轮） （7.4）

假设：C = ［（D×2）N X J］H （7.5）

其中：C 为成本，D 为当年运输船净载重吨；N 为船型；X 为船型占比；J 为当年船型均价；H 为当年汇率。

沿海船舶：

假如，沿海散货船计算公式：

散货船 = ［（当年沿海运输船净载重吨×2）×散货船占比（X%）×X 年散货船 N 种船型均价］当年美元兑人民币汇率 （7.6）

④船舶燃料油重油改用轻质油支出的增加成本

a）船用油简述

船用油主要用于水上运输。船用油分为船用燃料油和船用润滑油两大类。船用燃料油主要用作远洋船舶和航行于沿海沿江大型船舶的燃料。船用润滑油则用于船舶上机械的润滑，通常分为船用汽缸油、船用系统油、船用中速机油等。船用燃料油是燃料油的其中一种。燃料油一般是原油经蒸馏而留下的黑色黏稠残余物，或它与较轻组分的掺和物，其性质主要取决于原油本性以及加工方式。其特点是黏度大，含非烃化合物、胶质、沥青质多。燃料油广泛用于石油炼化原料、船舶锅炉燃料、加热炉燃料、冶金炉和其他工业炉燃料。

国内燃料油主要包括 200 号重油、250 号重油、180 号燃料油、120 号燃料油、7 号燃料油、工业燃料油、催化油浆、蜡油浆、混合重油、沥青等。国外燃料油主要包括复炼乳化油、奥里乳化油、180 号低硫燃料油、380 号低硫燃料油、180 号高硫燃料油、M100、M300 等。

我国船用燃料油国家标准 GB/T17411 是按照国际标准 ISO 8217 执行的，没有强制性的企业及行业标准。根据我国国家推荐标准规定，船用燃料油分为两类产品，一是馏分型船用燃料，二是残渣型船用燃料。

馏分型燃料包括 DMX（相当 -10#轻柴油）、DMA（相当 0#轻柴油）、DMB（相当5#轻柴油）、DMC（相当10#重柴油或20#重柴油），主要在高速柴油机及中速柴油机中使用，主要是为短距离航行的中小型船舶提供动力，例如在长江、运河航行的运沙土船、渔船、干散货船等，或用于船舶的辅机发电使用等。馏分型燃料油的称谓上还有 MGO 和 MDO 等不同的说法，都是柴油馏分，黏度不同。MGO（Marine Gas Oil）是轻柴油，适用于高速柴油机使用。MDO（Marine Diesel Oil）是重柴油，适用于中速柴油机。

残渣型燃料包括船用残渣燃料油 RMD15（或称为 120#）、RME25（或称为 180#）、RMG35（或称为 380#）。主要用于低速柴油机，或与馏分型燃料混合后用于低速柴油机。

船用燃料油根据 50℃ 时运动黏度的差异，通常分为 180CST、380CST、500CST 等，主要用在国际运输船舶，以及在沿海、沿江运输的较大船型上，发动机马力大的要求的黏度高，最高可达到 700CST。目前 180CST、380CST 是市场上的主流品种。

船用燃料油标准经过不断修订于 2005 年 11 月颁布了 ISO 8217—2005，见表 7.12 和表 7.13，这是 ISO 船用燃料油标准第三版，替代 ISO 8217—1996。

表 7.12　　　ISO 8217—2005 船舶燃料油标准（馏分油型）

项目	限制	DMX	DMA	DMB	DMC
15℃密度（kg/m^3）	最大		890	900	920
40℃运动黏度（mm^2/s）	最小	1.40	1.50		
	最大	5.50	6.00	11.0	14.0
闪点/℃	不低于	43	60	60	60
10%蒸余物残碳含量，m%	不大于	0.3	0.3		
残碳含量，m%	不大于			0.3	2.5
灰分含量，m%	不大于	0.01	0.01	0.01	0.05
十六烷值	最小	45	40	35	
硫含量，m%	最大	1.0	1.5	2.0	2.0
铝 + 硅含量（mg/kg）	最大				25

表 7.13　　ISO 8217—2005 船舶燃料油标准（残渣型）

项目	限制	RME180	RMF180	RMG380	RMH380	RMK380
15℃密度（kg/m^3）	最大	991	991	991	991	1 010
50℃黏度（mm^2/s）	最小	180	180	380	380	380
水分含量，v%	最大	0.5	0.5	0.5	0.5	0.5
残碳含量，m%	最大	15	15	20	20	20
硫含量，m%	最大	4.5	4.5	4.5	4.5	4.5
灰分含量，m%	最大	0.10	0.15	0.15	0.15	0.15
钒含量（mg/kg）	最大	200	500	300	600	600
闪点/℃	最小	60	60	60	60	60
倾点（夏季）/℃	最大	30	30	30	30	30
倾点（冬季）/℃	最大	30	30	30	30	30
铝+硅含量（mg/kg）	最大	80	80	80	80	80
总潜在沉积物含量，m%	最大	0.1	0.1	0.1	0.1	0.1
锌含量（mg/kg）	最大	15	15	15	15	15
磷含量（mg/kg）	最大	15	15	15	15	15
钙含量（mg/kg）	最大	30	30	30	30	30

按照国际海事组织的要求，ECA 地区未来逐渐从减压渣油向直馏柴油过渡，见表 7.14。

表 7.14　　船舶燃料油主要调和组分的性质（含硫量）

项目	减压渣油	油浆	催化柴油	减压馏分油	直馏柴油
15℃密度（kg/m^3）	1 010	1 030	930	910	850
50℃黏度（mm^2/s）	100 000	40	4	40	3.5
硫含量，m%	1.0～5.0	1.0～4.0	0.7～3.0	0.5～2.0	0.2～1.0

b）我国船用油消费结构分析

中国燃料油消费主要集中在船舶用燃料油、炼化原料深加工、化工、建材轻工以及电力、制造等领域。近年来，沿海船运业发展迅速，尤其是保税船用油对燃料油需求强劲，船舶用燃料油在 2011 年和 2012 年连续 2 年为中国最大燃料油用户，2012 年占同期消费总量的 49%，见图 7.11。

燃料油成本为航运公司总营运成本（2013 年占比 34.75%，2012 年占

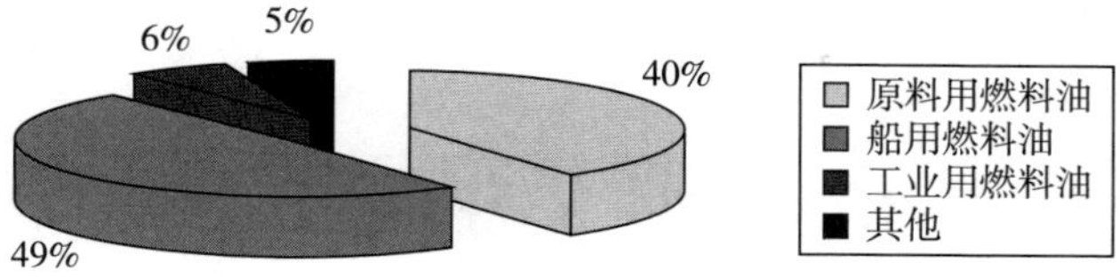

图 7.11 2012 年我国燃料油消费结构

40.84% 为最大支出)①。

⑤港口低碳节能的环境成本支出

为了实现“绿色码头”建设，减少低碳节能，我国各港口先后实施改造，包括使用岸电节能，龙门吊起重机“油改电”，购买港区新型节能环保拖船、港口泊位的节能技术改造等。港口实施船舶接岸电技术需要进行的改造包括口岸供电系统的增容扩建以及岸电系统的安装，这势必会增加港口的运营成本。对于龙门吊“油改电”项目，我国上港集团、青岛港、深圳盐田港等港口已率先完成改造，事实证明，在节能减排、节约成本方面效果显著。龙门吊“油改电”项目涉及对港区内供电系统改造，增加港口运营成本。主要计算依据是对港口低碳节能的计算，需要知道我国港口泊位数量、龙门吊的数量等。

7.4.2.4 航运企业低碳节能的收益与成本不均衡

从以上数据得出，我国航运企业低碳节能的收益与成本严重不匹配，支出比收入高出 6 088.49 亿~6 768.89 亿元，见表 7.15。

表 7.15 我国航运业低碳节能成本收益差额

项 目	金 额（亿元）
航运低碳节能总成本	11 310.55 ~ 11 537.65
航运低碳节能总收益	4 541.66 ~ 5 449.16
差 额	−6 768.89 ~ −6 088.49

从行业角度看，低碳减排的收益远不能弥补成本支出。

① 招商轮船 2013 年年报 14 页。

第 8 章　碳金融市场体系

8.1　绿色金融与碳金融

8.1.1　碳排放的金融属性

8.1.1.1　碳减排资源是环境资产

环境资产属于资产的范畴，是指由于过去交易或事项为企业所拥有的、能导致未来经济利益流入企业的资源。环境资产是由于该项资源符合资产确认的标准而予以资本化的环境成本，根据联合国《环境成本和负债的会计与财务报告》的相关规定，若企业的环境成本与其将要通过该环境成本以一定方式取得经济利益有直接或间接的关系，该环境资本应予以资本化，其中一定的方式包括以下三种：一是提高了企业对其他资产的拥有能力，或者对企业的生产安全或生产效率具有改进作用；二是能够减少或防止企业今后在生产经营过程中所带来的环境污染；三是直接能提供保护环境的作用。

8.1.1.2　碳排放是一种权利和资源，是资产

（1）从会计的角度看，航运碳减排资源是环境资产，是因环境交易或事项为企业所拥有的、能导致未来经济利益流入企业的资源。根据国际会计与报告标准政府间专家工作组（ISAR）制定的《环境成本和负债的会计与财务报告》，环境资产界定为“符合资产确认的标准而被资本化的环境成本”。因碳排放权的形成时间长，投入的环境成本需要经过较长时期才可能得到补偿，符合资本化的条件。因此，碳排放企业可根据其持有碳排放权进行交易，在会计科目将其确认为“环境资产——碳排放权”。当以投资者身份购进碳排放权配额时，会计科目将其转化为“投资性环境资产——碳排放权”。

（2）从法律的角度看，碳排放权是物权。碳排放权的权能体现为所有权、使用权、收益权、处置权。这种碳物权有两层含义：一是人们直接或间接通过

减少而改善大气中 CO_2 的含量而应享有的经济收益权，或破坏环境而应承担的经济处罚义务（他人的环境处罚权）；二是通过处置生产或投资的碳排放权而获取经济收益（损失）的权利。碳物权承载的经济价值的计量碳物权，通过碳交易市场的供求机制进行交易，此时碳物权（碳排放权）转换成碳财权特征便凸显出来。

（3）从金融的角度看，碳金融交易是市场机制，随着碳市场交易规模的扩大和碳货币化程度的提高，将不断建立和完善交易机制。

8.1.1.3　航运碳排放权是金融资产

（1）产权明晰。产权清晰是碳排放权市场交易的前提条件，会计通过价值计量可以充分地反映产权及其变动，从而界定和保护产权。企业作为碳排放权交易主体和要素所有者，是产权交易的契约连接体。企业各方应慎重选择会计确认和计量属性，对交易进行合理测度，以解除受托责任，从而客观地界定产权和有效地保护产权。因此，会计方法、会计政策、会计计量属性等的合理选择是碳排放权交易自身对交易制度和规范的必然要求。

（2）从法律的角度看是明确的物权。碳排放权的权能体现为所有权、使用权、收益权、处置权，在法学上这些权利均为物权所包含。但从经济学的角度，为便于分析，我们将所有权和使用权这类与碳排放量有关的物权称之为碳物权（较法学上的物权范围小），指人们依法享有 CO_2 排放的权利，这一权利具有排他性和专属性。将收益权和处置权涉及的经济收益或经济损失有关的权利称之为碳财权，碳财权由碳物权衍生而来，依附于碳物权而存在，它有两层含义：

一是人们直接或间接通过减少而改善大气中 CO_2 的含量而应享有的经济收益权，或破坏环境而应承担的经济处罚义务（他人的环境处罚权）；

二是通过处置生产或投资的碳排放权而获取经济收益（损失）的权利。碳财权是对碳物权承载的经济价值的计量，在形式上两者可以分离，例如 CDM 项目需经联合国执行理事会（Executive Board，EB）指定专门机构核证减排量（CER）并颁发证书，CER 证书体现的是碳排放的碳物权。然后，获准的减排指标方可经中介机构通过碳交易市场进行交易，交易以定价机制为基础，此时碳排放权的财权特征便凸显出来。碳物权与碳财权的权能运作深受人类意识、政治、经济、法律、社会等环境的影响，并在此基础上引发碳排放产权属性的此消彼长。

（3）碳物权（碳排放权）的金融特征

基于碳物权的商品属性，碳排放权的属性为其权能及其运动的外在体现。当获取碳排放权是出于企业的生产经营目的时，碳物权的权能特征会胜过碳财权权能特征，碳排放权基于碳物权体现出商品属性。

一是经济实体性。碳排放严重超标，累积达到环境容量许可上限，外部环境质量下降，环境容量的稀缺性日渐凸显，稀缺性决定其经济价值。同时，碳排放权所有者拥有阻止其他排放主体享有对特定排放权额度的占有、处置、收益的权利。这些决定了其经济实体性的实质。

二是权能的可分解性。碳排放物权的所有权归国家所有，使用权与所有权可以分开，并进行单元化的分解，形成减排主体所需要的减排额度，可分别转让和交易实现流动。阿尔钦认为产权“是一种通过社会强制而实现的对某种经济物品的多种用途进行选择的权利”。在缺乏合理的政府规制的情况下，容易产生“公地悲剧”，强制性使碳排放权交易的外部性问题内在化，可以促进资源有效配置。

三是物权流动具有独立性。《清洁发展机制项目运行管理办法》规定，政府拥有温室气体减排量资源，具体的减排量则由企业所占有，国家通过政策引导将碳排放权资源引入市场，并制定相应的规范，实现碳排放权的市场化，可以以赠予、拍卖、购买等方式实现碳物权的独立流动，而碳排放权的财产权属性正逐步得到各界公认，其减排额度是可以分别转让和交易的。

8.1.2 碳金融交易市场发展为实体经济服务

基于碳财权的投资属性随着碳市场交易规模的扩大、碳货币化程度的提高、交易机制的完善、市场化程度的加深，为谋取投资收益而发生的碳排放权交易将越发频繁，此时其基于碳财权的投资属性胜过其商品属性。这种投资属性表现在：

（1）具备投资资产的基本特征。碳排放权的“货币化特征”在“义”与“利”的驱使下得到彰显。碳排放权交易以政府信用为基础，碳排放权可以自由储存和借贷，具有稀缺性、可计量性等特征，被各国政府、企业及其他参与者广泛接受，彰显出投资资产特性。用于风险防范、投资增值的碳交易引起了全球广泛参与，碳排放权交易将金融资本与实体经济紧密地联系起来，并逐渐衍生出碳金融工具，碳排放权交易价格也越来越受到国际金融市场的影响。同时，碳排放权交易具有广泛性，其交易的交易规模在 2012 年有望成为超过石油的第一大宗商品。

（2）碳排放权是战略性投资资源。由于碳排放权具有投资资产属性，其“货币化特征”、特殊性和广泛性都使其具备成为基础性核心金融资源的条件；从产权角度看，碳排放权交易是治理环境外部性的手段，环境容量的有限性使其具有投资资源的战略性，从而可能存在高额投资回报。

（3）具备转移风险发现价格功能。碳排放权交易实质上是利用产权制度将碳排放的外部性内部化和最小化的途径，使各国气候风险得以转移和分散，风险的不确定性会对碳排放权的价格波动产生影响。

由于碳排放权具有投资、价格发现和价格示范作用，促进了碳交易的达成，进而引导资金和技术转向低碳产业，撬动对碳资源的投资，通过其激励、约束、资源配置、协调功能，助推产业转型升级（见图 8.1）。

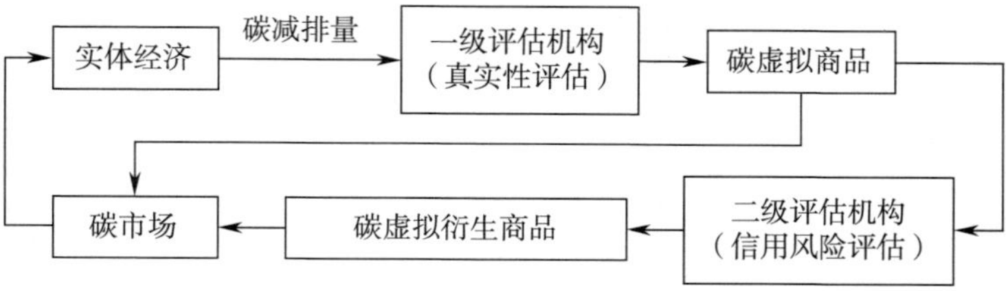

图 8.1　碳排放权交易系统为实体经济服务模型

8.1.3　实现成本与收益的均衡

8.1.3.1　从行业角度短期看

（1）从层次上看，要实现航运低碳成本的收益均衡，需完善航运产业低碳节能的价值链，即从船舶制造、港口、航运技术、管理和碳金融交易市场几个层次来发展实现。即从航运低碳减排→航运低碳产业价值链→（低碳航运节能收入 + 税收补贴优惠 + 航运金融服务）→航运低碳减排成本收益的均衡（见图 8.2，图 8.3）。

（2）从体系上看，也分为短期和长期，短期是实现航运产业价值链低碳减排均衡，长期是航运产业价值链衍生的低碳减排。结合国家战略、制度创新和技术创新最终达到国家低碳减排的实现。

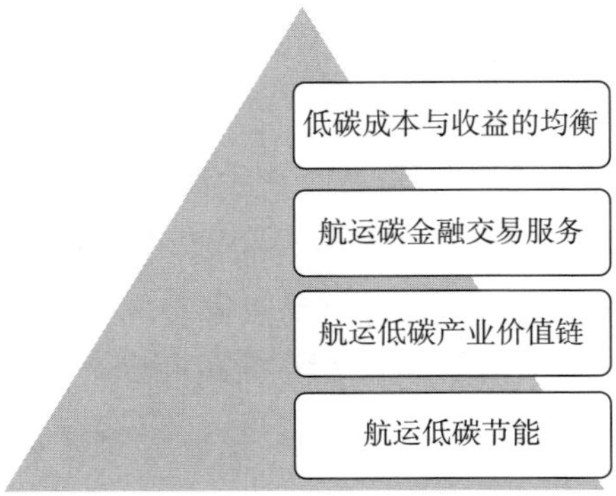

图 8.2　实现航运低碳节能层次

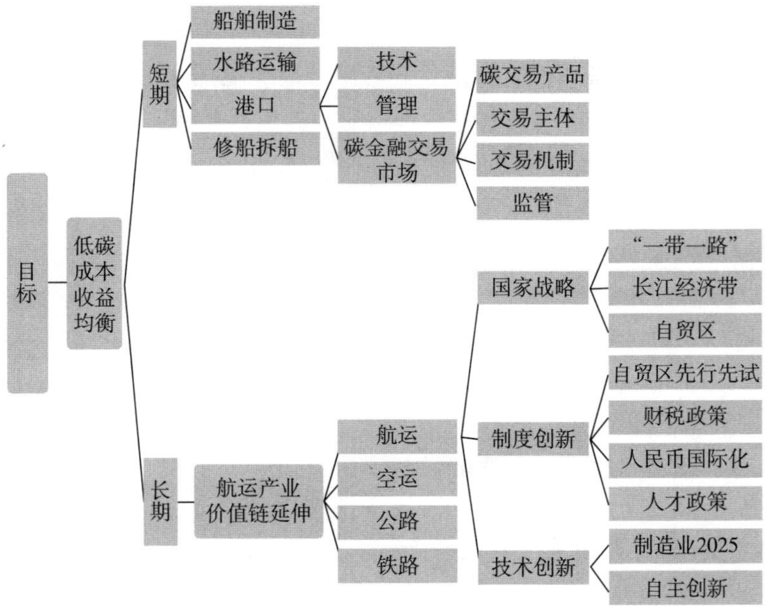

图 8.3　低碳成本收益金融均衡机制

8.1.3.2　从长期看

发展低碳航运金融的视野要建立在国际金融的最高点来设计，即人民币国际化进程中成为国际碳货币之一，建立我国多层次的碳金融体系。

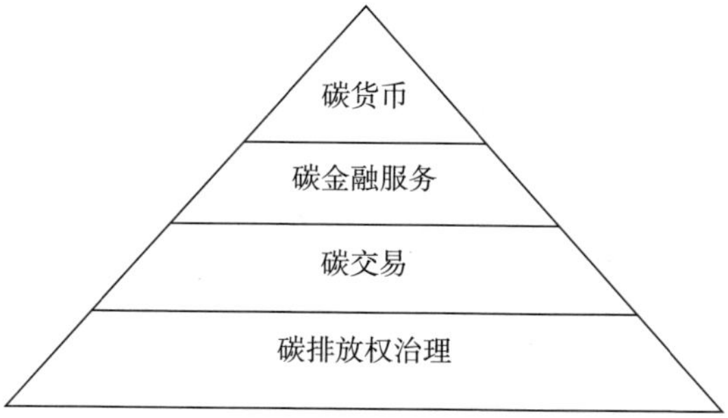

图 8.4　国际碳金融体系构成的“金字塔模型”

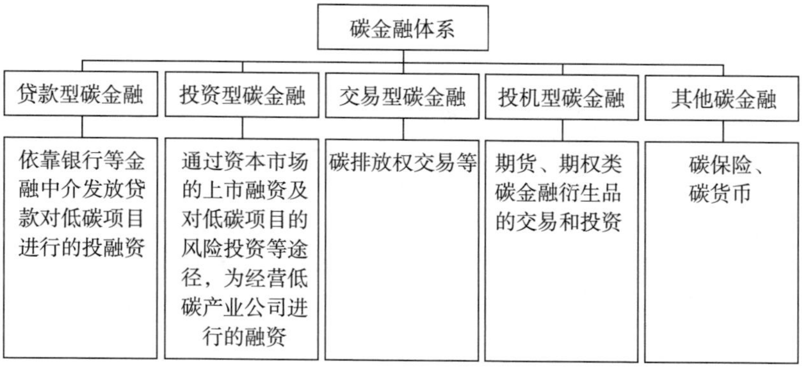

图 8.5　碳金融体系架构图（从金融产品的维度）

8.2　绿色金融与碳金融体系

8.2.1　绿色金融及其体系

绿色金融，也被称为环境金融（environmental finance）、可持续金融（sustainable finance）。绿色金融旨在通过最优金融工具和金融产品组合解决全球环境污染和气候变化问题，实现经济、社会、环境的可持续发展。绿色金融有狭义和广义之分。

表 8.1　　绿色金融的国际定义

狭义	广义
哪种金融活动（或金融工具）是绿色的？ 侧重过程：用来评估环境管理、生命周期影响 侧重目的 侧重重点行业、技术以及问题	对绿色金融系统整体而言，绿色意味着什么？ 一种有助于可持续发展的金融系统 侧重实质影响：经济转型、稳定、增长等

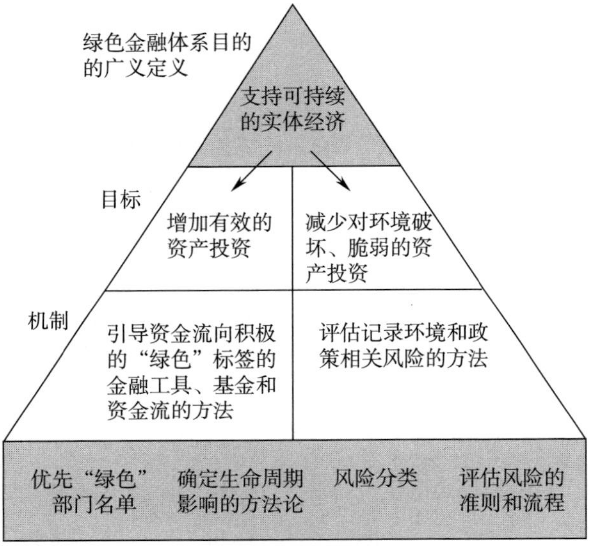

资料来源：联合国环境规划署“Inquiry”。

图 8.6　绿色金融定义框架

8.2.2　碳金融体系

（1）绿色金融体系是指通过贷款、私募投资、债券和股票发行、保险、排放权交易等金融服务将社会资金引入环保、节能、清洁能源、清洁交通等绿色产业的一系列政策、制度安排和相关基础设施建设。碳金融是绿色金融的一部分。

（2）碳金融。在国际上，不同的组织、机构和专家学者，对碳金融的范畴界定是不同的，但总括起来，大家对碳金融范畴的界定可分为广义的碳金融和狭义的碳金融。世界银行组织金融部给出的“碳金融”的定义是，通过购买减排量的途径，对可以造成温室气体减排量的活动，能够提供的资金来源；罗伯茨和加西亚（2008）对碳金融的定义是以碳配额以及与之相关的类似产品作为交易、与风险投资与清洁能源的投资相关、是评估企业生产能力的新型标准之一；环境金融刊物（Environmental Finance Magazine）定义碳金融为气候风险管理、能源证书、亚·拉巴特碳排放市场和“绿色”投资等部分。罗得尼·怀特（R. R. White ）和索尼（Sonia Labatt）（2007）认为碳金融是构成环境金融的一个旁系，它能抵制经济相关的风险和收益，它能够产生对应衍生品，通过碳金融衍生产品能够转嫁气候风险和实现环境成果。

2011 年世界银行出版的《碳金融十年》中对碳金融做了如下定义，即碳金融为出售基于项目的温室气体减排量或者交易碳排放许可证所获得的一系列现金流的统称。世界银行的这一定义使得其碳金融的概念范围限定在《京都议定书》规定的清洁发展机制（CDM）和联合履约机制（Joint Implementation，JI）的范围，因为只有在这两个机制框架下的减排项目才能获得联合国签发的核证减排量（Certification Emission Reduction，CER）。

碳金融的实践基础是碳交易市场。碳金融的早期形式是碳交易市场，并以此为基础发展起来，是包括碳交易市场在内的一整套金融机制（叶岩，2006；郭艳丽，2008；陈柳钦，2010）。

8.2.3　我国碳金融交易体系

8.2.3.1　加强顶层设计，完善战略规划

参与国际碳排放市场体系的建设，为国际碳减排作出中国的贡献。国际碳减排市场结构见图 8.7。

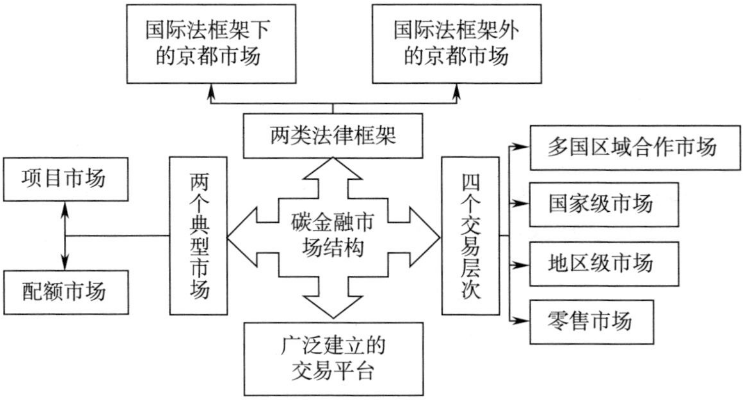

图 8.7　国际碳市场结构框架

8.2.3.2 建立中国式碳金融体系

这个体系，体现的是我国在国际上做出碳强度减排承诺，提升碳金融在国际碳金融体系价值链中应有的地位，在人民币国际化的进程中发挥积极作用。中国式碳金融体系所表现的“中国方案”的内涵与外延体现如下。

（1）从内涵上看，“中国方案”由基于我国国情的金字塔四层次——“碳治理、碳交易、碳服务、碳货币”策略组成，低层策略构成高层策略的基础，高层策略反过来支撑低层策略的实施，层层递进，互动发展，共同构成有机整体（见图8.8）。

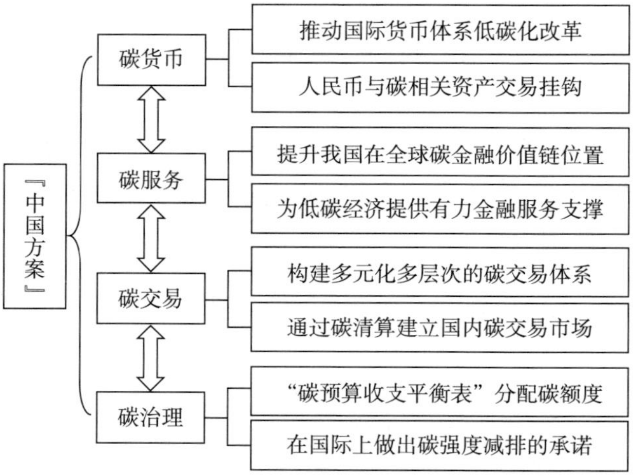

图8.8 “中国方案”的组成

（2）从外延联系看，“中国方案”与“转变经济发展方式、国际金融中心建设、人民币国际化”等国家战略具有互动融合的关系（见图8.9）。3项国家战略从不同角度推动碳金融体系各层的活动，最终形成并合力推进“中国方案”；“中国方案”的推进，反过来会促进3项国家战略的实施（例如，碳治理有利于促进经济发展方式转变；碳交易、碳服务有利于提升国际金融中心的竞争力；碳货币能有效推动人民币国际化进程）。因此，应充分发挥“中国方案”与3项国家战略互动融合的作用，实现国家战略体系整体有序的推进。

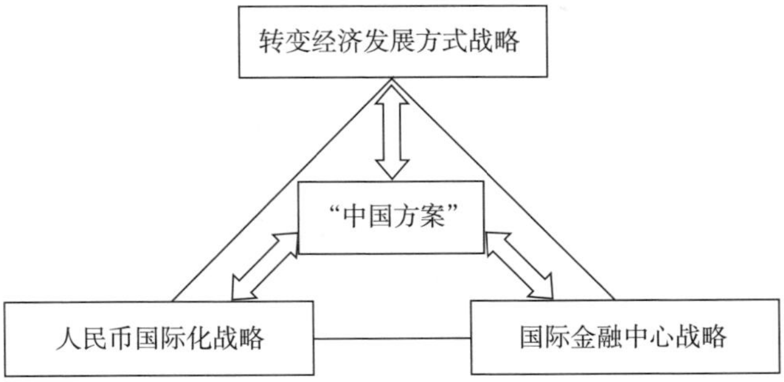

图 8.9　“中国方案”的外延联系

（3）从地区发展上，建立全国碳排放管理办法并制定国家碳排放总量和交易总量的初步方案。碳排放和交易配额将实行自上而下进行分配，由国家出面分配配额，统一标准，建立跨区域的市场。对我国碳市场建设有序推进，从发达地区到欠发达地区循序发展。其特点是，与《京都议定书》的国际减排模式相似；由中央政府利用行政权限“规划”出减排区域，区别于“省市”自愿。

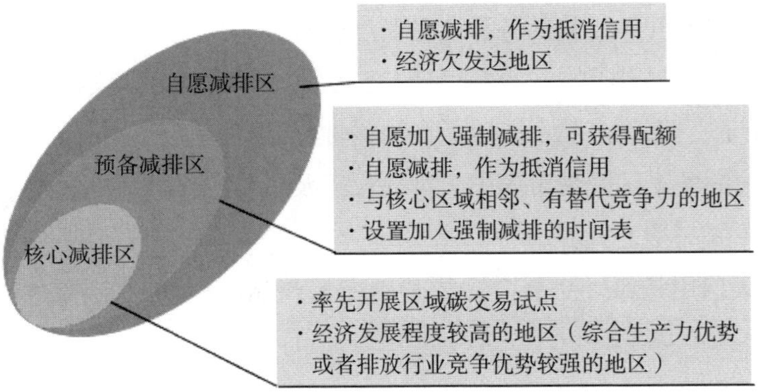

图 8.10　减排区的划分

（4）从时间上，确定碳交易的层次和时间节点，最终形成全国统一的碳减排市场（见图 8.11）。

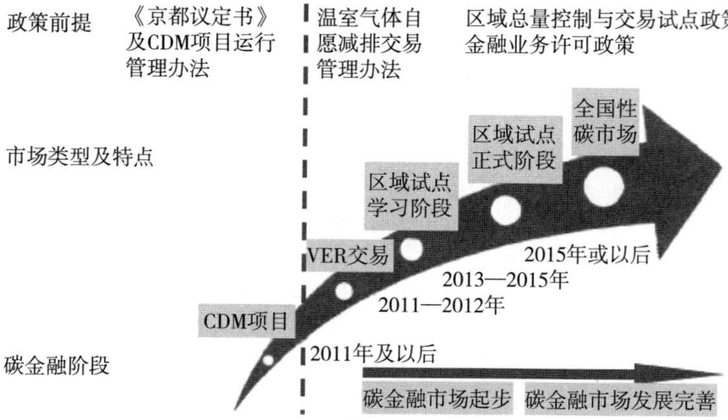

图 8.11　我国碳减排市场推进时间

8.3　碳金融交易

8.3.1　碳金融交易市场

碳金融市场为温室气体排放权交易以及与之相关的各种金融活动和交易的总称，市场使碳排放权逐渐成为一种金融工具，在碳排放权交易市场，为服务于旨在减少温室气体排放的各种金融制度安排和金融交易活动，开发了产生额外排放权（各种减排单位）的项目的交易，以及基于碳排放权的现货商品交易、融资产品、保险产品、衍生品和结构性产品。

在目前的各个碳交易市场中，排放权以及与基于排放权的远期、期货和期权是最主要的交易工具。①

（1）碳信用是原生交易产品或基础交易产品。根据《京都议定书》建立

① 在 CCFE 交易的碳金融和其他环境金融产品主要有：CER 期货和期权（Certified Emission Reduction Futures and Options）、碳金融工具期货 CFI（Carbon Financial Instrument Futures）、欧洲碳金融工具期货 ECFI（European Carbon Financial Instrument Futures and Options）、清洁能源指数期货 ECO – Index（Clean Energy Index Futures）、IFEX 相关事件期货 IFEX – ELF（IFEX Event Linked Futures）、氮金融工具期货（年）NFI – A（Nitrogen Financial Instrument Annual Futures）、氮金融工具—臭氧季节期货 NFI – OS（Nitrogen Financial Instrument Ozone Season Futures）、硫金融工具期货和期权 SFI（Sulfur Financial Instrument Futures and Options），区域温室气体倡议期权与期货（Regional Greenhouse Gas Initiative Futures and Options）。

的 IET 市场，主要进行 AAU 及其期货和期权交易；EUETS 主要交易 EUA、CER 期货和期权；初级和二级 CDM 市场交易的主要是 CER；JI 市场交易 ERU 相关产品；自愿市场则交易自行规定的配额和 VER 相关产品。所有产品基本都还不能进行跨市场交易。

（2）衍生产品除了以上这些基本产品外，近年来，随着金融机构越来越多的介入，各种金融衍生产品创新，为碳信用的供求双方提供了新的风险管理和套利手段。

（3）碳排放权的货币化/证券化。初级 CDM 交易属于一种远期交易，其回报来自项目成功后所获减排单位的转让。在 CER 交割之前，对减排项目的投资或贷款缺乏流动性。为提高流动性，可将具有开发潜力的 CDM 项目卖给 SPV 或投资银行，由它们将这些碳资产汇入资产池，再以该资产池所产生的现金流（CER 收益）为支撑在金融市场上发行有价证券融资，最后用资产池产生的现金流来清偿所发行的有价证券。

（4）碳排放权交付保证。在初级 CDM 交易中，由于项目成功具有一定的不确定性，这意味着投资人或借款人会面临一定的风险。在这种情况下，投资人或借款人有可能大幅压低原始项目的价格，这对促进减排项目的发展并不利，而且也可能扼杀一些有前景的盈利机会。为此，一些金融机构，包括商业银行和世界银行下属的国际金融公司（IPC），为项目最终交付的减排单位数量提供担保（信用增级）。这有助于提高项目开发者的收益，同时也降低了投资者或贷款人的风险。

（5）碳交易保险。项目交易中存在许多风险，价格波动、不能按时交付以及不能通过监管部门的认证等，都可能给投资者或贷款人带来损失。因此需要保险或担保机构的介入，进行必要的风险分散，提供类似担保，以促进项目的流动性。碳交易保险可以同时为碳交易合同或者碳减排购买协议的买卖方提供保险。如果买方在交纳保险后不能如期获得协议上规定数量的 CER，保险公司将会按照约定提供赔偿；也可以为开发 CDM 项目的企业提供保险，如果企业在交纳保险后不能将具有很大开发潜力的项目开发为 CDM 项目，将会获得保险公司提供的 CDM 项目开发保险。

（6）套利交易工具，不同的碳金融市场上交易的碳信用及衍生产品有所不同，且市场存在一定的价差。由于所涉及的减排量相等，认证标准相同且同属一个配额管制体系的减排单位之间的价差及其变化，产生一定的套利的空间。在过去一段时间中，利用市场价差进行套利的工具有了较快的发展，包括CER和EUA之间以及CER与ERU之间的互换交易、基于CER和EUA价差的价差期权（Spread Option）等。

（7）与碳排放权挂钩的债券。在过去几年，投资银行和商业银行开始发行与减排单位价格挂钩的结构性投资产品，其支付规模随减排单位价格波动而变化。在这些结构性投资产品中，有些挂钩的是现货价格（无交付风险），有些挂钩的是原始减排单位价格（包含交付风险），有的则与特定项目的交付量挂钩。

以CER收益权作为质押的贷款。具有良好CDM项目开发潜质和信用记录的企业以CER收益权作为权利质押向银行申请贷款。由于CER收益权是一种未来的收益权，具有很大的不确定性，因此银行在为企业提供这种质押贷款时，需要高度关注企业CER收益权实现的风险。对于已获得CER签发的企业需要核准该企业CDM项目CER签发量的真实性和有效性；对于在联合国注册成功的CDM项目要密切跟踪项目的进展情况，并适当上浮利率以防范风险。

（8）其他的产品包括银行和保险提供的碳金融产品：商业银行向项目开发企业提供贷款；为项目开发企业提供必要的咨询服务；为原始碳排放权的开发提供担保；在二级市场上充当做市商，为碳交易提供必要的流动性；开发各种创新金融产品，为碳排放权的最终使用者提供风险管理工具，或者为投资者提供新的金融投资工具，绿色信用卡、碳中和产品等。这些金融工具在欧洲、美洲和亚洲正在进行交易，见表8.2。

表8.2　　国际主要碳交易所及其碳金融工具

区域	名称	碳金融工具
欧洲	欧洲气候交易所（ECX）	EUA、ERU和CER类期货产品、期权产品，EUA和CER类现货产品、期货期权产品
	欧洲能源交易所（EEX）	电力现货，电力、EUAs
	北欧电力库（NP）	电力、EUA和CER类现货、期货、远期和期权产品
	BlueNext交易所	EUA、CER、ERU类现货产品，EUA和CER类期货产品
	Climex交易所	EUAs、CERs、VERs，ERUs和AAUs

续表

区域	名称	碳金融工具
美洲	绿色交易所（Green Exchange）	EUA 类现货、期货和期权产品，CER 类期货和期权产品，RGGI、加州碳排放配额和气候储备行动（CAR）的期货和期权合约
	芝加哥气候交易所（CCX）	北美及巴西的六种温室气体的补偿项目信用交易（已停止交易）
	芝加哥气候期货交易所（CCFE）	CER 类期货和期权，CFI 期货，欧洲 CFI 期货，ECO 指数期货，RGGI 期货和期权
	蒙特利尔气候交易所（MCeX）	加拿大减排单位 MCX 期货合约
	巴西期货交易所（BM&F）	多个 CERs 的拍卖
大洋洲	澳大利亚气候交易所（ACX）	CERs，VERs，RECs
	澳大利亚证券交易所（ASX）	RECs
	澳大利亚金融与能源交易所（FEX）	环境等交易产品的场外交易（OTC）服务
亚洲	新加坡贸易交易所（SMX）	碳信用期货及期权
	新加坡亚洲碳交易所（ACX - change）	远期合约或已签发的 CERs 或 VERs 的拍卖
	印度多种商品交易所有限公司（MCX）	两款碳信用产品合约——CERs 和 CFIs
	印度国家商品及衍生品交易所有限公司（NCDEX）	CERs

资料来源：王遥，《气候金融》。

8.3.2　世界目前开展的碳金融工具业务

8.3.2.1　碳指数

著名的投资银行瑞士信贷推出碳交易指数，见表 8.3。

表 8.3　　主要碳交易指数

名称	特点
瑞信全球变暖趋势指数	基于全球范围内致力于使用可再生能源及节能减排、低碳经营的 40 家上市公司
瑞信水资源指数	基于在淡水资源生成、保存、水利基础设施建设、水资源处理和海水淡化领域有重要影响力的 30 家公司
瑞信全球新兴能源指数	基于全球在风能、太阳能、生物质能、天然气、水力发电、地热能源和燃料电池等领域有重要影响的 30 家公司

续表

名称	特点
瑞信电力交通指数	基于节能储能、供应商和材料、汽车制造、基础设施和服务领域的32家公司
瑞典可再生能源指数	指出了瑞典可持续能源市场中典型企业的周转、未交付订单、交货期、库存和就业率等相关情况
瑞信全球重大趋势指数	基于全球三大趋势：可持续发展、人口增长和多极化趋势
电力交通指数	指导投资者进行清洁交通等与可持续发展紧密相关的交通行业的投资

8.3.2.2 商业银行碳信贷（绿色信贷）

表8.4　　国外商业银行提供碳融资的创新信贷产品

贷款种类	产品示例
项目融资	“转废为能项目（energy from waste project）”给予长达25年的贷款支持，只须与当地政府签订废物处理合同并承诺支持合同范围外废物的处理
绿色信用卡	向该卡用户购买绿色产品和服务提供折扣及较低的借款利率，卡利润的50%用于世界范围内的碳减排项目
运输贷款	小企业管理快速贷款（Small Business Administration Express Loan）以快速审批流程，向货车公司提供无抵押兼优惠条款，支持其投资节油技术，帮助其购买节油率达15%的Smart Way升级套装
汽车贷款	清洁空气汽车贷款（Clean Air Auto Loan）向所有低排放的车型提供优惠利率
商业建筑贷款	向绿色项目中商业或多用居住单元提供0.125%的贷款折扣优惠
	为LEED认证的节能商业建筑物提供第一抵押贷款和再融资，开发商不必为“绿色”商业建筑物支付初始保险费
房屋净值贷款	与夏普（Sharp）电气公司签订联合营销协议，向购置民用太阳能技术的客户提供便捷的融资
	根据环保房屋净值贷款申请人使用VISA卡消费金额，按一定比例捐献给环保非政府组织
住房抵押	结构化节能抵押（Energy Efficient Mortgage）将省电等节能指标纳入贷款中

资料来源：王遥，《气候金融》，2013。

另外，摩根大通银行采用赤道原则和自身的政策准则对于银行的客户和相关交易进行环境和社会方面的全方位风险评估，尤其是对于容易产生环境风险的行业，通过评估和全面了解客户遇到的风险，更好地改善它们的环保和社会责任表现。摩根大通的环境和社会风险管理组（The Environmental and Social Risk Management Team）在2008年、2009年、2010年分别评估了126件、180

件、245 件融资交易业务。

8.3.2.3 风险管理产品

表 8.5　　全球低碳项目风险管理相关的碳金融产品

产品分类	产品特性	发行金融机构	发行地区
天气衍生产品	为受气候变化、自然灾害影响的公司提供碳风险管理金融产品	荷兰银行、高盛	全球
可交易的灾害期权	如果特定的灾害损失指数达到一定的价格，投资者将有权利现金止损	AIG	全球
Leu Prima 自然灾害债券基金	允许对气候相关的灾害风险如洪水、干旱等在传统保险市场上难以承包的领域提供套期保值	瑞信	欧洲
绿色建筑覆盖保险	产品涵盖了与可持续建筑有关的新能源、节能节水、绿色革新等升级改造风险以及气候变化风险	加利福尼亚消防基金	美国
小企业绿色商业保险		英国 AXA 保险公司	欧洲
环境损害保险		荷兰拉博银行	欧洲
碳减排交易担保	对碳信用额度的价格波动、交易风险等进行保险与担保	瑞士再保险	欧洲
碳排放信用担保		美国国际集团	欧洲

资料来源：联合国报告 *Green Financial Products and Services*，2007 年 8 月。

8.3.2.4 期货、期权

表 8.6　　国际上主要的期权期货产品及特点

产品	特点说明
碳金融期权合约（ECX Options CFI）	此合约是欧盟排放交易计划下的高级的、低成本的金融担保工具
碳排放配额期货（EUA Futures）	此产品由交易所统一制定，实行集中买卖，规定在将来某一时间和地点交割一定质量和数量的碳排放指标期货的标准化合约。其价格在交易所内以公开竞价的方式达成
经核证的碳减排量期货（CER Futures）	可规避 CER 价格大幅波动带来的风险
碳排放配额期权（EUA Options）	赋予持有方/买方在期权到期日或者之前有选择履行该合约的权利，买/卖方有履行合约的义务
经核证的减排量期权（CER Options）	通过清洁发展机制获得的看涨或者看跌期权

资料来源：王遥，《气候金融》，2013。

8.3.2.5 碳资产管理业务

表 8.7　　国外碳金融交易相关的低碳咨询业务

业务名称	业务详述与示例
碳资产管理业务	国际主流商业银行的碳资产管理业务主要分为“对公”和“对私”两大类：“对公”是指针对全社会公众的业务，国际大型商业银行通过设立与低碳、可持续发展相关的基金来进行开展碳资产管理业务。“对私”业务主要是指针对私人高端客户，对其财富进行管理，为这类客户提供相应碳资产投资咨询、引导，相关投资策略、投资机会推荐等业务
低碳领域研发业务	国外商业银行在低碳领域的研发主要包括低碳行业研究和投资组合策略研究两个方面。具体研究包括对于获取低碳融资资金和低碳行业发展有重要影响的技术、法规、行业发展趋势及展望等。例如：巴克莱银行股票投资部专门成立可再生能源研究部门重点分析可再生能源领域（风能、太阳能等），进行深入的行业分析，对行业内重要指标和参数做出预测，并定期发布可再生能源领域最新行业动态和深入研究报告，为有意投资可再生能源领域的投资者提供投资指导和风险控制。摩根大通的证券研究部持续关注和发掘能够推动能源效率、可再生能源和清洁能源发展的投资主题
制定低碳相关领域行业指数	在债券市场和股票市场分别针对与低碳相关的债券和上市公司制定了相关的基准指数，同时为低碳和能源商品制定基础指数，从而帮助全球投资者跟踪了解新能源、低碳投资业务、重点上市公司及板块的表现情况，成为投资者决策的重要依据，以瑞银为例，开发的新指数包括瑞银开发的气候融资指数
风险管理业务	对与低碳经济相关的投融资风险、技术风险、政策法规风险等主要风险进行全面的风险咨询与管理，对碳金融活动中的项目发展、资金流向等进行风险评估。例如：高盛投资研究部制定的长期投资策略服务“GS SUSTAIN”的目的之一就是致力于评估可持续发展的企业的业绩情况、领导能力、风险控制力及长期盈利能力

8.3.2.6 碳基金

表 8.8　　国外与碳减排相关的基金

产品分类	产品特性	主要产品	发行机构
低碳项目风险投资基金与私募基金	私人资产可投资于风能、太阳能、生物燃料等项目	可持续发展项目	花旗银行 美国银行
低碳投资基金	潜在回报高	生态绩效资产基金 清洁能源目标基金	瑞士银行

续表

产品分类	产品特性	主要产品	发行机构
低碳发展基金	向投资者融资，用于现有的碳减排项目的 CERs 与 ERUs 额度，或者在新的环保项目进行投资	CDM 原型碳基金	世界银行
		国家主权碳基金	各国政府
		多边合作基金	区域组织与各国政府

8.4　航运碳排放权交易衍生的金融链

航运碳排放权其实是环境金融将环境价值和资产证券化的一种。其使企业有了新的获益空间与利益方向。其最大限度减少了企业的环境负外部影响，并衍生出新的航运金融产业。

表 8.9　　航运碳资产交易的衍生金融链

市场类型	功能
碳排放权交易市场	碳排放权交易、自愿碳减排交易、合同能源管理项目交易 、环境低碳技术交易、清洁发展机制（CDM）项目交易、排污权交易等，各类污染物排放许可证的交易、确权登记、结算与过户，碳配额交易、碳项目交易
碳信贷抵押融资市场 碳资产结构化存款	CCER（核证自愿减排量）质押、碳回购融资、借碳交易（通过借出配额获取固定收益），可帮助企业盘活存量碳资产，拓宽企业融资渠道
碳股票市场	环境类公司上市、交易和融资；对上市公司的环境绩效评价 、重组和并购
碳债券市场	环境类债券发行和交易
碳基金市场	环境类投资基金募集和交易
环境金融信托	以 CERs 指标的买卖来获取一定收益，或向其他企业购买 CERs，以满足未来之需
碳资产证券化	以碳减排量带来的现金流作为资产池，并发行抵押或担保证券
碳资产管理	在碳排放权管理和贸易等领域提供具有竞争力的多种交易组合和战略选择
碳交易保险市场	碳金融风险所产生的保险，广义上包括对所有低碳产业保险，狭义仅指对碳排放权交易风险的保险
碳保理市场	碳应收账款转让和有追索权的保险融资，解决赊销中的卖方资金占压和买方的信用风险问题
碳本外币理财市场	挂钩型理财产品，挂钩二氧化碳排放额度期货价格产品
碳期货期权市场	环境资产价格指数交易，环境类期货、期权的交易与设计
其他结构类金融产品市场	环境指数相关的金融产品

第9章　商业银行的碳金融服务

9.1　赤道原则

9.1.1　商业银行发展碳金融的必要性

作为社会重要的组成部分，商业银行在提高自身盈利能力和国际竞争力等内因以及促进经济发展模式由“高碳”向“低碳”转型、履行社会责任、改善生活环境等外因共同作用下，实行有效的碳金融发展策略，开拓新的业务领域，以实现银行自身的稳步发展。

9.1.1.1　商业银行发展碳金融是分散信贷风险的需要

随着国家对污染企业经营和贷款的限制，商业银行纷纷在传统金融业务外探寻新的利润增长点，而碳金融作为一个全新领域，自然成为商业银行追逐的目标，因此，各商业银行将实现全社会的绿色低碳发展作为提升企业核心竞争力的重要措施。各大银行秉持“绿色信贷”理念，优化并实施相关的信贷政策，通过合理有效地配置信贷资源，充分发挥绿色信贷的杠杆作用，优化信贷结构，保障银行信贷业务的可持续发展，以及企业的低碳经营与发展，并且发展碳金融有利于降低银行的坏账规模和信贷风险，提升经营绩效。

9.1.1.2　商业银行发展碳金融是提升银行业国际竞争力的需要

中国政府在2015年召开的巴黎气候峰会上重申了2020年碳强度降低40%～45%的承诺，并且积极配合发达国家实现碳减排的目标，中国已成为全球发展潜力最大的碳减排市场。我国商业银行作为经济活动的主力军，在开展碳金融业务领域拥有得天独厚的地理优势和市场潜力。清洁发展机制（CDM）作为限排减排的重要机制是《京都议定书》下唯一涉及发展中国家的弹性机制，CDM项目需要发展中国家的金融机构积极参与，因此，我国银行业可以以此为契机，加强与国外金融机构间的合作与交流，积累经验，获取技术和资金，提升本国的议价能力。当前，碳交易市场的主要计价货币为欧元而非人民币，碳排放指标和碳衍生品等均以欧元结算，但是，国际货币基金组织（International Monetary Fund，IMF）于2015年11月宣布人民币加入特别提款权，因此，我国必须把握这一新机遇，在国际碳交易市场上占据重要地位，将碳排放权与人民币挂钩，为加快人民币国际化的进程和争取国际定价权打好坚实的基础，提升国际竞争力。

9.1.1.3　商业银行发展碳金融是促进我国经济模式转型的需要

我国经济得以持续快速发展是以牺牲环境和不可再生资源为代价的，大气污染已经成为人类共同面对的严峻问题，因此促进低碳经济发展，开展节能减排工作迫在眉睫。对此，商业银行积极响应节能减排号召，加大对循环经济和低碳企业的支持力度，通过利用自身优势大力发展碳金融业务，主动尝试创新碳金融产品，建立环境准入门槛，限制和压缩对“三高一低”产业及产能过剩行业的授信额度，按照严格的标准进行信贷投放，从源头上控制信贷的环保风险；重点关注新能源、生物技术、现代农业等新兴产业以及采用先进节能环保技术进行升级改造的项目，同时加大对传统产业转型、升级等重大在建及已建项目的信贷扶持；促进产业技术创新升级，推动实体经济结构转型，引导我国实体产业从“黑色经济”向“绿色经济”转变。

9.1.1.4　商业银行发展碳金融是提高社会形象的需要

在经济全球化背景下，企业履行社会责任已然成为一项重要的特征，不仅要提升企业自身经营绩效，更要合理利用资源，保护环境，实现经济与社会环境的协调发展。我国商业银行应秉持高度的社会责任感，积极顺应并推动绿色经济潮流的发展，遏制“三高一低”产业规模过度扩张；践行绿色运营，坚持绿色采购标准，优先选择取得环境管理体系认证和产品获得环境标志的供应商；并且发展电子银行以及低碳办公降低业务能耗、支持节能减排，不仅有利于生态环境的可持续发展，同时也为商业银行打造了“绿色银行”形象，推动人与自然、经济与生态和谐平衡发展。

9.1.2　赤道原则

赤道原则①（Equator Principles，EPs），财务金融术语，是一套非强制自

① 赤道原则进入中国十年，兴业银行“点绿成金”，华夏时报，2018－11－02。

愿性准则，用于决定、衡量以及管理社会及环境风险，以进行专案融资（Project finance）或信用紧缩的管理。该原则是一套国际先进的项目融资环境与社会风险管理工具和行业基准，旨在判断、评估和管理与项目相关的融资中的环境与社会风险，是金融可持续发展的原则之一，也是国际金融机构践行企业社会责任的具体行动之一。这个准则出现于 2003 年 6 月，由一群私人银行所制定，参与制定的银行有花旗集团、荷兰银行、巴克莱银行与西德意志银行（WestLB AG）等。他们采用世界银行的环境保护标准与国际金融公司的社会责任方针，形成了这套原则。

赤道原则已经成为国际项目融资的一个新标准，包括花旗、渣打、汇丰在内的 40 余家大型跨国银行已明确实行赤道原则，在贷款和项目资助中强调企业的环境和社会责任。原则列举了赤道银行（实行赤道原则的金融机构）做出融资决定时需依据的特别条款和条件，共有 9 条。在实践中，赤道原则虽不具备法律条文的效力，但却成为金融机构不得不遵守的行业准则，谁忽视它，谁就会在国际项目融资市场中步履艰难。

赤道原则是参照 IFC 绩效标准建立的一套旨在管理项目融资中环境和社会风险的自愿性金融行业基准，适用于全球各行业总成本超过 1 000 万美元的新项目融资。截至 2017 年底，全球有来自 37 个国家的 92 家金融机构宣布采纳赤道原则，项目融资额约占全球融资总额的 86%。该原则帮助商业银行及投资者了解应该如何加入世界上主要的发展计划，并对它们进行投融资，在全球项目融资市场中，此类项目融资总额所占比例超过 86%，是各大银行投身于国际项目的“软门槛”。另外国外很多大型商业银行不仅应用了赤道原则，而且构建了符合其实际需要的环境和社会风险管理体系（ESRM）。

9.1.2.1　赤道原则的意义与作用

（1）提升银行业整体业务标准，促进整个社会可持续发展。赤道原则对于银行业来说犹如一个重要的里程碑，它第一次把项目融资中模糊的环境和社会标准明确化、具体化，使整个银行业的环境与社会标准得到了基本统一，有利于平整游戏场地，也有利于形成良性循环，提升整个行业的道德水准。对于整个社会来说，可以使环境与社会可持续发展战略落到实处，通过发挥金融在可持续发展的核心作用，促进经济、社会和环境的协调及可持续发展。

（2）为银行环境与社会风险管理提供了有效的工具与方法。赤道银行可以渗透到与项目融资相关的环境管理和社会问题解决的全过程，是构建银行环境与社会风险管理体系的便捷高效的工具系统。环境与社会风险是金融机构经营所面临的一种主要风险，如果管理不善将给金融机构造成信用风险和声誉风险。

根据赤道原则要求，金融机构应当对融资项目按照潜在的环境社会风险和影响程度分为高（A）、中（B）、低（C）三类，并针对不同风险级别的项目开展不同程度的环境和社会风险尽职调查和审查，在此基础上要求借款企业针对风险点编制《行动计划》并写入借款合同；在放款后，赤道原则强调对项目建设和运营实施持续性监管，并定期披露相关信息，同时还要求赤道银行按照年度披露赤道原则实施情况。因此，赤道银行将调整整个信贷政策，改造业务流程，完善环境和社会风险管理制度，建立银行整体的环境与社会风险管理体系。

9. 1. 2. 2　赤道原则的总体框架

2013 年 6 月发布的赤道原则第三版（EP3）由序言、范围、方法、原则声明、免责声明及附件和附录共七部分组成。

（1）采纳赤道原则金融机构的承诺。“序言”主要包括了赤道原则的初衷、宗旨、意义以及采纳赤道原则金融机构（EPFI）的一般承诺。EPFI 承诺假如客户不会或无法遵守赤道原则，将拒绝为项目提供项目融资或提供与项目相关联的公司贷款。

（2）赤道原则的适用范围。“范围”明确了赤道原则的适用范围。赤道原则适用于全球各行各业，主要适用于四种金融产品：

①项目资金总成本达到或超过 1 000 万美元的项目融资咨询服务。

②项目资金总成本达到或超过 1 000 万美元的项目融资。

③符合以下四项标准的与项目关联的公司贷款（包括出口融资中的买方信贷形式），大部分贷款与客户拥有实际经营控制权（直接或间接）的单一项目有关。贷款总额为至少 1 亿美元。EPFI 的单独贷款承诺（银团贷款或分销前）为至少 5 000 万美元。贷款期限为至少 2 年。

④过桥贷款，贷款期限少于两年，计划由符合上述相关标准的项目融资或项目关联的公司贷款进行再融资。用于项目关联的公司贷款不包括为基础项目提供资金的其他金融工具，例如用于维持公司运营的资产融资、并购融资、对

冲基金、租赁、信用证、一般性公司贷款和一般营运资金支出贷款。

（3）赤道原则的核心内容。“原则声明”是赤道原则的核心内容，包括审查与分类、环境和社会评估、适用的环境和社会标准、环境和社会管理系统和赤道原则行动计划、利益相关方参与、投诉机制、独立审查、承诺性条款、独立监测和报告、报告和透明度共十项原则。

赤道原则金融机构仅会为符合十项原则的项目提供项目融资和与项目关联的公司贷款。这十条原则分别对应项目融资全生命周期的各个阶段：第一阶段，项目前期的尽职调查阶段，涉及赤道原则第 1、第 2、第 3、第 7 条原则；第二阶段，签订贷款合同阶段，涉及赤道原则第 4 与第 8 条原则；第三阶段，项目存续期管理阶段，涉及赤道原则第 9 条原则；全阶段，赤道原则的第 5 条与第 6 条原则是关于项目的信息披露、资源可持续性管理等问题的管理原则，将贯穿于整个项目阶段。

原则 1：审查与分类
原则 2：社会和环境评估
原则 3：适用的社会和环境标准
原则 4：环境和社会管理系统和赤道原则行动计划
原则 5：利益相关方参与
原则 6：投诉机制
原则 7：独立审查
原则 8：承诺性条款
原则 9：独立监测和报告
原则 10：报告和透明度

资料来源：易碳家网站。

图 9.1　赤道原则的十大原则

（4）赤道原则的其他内容。“方法”部分区分了赤道原则对适用范围内的项目融资和与项目相关联的公司贷款、项目融资咨询服务和过桥贷款，并对不同业务品种提出不同要求，并对 EPFI 提出了环境与社会信息共享的要求。

（5）商业银行开展赤道原则的流程。

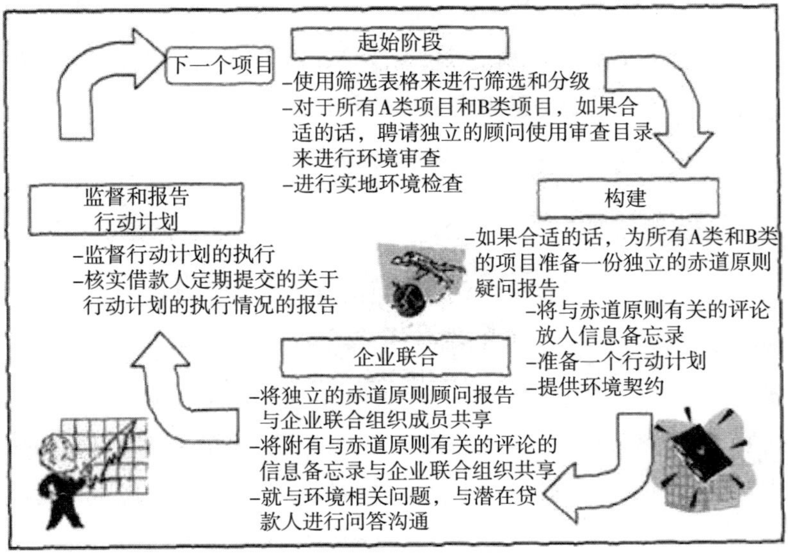

图 9.2　商业银行应用赤道原则的主要流程

（6）银行应用赤道原则的主要部门。

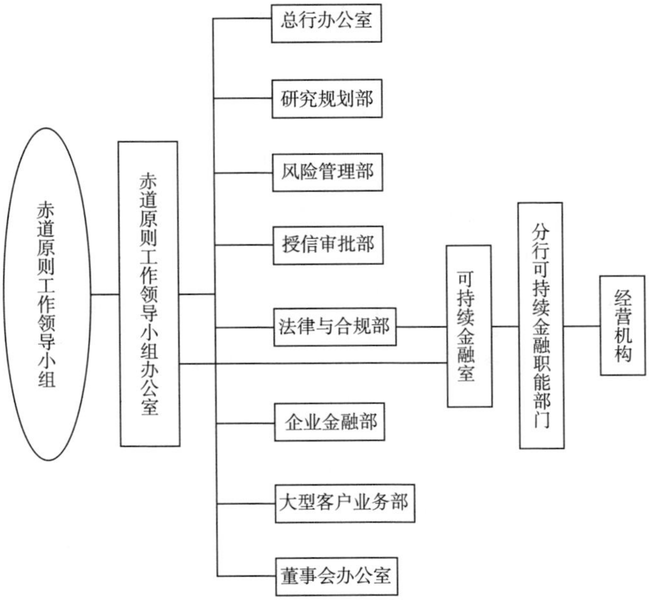

图 9.3　应用赤道原则的主要部门

9.2 国外商业银行碳金融发展实践

在发展碳金融方面，发达国家起步较早，国外商业银行经过长期的探索及发展，已经从法律法规、交易平台和风险评估预警机制到参与主体、金融中介形成了一套较为完整且成熟的碳金融服务体系。

9.2.1 碳金融业务

商业银行开展碳金融业务最初只提供绿色信贷以及投融资等中介服务，随着碳排放权交易频繁，碳交易市场不断扩大完善，发达国家商业银行不断创新业务，扩大业务范围，包括提供保险产品和衍生品交易、碳指标交易，同时利用银行自身庞大的信息网和客户优势，为企业开展低碳交易提供信用评估和资金技术支持等中介服务。目前，围绕碳排放权，汇丰银行、美国银行、渣打银行、荷兰银行、德意志银行等金融机构在绿色信贷、碳金融衍生品及碳基金业务等方面做出了有效的创新和尝试，不仅在意识层面高度关注发展碳金融所产生的利润回报，同时成立了专业的职能部门来规范碳金融业务操作。随着碳金融参与主体和交易量的不断增加，欧美国家典型商业银行发展碳金融的能力与程度越来越高，迈入了以风险监管为核心的发展阶段，由于商业银行作为碳金融业务最主要的资金供给者，碳金融活动的风险势必会直接影响到商业银行的经营管理，因此银行业通过建立完善的风险动态监管与评估机制，对企业进行严格的信用评估来合理规避碳金融风险。除欧美发达国家外，亚洲发达国家的新兴市场异军突起，在地方政府的扶持下，韩国光州银行引进“碳银行制”，将家庭因实施环保健康的生活方式而减少的碳排放量折算成可抵消日常生活花销的积分，光州银行这一举措使该地区减排 13.5 万吨，效果颇为显著。

表 9.1　国外商业银行发展碳金融业务情况统计

碳金融业务	银行实施情况
绿色信贷业务	美国银行、汇丰银行等在践行“赤道原则”的基础上，开展绿色项目融资业务。花旗银行、荷兰银行创新性地开发出节能和房屋抵押贷款等信贷业务。
低碳中间业务	美国银行推出了与碳信用挂钩的资金托管和结算业务；荷兰银行针对碳交易的客户提供了专业的技术咨询、法律顾问及代理服务等业务；光州银行引进“碳银行制”，将家庭主动减少的碳排放量折算成可抵消日常生活花销的积分。

续表

碳金融业务	银行实施情况
碳金融理财产品业务	渣打银行开发出了与纽交所新能源股票挂钩的理财产品；汇丰银行开发出了与气候变化环保指数挂钩的理财产品。
碳金融衍生品业务	德累斯顿银行和荷兰银行合作推出与欧盟碳排放权挂钩的期货产品。
碳基金业务	渣打银行、花旗银行等国际“老牌”的商业银行均成立了专项碳基金，其中较为典型的是法国兴业银行与汇丰银行共同投资设立了碳排放交易专项基金。

资料来源：张晓艳，张斌．国外商业银行碳金融业务发展对我国的启示［J］．未来与发展，2015（2）．

9.2.2　产品发展

发达国家的银行还非常开创性地开发了很多绿色信贷产品，为绿色信贷的有效实施提供了可行性载体，能够适应社会发展需要，满足企业和机构需求，服务绿色信贷业务发展。从国际先进国家地区银行业来看，典型的绿色信贷产品包括消费贷款、生产经营贷款和项目贷款等，产品线较广，具体如表 9.2 所示。

表 9.2　　全球银行业经典绿色信贷产品情况

信贷种类	产品名称	银行	内容
按揭住房贷款	节能抵押品	美国花旗银行	将申请按揭贷款的商品房、节水，节电等指标纳入贷款人的申请评分体系中
	生态家庭贷款	英国联合金融服务社	为所有房屋购买交易提供免费家用能源评估及二氧化碳抵消服务。
商业建筑贷款	优惠建筑贷款	美国新资源银行	较符合条件的绿色商业和多居住单元，提供 0.125% 的贷款利率优惠
	抵押贷款	美国富国银行	为通过专业机构认证的节能商业建筑物提供第一笔贷款和再融资，可以为开发商免除为绿色商业建筑物支付的评估保险费
商业净值贷款	便捷融资	花旗银行	与夏普电器公司签订联合营销协议，向购买民用太阳能技术的客户提供便捷的融资
	贷款捐赠	美洲银行	根据环保房屋净值贷款申请人使用 Visa 卡消费金额按一定比例，捐赠给环保非政府组织

续表

信贷种类	产品名称	银行	内容
汽车贷款	清洁空气汽车贷款	加拿大 Vancity 银行	该银行将为所有小排量的车型提供利率优惠的汽车消费贷款
	汽车贷款	澳洲 MECU 银行	要求汽车消费贷款申请人以种植树苗的方式，间接吸收私家汽车排放的污染的贷款
运输贷款	美洲银行	小企业管理快速贷款	对于购买石油升级套装的汽车车主或货车公司提供无抵押优惠贷款。帮助进行节油技术升级改造，并通过快速审批流程
绿色信用卡	气候信用卡	欧洲的 Robo 银行	按信用卡购买能源密集型产品和服务的金额，捐献一定比例给世界野生动物基金会（WWF）
	信用卡	英国巴克莱银行	向该卡用户购买绿色产品和服务提供折扣及较低的借款利率，卡利润的50%用于世界范围内的碳减排项目
项目融资	转废为能项目融资	爱尔兰银行	给予长达25年的贷款支持，只需与当地政府签订废物处理合同，并承诺支持合同范围内的废物的处理

资料来源：绿色信贷在国外，中国城市低碳经济网，2011-01-26。

9.3 国内碳金融发展

9.3.1 我国商业银行碳金融发展实践

鉴于低碳经济发展中存在的最大阻碍——资金短缺问题，我国商业银行基于“环保一票否决制”为核心的绿色信贷原则，将贷款结构倾向于低碳经济的发展项目，引导企业实现产业结构升级，大力发展“高产能、低能耗、低污染”的产业项目。目前，我国商业银行主要从支持绿色信贷和严控“两高一剩”行业贷款、CDM 融资以及提供中介服务等方面发展碳金融，因此，对商业银行而言，加强其风险评估能力非常重要。兴业银行首创节能减排项目贷款业务，作为我国第一个加入“赤道原则”的商业银行，为我国企业发展“高产能、低能耗、低污染”的产业项目提供信贷支持开创了先河。随着低碳理念深入人心，各商业银行也相继开展碳金融业务。

9.3.1.1 绿色信贷的发展

绿色信贷是我国商业银行开展碳金融最基本、最核心的业务，近年来，我国各大银行对“两高一剩”行业贷款逐年减少，这主要是由于我国各大银行严格执行“两高一剩”行业贷款审批制度，对落后产能实施行业限额、名单制管理和信贷额度锁定，限制介入产能过剩较为严重、不符合绿色信贷政策导向的行业，尤其对于“两高一剩”行业而言，严格管理该行业的贷款投放额度。各银行根据国家经济结构调整的要求，严格控制产能过剩行业信贷规模，将钢铁、水泥以及电解铝等高耗能高污染的行业作为结构调整的重点领域，持续降低此类行业占比，制订压缩退出方案。

9.3.1.2　与碳排放交易所建立合作关系

2008 年，我国首次在北京、天津及上海等三个直辖市成立了环境交易所。随后，受全球低碳经济发展趋势的影响，我国环境交易所如雨后春笋般大量涌现出来，在此经济背景下，我国商业银行积极寻求战略伙伴，加强与国内各环交所合作，为交易项目提供全方面的信息咨询、资金支持以及分散风险等碳金融服务。

建设银行积极参与国内碳排放权交易，并与碳排放交易所建立了合作关系，对涉及交易资金的存管、清算、监管以及碳排放权交易试点等多个领域展开合作。兴业银行最早与北京环境交易所合作，设计并推广我国首张低碳信用卡，此举创新性将节能减排行动从生产领域延伸至消费领域，倡导个人绿色消费，并建立了个人专属的“购碳绿色档案”，方便持卡人查询个人自愿碳减排量购买或获赠记录及所支持的自愿碳减排项目信息；同时，兴业银行加强与上海环境能源交易所合作，根据客户的绿色刷卡额度，在上海环交所购买等量的自愿碳减排量，积极倡导绿色刷卡理念，努力实现全民绿色消费。

9.3.1.3　创新低碳信贷业务

当前，我国商业银行信贷业务主要是对低碳环保项目的绿色贷款，贷款业务单一、形式固定，这一模式在一定程度上制约了我国银行业发展碳金融的潜力，因此，我国商业银行应大胆创新低碳信贷业务，一方面借鉴花旗银行、荷兰银行的经验，开展诸如节能抵押贷款、绿色房屋抵押贷款等业务；另一方面，碳排放权资源作为一种可交易的商品，具有价值属性，我国商业银行应当允许企业在资金有限的情况下，将其自身拥有的排污许可证作为抵押物来向银行申请贷款，这一举措在一定程度上可以帮助部分贷款难且没有抵押物的环保企业成功申请贷款用来开展环保业务。商业银行可以灵活使用贷款资金，提高资金的周转率，增加银行的业务收入。

9.3.1.4 创新碳金融衍生品业务

以渣打银行、花旗银行等为代表的国际典型商业银行陆续开发出了与碳排放权挂钩的碳金融衍生品，包括碳期货期权、掉期、碳汇率等金融产品，在一定程度上有效地转移了风险，同时也增加了国际商业银行的业务收入。对此，我国商业银行应大胆创新碳金融衍生品业务，开发以信用交易为特征的碳金融衍生品，实现我国碳金融业务多样化。

9.3.2 绿色信贷业务发展主要做法

自2010年以来，党中央提出了“进行产业结构调整，努力构建生态环境文明，建设节能减排和环境保护友好的产业结构”工作要求，促进节能减排、环境保护和低碳经济发展，构建绿色信贷体系，防范信贷风险。中国农业银行出台一系列关于绿色信贷业务的指引和实施意见。

该意见指出农业银行开展绿色信贷工作的总体目标是：以节能减排为出发点，进一步加强信贷政策与产业政策、环保政策的协调配合，加大对国家政策支持项目的支持力度，并逐步缩减高耗能、高污染的淘汰类项目，还可以充分利用信用杠杆对企业环境违法行为进行制约，鼓励社会各界进行监督，通过信贷手段促进产业结构调整和节能减排的实施。总体原则规定如下：

将企业生产过程中的环保、排污等各项指标，将其当做信贷结构的调整重要标准。银行应当加大对绿色信贷项目的支持力度，通过相关工作提升绿色信贷在总信贷额度中的占比，并缩减高耗能、高污染产业的信贷规模，并将该部分信贷额度逐步转移到绿色产业当中。

环保政策一票否决制。如果企业项目存在违反国家环保法律、政策等情况，那么该项目的贷款无法通过审批，也无法获得贷款资金的支持。

将对企业节能减排和环境保护的评价和监控贯穿于整个信贷管理过程。企业是否贯彻落实国家节能减排要求，及是否符合环境保护相关政策，是银行贷前、贷中、贷后管理的重要内容，将会成为信贷资金使用和日常管理必须审核和监测的要素。

有预见性地规避行业和客户因节能减排和环境保护政策引发的不确定性风险，有效防范和缓释信贷资产风险。

9.3.3　我国商业银行绿色信贷主要政策与举措

表 9.3　　我国商业银行绿色信贷主要政策

时间	部门	政策名称	内容	影响
2007 年	国家环保总局，人民银行，银监会	关于落实环境保护政策法规，防范信贷风险的意见	加强环保和金融监管部门的合作与联动，加强对企业环境违法行为的经济制约和监督，改变“企业环境守法成本高、违法成本低”的状况；严格新建项目的环境监管和信贷管理；严把建设项目环境影响评价审批关，切实加强建设项目环保设施“三同时”管理；严格贷款审批、发放和监督管理，对未通过环评审批或者环保设施验收的项目，不得新增任何形式的授信支持；加强授信管理，对有环境违法行为的企业应采取措施，严格控制贷款，防范信贷风险	首次正式提出“绿色信贷”概念，在我国绿色信贷业务发展史上具有里程碑意义
2007 年	人民银行	中国人民银行关于改进和加强节能环保领域金融服务工作的指导意见	明确了建立支持自主创新与加强环保的绿色信贷长效机制。《意见》指出，人民银行各分支机构要加强对金融机构支持节能减排、循环经济发展的政策引导和信息服务，指导金融机构对贷款实行差别定价，加大对节能环保企业和项目的信贷支持	
2009 年	人民银行，银监会，证监会，保监会	进一步做好金融服务，支持重点产业调整，振兴和抑制部分行业产能过剩的指导意见	明确信贷投放要区别对待，有保有压，要求金融机构严把信贷关，并提出金融机构要进一步加大对节能减排和生态环保项目的金融支持力度，发展低碳经济，鼓励银行业金融机构开发多种形式的低碳金融创新产品，对符合国家节能减排和环保项目给予优惠	鼓励投放绿色信贷，进一步支持绿色信贷业务发展
2011 年	国务院	国务院“十二五”节能减排综合性工作方案	落实节能减排目标责任，进一步形成政府为主导，企业为主体，市场有效驱动，全社会共同参与的推进节能减排工作格局。要彻底发挥政府主导作用，加强节能减排统计监测和考核体系建设。着力健全激励和约束机制，进一步落实地方各级人民政府对本行政区域的节能减排工作负总责，政府主要领导是第一责任人的工作要求	

续表

时间	部门	政策名称	内容	影响
2012年	银监会	绿色信贷指引	树立并推行节约，环保，可持续发展等绿色信贷理念。重视并发挥银行业金融机构的促进经济社会全面协调，可持续发展的作用，建立与社会共赢的可持续发展模式，制定绿色信贷目标。建立机制和流程，明确职责和权限，开展内控检查和考核评价。建立有利于绿色信贷创新的工作机制，在有效控制风险和商业可持续的前提下，推动绿色信贷，流程产品和服务创新等	对银行业开展绿色信贷，大力促进节能减排和环境保护提出了明确要求，是推动商业银行发展绿色信贷的一个重要纲领性文件
2012年	银监会	银行业金融机构绩效考核评级监管指引	要求银行业在绩效考核中设置社会责任类指标，对银行业金融机构提供金融服务，支持节能减排和环境保护等方面的业务定期考评，并要求银行业金融机构在社会责任报告中对绿色信贷相关情况予以披露	
2013年	银监会	绿色信贷统计制度	明确12项节能环保项目和银行绿色信贷统计范畴。并对其形成的年减排能力进行统计，包括标准煤、二氧化碳减排当量、化学需氧量、二氧化硫、氮氧化物、节水等七项指标	
2013年	国务院	国务院关于化解产能严重过剩矛盾的指导意见	加大对产能严重过剩的行业企业兼并重组整合过剩产能、转型转产、产品结构调整、技术改造和向境外转移产能，开拓市场的信贷支持。不对产能严重过剩行业新增产能项目和违规在建项目提供任何形式的新增授信支持，对已经发放的贷款采取妥善措施，保障合法债权安全，大力发展绿色信贷，不断提升对节能环保，循环经济，防治大气污染领域的金融服务水平。加大对相关领域，技术改造等方面的信贷支持	进一步鼓励发展绿色信贷，促进绿色环保企业的发展
2013年	国务院	关于加快发展节能环保产业的意见	提出要把环保产业建设成为国民经济的新支柱产业	为绿色金融发展指明了方向
2014年	银监会	绿色信贷实施情况关键评价指标	超过100个指标对组织管理、能力建设、流程管理、内控管理、信息披露等方面进行了规范	

续表

时间	部门	政策名称	内容	影响
2014 年	中国银行业协会	成立中国银行业协会绿色信贷业务专业委员会	总职责是引领会员单位更好执行绿色信贷标准。整合国内外的政府及社会资源，实现资源的最优配置及绿色信贷项目的可持续发展。推动银行业机构加快完善差别化信贷政策。在积极支持化解过剩产能的同时，防范化解可能出现的金融风险	
2015 年	银监会，发改委	能效信贷指引	鼓励和引导银行业金融机构积极开展能效信贷业务，加大对能效信贷的投放力度，明确要求，探索以能效信贷为基础资产的信贷资产证券化试点工作。推动发行绿色金融债，扩大能效信贷融资来源	为指导银行业金融机构抓住商业机遇，将引导更多的金融机构进入节能领域
2015 年	国务院	生态文明体制改革总体方案	形成支持绿色发展，循环发展，低碳发展的利益导向机制	
2015 年	人民银行	中国金融学会绿色金融委员会	建议在中国建立一个绿色金融体系，引导社会资金进入绿色行业。例如：开发绿色指数。推动机构投资者开展绿色指数的投资应用。鼓励资产管理机构开发多样化的绿色投资产品。包括公募基金、ETF、集合理财、专户理财等	
2015 年	中共中央	“十三五”规划	提出支持绿色清洁生产，推动传统制造业绿色改造，推动建立绿色低碳循环发展的产业体系，鼓励企业工艺技术装备更新改造。发展绿色金融。设立金融发展基金	
2016 年	中国人民银行、财政部、国家发展改革委、环境保护部、银监会、证监会、保监会	关于构建绿色金融体系的指导意见	大力发展绿色信贷；推动证券市场支持绿色投资；设立绿色发展基金，通过政府和社会资本合作（PPP）模式动员社会资本；发展绿色保险；完善环境权益交易市场、丰富融资工具；支持地方发展绿色金融；推动开展绿色金融国际合作；防范金融风险，强化组织落实	

续表

时间	部门	政策名称	内容	影响
2017 年	国务院		国务院常务会议决定在浙江、江西、广东、贵州、新疆五省区设立绿色金融改革创新试验区，支持地方发展绿色金融	
2018 年	全国人民代表大会	中华人民共和国循环经济促进法	各级单位设立发展循环经济的有关专项资金，支持循环经济科技研究开发、循环经济技术和产品的示范与推广、重大循环经济项目的实施、发展循环经济的信息服务等	
2019 年	人民银行	关于支持绿色金融改革创新试验区发行绿色债务融资工具的通知		

9.3.3.1 我国商业银行绿色信贷主要实践

“十三五”以来，我国政府正式对国内产业结构调整和环境保护方面制定了详细的中长期规划，并将污染减排和资源循环利用列为国民经济社会发展重要指标。国内银行业金融机构也积极响应国家政策调整，开始认识到信贷政策对于促进经济社会可持续发展方面的重要作用，积极开展“可持续发展”信贷业务，这标志着中资银行已实现开始利用先进的金融工具，来改善和防范过度发展时期造成的环境与社会风险，充分表明绿色信贷在我国获得了良好发展。对我国银行等金融机构既有实践和经验方法进行研究，可以总结出国内绿色信贷业务具有以下特点：

（1）以绿色信贷为导向，全面推动信贷结构“绿色”调整

商业银行必须要按照绿色信贷要求开展相关工作，并以此对自身信贷结构进行调整，确保信贷结构、资产结构能够实现绿色化。从项目角度来看，商业银行必须要为绿色信贷项目提供充足的支持，在信贷人员条件相同的情况下，优先将资金贷给“绿色用户”，这些绿色用户通常处于节能减排、环保投资、新能源等行业当中，银行还需要加大对高污染、高耗能产业信贷管控力度，通过主动减少授信、缩减规模等方式将贷款逐步转移到绿色产业当中。从客户角度来看，商业银行可以利用 IT 系统进行环保分类，比如交通银行就根据客户

所处行业环保情况将其分为红色、黄色与绿色三类；建设银行给予环保情况将客户划分为环境友好型、环保合格型、环保潜在风险客户等，建行持续加大对环境友好型客户的信贷支持力度，以此来推动产业结构调整。从行业结构角度来看，我国商业银行普遍加大对高污染、高耗能产业的信贷控制力度，严格要求各级分行加大对环境敏感产业信贷总量控制力度。

（2）商业银行应当将绿色信贷融入信贷业务、信贷管理当中，我国商业银行通常会把绿色信贷加入自身业务体系当中，确保其信贷工作能够表现出绿色信贷理念。

①在业务受理与调查阶段必须要坚持绿色信贷要求。商业银行信贷人员必须要在调查阶段、业务受理阶段按照绿色信贷要求开展相关工作，确保绿色信贷客户能够满足当前绿色信贷标准。商业银行需要加大对高污染、高能耗企业的管控力度，通过设置准入名单等方式将这些企业排除在绿色信贷范围内。此外，商业银行还需要根据国家制定的“限批”区域对客户进行分类，如果客户处于该区域内，那么工作人员不得通过该类型信贷业务的审批。在受理业务方面，客户经理必须要对贷款申请人实际情况进行调查，从而了解其真实环保情况并对其是否满足环保法律法规需求做出合理判断，还可以通过中国人民征信系统查询客户环保信息。商业银行还可以通过现场调查、走访调查等方式对客户真实环保情况进行了解。

②在审查阶段同样需要坚持绿色信贷要求。商业银行对客户绿色信贷业务进行审批，必须要坚持“环保一票否决”制。审查人员需要对贷款客户提供的资料、环保手续等进行检查，如果发现其提交的材料并不包含环保部门的审批同意，或者存在项目拆分获得环保部门审批、存在环保材料造假等情况，就应当采取一票否决制否决该绿色贷款的申请。客户在没有获得环保部门的审批或者环保部门存在越级、越权审批的情况，不论项目业务利润有多高，都必须要坚持一票否决制，不允许为客户提供新贷款。

③审批阶段坚持绿色信贷要求。我国商业银行通常会采取差别化审批授权，这就导致其必须要加大对分行的管控力度，进而将高耗能、高污染产业信贷规模控制在较低水平。各级商业银行对贷款业务进行审批时，必须要对客户环境风险进行调查，并将发现的环境风险与客户进行交流，要求客户使用合理的风险缓释工具降低该风险，以此来提升银行信贷资金的安全。如果客户提交的项

目贷款存在一定的环境隐患，那么银行就可以加大环境风险定价补偿，以此来提升客户的贷款利率与收费水平，通过这些方式来达到缓释环保风险的目标。

④合同签署阶段需要坚持绿色信贷要求。银行与客户签署贷款合同时，客户必须要严格遵守合同中注明的环境风控措施，并确保将这些工作落实到实际当中。如果客户存在高环境风险情况下，银行可以通过设立约束性条款来降低其发生环境风险的可能性。如果客户在贷款期间因环保问题被相关问题查处，那么银行可以依照合同宣布贷款提前到期，而借款人因为环保风险暴露对自身经营产生影响，银行可以制定针对性的处罚措施。

⑤贷款管理需要坚持绿色信贷要求。商业银行对客户进行放款时，必须要使用中国人民银行征信制度对其各项信息进行核实，从而了解客户在贷款申请以后的时间内是否出现环保违规信息。商业银行需要对“三同时”制度执行情况进行监督，如果客户在没有获得审批的情况下投入建设生产，那么商业银行必须要暂停该贷款的发放。在贷款发放后商业银行仍然需要进行检查，通过与媒体、环保部门进行交流，对客户是否存在环保违规行为作出判断，还可以通过实地调查、随机抽查等方式了解客户生产过程中真实环保情况，并将其与环保部门提供的标准进行比对，从而了解其当前生产经营情况是否满足绿色贷款标准，如果客户存在重大环境违法行为或者存在相应的隐患，商业银行应当及时发出环境风险预警。

（3）通过产品创新支持绿色信贷发展。我国商业银行已经将绿色信贷融入自身产品创新当中，有效提升了其服务创新水平。我国建行为了将绿色信贷落实到实际工作中，开展了“环保益民”金融服务方案，可以根据客户需求提供绿色生活、绿色公益、绿色融资等一系列金融服务，可以满足不同客户的绿色融资需求。我国商业银行还加大了对碳排放金融产品的研究力度，其中国家开发银行已经主动加入碳排放交易当中，并在该交易市场中发挥出了较强作用。其他商业银行在绿色信贷方面也取得了良好发展，并加大对清洁技术的支持力度，为其发展提供了多样化融资服务。

除银行业金融系统之外，公司、企业也积极通过发行绿色债券形式大力促进绿色信贷业务发展。根据中国金融信息网绿色债券数据库的统计，2017 年全年中国在境内和境外累计发行绿色债券（包括绿色债券与绿色资产支持证券，如无特殊说明则下同）123 只，规模达 2 486.797 亿元，同比增长

7.55%，约占同期全球绿色债券发行规模的 25%。2017 年中国境内绿色债券累计发行 113 只，发行规模 2 044.797 亿元，发行高峰发生在下半年。我国绿色债券整体呈现绿色债券指数的研发与创新不断深化、绿色债券市场政策制度进一步完善、绿色债券市场国际合作进一步深化、绿色资产证券化产品持续创新、绿色债券创新性产品相继发行、中资发行人在国际绿色债券市场上影响力进一步提高的特点。我国还有不少商业银行结合国民经济发展情况对低碳经济、碳金融发展规律进行研究，并积极对国际全球气候变化应对政策、清洁发展机制（CDM）进行研究，能够对客户真实融资需求进行全方位研究，推出以核证减排额（CERs）为核心的创新融资产品，该产品将 CERs 作为贷款的还款保证。

（4）加快建立有效的信息沟通共享机制。央行、银监会等金融监管部门出台了多项政策，推动商业银行与环保部门建立信息共享机制，双方需要将自身数据库端口进行链接，使商业银行能够通过环保部门提供的窗口查询到企业环保违法信息，而银行获得的信息也能够直接被环保部门所查询。随着国民经济持续发展，各商业银行与环保部门应当将企业环保信息纳入数据库当中，使银行能够通过数据库直接查询到企业环保、低碳发展情况，对其中表现优异的企业给予较高的信贷额度支持，以此来推动绿色信贷的发展。

（5）探索建立绿色信贷考核和问责机制。我国商业银行为了促进绿色信贷业务的发展，建立了以此为核心的绿色信贷考核机制与问责机制，这就导致绿色信贷考核结果成为高层管理人员、信贷工作人员的重要考核指标，其同样还是各级分行的重要评价内容。各商业银行总行还应当建立定期通报制度，将分行调查失实、审查出错等造成的环境风险进行通报，在寻找到责任部门、责任人的基础上进行严格处理。

（6）贯彻绿色理念的信贷流程

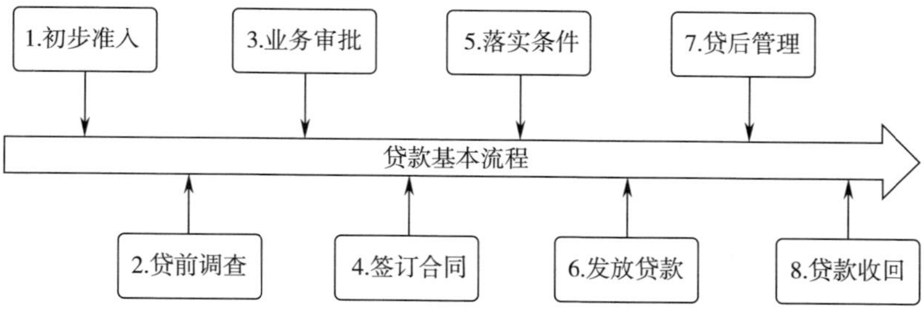

图 9.4　企业贷款基本流程

9.3.3.2 发展成果

近年来绿色金融在我国获得了良好发展，不少金融机构都将其当作自身重要发展方向。如图 9.5 所示，我国商业银行加大了对绿色金融的扶持力度，这就使绿色信贷项目在 2007—2013 年出现了较大提升，项目总数达到了 1.4 万个，而绿色信贷总额度也达到了 4.9 万亿元。

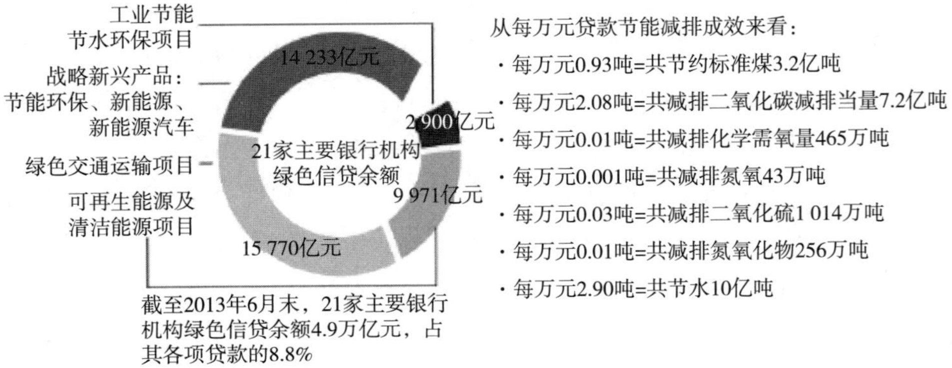

图 9.5 中国银行业金融机构绿色信贷实践效果

2017 年末，中国各类绿色信贷余额超过 9 万亿元，其中 21 家主要银行绿色信贷余额从 2013 年末的 5.2 万亿元增长至约 8.5 万亿元，年平均增长率达到 13.14%，占全部信贷余额比例达 9%①。

① 2018 年末中国银行绿色信贷余额 8 000 多亿元，来源：经济参考报，2019 - 05 - 20。

第 10 章　绿色债券

10.1　绿色债券及其分类

10.1.1　绿色债券定义

绿色债券是专门为环境保护、可持续发展或减缓和适应气候变化等具体项目而融资的债券或债务性证券。近年来，绿色债券市场得以迅速发展，各类气候相关债券品种相继出现，包括可持续发展债券、气候债券，另外还有部分债券尚没明确标明绿色用途，但募集资金投资于环境相关资产或项目，累计融资规模已超过千亿美元，成为了绿色金融的重要组成部分，同时也成为了可持续发展的重要融资方式。对于绿色债券的定义，国际上各组织机构略有不同，但其基本含义和定义基础是相同的。

10.1.1.1　绿色债券与发展

关于绿色债券的概念，由于相关立场与国家差异，目前国际上并未形成统一意见，一般认为绿色债券概念是在 2007 年由世界银行和欧洲投资银行首次共同提出的。

（1）定义

目前国际市场上绿色债券的定义存在主要以下几种解读方式：世界银行（World Bank）认为绿色债券是一种能为投资者提供参与帮助减缓气候恶化机会的固定收益型债券；经济合作与发展组织（Organization for Economic Co - operation and Development）认为绿色债券是由政府、银行或者企业发行的为适应气候变化、促进低碳经济的固定收益债券；气候债券倡议组织（The Climate Bonds Initiative）则认为绿色债券是一种专为环境项目募集资金的固定收益金融工具。依据我国发改委发布的《绿色债券发行指引》的相关条例，绿色债券是将募集资金主要用于支持节能减排、能源清洁高效利用等绿色循环低碳发展项目的企业债券。关于绿色债券的定义，各国家、组织依据其发行目的差异而有所区别，总体来说绿色债券是一种募集资金被事先明确约定应用于建设绿色项目的、面向社会进行广泛筹资的债权筹资工具。

（2）绿色债券起源与发展

国际上，绿色债券发展开始于2007年，学术上通常认为首先由欧洲投资银行、世界银行分别提出。2007年，欧洲投资银行创新发行了世界范围内第一只气候意识债（Climate Awareness Bond），为欧洲投资银行自己的再生能源、能效提高型项目进行债券市场融资。该气候意识债券明确债券募集资金被用于环境治理绿色项目，并且设立严格的专款专用标准。绿色债券指的是募集资金投向符合规定条件的绿色产业项目的一种债券产品。作为绿色金融的重要组成部分，绿色债券以其绿色环保、期限长、融资成本低等显著特点而受到国际资本市场的青睐。2008年，世界银行首先发行了全球首只绿色债券，绿色债券募集资金专项用于缓解气候恶化的项目。从此之后，2007年至2012年，绿色债券发行规模不断增大，发行人、发行品种和投资者类型逐渐多样，相关发行逐渐完善。绿色债券从欧洲市场向世界特别是亚洲、北美等区位辐射扩展。

自2013年，国际范围内绿色债券进入飞速发展时期。2013年世界绿色债券发行量为110亿美元，2014年，世界绿色债券发行量达到360亿美元，同比增长227%。世界银行、欧洲投资银行等商业银行作为市场上绿色债券重要的发行人。2015年世界绿色债券发行量超过400亿美元。2015年，新疆金风科技在海外发行3亿美元绿色债券，成为中国企业世界范围内首单绿色债券实践。2015年，农业银行在伦敦证券交易所发行第一单绿色债券，作为中国金融机构在境外发行绿色债券的首次实践。至2017年末，仅我国境内（不含港、澳、台）贴标绿色债券发行规模为2 083.8亿元，绿色债券发行规模连续两年稳稳站上2 000亿级规模。

10.1.1.2 绿色债券的特点

通过对目前国内外已经发行的绿色债券进行分析，可以发现绿色债券具有五个方面的特征。

（1）资金投向专款专用

绿色债券相较于普通债券最大的不同之处就是在于通过发行绿色债券所获得的资金只能用来投资规定的绿色产业中的相关绿色项目，因为其主旨便是为推动绿色产业发展，必须确保专款专用，因此会为绿色项目专门设立相关账户。

债券期限较长。鉴于绿色债券的特殊性，在投资时重点从绿色环保的角度进行考量，使得绿色债券的资金回报周期相较于普通债券要长。因此，绿色债券一般属于中长期债券。

披露要求严格。在绿色债券的资金运用过程中，发行人需向相关投资者及社会公众出示相关证明确保资金用在绿色项目上，并且要详细披露相关的环境改善效益。因此，官方监管机构制定了一系列有关信息披露的标准，并建议设立第三方专业机构对此专业评估及认证。

（2）绿色债券的信用评级高

绿色债券由于其投资项目大多和环境保护有关，所以各国金融监管机构对绿色债券的评级都比较高，国内的绿色债券一般评级都能达到 AAA 级，国外的绿色债券评级也比较高，例如最近欧洲银行都对发行的绿色债券作出了 AAA 级的信用保证。除此之外，国际上发行的气候绿色专项债券、未来地球等绿色债券都是国际顶级信用债券。虽然评级机构对绿色债券的评级较高，并不是说绿色债券没有违约的风险，但是从较高的评级也可以看出世界范围内都在大力支持绿色债券的发展。

（3）债券本金收益有保障

国内外绿色债券的利率主要分为固定利率和浮动利率两种，其中绿色债券的固定利率普遍高于银行的存款利率。国内目前尚没有设定浮动利率的绿色债券，而国外的发行人为了激发投资者的投资热情，很多绿色债券实施了浮动利率，就是在固定利率的基础上，根据项目的投资收益，上下浮盈，项目收益好则收益较高，项目开展的情况不好，则投资者随着项目一起承受损失。比如美国发行的气候绿色债券到期后，投资者可以收回全部本金，为防止投资收益有较大浮动，债券收益指数根据到期日最后 6 个月的平均收益来定，这样就在一定程度上保证了投资者的收益。

（4）绿色债券市场投资主体广泛，发展潜力大

由于绿色债券的收益较为稳定，受到了广大投资者的追捧，需求量巨大。随着社会上对环境、绿色发展的关注和认可，也吸引了主权基金、养老基金、商业银行，如世界银行集团、中央银行、知名公司（如微软和福特），以及个

人投资者等长期性投资机构的关注，对于发行机构的资金来源来说，这也有利于优化其投资者结构。

在发行潜力方面，在我国，根据国务院发展研究中心金融研究所的研究数据表明，"中国绿色产业的年投资需求在 2 万亿元以上，而财政资源只能满足其中的 10% ~15%，融资缺口达 1.7 万亿元以上[①]。

（5）更易获得政府支持

政府机构一般对绿色项目都予以积极支持，因为绿色项目会推动环境改善及城市建设等，因此政府制定一系列相关政策鼓励发展绿色债券，比如在债券发行方面提供优惠利好。

10.1.1.3 绿色债券的种类

（1）绿色债券、碳债券和碳国债

绿色债券与碳债券的范畴界定有一定的共同之处，方式与关于绿色金融和碳金融的范畴界定大体相同。绿色债券是近年来新兴的一种债券类型，既可以满足债券发行方的融资需求，又可以使投资方满足自身保护环境责任需求。绿色债券发行所得资金专门用于投资符合规定条件的绿色环保项目，是绿色金融在国际债券市场上的应用。而碳债券是指债券的发行方为筹集低碳经济项目，使债券利率与清洁发展机制（CDM）的收入相关联，侧重温室气体排放量的控制。碳债券的发行主体可分为企业和政府。企业发行的碳债券称为碳企业债，政府发行的可称为碳国债，因此碳国债是碳债券的一个分支。碳国债是国家以其公信力为担保，面向个人、企业、机构、乃至地方政府和国外政府发行的债券，形式可以是纯资金债券，也可以是资金与碳资产组合债券。

（2）绿色金融债券

绿色金融债券是绿色债券的一个分支，是由绿色债券和金融债券结合发展出的一种新型有价证券。绿色金融债券是银行等金融机构依法发行的，所筹集资金用于污染防治、垃圾处理、节能减排等绿色产业项目的债券品种。欧美国家将金融债券归为公司债券的一类，在我国和日本等国家，将金融机构发行的债券称为金融债券。

---

① 人民网：业内人士称，中国绿色产业仍存巨大投资缺口，2016 年 5 月 30 日。

10.1.2　国际绿色债券标准及项目分类

绿色债券自 2007 年出现至今不过十多年时间，其种类和所涵盖的范围却迅速扩大。根据分类标准的不同，绿色债券可以被分为许多类型。目前国际上的绿色债券标准主要包括两种：

一是《气候债券标准》（CCBS）由气候债券倡议组织制定。

二是《绿色债券原则》（CGBP）由国际资本市场协会与国际金融机构联合制定。

这两份标准是由市场主体自愿参与执行文件约定，是自下而上以市场为导向。两份标准在项目分类上是一致的，《绿色债券原则》概括了 8 大类绿色项目，包括太阳能、风能、低碳建筑、快速公交系统、低碳运输、水资源、生物质能、农林与土地使用等，《气候债券标准》对上述分类进行细化。

（1）气候债券倡议组织的分类

气候债券倡议组织和绿色债券原则共同根据债券收益使用办法和债务追索权的不同将绿色债券划分为四种类型，见表 10.1。

表 10.1　《气候债券标准》和《绿色债券原则》的绿色债券分类及其特点

序号	类型	债券收益使用办法	债务追索权	案例
1	绿色收益使用债券	限用于特定绿色项目	对于发行者有标准和完全追索权。与发行者的其他债券适用于同等信用评级	欧洲投资银行发行的气候意识债券。世界银行发行的绿色债券
2	绿色收益使用收入债券	用于特定绿色项目	发行者无追索权。收入来源于发行者。信贷风险来自收入流、税收、费用等抵押的现金流	美国夏威夷州发行的绿色债券
3	绿色项目债券	限用于特定绿色项目	对特定项目的资产和资产负债表有追索权	美国阿尔塔风能控股有限责任公司（Alta Wind Holdings LLC）发行的绿色债券
4	绿色证券化债券	限用于特定绿色项目，直接用于未来的绿色项目	对共同抵押的一组项目，享有追索权。包括资产担保债券、抵押债券等	加拿大能源公司（Northland）发行的绿色债券

资料来源：气候债券倡议组织和绿色债券原则。

绿色“收益使用”债券最为常见，也比较容易理解，属于信用债券，如欧洲投资银行发行的气候意识债券便是由欧洲投资银行信用担保；世界银行发行的“绿色债券”以世界银行信用作担保。这类信用担保债券通常具有最高的信用评级。

绿色“收益使用”收入债券的设计稍微复杂。它的一个典型例子是美国夏威夷州发行的绿色债券。州政府机构首先以极具竞争力的价格发行收入债券（revenue bonds），债券发行收益交由一个独立的绿色基建基金掌管，该基金以较低的利率借款给消费者来支持他们购买和安装清洁能源和能效设备。债券偿还首先来源于贷款企业和个人的还款支付，并由夏威夷州的清洁能源系统公共福利性收费（System Benefit Charge，SBC）抵押担保。因此，它无须州政府担保，也无权向发行者追索。SBC是配电公司为了专项补贴某些公共福利性项目而对其消费者的附加性收费。

绿色项目债券的一个例子是美国阿尔塔风能控股有限责任公司（Alta Wind Holdings LLC）的绿色债券，以阿尔塔风能项目作为担保发行债券。

绿色证券化债券以某一已经存在的项目作担保，如加拿大Northland能源公司发行的绿色债券是以其太阳能电场作担保；也可能以未来绿色项目作担保，如美国Solar-city公司发行的以当时尚未开始建设的住宅式太阳能租赁作担保发行的绿色债券。证券化债券中有一类特殊的债券即资产担保债券Asset-backed Security，ABS，它又被称为“双追索”债券：投资者对于相关资产既有财政抵押权也有追索权。

（2）根据发行主体分类

最初绿色债券的发行者是多边机构，主要是发展银行，包括欧洲投资银行（CEIB）、世界银行（WB）、国际金融公司（IFC）、欧洲复兴开发银行（EBRD）等。自2007年出现到2011年间，市场上所有绿色债券都是由发展银行发行的。随着市场不断发展，政府机构和组织、企业、商业银行陆续开始发行绿色债券。相应地，绿色债券可被分为发展银行绿色债券、市政绿色债券、企业绿色债券、商业银行绿色债券四大类。

①发展银行绿色债券通常用于支持发展银行在发展中国家开展的绿色项目，以银行自身作担保，一般具有极高的信用评级。

②市政绿色债券通常由地方政府及其附属机构或组织发行，信用评级较

高。在气候债券倡议组织的统计中，美国大学发行的绿色债券也被归入了市政债券一类。

③企业绿色债券直到2013年才开始出现。它的特点是发行规模相对较小，发行者数量大，信用评级不一，创新能力强。2014年丰田公司第一次正式引入了绿色资产抵押债券，以汽车贷款和租赁作为抵押发债筹资支持生产绿色交通工具。

④商业银行绿色债券由商业银行发行，通常可与合格贷款挂钩，以支持太阳能、风能、水能、铁路和绿色建筑项目。

（3）根据募集资金用途的分类

绿色债券收益可以用于应对诸如气候变化、自然资源枯竭、生物多样性保护和污染治理等问题的各个领域，所以根据募集资金的用途可以将债券划分为很多不同的种类。气候债券（含贴标与非贴标）分为七类，如：交通运输、建筑与房地产、工业、污废治理、能源、水污染治理和综合类绿色债券。七大类中，发行最多的是绿色交通债券，发行量第二位的是综合型绿色债券，排列第三位的是绿色能源债，能源债券募集资金用到原子能、太阳、生物、水力和风力等全部新能源范围。

（4）主题债券

①市政债券

美国的市政债券市场发行气候债券有着十余年的历史，美国市政府通过节能债券、清洁可再生能源债券的发行为相关项目融资，募集资金主要用于城市建设包括：可再生能源、建筑与工业、城市轨道、水资源项目等，但以运输及水资源项目为主。见图10.1。美国的市政债券存在着大量的散户投资者，因为购买清洁能源市政债券不仅具有较低风险，并且能够获得税收优惠，因此有50%的市政证券被散户投资者购买。

②资产支持债券（ABS）

资产支持债券是债权性质的金融工具，以资产信用为支持，向投资者支付的本息来自资产池产生的现金流或剩余权益。

③社会责任投资债券

社会责任投资债券以实现社会效益为基础，解决社会问题。如2016年9月日本国际协力机构发行了350亿日元的社会债券。2016年11月，荷兰BNG发行了6亿美元的社会责任投资债券，募集资金用于城市可持续发展项目。

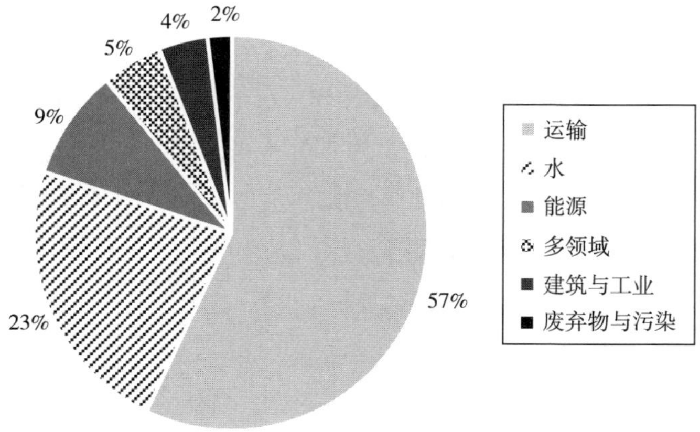

图 10.1　美国市政债券资金用途示意图

④生态债券

2016 年 11 月，英国能源供应商 Ecotricity 发行了第四只生态债券，用于可再生能源设施融资。

（5）其他分类方式

上述四种分类方式是绿色债券最常用的分类，具有鲜明的“绿色”特点。除此之外，绿色债券也可以按照传统债券的分类标准进行分类。如根据债券计息方式，绝大多数的绿色债券都是固定收益型债券，又称定息债券。还有浮动利率绿色债券、固定利率与浮动利率相结合碳债券。根据募集方式的不同，有公募绿色债券和私募绿色债券。

10.1.3　我国资本市场上的绿色债券分类

在我国资本市场上，绿色债券可以分为：绿色金融债、绿色企业债、绿色公司债、非金融企业绿色债务融资工具、绿色结构融资类工具等。这几种债券的区别主要是：绿色金融债是指金融机构法人发行的，人民银行进行核准并进行监管；绿色企业债是指募集资金用于节能减排、绿色城镇化、清洁能源、新能源、循环经济、节水、污染治理、节能环保、低碳示范等项目，发改委进行审批和监管，发行场所在交易所市场发行；绿色公司债是募集资金用来支持绿色产业，与企业债一样在交易所发行，但由上海（深圳）证券交易所及证监会核准发行，证监会进行监管；绿色债务融资工具是指在交易商协会注册的募集资金用于绿色产业的债务融资工具，发行场所在银行间市场。绿色结构融资类工具是指绿色信贷 ABS、绿色项目收益权 ABN 等。

总体来看，国内市场对绿色债券的认定与国外有相似相同的地方，也有不尽相同的地方。目前国内绿色债券的界定一方面主要基于 2015 年 12 月 22 日由人民银行颁布的《绿色债券支持项目目录》（2015 年 39 号公告）；另一方面源自国家发改委颁布的《绿色债券发行指引》。文件对比见表 10.2。

表 10.2　　《绿色债券支持项目目录》《绿色债券发行指引》对比

管理部门	人民银行	国家发改委
文件名称	2015 年 12 月 22 日颁布的《绿色债券支持项目目录》	《绿色债券发行指引》
发行人	符合条件的银行及非银行金融机构法人	企业法人（金融企业除外）
项目范围	节能、污染防治等 6 大类和 31 小类项目	节能减排技术改造项目等 12 类项目

资料来源：2015 年 12 月 22 日由人民银行颁布的《绿色债券支持项目目录》（2015 年 39 号公告）；国家发改委颁布的《绿色债券发行指引》。

10.2　绿色债券的运作模式

10.2.1　发行主体

国际绿色债券市场的发行主体：国际绿色债券市场的发行主体日趋多元化，开发银行一直是较大的发行人，例如欧洲投资银行，它将绿色债券称为气候意识债券，于 2007 年首次发行绿色债券拉开了绿色债券的序幕。随着市场对绿色债券的认可，企业、政府和市政机构、商业银行等更多主体参与到绿色债券的发行中，呈现百花齐放的局面。

我国绿色债券市场的发行主体：我国绿色债券发行主体主要是国有商业银行。其余则是国有及民营大中型企业。发行主体较为单一，且相对集中，发行人的积极性有待于充分调动。

10.2.2　投资交易主体

国际上，绿色债券的主要投资者，是那些不仅关注债券作为投资工具的风险和收益，而且也将绿色项目的环境效益作为重要参考的社会投资者，包括机构投资者和专业机构，特别需要指出的是，由于绿色债券收益稳定、投资期限较长，绿色债券是很多国际养老基金管理机构的理想金融产品。

在我国，境外发行的绿色债券购买者多为国际机构投资者和专业机构，国内发行的绿色债券购买者多为商业银行，随着我国绿色债券市场的不断规范和完善，将会有更多公共资金投资到这一领域。

10.2.3 绿色债券的报告与信息披露

充分的信息披露有助于投资者和监管机构了解募集资金的使用情况，不仅能展现资金使用者良好信誉和资金使用质量，而且可以吸引更多的投资关注和再投资。反之，信息披露不足则难以得到社会的了解和认可。

10.2.3.1 国际绿色债券市场的报告与信息披露

在国际市场上，随着市场的逐步成熟，由一开始建议发行人自觉自愿地进行信息披露，逐步发展为报告的标准化。在资金的使用、管理情况以及环境效益等信息披露中，进一步规范披露报告的标准，例如，在报告中使用定性、定量的绩效指标以及绿色环境效益的环境影响指标等，以保证报告的规范统一。

10.2.3.2 我国绿色债券市场的报告与信息披露

人民银行在绿色债券发行公告中指出："发行人应当按季度向市场披露募集资金使用情况。发行人应当于每年 4 月 30 日前披露上一年度募集资金使用情况的年度报告和专项审计报告，以及本年度第一季度募集资金使用情况，并将上一年度绿色金融债券募集资金使用情况报告中国人民银行"和"绿色金融债券存续期内，鼓励发行人按年度向市场披露由独立的专业评估或认证机构出具的评估报告，对绿色金融债券支持绿色产业项目发展及其环境效益影响等实施持续跟踪评估。"对于发行人来说就要在整个存续期内定期向市场和人民银行提供绿色债券资金使用情况、审计报告，并鼓励发行人披露项目的环境效益。发改委的绿色债券发行指引并未对报告和信息披露做出明确的规定。

10.2.4 绿色债券市场的资金流向

国际上，绿色贴标债券募集资金被投入了一系列领域，其中，能源主题占比最大，其次依次是建筑与工业，运输业，废弃物及污染和农林业。另外，剩下为多领域主题的混合项目，其中能源、工业与建筑仍是主体项目。

我国绿色债券项目主要投资领域包括：铁路、风能、太阳能、污水处理、水电站建设、清洁能源、可再生能源、低碳交通等项目。在未贴标的气候债券中，中国铁路总公司发行的低碳运输行业债券，发行量占有主导地位，具有发展为贴标绿色债券的巨大潜力。

10.2.5　碳债券设计思路的设想

债券的设计既要满足改造环境所需资金，又要保证投资者的资金回报，不同的具体环境，会要求不同的债券设计。目前正在讨论中的设计思路有：

（1）与通胀率或者碳排放价格相关联的指数关联债券

"The London Accord" 项目组提出了 "与指数关联的碳债券（Index - linked carbon bond）" 这一概念，并于 2009 年 5 月将报告呈报给世界银行政府借款人论坛（the World Bank Government Borrowers' Forum）。指数关联碳债券把利率的设定与政府碳减排目标、新能源发电的上网电价、国内化石燃料价格或温室气体排放权的价格相关联。当政府没有达到减排目标或者低碳项目产品的价格没有达到政府许诺的价格时，政府应当付更多的利息。这样的设计，使得政府有更大的驱动力来完成碳减排指标。

指数关联碳债券将降低大型新能源项目的风险。清洁能源项目实质上与传统能源项目的风险几乎相同，但是其项目竞争力取决于政府的政策。在项目执行期间，投资者无法规避政府达不到排放目标或者降低上网电价的风险，也无法规避化石燃料价格降低或者碳排放权价格降低的风险。这时，指数关联的碳债券就可以发挥作用了：在整个项目期间，碳债券的利率与上述风险指数紧密相连，当风险发生时，碳债券支付的利率相应上浮。碳债券利率随风险加大上浮的原因是：低碳项目的盈利率取决于碳交易市场的价格水平。假如项目无法实现盈利，债券投资者会承担更大的无法足额收回本金的风险；假如碳价格没有达到约定标准，碳债券的利率提高可以使投资于新能源的投资者更为保险地锁定投资收益，即假如碳价格没有达到他们投资前预期的价格目标，他们可以通过收取更多的利息来弥补投资于企业股票、债券的损失。

这种碳债券扩大了低碳领域投资者可以选择的投资组合集合：一部分资金投资于新能源公司的股票和债券，一部分资金投资于国家发行的碳国债。

（2）零息债券

这种债券的到期期限设定为10年到30年，到期之前不付利息，比较适用于支持萌芽期的新能源技术或者是在高风险国家投资的项目。这种债券就像一种孵化器，帮助新兴行业和公司成长到足够强大和低风险以后，再将公司卖出获得盈利。零息债券由于其长期债券的设计框架，使得能够取得上述的效果，但是关键点在于需要政府的担保。具体设计方案有如下几种：

一是可转换债券。可以使投资者在商定的时间点和条件下将债券转化为公司股权。

二是伊斯兰债券。遵从伊斯兰教义的债券可能会吸引来自整个伊斯兰世界的投资。这种债券将没有应付利息（利息以其他方式支出，例如固定定期付款，相当于租赁）。

（3）常规抵押债券（Regulated Covered Bonds）

这种债券适用于符合新能源标准的新能源公司，通过出售生产出来的新能源，可以源源不断地产生收入流。这种收入流可以保证债券被评级到AAA级别。债券投资者投资于AAA级别的债券，可以保证在债券到期日前每年都获得现金收益。债券的安全性由公司固定资产和生产可再生能源的现金流来保证，其中现金流由国家上网电价政策（Feed - in tariff）来保证。目前在德国、西班牙、加拿大安大略省都已实行（上网电价政策）。

10.2.6 绿色债券发行定价影响因素分析

（1）定价的概念。产品市场营销里面最重要的组成部分之一，主要研究商品和服务的价格制定和变更的策略，以求得限制性定价营销效果和收益的最佳。其发行流程是：

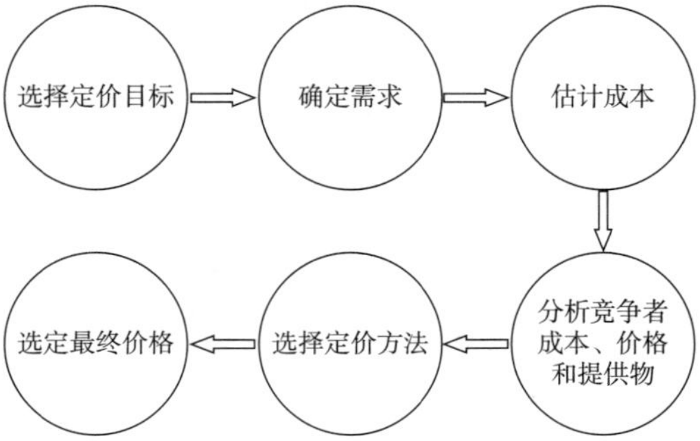

图10.2 发行流程

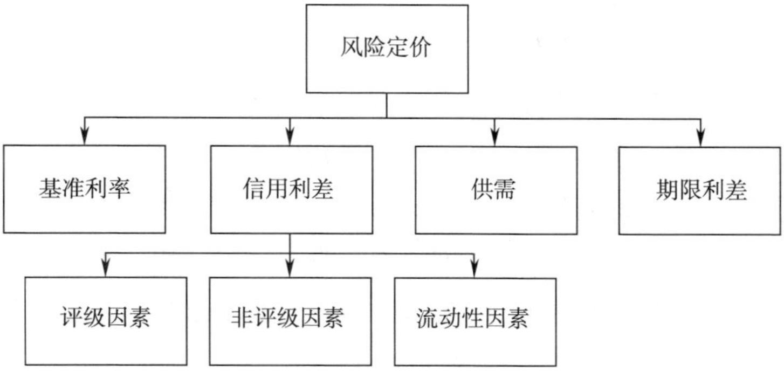

图 10.3　风险定价

（2）定价方法

$$\text{发行价格} = \sum_{t=1}^{n} \frac{\text{年利息}}{(1 + \text{市场利率})^{t}} + \frac{\text{面值}}{(1 + \text{市场利率})^{n}}$$

式中：n ——债券期限；

t ——支付利息的期数。

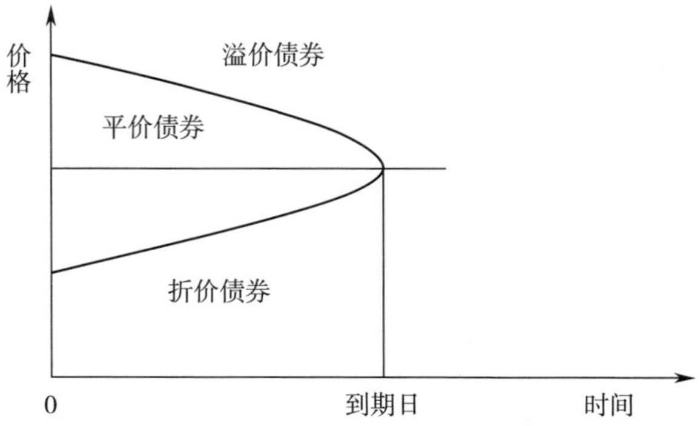

图 10.4　溢价债券

①成本导向定价法是以产品单位成本为基本依据，再加上预期利润来确定价格的定价方法。

②需求价格弹性指商品的需求对于价格的变动的反应。如果价格发生微小变动，需求量几乎不动，称为这种商品需求无弹性；如果价格的微小变动使需求量变化较大或很大，称为需求有弹性。

③竞争导向定价法。企业通过研究竞争对手的生产条件、服务状况、价格

水平等因素，依据自身的竞争实力，参考成本和供求状况来确定商品价格的定价方法。

④需求导向定价法。根据市场需求状况和消费者对产品的感觉差异来确定价格的方法。也叫市场导向定价法、顾客导向定价法。

⑤撇脂定价。新产品初上市时，定以高价格，在短期内获得厚利，尽快收回投资。就像从牛奶中撇取所含奶油一样，取其精华，称之为“撇脂定价”。

⑥渗透定价。新产品初上市时，定以较低价格，以获得最高销售量和最大市场占有率为目标，称之为“渗透定价”。

⑦价格折扣和折让。为鼓励顾客及早付清货款，大量购买或淡季购买，企业酌情调整其基本价格，这种价格调整称之为价格折扣和折让。

⑧密封投标定价法。买方在报刊上登广告或发出函件，说明需采购的商品的品种、数量、规格等要求，邀请卖方在规定期限内投标。买方在规定的时间内开标，选择报价最低的，最有利的卖方成交，签订采购合同的定价方法。

⑨认知价值定价法。主要依据消费者在观念上对该产品所理解的价值来定价的方法。

（3）决策因素

影响定价决策的因素包括企业的营销目标、成本、顾客、竞争对手和其他外部因素。

（4）影响绿色债券的定价因素

①内部因素

通常认为债券的利率水平主要由资金的时间价值率、风险补偿率和通货膨胀率三部分组成，其中时间价值率决定债券发行价格的高低，其本质是资本报酬，是生产经营中所实现的价值转移与价值创造，而风险补偿率和通货膨胀率则是对风险和通货膨胀造成的资本损失所对应的补偿。关于债券发行定价的内部影响因素，主要是债券发行人和债券自身特性影响：

第一是债券剩余时间及付息方式选择，一般认为债券剩余时间的长短影响债券本金的现金流实现所需的时间长短。当两个债券的未来现金流、折现率等因素都相同时，剩余时间较短的债券价格较高。

第二是票面利率，债券的面值和利息共同组成债券的未来现金流量，其中债券面值在发行时已被直接约定，而债券利息则是通过债券面值和已约定的票面利率乘积得到，当票面利率相较于市场利率越高时，即意味着发行人所需付出的发行成本越高。

第三是折现率，折现率大小表示债券的未来预期收益折算成当期的等值现值的比率情况。折现率主要由市场决定，且可能随时间变化而发生变化。通常情况下，折现率与债券价格成反比关系，即债券的折现率越低，债券价格越高。

第四是税收待遇，免税收债券的价格相较于应纳税债券价格普遍要高。当债券具有相同的利息收益时，由于税收差异也导致投资者的实际收益不同，免税债券购买者的实际收益更高，其市场需求越多，故债券价格越高。

第五是债券的信用等级，信用等级高低反映发行人是否能够按期履行合约，发行人足额支付利本息的可能性大小。除了政府债券外，其他债券在实践中均存在不同程度的违约风险。而对于信用等级越高的债券，其还本付息的可能性越高，收益越稳定，则投资者要求收益率越低，从而债券价格就高；反之信用等级越低，投资者要求收益率就高，债券价格就越低。

第六是提前赎回条款，提前赎回条款的制定给予发行人能在债券发行期内按预先约定的赎回价格提前部分或全部偿还债务，该条款使得发行人可视市场变化赎回之前利率较高的债券调整为利率较低的债券种类，从而进一步减少融资成本。而对于持有人而言，其债券再投资机会被限制则需要价格补偿，故含有提前赎回条款的债券价格会低一些。

②外部因素

影响债券发行定价的外部因素主要是宏观经济方面的，主要包括：

第一是市场利率，债券价格通常同市场利率呈反向变化关系，市场利率水平上升时，债券收益率水平、折现收益率也会上升，从而使得债券价格和内在价值降低：同理当市场利率下降时，债券的收益率水平、收益率随着下降，使得债券的内在价值增加。而债券收益率水平是在基础利率基础上加上风险溢价构成的，故基础利率也是影响债券定价的重要因素，基础利率一般指无风险债券利率，现实中的无风险利率一般以政府债券作为代表，因为有其政府信用背书，违约风险最小，收益率相应最低。

第二是债券供求关系，债券的供求关系受到社会资金的松紧和其他金融产品的收益水平影响。在社会资金宽松时，市场对债券的投资需求则相对旺盛，使得债券的价格呈现上升趋势。而其他金融产品的收益水平较低时，也会吸引社会资金流入债券产品市场，使得债券的价格随之上升。

第三是社会经济发展状态，当社会经济发展繁盛时，市场总生产增加，促进企业增加市场融资以募集更多的资金用于生产扩张，从而市场上的债券供给量将增加，在需求相对不变时债券价格就会下降。反之，当社会经济发展衰退时，企业会减少其市场融资，且寻求资金出口，在减少债券供给量同时增加对市场债券的需求，进一步推动债券价格上涨。

第四是财政货币政策，当财政资金量相对紧张时，政府将通过扩大政府债券发行规模以增加财政资金，从而增加市场上的债券供给，在需求不变时，债券的价格下降。且货币政策实施也会影响债券价格，当实施紧缩性货币政策时，货币供给量将缩小，从而市场上的流动货币也将减少，市场对债券的投资需求下降，使得债券价格也随之下降。

第五是流动性，当市场条件变化时，流动性较好的债券可以通过迅速出售而减少债券持有人的实际价格损失，而流动性较差的债券持有人则须承受较高的交易成本及资本损失，流动性风险使得债券在收益水平中须对持有人做出一定补偿，故流动性较差的债券一般收益率水平相对较高。

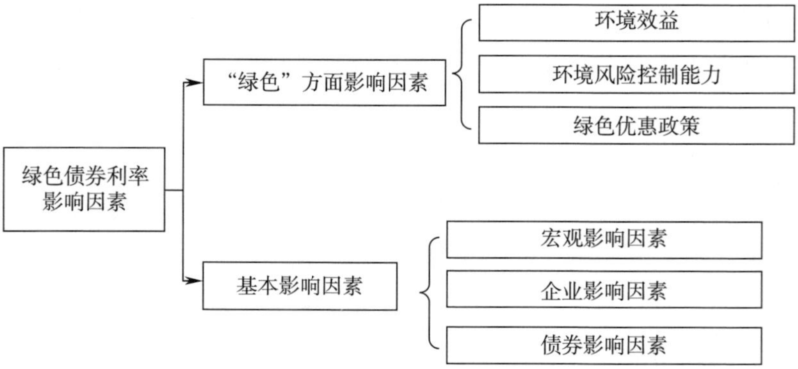

图 10.5 绿色债券利率影响因素

第六是汇率和国际间利差变化，在开放性金融市场的背景下，当本国货币升值时，会吸引国外资金流入，从而导致本国货币债券的需求量增加，推动债券价格上升；反之本国货币贬值时，国内资金会向国外市场流出，本国货币债券的需求量下降，使得债券价格下降。并且当不同国家利率存在利率差异时，国际上的可流动资本将会流入利率相对较高的国家或地区，从而影响该国的债券需求市场。

（5）发行管理

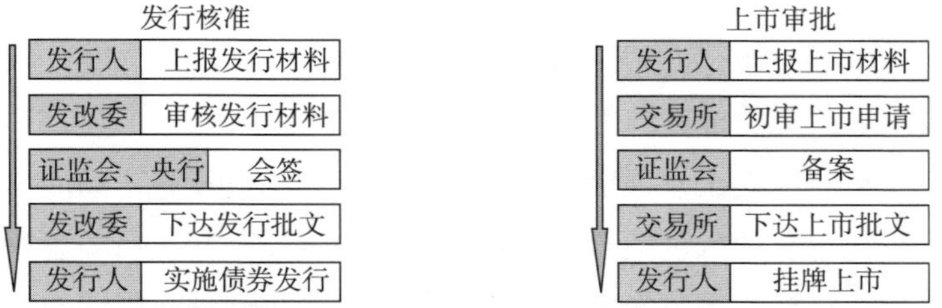

主管部门	监管内容	监管阶段
国家发改委财金司	·发行方案	·发行核准阶段
人民银行货币政策司	·利率定价方案 ·最终发行利率	·发行核准阶段
证监会	·审核承销团承销资格 ·会签	·发行核准阶段
银行间债券市场或交易所	·债券上市核准 ·信息披露及持续性义务	·上市阶段

图 10.6　公司债券发行上市主管机构

10.2.7　我国绿色债券市场发展概况

10.2.7.1　我国绿色债券历史发展简述

我国绿色债券历史发展：在央行与发改委明确绿色债券标准前，我国已有与绿色项目高度相关的债券发行。2014 年中广核发行中广核 2014 年第一期中票，该债券浮动利率与碳交易收益直接相关，是我国广义绿色债券领域内的首次实践。从我国绿色债券市场来看，绿色债券发展虽然比较迟，但是目前已处于高速爆发时期。2015 年，中央政府颁发了《生态文明体制改革总体方案》第一次系统阐述了要建立国内绿色金融体系的方针。发展绿色债券市场作为发展绿色金融的一个重要方面正式载入该文件。2015 年年末，人民银行正式发布文件，预计创新性地在银行间债券市场开始绿色金融债券的发行工作，为绿色金融体系的发展起推动作用。根据人民银行该文件，绿色金融债券定义是法人（金融）公开或非公开发行的、所募资金用于投向绿色产业且按照已有约定偿还本金并且支付利息的债券。绿色金融债这一新债券品种可以在一定程度上解决银行资金期限的不匹配情况，对银行绿色信贷资金特别是中长期资金的投放是大有裨益的。这些可以说明中央政府进一步增加了新能源、节能环保等领域的支持，向企业提供全方位的支持和帮助，进一步明确了公司法人发行绿色金融债的标准、对绿色债券的发行明晰流程、简化手续，这对于国内绿色债券市场的健康发展是十分有帮助的。

10.2.7.2 政策扶持市场发展

我国近年来相继推出多项绿色投资政策以推动绿色债券市场的发展，政策的不断健全也使得我国绿色债券市场在短时间内快速兴起。而随着相关法律法规的完善，绿色债券发行市场的相关主体行为也会得到进一步的规范。

2015 年 12 月 22 日中国人民银行出台的《在银行间市场发行绿色金融债券的公告》文件标志着我国绿色债券市场的初步形成，而作为规范我国绿色债券市场的头阵文件，其明确了绿色金融债的发行要求；随后的 12 月 31 日国家发改委发布《绿色债券发行指引》，针对绿色企业债的审核问题作出明确规定；上交所发布的《关于开展绿色公司债券试点的通知》和深交所发布的《深圳证券交易所关于开展绿色公司债券业务试点的通知》则是对我国绿色公司债发行作出明文规定。除此之外，2017 年 3 月 17 日中国银行间市场交易商协会公布了《金融企业绿色债券融资工具业务指引》对非金融企业的绿色债券发行做出了指示，我国绿色债券市场的债券种类逐步得到完善，其相关发行管理也得到进一步的明确与规范。我国现行的绿色债券发行市场在管理上多为政府政策引导，体现出“自上而下”推动的特点，而目前市场发展模式与国外成熟的绿色债券市场存在较大差异。

表 10.3　　我国绿色债券相关法规

日期	相关部门	政策法规	主旨内容
2015 年 12 月 22 日	中国人民银行	《在银行间债券市场发行绿色金融债券的公告》	引导规范绿色项目界定、资金投向、存续期资金管理、信息披露和评估
2015 年 12 月 22 日	中国金融学会绿色金融专业委员会	《绿色债券支持项目目录（2015 年版）》	界定与分类绿色债券、明确绿色债券审批与注册、第三方评估、评级和信息披露
2015 年 12 月 31 日	国家发展改革委办公厅	《绿色债券发行指引》	明确绿色企业债定义及资金募集的重点支持领域、确定适用的重点领域、审核优惠措施、允许企业利用募集资金优化债务结构、鼓励发行绿色债券

续表

日期	相关部门	政策法规	主旨内容
2016 年 3 月 16 日	上海证券交易所	《关于开展绿色公司债券试点的通知》	要求绿色公司债券募集资金使用专属和信息披露、鼓励第三方专业机构绿色鉴证、设立绿色债券申报受理及审核绿色通道、对绿色公司债券统一标识，鼓励机构投资者投资
2016 年 4 月 22 日	深圳证券交易所	《深圳证券交易所关于开展绿色公司债券业务试点的通知》	同上
2016 年 8 月 31 日	中国人民银行、财政部等 7 部委联合	《关于构建绿色金融体系的指导意见》	要求统一绿色债券界定标准、支持符合条件的绿色企业上市融资和再融资、支持开发绿色债券和股票指数及相关产品、建立和完善上市公司和发展企业强制性环境信息披露制度
2017 年 1 月 5 日	国务院	《“十三五”节能减排综合工作方案》	加强绿色金融体系顶层设计，推进绿色金融业务创新、推进绿色债券市场发展，推动金融机构发行绿色金融债券，鼓励企业发行绿色债券
2017 年 2 月 8 日	中国证监会	《对十二届全国人大四次会议第 1502 号建议的答复（摘要）》	积极推动债券市场改革，加大制度创新，丰富债券品种和工具；支持符合条件的节能环保企业发行公司债券，支持绿色发行人利用公司债券融资
2017 年 3 月 2 日	中国证监会	《中国证监会关于支持绿色债券发展的指导意见》	鼓励绿色公司债券投资，鼓励市场投资机构开发绿色金融产品；开通审核绿色通道，提升企业绿色债券发行便利
2017 年 3 月 17 日	中国银行间市场交易商协会	《非金融企业绿色债务融资工具业务指引》	规范非金融企业发行绿色债务融资工具行为；明确绿色债务融资工具的四大核心机制；开通绿色债务融资工具的注册评议绿色通道、同意标识注册通知书文号等；鼓励企业注册发行绿色债务融资工具
2017 年 5 月 3 日	国家发展改革委	《政府和社会资本合作（PPP）项目专项债券发行指引》	鼓励上市公司及其子公司发行 PPP 项目专项债券；明确现阶段支持重点为能源、水利、环境保护等传统基础设施和公共服务领域的项目
2017 年 12 月 27 日	中国人民银行与证监会	《绿色债券评估认证行为指引（暂行）》	规范评估认证机构资质、业务承接、评估认证内容、评估认证意见
2018 年 3 月	中国人民银行	《中国人民银行关于加强绿色金融债券存续期监督管理有关事宜的通知》《绿色金融债券存续期信息披露规范》	监督核查存续期内绿色金融债券募集资金使用情况，主要包括发行人经营状况、募集资金投放进度、绿色项目情况等

10.2.7.3 我国绿色债券发展特点

（1）绿色金融债券单笔发行金额大，企业客户绿色债券发行金额小、期数多。我国绿色债券发行人涉及企业、商业银行、政策银行和国际机构，其中商业银行发行绿色金融债券的规模最大。国内绿色金融债由于是最具实力的金融机构特别是银行作为发行人发行的，具有单笔发行金额大的特点，是我国绿色债券主要品种之一。金融企业发行绿色金融债，大部分资金用于信贷业务，也有少量的投向了同业拆借等。

（2）债券期限以 3 年期与 5 年期为主，基本符合绿色项目中长期的特点。主要原因是绿色产业的项目资金需求量大，建设周期较长。

（3）银行间债券市场是主要发行场所，交易所市场发展前景广阔。银行间作为绿色债券的主要发行场所，发行的债券种类涉及金融债、企业债、PPN、中期票据、资产支持债券等，交易所主要发行的绿色债券包括了公司债与资产支持债券。因上交所和深交所发布了绿色债券发行规则，为绿色债券发行提供了 VIP 通道，绿色债券在交易所发行较为便利，因此相关企业更倾向于采用绿色公司债的方式进行融资，可见交易所的绿色债券市场前景十分广阔。

10.2.8 我国绿色债券发展面临的主要问题

10.2.8.1 相关配套政策和法律制度不健全

根据制度变迁理论，当制度和需求基本均衡时，制度是趋于稳定的。但是当制度不能满足大家的需求时，就必然会发生制度变迁。国内绿色债券相关的概念从 2013 年开始发展起来。目前国内绿色债券的界定一方面主要基于 2015 年 12 月 22 日由人民银行颁布的《绿色债券支持项目目录》（2015 年 39 号公告）；另一方面源自国家发改委颁布的《绿色债券发行指引》。这两个规定是政府给出的较早的政策文件。但是截至 2017 年末，还没有相关的法律和制度体系。任何新生事物的发展一定有一个循序渐进的过程。而且国际上绿色债券的相关的制度建设也是相对较晚，国内情况以一种后来者居上的状态进行赶超。近几年，政府工作报告中多次阐述绿色理念的重要性，强调可持续发展的重要意义。绿色债券市场出现了专业性公告及指引后，绿色债券的制度发展情况已有所好转，虽然目前暂时落后于欧美国家。国内绿色债券品种有：绿色金融债、绿色企业债、绿色 ABS、绿色中期票据、绿色短期融资券等。但是以上不同的绿色债券，由不同的国家部委进行监管，难免有“九龙治水”之嫌。所以基于绿色债券的相关标准没有完全统一、相关指导文件不够细化，还存在一系列的问题。由于绿色债券认证上的不统一，市场上出现了一些“染绿”“漂绿”的情况。相关配套政策和法律制度上的不健全还体现在我国绿色债券的标准与国际标准的关联性较差。发改委、人民银行、证监会等部门出台的文件侧重点本身就不统一，再与国际公认的绿色债券原则（GBP ）、气候债券标准（CBS）等制度文件相比，显得更加有差异。绿色债券配套政策和法律制度的建设任重道远。

10.2.8.2　市场发育不完善

根据融资理论，债务融资优势是尽可能地使得企业所有权不发生变化，企业业主对企业的控制力不发生弱化。绿色债券作为一种直接融资工具，具备直接融资工具的一些优势，但是从参与主体、投资人、融资期限等角度，市场发育尚有提升的空间。

（1）参与主体上，我国专业进行绿色债券服务的中介机构较少，第三方评估机构不足，中介的服务质量缺乏。从国外经验来看，2014 年国际资本投资市场协会、绿色债券原则执行委员会以及国际金融机构共同推出了绿色债券原则（GBP），用于规范绿色债券的发行和使用。结合 GBP，气候倡议组织（CBI）开发气候债券标准（CBS）对低碳领域的项目标准进行了细化，并补充了第三方认证等指导方针。CBS 对绿色相关行业的定义、绿色认证机构合作、认证程序监管等诸多方面均给出了详细具体的指导规范，进而很好地推动国际绿色债券市场的健康、规范、蓬勃发展。第三方评级评估机制的引入，有效降低了绿色债券市场的信息不对称和风险溢价，提升绿色债券投资热情。而我国评估机构、专业评级机构的数量亟待改善。

（2）我国绿色债券的发行市场主要是银行间市场、交易所市场和跨市场。参与投资的大部分都是具备较强实力的机构投资人。因为我国债券市场的特点是自然人投资者主要在柜台市场进行参与债券买卖，目前自然人的参与较少。后续自然人能够像购买国债、地方政府债那样从柜台市场进行交易，这样自然人参与投资的比例将会大大提高。另外，现在个人投资者对国内绿色债券的关注程度尚有欠缺，支持节能环保、环境优化绿色项目的热情还不够，以及对绿色债券项目的信心不足是自然人较少参与绿色债券投资的另一个重要原因。培育合格的绿色债券自然投资者任重道远。

（3）目前国内银行系统的资产期限平均较短（约190天），较难对应长期限的绿色项目。在各个银行里，面对客户“短贷长用”老生常谈的问题，银行都非常忌讳。对于资质好实力强大优质客户，部分银行甚至采用睁一只眼闭一只眼的绥靖政策，对于短期贷款滚动投向长期项目视而不见。2017年发行的绿色债券中，最长期限为15年，但仅为武汉地铁一发行人所发行。更多的是三年期和五年期。主要还是因为长期限绿色债券，投资人投资意愿不足。

10.2.8.3　信息披露不规范

经统计，目前存量绿色债券超过50%缺乏有效的环境信息披露。说明发行人自律意识不足，披露不规范不代表项目不好，但是投资者对绿色项目的环境信息了解不充分，会进一步弱化投资人投资绿色债券的兴趣。

（1）披露内容质量有待提升

主要体现在募集资金披露的规范程度参差不齐。例如，在南京银行股份有限公司2017年绿色金融债券募集说明书第七章中，表述为“本期债券募集资金将依据法律和监管部门的批准，全部用于绿色产业项目。闲置期间，发行人可以将资金投资于货币市场工具等。”并未将具体拟投资绿色项目表述清楚，属于语焉不详。再如，北京首创股份有限公司2017年非公开发行可续期绿色公司债券（G17首Y1）的募集资金用途披露为“本次发行绿色公司债券的募集资金拟用于临沂市中心城区水环境综合整治工程和固原市海绵城市PPP项目”，仅为泛泛之谈。募集资金披露较为翔实的如“云南水务投资股份有限公司2017年非公开发行可续期绿色公司债券（第一期）”，该12亿元公开绿色公司债券募集资金用途为用于绿色产业项目建设、运营、收购和偿还绿色产业项目贷款。仅对应项目就罗列了20个，且金额从10万元到50 000万元不等。

（2）披露形式有待规范化

三大监管机构人民银行、发改委、证监会对绿色债券的披露形式。例如发行时，人民银行要求绿色金融债发行时，募集说明书应该披露项目的类别、筛选标准、决策程序、效益模板等；绿色公司债要求重点披露资金使用计划、管理制度；交易商协会在注册时要求符合标准以及披露节能减排的环境效益目标；而绿色企业债却未作要求。可以说各个品种的要求各不相同。事实上，与非绿色债券发行者相比，绿色债券发行人按道理应该承担更多的信息披露义务。目前，发改委监管下的绿色企业债是由发改委内部进行评估，同时还会根据发行文件的约定或相关监管要求对上述报告按一定频度（按季度、按半年、按年）进行持续更新和发布，可以帮助投资者在挑选绿色债券时，合理地对信息披露的质量进行分析，例如：绿色债券持续的时间与项目是否匹配，是否会出现债券到期归还项目却还未完工的情况、信息披露的充分程度、信息披露的时效性。信息披露的形式越规范，投资人就更能清晰明了地抓取到自己感兴趣的绿色债券信息，甚至可以将不同类型的绿色金融债、绿色公司债、绿色企业债、绿色债务融资工具进行比较挑选，节省人力物力。

10.2.8.4 国际认可度须提高

2015年特别是2016年以来，国内绿色债券发展速度很快。债券的品种涵盖多个品种，发行场所也越来越多，关于绿色债券的监管要求、制度也逐渐增多。然而，因为国际上特别是欧美发达资本市场对绿色债券的要求更加严格。特别是绿色债券的技术、行业和环境影响更加严格。国际标准对化石燃料（石油和煤炭）使用和任何可能延长其使用生命周期的项目排除在绿色范畴之外，而国内标准考虑到我国“煤炭资源丰富、油气资源相对较少”的能源现状，仍然包含煤炭的项目。国际标准更加侧重于应对和适应气候变化和直接减少出行需求的替代，而国内标准更加关注废气、废水和废弃物的污染防治。国内标准与国际标准的差异造成了当前得到国际认可的国内绿色债券仅有新能源企业以及商业银行发行的绿色债券。与此同时，国际投资者对中国绿色债券相关的信用评级信任度不足也是掣肘国内绿色债券走出去的一个重要原因。

10.2.9 境外绿色债券的经验启示

10.2.9.1 政府自上而下的政策扶持

有的国家（地区）可以向发行人提供优惠的政府政策，来降低绿色项目的融资利息及费用、引导发行绿色债券。有利政策诸如：再贷款和地方政府的担保、贴息、税收支持、价格补贴等。截至2017年末，世界范围内有接近六十个国家和地区对环保企业进行补贴，在一段时间内，用固定价格回购发行人生产的产品来支持发行人的销售计划。例如，荷兰对风能项目的电价提供固定价格回购，很大力度上，保障了绿色企业的销售计划，使得营业收入趋于稳定，支持了绿色企业的资金流状况，增加了绿色债券对发行人的吸引力。除此之外，政府及政府部门、银行等金融机构直接或间接参与发行绿色债券，发挥了良好的带动效应，自上而下帮助绿色债券市场健康有序发展。例如，美国和法国等国（地区）的相关政府都发行了一般责任类型的绿色债券。例如，2017 年，法国的相关政府发行一般责任绿色债券，募集资金用于当地的环保、水污染治理、生态保护等绿色项目实施。

10.2.9.2 完善绿色债券标准制订与相关认证

随着工业经济的高速发展，逐渐出现了气候变暖、大气污染、环境破坏等问题，2014 年国际资本投资市场协会、绿色债券原则执行委员会以及国际金融机构共同推出了绿色债券原则（GBP），用于规范绿色债券的发行和使用。结合 GBP，气候倡议组织（CBI）开发气候债券标准（CBS）对低碳领域的项目标准进行了细化，并补充了第三方认证等指导方针。CBS 对绿色相关行业的定义、绿色认证机构合作、认证程序监管等诸多方面均给出了详细具体的指导规范。2017 年 9 月末，41 家绿色债券发行人、63 家主承销商、45 家投资人已经成为了 GBP 的会员，数十个机构签署协议同意共同遵守 CBP，进而很好地推动国际绿色债券市场的健康、规范、蓬勃发展。

10.2.9.3 重视并持续强化绿色债券信息披露机制

在全世界范围内，相关的绿色债券项目由标普绿色债券指数提供环境友好型标准等重要措施，使得绿色资产进一步明晰，解除了投资人对于绿色项目资本效率的疑问，对提高绿色项目效益预期，同时吸引更多绿色偏好型资金具有重要作用。新加坡证券交易所、法兰克福证券交易所等 30 余家证券交易所要求上市公司按规定披露环境及社会责任报告。这里面，共有 22 家证券交易所要求其管辖的上市公司必须披露环境信息来提升绿色债券的可辨认性。2017 年绿色债券发行金额中符合标普绿色债券指数的为 1 130 亿美元，该指数旨在追踪全球绿色债券市场。广义指数的主要纳入规则是价格有效性，房利美（Fannie Mae）发行的 263 亿美元资产不包括在内。标普绿色债券选择指数可以帮助将核心固定收益资产从美国国债中分离出来。尽管主权债券发行增加了，但评级机构、桑普拉斯和地方政府在标普绿色债券选择指数中所占的比重最大，占该指数的 60%，而美国国债的比重则不到 6%。

10.2.9.4　推动普及绿色投资理念

世界范围内低碳经济、环境保护方面的要求和愿望逐步提升，环境、责任与金融的高度相关渐渐成为市场上主流投资人共同重视的关注点。随着《保护臭氧层维也纳公约》《控制危险废弃物转移公约》《京都议定书》等世界环保协议的签订，很多国家和地区的基金、资产管理计划、券商等机构投资者渐渐偏好对环境有益的、可持续的环保项目。与此同时，绿色债券的绿色属性与该类投资人的需求不谋而合，激发了投资人对绿色环保项目的投资热情。与此同时，在大气污染防治、水资源保护等环保政策影响下，煤、石油化工等传统能源发展趋势向下，资本有序地流向绿色新能源、环保节能等绿色行业。在这一不可逆转的潮流下，机构投资者特别是大中型机构投资者也开始改变资产配置，提高绿色金融资产的配置比例，营建绿色金融产品池，绿色债券因此受广泛关注和实际资金支持。绿色债券利息收益率比国债、地方政府债券、政策性金融债等利率债收益更高、部分绿色债券带有政府绿色信用的增信，具备良好的社会责任履行、社会效益维护意义。符合世界范围内绿色环保潮流发展的绿色债券被市场高度认可。这进一步推动了绿色债券市场高速发展。

10.3　绿色债券的认定与评估

10.3.1　绿色债券的认定

国际上：关于绿色债券的认定，目前国际市场上主要有两种界定原则。一是由国际资本市场协会（ICMA）与国际金融机构（IFI）共同提出的绿色债券原则（GBP ），二是由气候债券倡议组织（The Climate Bonds Initiative）所提出的气候债券标准（CBS）。绿色债券原则（GBP ）是国际市场上最早的绿色债券自愿性指引，于 2014 年推出，主要是对绿色债券项目的行业类别进行范围划定，并为发行人在债券发行前后的行为标准提供了相关指引参考，主要有四项基本原则。

中国。我国关于绿色债券界定标准则主要依据各监管部门的相关公告确定，其中 2015 年由中国金融学会绿色金融专业委员会组织编制的《绿色债券支持项目目录》是我国第 1 份明确绿色债券界定与分类的正式文件。在绿色项目的认定上，我国与国际惯用标准在认定上的最大差异是对化石能源项目的界

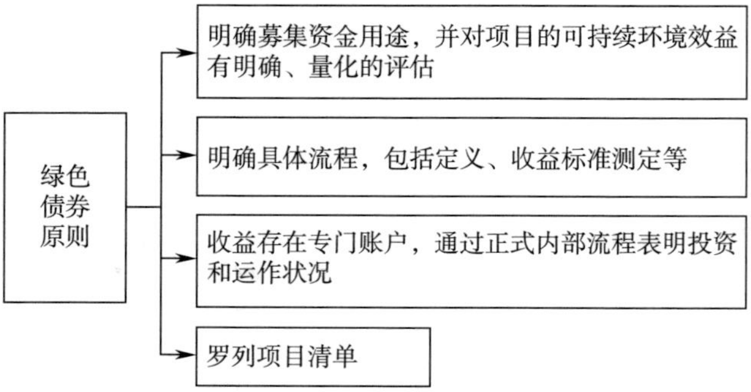

图 10.7　绿色债券原则含义图

定，目前国际上将化石能源排除在绿色项目范畴，而我国根据实际国情需要，受限于当前国内的能源结构和技术发展水平，煤炭和石油的高效清洁利用在我国也被认定为是绿色项目，相关企业可通过绿色债券方式进行市场融资。

表 10.4　国内外绿色债券标准的不同

相关标准	国际标准	国内标准
化石能源相关认证标准	禁止（GBP & CBI）	允许（《目录》）
污染防治、资源节约、农林项目相关认证标准	明确要求（CBI） 未明确要求（GBP）	未明确要求（《目录》）
交通运输项目	允许（GBP & CBI）	未列入（《目录》）
募集资金管理要求	采用分账户，实时监控（GBP），未有相关规定（CBI）	更加严格，专门设立账户（《公告》），未有相关规定（《指引》）
信息披露	明确规定（GBP），没有明确规定（CBI）	明确规定（《公告》），未有明确规定（《指引》）
第三方认证	特定的认证机构（GBP & CBI）	发行人自主申请（《公告》），未有明确规定（《指引》）
激励措施	未有相关措施（GBP & CBI）	众多激励政策（《公告》和《指引》）

资料来源：根据《绿色债券原则（2017 版）》《气候债券标准（V2.1 版）》《中国人民银行绿色金融债公告》和《国家发改委绿色债券发行指引》整理。

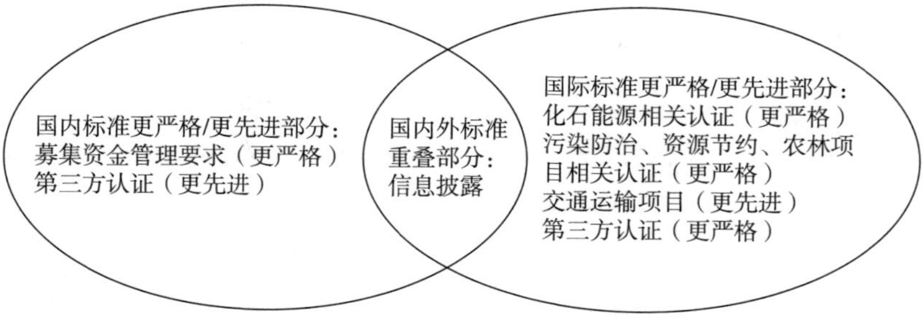

注："更严格"表示国内/国际标准下，对绿色项目认证要求或者绿色债券发行要求更为严格；"更先进"表示在国内/国际标准下，对绿色债券发行的要求更为合理、先进，具有前瞻性和引导性。

资料来源：根据《绿色债券原则（2017 版）》《气候债券标准（V2. 1 版）》《中国人民银行绿色金融债公告》和《国家发改委绿色债券发行指引》整理。

图 10. 8　国内外绿色债券标准的比较

10. 3. 2　国内外绿色债券不同的原因

对比国际上和我国对"绿色金融"的定义，我们就可以发现虽然两者在界定绿色金融与普通金融时保持较好的一致性，即均认为绿色金融是基于能产生环境效益以及经济可持续发展为前提的，但是在其他细节上，两者有明显不同，这也是国际与国内绿色债券标准不同的本质原因。

10. 3. 2. 1　发展阶段和现实情况

国际层面来看，发达国家侧重于关注气候变化，将未来的气候变化以及相应的技术调整作为金融机构的重点关注方向。发达国家工业化进程远早于发展中国家，工业化早期往往伴随着严重的环境污染问题，因此对于发达国家而言，已经经历过此阶段，其在现阶段衡量一个项目是否属于绿色项目时，通常不将治污或者防污列为重点衡量的范畴。

与此不同的是，对于发展中国家而言，其正在经历工业化，环境污染问题十分严峻，因此发展中国家通常将治污和防污作为衡量一个项目是否属于绿色项目的重要参考因素。比如，我国对于绿色金融的定义则更多地关注污染防治、节能、清洁交通等领域。国内外对于绿色债券标准争议的焦点问题"清洁煤"方面，由于中国有优先解决大气污染问题的需要，就会投入很多力量去降低二氧化硫和氮氧化物。这些污染物主要来自燃煤发电，浓度降低可以通过脱硫、脱硝工艺来实现。但如果优先考虑的是碳减排，就需要禁止燃煤发电来实现零排放。因此国内将脱硫、脱硝产业纳入在绿色产业中，但是国际却不认同，更侧重于碳减排。各国在解决环境污染的问题上所关注的重点不同，所解决问题的轻重缓急有所不同，由此在制定绿色债券标准时会产生差异。

除此之外，发达国家与发展中国家的能源结构也存在明显的差异，因此对能源的使用以及投资是否属于“绿色”的评估也存在一定的差异。

例如，发达国家的能源结构中新能源或环保型能源已经占较高比例，因此发达国家在制定绿色债券发行标准的时候，将对化石能源的投资排除在“绿色”之外；而发展中国家的能源结构仍以传统能源为主，例如中国，化石能源依旧占据较高，因此只要所投资的项目能够节约化石能源的使用量，降低单位能耗，或者化石能源的清洁利用，均属于“绿色”。总体来看，国内外在对“绿色金融”定义时存在明显的差别，而最根本的原因是不同国家所处的发展阶段不同。

10.3.2.2 国际“自下而上”的自愿性标准和国内“自上而下”的指导性准则

国际绿色债券市场与国内绿色债券市场的发展路径有明显的不同。首先从国际绿色债券市场来看，两个国际标准都是自愿性质的，国际投资者更多地关注生态环境变化以及环境问题，叠加责任投资理念的普及，使得绿色债券在国际市场上得到快速发展。投资者自身的价值判断是标准构成的决定性因素，并且在市场实践的过程中引导发行人、投资机构以及承销商等一系列相关主体协同合作建立自愿性的指导方针。在《绿色债券原则》的基础上，气候债券倡议组织开发了新的《气候债券标准》，重点在于提供了具体的可实施的指导方针，比如在对行业层面进行定义何为绿色，认证监督程序等。

与国际绿色债券标准“自下而上”的特点不一样，国内绿色债券标准的特征是“自上而下”。标准首要推动力量便是政府层，并且标准是由监管机构制定规范、明确项目范围、并对资金的使用投资及管理和信息披露等进行规范要求。此外，《绿色债券发行指引》提倡为发行主体等相关机构提供相应利好政策，因此绿色债券市场的政策激励机制由此产生。

10.3.2.3 项目分类覆盖范围大量重合但也有不同

（1）对于煤炭等化石能源、核能等相关项目是否可被界定为绿色项目存在差异

对化石能源的界定是国内外绿色债券项目最大的不同，主要是由于国内外

能源结构的不同造成的。国际上《绿色债券原则》和《气候债券标准》都把消耗化石能源以及所有会导致能源使用生命周期缩短的项目禁止在“绿色”的定义范围之外。首先是由于化石能源属于重要的不可再生资源，有关项目严重与可持续发展的理念违背；其次，化石燃料在燃烧过程中会产生一系列的温室气体及其他污染物，会阻碍气候环境改善及污染防治的实施。表 10.5 详细罗列了国内外与化石能源相关的认证标准对比情况，其中国际标准将燃气、燃煤、燃油等化石燃料供能项目、提高化石燃料能效的技术改进项目，以及化石燃料铁路运输等一系列与化石燃料有关的项目均排除在外。与国际标准不同的是，国内在对绿色项目进行界定时对化石能源相关的工业节能技改、煤炭的清洁使用、铁路运输项目等给予政策上的支持。此外，在《气候债券标准》中要求开发、建设、运营聚光太阳能热发电设施/项目的后备燃气机组容量占比不得超过 15%，但在《绿色债券原则》以及国内标准中未有明确要求。

表 10.5　　国内外与化石能源相关的认证标准对比

序号	项目举例	国内标准	国际标准
		《绿色债券支持项目目录》	《绿色债券原则》《气候债券标准》
1	燃煤火力发电机组装置和设施运营项目：容量不低于 300MW 的超超临界或超临界热电（冷）联产机组和背压式供热机组（背压式供热机组无容量限制）	允许	禁止
2	与燃煤等化石燃料相关的，符合标准的“上大压小，等量替代”集中供热改造项目	允许	禁止
3	煤炭洗选加工，分质分级利用，以及采用便于污染物处理的煤气化等技术对传统煤炭消费利用方式进行替代的装置/设施运营项目	允许	禁止
4	运送煤炭等化石燃料的铁路运输项目	允许	禁止
5	建设、运营满足相关汽油/柴油生产工艺要求的高清洁性标准燃油生产装置/设施或既有汽油、柴油生产装置清洁性标准提升技术改造项目	允许	禁止
6	生产符合相关标准的企业或柴油产品，以及抗爆剂、助燃剂等清洁燃油添加剂产品	允许	禁止
7	天然气燃料汽车	允许	禁止

续表

序号	项目举例	国内标准	国际标准
		《绿色债券支持项目目录》	《绿色债券原则》《气候债券标准》
8	开发、建设、运营聚光太阳能热发电设施/项目的后备燃气机组容量占比不得超过15%	未明确要求	《气候债券标准》明确要求；《绿色债券原则》未明确要求

资料来源：《绿色债券原则（2017）版》《气候债券标准（V2.1版）》和《绿色债券支持项目目录》。

国内的《绿色债券支持项目目录》以及《绿色债券发行指引》两个绿色债券标准在对于清洁能源的界定存在较大差异。具体来看，表10.6表示了两个标准的差异，两者虽然在一级项目都有纳入清洁能源项目，但是细分二级项目，可以明显看出《绿色债券支持项目目录》更加细化明确，其具体包括对风力发电、太阳能光伏发电、智能电网及能源互联网、分布式能源、太阳能热利用、水力发电等其他新能源利用项目的具体规定，而《绿色债券发行指引》较为笼统，仅规定清洁能源项目包括煤炭、石油等能源的高效清洁化利用。

表10.6　　国内关于清洁能源方面的标准

国内标准名称	一级项目	二级项目
《绿色债券发行指引》	能源清洁高效利用项目	包括煤炭、石油等能源的高效清洁化利用
《绿色债券支持项目目录》	清洁能源	风力发电、太阳能光伏发电、智能电网及能源互联网、分布式能源、太阳能热利用、水力发电和其他新能源利用

（2）对于污染防治、资源节约、农林项目的界定存在差异

国内外在对绿色项目进行规定时都把污染防治、资源节约以及农林项目等涵盖在内，但是细分部分子项的标准并不完全相同。以中国为代表的大部分发展中国家都尚未完全完成工业化，因此在发展过程中必然会面临环境污染、资源过度使用的现象，而且农业往往是国家经济发展的主要支撑。因此，发展中国家在对绿色项目进行界定时更多地关注污染治理、减排以及由此带来的环境积极效益、有机农产品的研发生产、尾矿和伴生矿的开采等，由此来实现将资源的使用最大化。与此不同的是，欧美等发达国家已然进入后工业化时代，环

境污染的现象已经获得较好的改善，因此更多关注的是防治污染以及改善气候变化方面的问题，在对绿色项目界定时拥有更高更严格的技术要求与规范。

表 10.7　国内外与污染防治、资源节约、农林项目相关的认证标准对比

序号	项目举例	国内标准	国际标准
		《绿色债券支持项目目录》	《绿色债券原则》《气候债券标准》
1	垃圾填埋项目应包含甲烷、硫化氢等气体捕捉工艺	未明确要求	《气候债券标准》明确要求
2	废物焚烧项目应包括能量捕捉（如余热利用）工艺	未明确要求	《气候债券标准》明确要求
3	以提高资源利用率为目的的矿产资源尾矿、伴生矿再开发利用项目	允许	未列入
4	在林业开发过程中砍伐树木	未明确禁止	《气候债券标准》明确禁止
5	在泥浆地上从事种植等农业活动	未明确禁止	《气候债券标准》明确禁止

资料来源：《绿色债券原则（2017 版）》《气候债券标准（V2.1 版）》和《绿色债券支持项目目录》。

（3）对于交通运输项目的界定存在差异

整体来看，国内外在对交通运输类项目的绿色债券标准制定上保持基本一致，但是不同的是国际标准将“非机动”项目归为绿色交通的范畴（比如自行车的使用），并且更多提倡宽带、视频会议等先进科学替代方式，由此从源头上缩减人们的出行次数，从而减少污染排放。除此之外，国际标准鼓励混合动力汽车的使用，而目前国内标准尚未有相关说明。

表 10.8 详细罗列了国内外在绿色交通运输项目上的认证标准的不同点。国际上鼓励混合动力交通工具的发展、自行车及其部件的生产、大力支持城市自行车基础设施的建设、光纤电缆投资和以减少出行为目的的会议软件开发，而国内目前尚未将这些项目纳入为绿色项目。

表 10.8　　国内外与交通运输相关的认证标准对比

序号	项目举例	国内标准	国际标准
		《绿色债券支持项目目录》	《绿色债券原则》《气候债券标准》
1	混合动力交通工具	未列入	允许
2	自行车及其部件生产	未列入	允许
3	城市自行车基础设施建设	未列入	允许
4	光纤电缆投资、减少出行为目的的会议软件开发	未列入	允许

资料来源：《绿色债券原则（2017 版）》《气候债券标准（V2. 1 版）》和《绿色债券支持项目目录》。

国内《绿色债券支持项目目录》以及《绿色债券发行指引》两个绿色债券标准在对绿色交通方面制定的标准存在较大差异。具体可见表 10. 9，国内两个标准对于绿色交通方面存在的不同，《绿色债券发行指引》仅在其一级项目绿色城镇化项目下规定了二级项目新能源汽车充电设施建设。而《绿色债券支持项目目录》对清洁交通有较全面的规定，其专门设立了一级项目分类——清洁交通，并在此分类下分别对铁路交通、城市轨道交通、城乡公路运输公共客运、水路交通、清洁燃油以及新能源汽车等二级项目进行了明确规定。

表 10. 9　　国内关于绿色交通方面的标准

国内标准名称	一级项目	二级项目
《绿色债券发行指引》	绿色城镇化项目	新能源汽车充电设施建设
《绿色债券支持项目目录》	清洁交通	铁路交通、城市轨道交通、城乡公路运输公共客运、水路交通、清洁燃油、新能源汽车

资料来源：《绿色债券支持项目目录》和《绿色债券发行指引》。

10. 3. 2. 4　募集资金管理要求各有异同

募集资金是指上市公司公开发行证券（包括首次公开发行股票、配股、增发、发行可转换公司债券、发行分离交易的可转换公司债券等）及非公开发行证券向投资者募集的资金，但不包括上市公司股权激励计划募集的资金。上市公司应严格遵守募集资金管理的相关条例，科学规划募投项目，合理使用募集资金，通过募集资金项目的逐步投产和效益释放，提升上市公司业绩，为投资者带来回报。对于通过绿色债券募集到的资金，更要按照特别规定对资金进行管理，从而确保募集到的资金都能高效用于发展绿色项目以及绿色产业。

表 10. 10 对国内外主要绿色债券标准体系募集资金管理要求进行了对比，国际上《绿色债券原则》规定债券发行人在对募集资金进行管理时采用分账户，并且对其进行实时监控管理，以此来保证对绿色项目的资金投放流向可追溯可监管。《中国人民银行绿色金融债公告》中的有关规定与《绿色债券原则》在此基础上存在较高的相同性，甚至更加严格，其规定发行人要专门设立账户或者设立专项台账。与此不同的是，《绿色债券发行指引》对募集资金的管理并没有做出严格规定，《气候债券标准》也没有关于资金管理的相关条款。

表 10. 10　国内外主要绿色债券标准体系募集资金管理要求的对比

	标准体系	对募集资金管理的要求
国际标准	《绿色债券原则》	要求发行人以分账户对募集资金进行管理，或以某种正式的内部流程确保针对绿色项目的信贷或投资资金流向可追溯
	《气候债券标准》	未有相关规定
国内标准	中国人民银行《绿色金融债公告》	规定发行人应当在募集说明书承诺的时限内将募集资金用于绿色产业项目，募集资金闲置期间，发行人可以将募集资金投资于非金融企业发行的绿色债券及具有良好信用等级和市场流动性的货币市场工具
		规定发行人应当开立专门账户或建立专项台账，对绿色金融债券募集资金的到账、拨付及资金收回加强管理，保证资金专款专用，在债券存续期内全部用于绿色产业项目
	《绿色债券发行指引》	未有相关规定

资料来源：《绿色债券原则（2017 版）》《气候债券标准（V2. 1 版）》和《中国人民银行绿色金融债公告》。

10. 3. 2. 5　信息披露要求各有异同

信息披露制度，也称公示制度、公开披露制度，是上市公司为保障投资者利益、接受社会公众的监督而依照法律规定必须将其自身的财务变化、经营状况等信息和资料向证券管理部门和证券交易所报告，并向社会公开或公告，以便使投资者充分了解情况的制度。信息披露不仅能提高对上市公司权益资本成本的降低效应，也反映出对于上市公司融资成本和融资效率的积极作用。所以，上市公司及其管理层出于对企业本身的利益考虑也应该提高公司信息披露的质量。

表10.11详细对比了国内外主要绿色债券标准体系对信息披露的要求，国际上绿色债券原则对信息披露有特殊的严格规定，要求至少每年提交一次项目清单等信息；国内银行绿色金融债公告与《绿色债券原则》的准则具有相似性，但要求更严，要求按季度向市场披露募集资金的使用情况，每年4月30日前披露相关年报。与此不同的是，《绿色债券发行指引》没有对绿色债券的信息披露进行明确的规定。《气候债券标准》也没有对发行人自主披露信息的条款进行明确规定，但强调发行人要自主披露信息。

表10.11　国内外主要绿色债券标准体系信息披露要求的对比

	标准体系	对信息披露的要求
国际标准	《绿色债券原则》	除公布募集资金的使用方向、闲置资金的短期投资用途，发行人应提供至少每年一次的项目清单，提供项目基本信息描述、资金分配额度及环境效益GBP建议使用定性指标描述，并在可行的情况下，对预期可持续性影响指标作出定量描述（如温室气体减排量、清洁能源惠及人数等）
	《气候债券标准》	未有相关规定，但强调发行人的自主信息披露
国内标准	中国人民银行《绿色金融债公告》	发行人应当按季度向市场披露募集资金使用情况。发行人应当每年4月30日前披露上一年度募集资金使用情况的年度报告和专项审计报告，及本年度第一季度募集资金使用情况，并将上一年度绿色金融债券募集资金使用情况报告中国人民银行
	国家发改委《绿色债券发行指引》	未有相关规定

注：GBI为《绿色债券原则（2017版）》、CBI为《气候债券标准（V2.1版）》、《中国人民银行绿色金融债公告》简称《公告》、《国家发改委绿色债券发行指引》简称《指引》。

资料来源：《绿色债券原则（2017版）》《气候债券标准（V2.1版）》《中国人民银行绿色金融债公告》和《国家发改委绿色债券发行指引》。

10.3.3　绿色债券的评估与认证机构

绿色债券与普通债券的区别是筹集资金要用于绿色发展事业和收益信息必须公开透明，这就需要评估绿色债券融资所得资金是否用于绿色项目资产。通过评估认证，有利于发行人建立项目及资金的管理体系、吸引投资人的信任、提高品牌知名度和影响力。而对于投资人来说，可以获得客观的信息披露数据，降低投资风险。分类如下：

发行人的信息披露是第一方评估，外部评估是对信息披露的补充和认证，对发行人的绿色债券的绿色资质和环境效益进行独立的核查。外部评估指第二方评估和第三方认证。

第二方评估：通常第二方评估机构是发行人的合作伙伴，具有环境方面专长并为发行人制定发行框架，这种评估方式缺乏独立性，该机构评估的是自己的前期工作。

第三方认证：指由第三方机构根据绿色债券标准提供方的框架要求，对所发行的绿色债券从资金用途、项目是否符合当前的《绿色债券支持项目目录》、资金管理、信息披露和报告等方面进行核查。

随着绿色债券市场的发展，环保欺诈行为将随之增多，第二方评估难以完全避免不当的环境资质审查。而完全独立于发行人的第三方认证，则可以更好地对绿色债券资质进行公证的审查，同时也有助于推进外部评估流程的标准化。

10.3.3.1　国际绿色债券的评估认证

气候债券标准可以帮助投资者和中介机构评估气候债券的真实性。很多投资者担心债券“漂绿”，即以绿色债券的名义发行而募集资金并未真正用于绿色资产或项目。在近几年的国际实践中，国际社会逐步建成了系统的标准与认证体系，市场更加标准、透明，绿色债券原则、外部审查或意见、气候债券标准机制则可以很好地解决“漂绿”的问题。核查绿色债券所筹集资金的投资方向，可以增强绿色债券的信息披露，消除市场信息不对称给投资者带来的困扰。国际市场上接受外部审查的债券占绿色债券市场的 60%，专业的评估和第三方认证以及对环境效益的鉴定，有助于市场看清发行主体和所投资项目对环境的贡献。在国际绿色债券评估认证的实践中，代表性的评估机构包括气候债券行动组织（CBI）、国际气候与环境研究中心（CICERO）、毕马威、Vigeo 评级、Oekom 研究中心、DNV GL 集团等公司。

10.3.3.2　我国绿色债券的评估认证

在我国，由于绿色债券发展刚刚起步，第二方评估虽然并没有完全独立于发行人评估绿色债券资质，但在绿色债券发展的起步阶段，由于外部评估还没有标准化流程，进行第二方评估也有其必要的作用。第三方认证的行业标准并非在所有行业都得到统一和完善，进行第二方评估在市场初期大有裨益，同时与第三方认证相比还可降低成本。目前在我国绿色债券的评估机构主要包括：安永、毕马威、商道融绿、DNV GL、德勤、CICERO，中债资信评估有限责任公司、中节能咨询公司等信用评估机构参与了我国绿色债券的核查环节。其中商道融绿是第一家获得气候债券标准认可的国内核查机构。

第 11 章　碳基金

11.1　碳基金的类型与特征

11.1.1　碳基金

基金是一个被广泛使用的词汇，在不同的场合含义也不同。它泛指为了某种目的而储备设立的具有一定数量的资金，一般指国民经济中具有特定用途的资金，是为兴办、维持和发展某项事业而筹集的资金，它是根据国家、企业和居民的特定需要建立起来的，是把个人投资形式扩大的一种金融交易方式。

基金指的是一项有特定来源和专门用途的资金，《辞海》中解释基金为“通过国民收入的分配和再分配形成的具有特定用途的资金”，如积累基金、消费基金等。1997 年的第三次公约缔约方（COP3）大会，签署了《京都议定书》，并于 2005 年 2 月 16 日起开始生效，其后形成了一个完善的碳信用市场。在巨大的商业机会和商业营利性的诱惑下，不少发达国家筹集一定数量的资金投入碳交易市场中，即通过建立各种碳基金来支持节能减排项目的开展。

碳基金（Carbon Funds）是一个专业基金，由政府、金融机构、企业和个人投资，具有投资凭证，可以投资全球的基金。通过投资碳信用额或投资全球温室气体减排项目，主要是使用公共和/或私募基金在一级市场购买减少温室气体排放的《京都议定书》从项目机制生成的碳信用投资决议。世界上第一个碳基金业务是世行建立的世界原型碳基金（简称 PCF，Prototype Carbon Fund），是世界银行对清洁发展机制项目进行投资的主力基金，世界原型碳基金是一只具有封闭性的共同基金。PCF 建立于 1999 年，其参与资本为 1.8 亿美元，来自包括荷兰、芬兰、瑞典、挪威、加拿大、日本银行在内的 6 个国家政府和 17 个公司，这些基金通过购买项目减少的碳排放量即“经核证的减排量”，或者称为碳信用指标，通过在国际碳市场进行交易，进行清洁发展机制项目的投资与合作，为发展中国家减少温室气体排放的项目提供融资，协助发展中国家获益。

11.1.2 碳基金的类型

碳基金是国际碳市场投融资的重要工具和主要交易主体之一，根据碳基金的建立和管理、碳基金的投资目标、碳基金的投资策略和碳基金的投资项目，可划分国际碳基金的种类。

11.1.2.1 根据碳基金的设立与管理模式划分

碳基金的类型按发达国家的碳基金设立方式主要有国际组织和政府共同设立、政府设立、政府和企业共同设立以及企业设立四种。碳基金的管理方式主要有三种：一是国家组织管理；二是政府管理；三是企业化管理。因此碳基金的类型按发达国家的碳基金设立与管理方式划分，主要有五种：

（1）国际组织和政府共同设立，但由国家组织管理。部分 CDM 项目主要由世界银行与各国政府之间的合作促成。世界银行的雏形碳基金（PCF）是世界上创立最早的碳基金，政府方面有加拿大、芬兰、挪威、瑞典、荷兰和日本国际合作银行参与，另外还有 17 家私营公司也参与了碳基金的组成。PCF 的日常工作主要由世界银行管理，与此相同的碳基金还有意大利碳基金、荷兰碳基金、丹麦碳基金、西班牙碳基金等。

（2）政府设立，政府管理。如芬兰政府外交部于 2000 年设立联合履约（JI）/CDM 实验计划，在萨尔瓦多、尼加拉瓜、泰国和越南确定了潜在项目。2003 年 1 月开始向上述各国发出邀请，购买小型 CDM 项目产生的 CERs。奥地利政府创立的奥地利地区信贷公共咨询公司（KPC）为奥地利农业部，林业部，环境部及水利部实施奥地利 JI/CDM 项目，目前已在印度、匈牙利和保加利亚完成了数项 CDM 项目。

（3）政府投资设立独立公司，政府按照企业模式经营管理。这种类型的主要代表是英国碳基金和日本碳基金。英国碳基金是一个由政府投资、按企业模式运作的独立公司，成立于 2001 年。政府并不干预碳基金公司的经营管理业务，碳基金的经费开支、投资、碳基金人员的工资奖金等由董事会决定，政府不干预。

（4）政府和企业联合设立，商业化经营。这种类型的代表为德国和日本的碳基金。德国复兴信贷银行（KFW）碳基金由德国政府和德国复兴信贷银行共同设立，由德国复兴信贷银行负责日常管理。日本碳基金主要由 31 家私人企业和两家政策性贷款机构组成。政策性贷款机构日本国际协力银行（JBIC）和日本政策投资银行（DBJ）代表日本政府进行投资与管理。

（5）企业设立，企业方式管理。这些碳基金规模不大，主要从事 CERs 的中间交易。按照以上 5 种方式可以把国际上的碳基金做出分类，见表 11.1。

表 11.1　　国际碳基金设置时间与规模汇总

碳基金分类	碳基金名称	成立时间	投入资金
国际组织管理基金	世界银行原型碳基金（PCF）	2000 年	18 000 万美元
	世界银行社区发展碳基金	2004 年	12 860 万美元
	世界银行荷兰清洁发展机制基金（NCDMF）	2004 年	4 400 万欧元
	世界银行荷兰欧洲碳基金（NECF）	2004 年	18 000 万美元
	世界银行意大利碳基金	2004 年	8 000 万美元
	世界银行丹麦碳基金（DCF）	2005 年	7 000 万美元
	世界银行西班牙碳基金（SCF）	2005 年	17 000 万欧元
	世界银行伞形碳基金（UCF）	2006 年	25 000 万美元
	世界银行欧洲碳基金（CFE）	2007 年	5 000 万欧元
	世界银行生物碳基金（BioCF）	2007 年	9 190 万美元
政府设立与管理基金	芬兰碳基金/CDM 实验计划	2000 年	1 000 万欧元
	奥地利碳基金/CDM 项目	2003 年	7 200 万欧元
政府按企业模式管理基金	英国碳基金	2001 年	6 600 万英镑
政府企业共同设立，商业化管理基金	德国复兴信贷银行（KFW 碳基金）	2005 年	6 000 万欧元
	日本碳基金	2005 年	14 000 万美元
企业设立，企业管理	欧洲碳基金	2007 年	5 000 万欧元

资料来源：根据《国际碳基金研究》等资料总结整理而成。

表 11.1 中，国际组织和政府共同设立，国家组织管理的这部分碳基金由世界银行与各国政府合作促成；政府建立和管理的碳基金是由国家的政府设立的。这些国家的共同特征是，很难满足《京都议定书》的要求，完成温室气体排放量在 1990 年水平上减少 5% 的任务；政府投入资金设立独立公司，同时政府按企业模式管理运作，但是政府并不参与碳基金公司的经营管理，碳基

金经营业务由董事会决定；政府与企业一起设立，商业化经营的这部分碳基金由政府和企业共同投资、设立，由企业负责日常管理；企业设立，企业方式管理的这部分碳基金由私人部门作为股东，采取公司管理。有些企业碳基金主要利润在 CER 中。

11.1.2.2 根据碳基金的投资目的划分

设立碳基金的目的包括完成减排约束目标、盈利以及自愿减排等，因此按碳基金的投资目的划分，碳基金主要有四种类型：一是减排承诺驱动；二是投资获利驱动；三是自愿减排驱动；四是促进可持续发展。

（1）减排承诺驱动。这部分碳基金的投资目的是获取碳信用，满足碳减排约束目标。其占碳基金数量百分比最大，为 55%，占资金百分比最大，为 61%。这些碳资金大多是由政府设立的，其目标是通过投资 CDM 的项目来购买碳信用额度，减少国内潜在减排目标与《京东议定书》规定任务与之间的差距。

（2）投资获利驱动。这部分碳基金的投资目的是赚取初级市场和二级市场差价利润。其占碳基金数量百分比排第二位，为 42%，占资金百分比也排第二位，为 38%。这类碳基金既包括国际组织和企业设立的碳基金，也包括部分政府设立的碳基金。主要通过获取碳信用后重新投向二级市场，以比原始买入更高的价格出售碳信用来获取收益。

（3）自愿减排驱动。这部分碳基金的投资目的是自愿减排抵消自身碳足迹，促进可持续发展等。其占碳基金数量百分比较小，为 2%，占资金百分比为 1%。这类碳基金的资金管理机构由私人、社团和公司组成。自愿减排驱动型碳基金产生的碳信用也可能从初级市场获得。越来越多的服务行业，如银行，通过投资自愿减排基金，来为其服务活动承担减排责任。比如绿色能源行动加拿大基金，该基金致力于购买碳信用，用于加拿大国内希望抵消碳排放的公司。

（4）促进可持续发展。除了上述提及的基金投资目的外，还存在其他一些不常见的类型。这类碳基金占碳基金数量百分比最少，为 1%。例如，设立的目的是为发展中国家 CDM/JI 项目提供资金，例如发展碳基金，它作为核证减少排放量用于项目销售，并获得资助发展中国家的资金。还有联合国规划署与富通银行合作的千年目标碳基金（Millennium Goals Carbon Facility）与世界银行社区发展碳基金（World Bank's Community Development Carbon Fund）以及瑞典政府 CDM/JI 碳项目（Swedish Government's CDM/JI Program）等。

11.1.2.3　根据碳基金的投资策略划分

按碳基金的投资策略划分，碳基金主要有四种类型：一是信用购买型；二是混合投资策略型；三是风险投资型；四是自愿减排型。各类型碳基金具体内容如下。

（1）信用购买型。这部分碳基金的投资策略集中围绕在如何从 CDM/JI 项目获取碳信用上。碳信用获取的渠道通常为初级碳市场和减排量购买协议（ERPAs）方式。ERPAs 是 CDM 项目中确定 CER 买卖双方权利义务的法律依据，也是整个 CDM 项目的核心内容之一，ERPA 是目前主要世界银行和荷兰政府制定的标准版本。传统信用购买型碳基金通过 ERPAs 协议购买碳信用。信用购买型的碳基金通过减排量购买协议获得来自 CDM/JI 碳减排项目产生的碳信用，这些产生的碳信用不仅可以从二级碳市场通过出售来获取利润，还可以用于抵消强制碳减排的任务。信用购买型碳基金是最早出现的碳基金类型。其占碳基金数量百分比最大，为 55%，占资金百分比也是最多，为 62%。如摩洛哥碳基金（The Carbon Capital Fund Morocco）是典型信用型碳基金，其在 2008 年由摩洛哥储蓄管理金融机构（CDG）建立，基金运营由 CDG 旗下股权投资公司管理。该基金的投资额为 2 650 万欧元，CDG 拥有 50% 的股份，欧洲投资银行拥有 25% 的股份，法国 CDCClimat 拥有 25% 股份。摩洛哥碳基金的作用是帮助 MOTC 业主发展清洁发展机制项目，并获得碳排放额度。实施期限从 2008 年到 2017 年。投资项目主要包括可再生能源、能源效率、废物管理、森林和再造林项目等。摩洛哥碳基金是非洲法语地区最大的碳基金项目。

（2）混合投资策略型。这部分碳基金的投资策略是对多个碳市场采取广泛投资策略。其占碳基金数量百分比第二，为 24%，占资金百分比为 25%。这类碳基金的典型是艾卡碳基金（Arkx Carbon Fund），其成立于 2007 年 12 月，计划投资 20 亿澳元，50% 资金投资于上市公司的可再生能源项目，25% 直接投资 CDM 项目，20% 用于买卖欧盟排放权配额与核证减排量，5% 用于投资澳大利亚国内各类型碳项目。

（3）风险投资型。这部分碳基金的投资策略是为减排项目提供直接投资，并介入项目全程管理提供专业技术和管理经验，以便更充分地开发碳减排项目。其占碳基金数量百分比为 23%，占资金百分比为 13%。这类基金一般由项目开发管理公司管理，能够对联合履约与清洁发展机制的减排项目发挥关键作用。可以通过碳信用进入初级碳市场的整合度来识别是信用购买型碳基金还是风险投资型碳基金。近些年，风险投资型碳基金（项目型）增长迅速，主要原因是：第一，风险投资型碳基金可以用相对较低的价格获取较高碳信用；第二，碳信用市场价格的不断上涨，碳基金向获利更高，风险更大的投资策略改变；第三，大型建材项目受信用购买型碳基金青睐；第四，碳基金投资开始向风险更高的减排项目投资，所需资本更多。如德夏碳基金（Dexia Carbon Fund），其成立于 2008 年，由德夏公司设立和管理，基金计划注资 1.5 亿欧元，主要投资于 CDM、JI 和自愿减排项目，主要关注澳大利亚和新西兰等新兴碳交易市场。

（4）自愿减排型。这部分碳基金的投资策略是单一自愿减排。其占碳基金数量百分比最小，为 1%，资金的数量占基金类募集资金总数的百分比非常小，可以忽略不计。

11.1.2.4 根据碳基金获得信用的投资项目划分

依托信用“碳资金”设立的碳基金是专门购买碳的投资工具，期望获得财务利润。从历史上看，这些都是首批设立的资金。2009 年，利用采购协议（ERPA）通过碳资金购买碳信用额度，碳基金投资的 13% 是通过直接资助 CDM /JI 减排项目进行的。碳基金主要通过 CDM 项目和 JI 项目获取碳信用和很小部分自愿碳减排项目。按碳基金获得信用的投资项目划分，碳基金主要有三种类型：一是单纯项目型；二是混合项目型；三是其他项目型。

（1）单纯项目型。一般可分为单纯 CDM 项目型和单纯 JI 项目型，即仅投资 CDM 项目获得碳信用和仅投资 JI 项目获得碳信用。其中，单纯 CDM 项目型碳基金占 2009 年全球所有碳基金中获得碳信用数量的 32%，单纯 JI 项目型占 3%。

（2）混合项目型。一般可分为：CDM 和 JI 混合项目，CDM、JI 和自愿减排混合项目以及 CDM 和自愿减排混合项目，即通过 CDM 和 JI 项目获得碳信用，通过 CDM、JI 和自愿减排混合项目获得碳信用，以及通过 CDM 和自愿减排混合项目获得碳信用。其中，CDM 和 JI 混合项目型碳基金占 2009 年全球所有碳基金中获得碳信用数量的 49%，数量最多；CDM、JI 和自愿减排混合项目型占 6%；CDM 和自愿减排混合项目型占 3%。

（3）其他项目型。包括自愿减排项目型、套汇项目型以及其他混合项目型，这些其他的获得信用的投资项目型占比较小，约为 3%。

11.1.2.5 根据碳基金作用区域大小划分

按照碳基金作用的具体区域，可以把碳基金分为三种类型：一是国家级碳基金；二是省级碳基金；三是区域性结构碳基金。

（1）国家级碳基金。这类碳基金通常有较大的市场份额选择项目，但由于没有区域或省级分支机构，可能难以接触并确定项目。国家碳基金的规模可能约为 25 亿美元，5 亿美元来自国家政府，5 亿美元来自多边开发银行，15 亿美元来自商业来源。假设碳基金可以融资约一半的总投资对于每笔交易，加起来将可以实施大约总计 50 亿美元的投资。这样，政府资金（或多边开发银行基金）的杠杆率将可以达到 100。

（2）省级碳基金。这样一个碳基金会更贴近交易的起点，可以从地方政府吸引相应的资金。但省级碳基金会有较小的影响和市场规模。省级碳基金的规模可能约为 6 亿美元，其中 1 亿美元来自当地政府，1 亿美元来自多边开发银行，4 亿美元来自商业投资。假设碳基金可以融资约一半的总投资对于每笔交易，加起来将可以实施大约总计 12 亿美元的投资。这样，政府资金（或多边开发银行基金）的杠杆率为 120。

（3）区域性结构碳基金。这种结构碳基金可以在严重污染地区，即京津冀、长江三角洲、珠江三角洲地区建立。在这种架构下，区域性母公司碳基金将主要由政府和多边开发银行资本化运作，直接投资大型区域项目，向省级子公司注资，提供风险分担和技术援助，开发创新金融产品如绿色债券和证券化项目资产。子公司资金将在省级设立，地方政府和商业融资来源额外增加，主要在省内投资。中国大部分现有的政府基金都是区域性结构碳基金，这样的结构可以克服上述单一的国家基金或省级基金的缺点。

除了按这些国际上碳基金的种类划分以外，还有几种较少见的碳基金类型，例如世界银行建立的很多种创新的碳基金类型。比如基金的基金，世界银行已经对其注资 7.76 亿欧元，这种基金主要用作基金的重建与开发。这种基金结构提供了多元投资组合，分散了投资风险，有利于投资大型区域碳排项目。还有专门针对某一个特定区域投资和购买碳信用的碳基金，比如 2010 年

1 月韩国政府投资 1 800 万美元建立碳基金，由韩国投资信托管理公司及奥贝托公司管理，主要投资开发韩国 CDM 项目。此外，还有些碳基金专门针对特定行业或部门进行投资，比如世界银行 2003 年建立的生物碳基金（Bio Carbon Fund），只侧重于农林部门的减排项目；比如英国政府 2007 年建立的自愿减排基金，仅面向能源效率部门的减排项目；比如 2009 年成立的塔拉贝拉碳基金（Terra Bella Carbon Fund），专门资助农林部门减排项目。

11.1.3 碳基金的特征

碳基金特征由于其所在地域分布与数量变化、投资模式、持有人、项目类型不同而变化。

11.1.3.1 碳基金的地域分布及数量变化特征

欧洲是现今拥有最大管理数量碳基金的地区，也是最早开始建立碳基金的地区，欧洲企业和开发银行是国际碳市场开发初期的碳基金主要发起人，56%的碳基金投资项目机构在欧洲设立，开发银行位列第二，然后依次是北美、亚洲和拉丁美洲。

对比各个地区碳基金数量的变化可以发现，在发达国家新出现的碳基金更多倾向于购买碳信用抵消减排承诺，如日本温室气体减排碳基金；但也有为了盈利而设立的碳基金，如美国 Merzbach 碳基金。对发展中国家而言，碳基金数量增加的最主要原因是利用京都机制积累碳信用以供出售，如可持续资本碳基金（Sustain Capital Carbon Fund）和斯里兰卡碳基金（Srilanka Carbon Fund）。

11.1.3.2 碳基金的投资模式特征

2004 年前，大多数碳基金使用碳减排协议（Emissions Reduction Agreements，ERPAs）交货付款购买碳信用额，而现在新的碳基金投资模式发生了方法改变，由初始碳减排协议（EPRAs）到直接投资项目，到风险高收益大的投资类型，即新的碳基金投资方式开始向项目型直接投资方式转变（例如股权投资和贷款）。发生转变由以下几个原因促成：（1）大部分容易获取碳信用项目已开发完毕，现阶段以低价购买新项目碳信用的难度加大；（2）CER 价格在全球范围内普遍升高，导致碳基金开始寻求风险虽高但更为有效的投资方向；（3）碳市场涌现许多投资小的碳基金，它们在操作传统型碳信用项目时难度较大；（4）碳基金管理者在早期介入减排项目，能有效评估项目带来的风险。此外，如有需要，还可低价购买额外信用，碳基金已转为高风险高投入的直接投资模式，未来直接投资模式所占比重与份额还将继续攀升。

11.1.3.3　碳基金持有人的结构特征

碳基金的持有人主要包括政府、私人机构以及政府与私人机构混合三种类型。从碳基金结构随时间的变化趋势来看，碳资金数量在政府投资和管理发展的早期占据主导地位，但随着时间的推移，政府和私营部门对碳基金份额的共同投资持续下滑，私人投资者数量呈现快速增长态势，私营部门对碳基金投资热潮上升。从碳基金的投资额看，私人机构碳基金数量增加很快，私募碳基金在 2004 年异军突起，增长迅速，逐渐成为碳基金投资的主要来源之一。

11.1.3.4　碳基金项目类型特征

碳基金投资的减排项目大多是同时投资于联合履约机制项目和清洁发展机制项目，只是单独投资 JI 项目或 CDM 项目的碳基金较少。目前，分散投资 CDM 和 JI 项目的碳基金占较大比重，仅投资 CDM 项目的碳基金项目排第二，仅投资 JI 项目的碳基金较少。这是因为分散投资在《京都议定书》设立的多种机制下的减排项目能够平衡碳基金投资风险。实际上，CDM 和 JI 项目代表不同风险和回报方式，一般基金投资者更倾向于投资 CDM 项目，CDM 项目已经建立清晰规则和完善注册过程，但缺点是较多时间与资金提高项目风险。相反，JI 项目注册过程更容易快捷，但缺少清晰和透明的规则。如果 JI 项目能建立像 CDM 项目那样清晰的规则，它将能吸引市场中更多的投资。

11.2　碳基金的运作模式

11.2.1　碳基金的组成

碳基金组成存在多种方式，分别与狭义和广义碳基金的定义对应，主要包括下面三种：（1）严格意义上的狭义碳基金主要以信托（公司）、股份公司、有限公司或风险投资的形式的成立运行；（2）广义上的碳基金，不仅采购碳信用，还通过对 CDM/JI 项目进行详尽的管理，以促进项目碳信用的生成；（3）政府部门采取直接购买项目碳信用或招标的形式，满足《京都议定书》的减碳指标要求。

11.2.2 中国碳基金的发起与信用的获取方式

碳基金在基金投资者与基金管理公司之间建立信托关系和受益人之间的关系。碳基金发起具有严格的法律框架结构，发起人由投资人、股东和基金管理公司等主体组成。碳基金形成机制的基本架构可以从基金组成与信用获取方式两个层面考察。

11.2.2.1 碳基金信用的获取方式

购买并获得碳信用是建立碳基金的一项重要初衷，因此，这里涉及碳信用类型和信用的获取渠道。碳基金获取碳信用的类型主要包括四类：（1）清洁发展机制（CDM）项目产生的核证减排量（CERe）；（2）联合履约机制（JI）项目产生的减排量（ERUs）；（3）其他非《京都议定书》覆盖的减排计划产生的自愿减排量（VER）；（4）其他由减排而产生的排放许可或相关衍生品。

11.2.2.2 碳基金信用来源

碳基金获得碳信用和碳许可有三种主要来源：（1）直接从 CDM 和 JI 减排项目碳信用中获取（初级碳市场）；（2）通过公开市场碳交易平台，如欧洲气候交易所获得其开发的标准化碳信用交易产品（二级碳市场）；（3）通过双边或多边国家之间合同柜台交易（OTC）。

11.2.3 碳基金设立资金来源

碳基金是在《京都议定书》的背景下，为促进低碳经济和金融衍生品的发展，在西方发达国家逐步形成的碳交易体系。为支持低碳经济发展，我国积极探索碳减排实施，建立碳排放交易市场，改善碳交易机制。作为碳交易工具，碳基金是重大项目的重要组成部分，在投融资渠道中发挥重要作用，能够扩大碳项目。碳基金的设立是碳基金发展机制完善的起点，因此要从设立碳基金出发，通过分析国际与国内碳基金的设立资金来源，来研究碳基金是如何融资设立的。

11.2.3.1 国际碳基金设立的资金的来源

1991 年 1 月经济合作与发展组织于法国巴黎召开的保护环境首脑会议通过了保护环境宣言，采纳了对二氧化碳的排放量征税的提案，建议将二氧化碳税的收入作为国际的“二氧化碳基金”，主要用来援助发展中国家。如今一些较大的国际碳基金，资金主要来源是捐赠。国际碳基金筹集的资金一般有三个

来源：公共资金，私人资金或混合资金。

（1）公共资金，这类资金主要来自工业化国家的公共资金，由于《京都议定书》为 2008 年至 2012 年确定的排放目标预计难以实现，因此旨在通过碳信用额度或与发展中国家合作来抵消超额排放，促进项目机制的开发项目。

（2）私人资金，这类资金来自私人投资者，他们可能是能源供应商或工业公司，由建立排放交易计划减排限制。

（3）公私合营（或混合）资金，这类资金使公共和私人参与者合并在一起。

11.2.3.2　国际上碳基金筹集的资金来源分类

资金是全球应对气候变化和碳融资发展的关键因素，由于长期以来碳基金的资金来源只是依靠捐赠，没有强制性的持续资金供应，导致碳基金的发展效果甚微。随着社会越来越关注环境问题，为了改善人类家园的污染问题，有一些国际型协议对此有所推动。2009 年哥本哈根谈判，发达国家不仅愿意同意，并且明确提出了发达经济体的减排财政承诺；2011 年德班气候大会，正式同意从 2013 年到 2020 年每年提供 1 000 亿美元，帮助发展国家应对气候变化，并设置新的 200 亿美元的融资目标，到 2025 年，建立绿色气候基金，虽然资金来源没有出现在一个具有法律约束力的“协议”中，而是出现在约束力较弱的“决定”文本，但绿色气候基金的建立也表明碳基金融资机制已经改变了以前的做法。减排融资机制是《联合国气候变化框架公约》和《巴黎协定》的核心工具，它直接关系到人类应对气候变化的速度和有效性。然而，“气候基金”或“气候融资”仍存在争议。《联合国气候变化框架公约》（UNFCCC）认为，气候基金是发达国家支持发展中国家减缓和适应气候变化的金融工具。由碳基金建立的基金可以大致分为公共基金、发达的金融机构、碳市场、私人资本。更多的供应主体使融资需求和潜在的供应商更容易匹配，有利于提高发展中国家的覆盖率，实现不同的目标和功能，如公共投资主要用于预投资和私人资本意愿，如可持续的基础设施、社会服务、生物多样性保护、技术发展和扩散等。私营企业也越来越意识到高回报率和潜在的有经济影响的气候项目，所以需要找到监管风险，然后合作探索大规模的融资渠道。

国际资金转移平台很难满足发展中国家的需求。在哥本哈根会议之前，发达国家向发展中国家主要通过清洁发展机制（CDM）转移资金，世界银行管理了几个大型碳基金和一些双边渠道，这种转移有几个问题：（1）资金转移太少，侧重于可再生能源项目，实现气候变化目标；（2）复杂的资金转移程序，不同基金有不同的标准，规则和决策程序及发展中国家申请失败率高；（3）限于公共私营部门尚未加入，资金使用效率偏低。为避免上述缺陷，德班气候大会2011年正式建立绿色气候基金，试图突破渠道、主体融资、使用方式等障碍。程序和制度配置不同，使得发展中国家优先权和自主性经常受到限制。

发达国家也注意到应对气候变化格局的重大变化。排放格局和资金技术能力方面，中国等发展中国家均有显著增长。因此，气候资金转移对象应更多地关注于脆弱的发展中国家，如岛屿联盟和撒哈拉以南非洲国家。但最脆弱的国家往往难以达到资金转移最低技术标准，如低碳行动体系的透明度、基本能力、技术改革的可行性。这些限制条件往往对资本流动具有限制性的影响。

11.2.3.3 国内碳基金设立的资金的来源

我国碳基金设立的资金主要来自两个方面：政府与国家机构、企业与个人。因此，国内现有的碳基金，根据其设立时的资金来源划分为两种：一是公募性碳基金，这种碳基金由政府与国家机构出资设立；二是私募性碳基金，这种碳基金由企业与个人出资设立。表11.2表示了近几年国内碳基金资金来源性质的情况。

从表11.2中可以看出，在《京都议定书》制定的初期，我国的碳基金由于还处于初步发展阶段，其国内碳基金设立的资金主要来自国家与政府。但由于政府出资设立的碳基金的资金一般来源于一级碳市场中配额拍卖或者是用于环境治理的专项资金，其资金来源渠道有一定局限。在之后几年我国碳基金的设立中，随着碳基金的发展，企业与个人投资的私募碳基金大幅度增加。

表11.2　　国内碳基金资金来源性质情况

基金名称	成立时间	性质	作用
中国清洁发展机制基金（CDMF）	2006年8月	政府性基金	支持国家应对气候变化工作，促进经济社会可持续发展
中国绿色碳基金	2007年7月	全国性公募基金	支持中国应对气候变化的活动、促进可持续发展的一只专业造林减排基金
清洁发展基金（CDF）	2010年5月	公募基金	全国首只专门从事“应对气候变化”环境保护事业的“清洁发展基金”
浙商诺海低碳基金	2010年1月	私募股权投资基金	全国首只低碳私募股权投资基金

续表

基金名称	成立时间	性质	作用
汇丰晋信低碳先锋股票型基金	2010 年 6 月	私募基金	首只“低碳经济”主题投资基金
新能源低碳基金	2012 年 3 月	国家发改委批准	首只具有外资背景的该类基金。用于捐助中国西部省份的新能源与低碳经济工程
碳谷基金	2012 年 6 月	私募基金	华中地区首只低碳创投基金
节能创新投资基金	2012 年 7 月	企业募集资金	建设 10 个低碳节能示范园区，扶持 100 家高新节能企业，实现产值超过 200 亿元的创投基金
凯泰清洁能源产业投资基金	2012 年 9 月	私募股权投资基金	国内首只非常规天然气产业投资基金，专业投资国内非常规天然气的技术、勘探、服务等产业链核心领域
中国绿色低碳产业基金	2013 年 1 月	私募基金	为我国绿色低碳产业发展提供金融服务与资金支持
华碳基金	2014 年 1 月	私募基金	中国第一只自愿减排核证量（CCER）低碳项目开发扶持基金
嘉碳开元基金	2014 年 12 月	私募基金	嘉碳开元投资基金投资于新能源及环保领域中的 CCER 项目；嘉碳开元平衡基金是国内首只私募碳基金，基于当下试点省市中的广东、湖北和深圳三个试点市场配额买卖的专项私募基金，通过密切关注各试点市场的行情走势，低买高卖进而实现盈利
海通宝碳基金	2014 年 12 月	私募基金	首只大型券商参与的针对中国核证自愿减排量的专项投资基金
招金盈碳一号碳排放投资基金	2015 年 4 月	私募基金	国内首只碳排放信托投资基金

资料来源：根据网络资料收集整理 http：//www. tanjiaoyi. com/tanjijin/。

11.3　碳基金的运行机制

11.3.1　碳基金运行机制的信托模式

碳基金的运作模式是碳基金发展的核心，是决定碳基金能否带来效益的关键。广义上看，碳基金全过程运作机制从时间发展上可以分为三个阶段。

（1）投资阶段。即碳基金投资机制，是运行机制项目选择、评估、投入资金等过程。

（2）收益阶段。即碳基金收益机制，是运行机制的项目取得的收益。

（3）撤资阶段。即碳基金退出机制，是收益终止后的碳基金的退出。

一旦项目获得批准并已检查减排量，这些信贷将被交付给基金经理，然后分配给各种投资者或在二级市场上出售。根据基金投资政策，投资者按照投资流动性获得合规信贷。根据国际上现有运作方式，碳基金运作机制具有信托这种法律模式的路径（见图 11.1）：

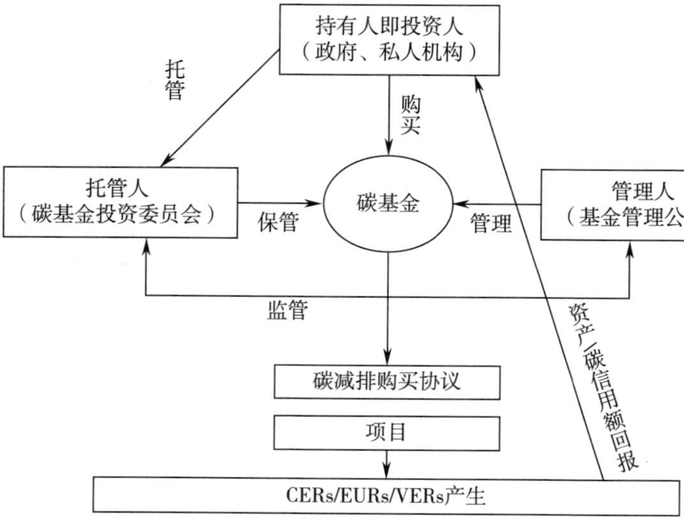

资料来源：根据《国际碳基金研究》等资料总结整理而成。

图 11.1　碳基金运作机制模式

碳基金的运行多通过信托的方式在基金投资者和基金管理公司之间建立起托管人与受益人之间的关系，而不是建立普通合伙、有限合伙、股份制企业、企业集团、寄托保管或其他除信托之外的任何形式的法律关系。信托这种法律形式在资产运营中具有以下几个优点：

第一，资产的安全性较高，当委托人（投资的出资方，即政府或私营机构）将资产委托给受托人（基金管理公司，如世界银行或专业的基金管理公司）进行信托管理后，委托人资产及债务的变化不会涉及信托资产。

第二，资产的独立性较好，委托人委托受托管理的信托资产与受托人自身所有的资产必须相互独立、分别管理，且不受受托人资产状况变化的影响。

第三，资产使用弹性较大，因为信托资产必须根据委托人委托的特定目的进行使用，且委托人有权对此进行灵活变更，委托人对资产的使用弹性较大。

第四，资产的集中程度增加了资产的使用效率，当受托人接受不同委托人的委托，对使用目的类似或相同的资产进行运行时，可以充分发挥资产的规模效应，挖掘更多的资产使用机会，增加资产之间的协同效应。

第五，专业管理团队提升资产管理效率，信托资产的受托人在信托资产的使用方面通常比委托人具有更强大的专业技能和更丰富的运行经验，因而更能够帮助信托资产保值增值，实现委托人的委托目的。

信托所具备的资产管理和运营的优点更加有利于碳基金的管理与运作。因此，碳基金的运作通常需要在全球范围内进行，需要在众多发展中国家识别和选择碳减排项目，然后分配给出资方或在发达国家碳市场中出售碳减排项目所产生的碳信用，这些活动需要在全球范围内开展。而碳基金出资方通常集中在发达国家，在发展中国家缺少相应的机构与人员网络，所以，碳基金的运作委托给一家具有全球网络的机构进行更易于操作。

11.3.2　碳基金投资机制

碳基金投资机制是碳基金运行中的核心机制，是碳基金顺利运行的绝对保障，也是碳基金运行的具体实施方式。

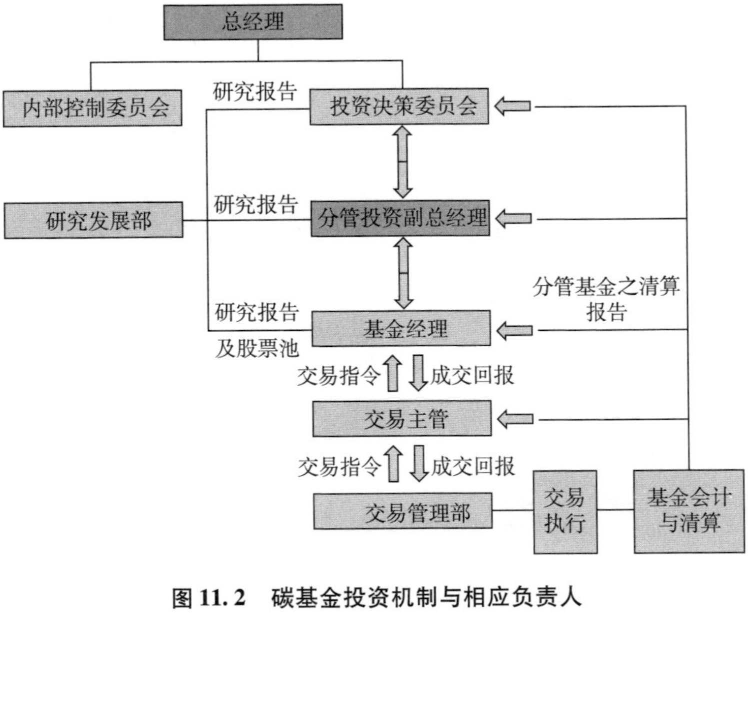

图 11.2　碳基金投资机制与相应负责人

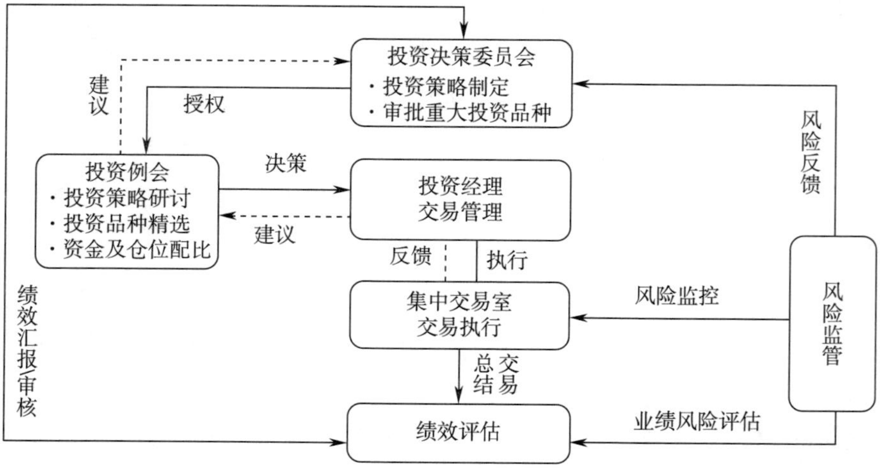

图 11.3　投资决策、风险监管与绩效评估

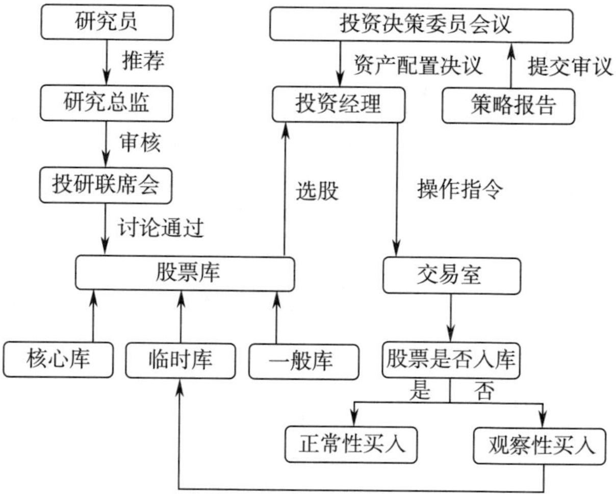

图 11.4　投资决策流程图

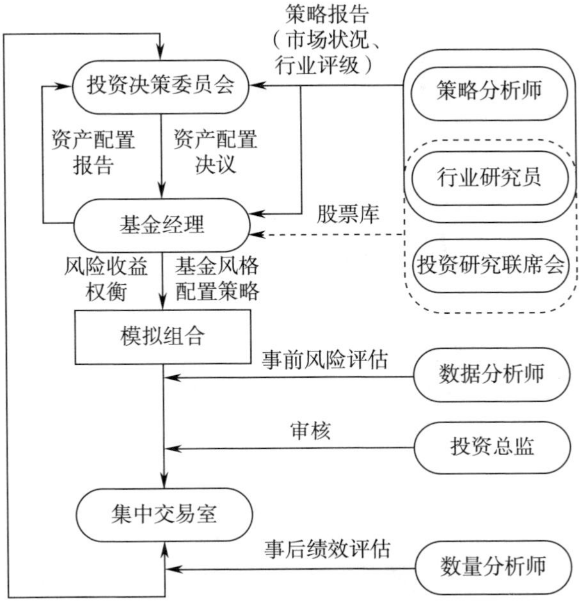

图 11.5 投资策略与评估

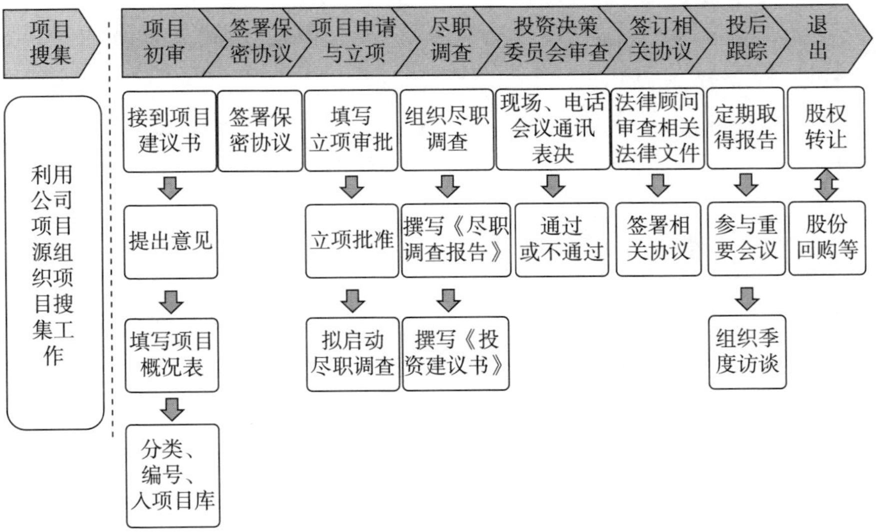

图 11.6 投资流程

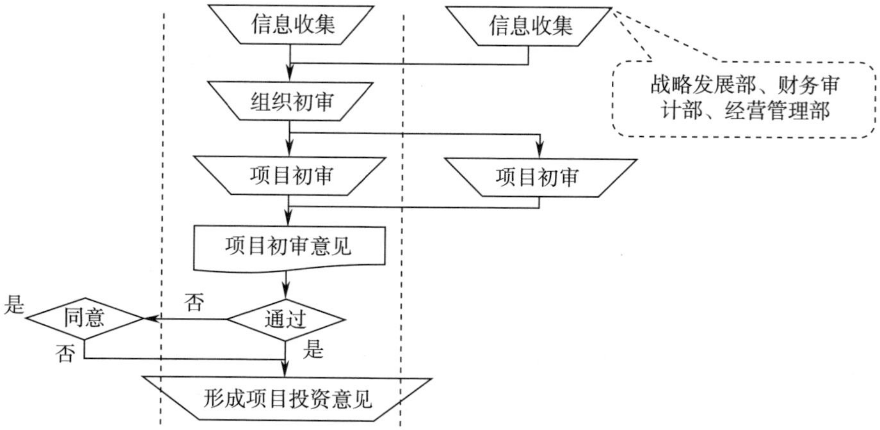

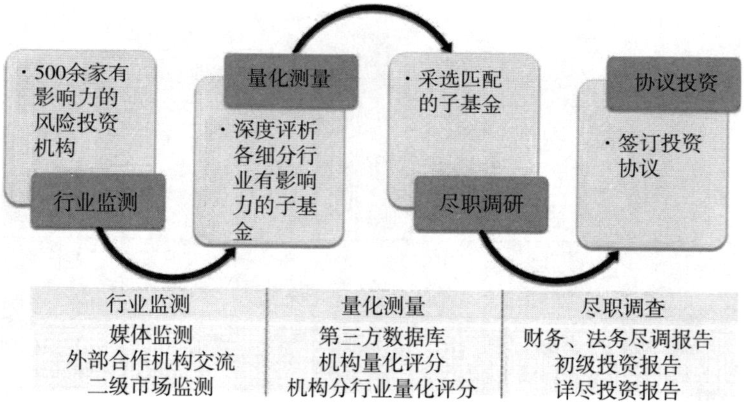

图 11.7　投资信息收集及审核

第 12 章　绿色保险与碳保险

12.1　绿色保险概述

12.1.1　环境保险

绿色保险即环境污染责任保险（Environmental Liability Insurance），是一种商业保险，是投保人在污染事故后对他人造成的直接或间接的损害赔偿责任为标的的保险。为了使污染受害者得到有效迅速的救济，依据保险合同的规定，保险机构向投保人收取一定的保险费，在保险标的发生承保范围内的保险事故时，由其对受害者的损失承担赔偿或给付的责任。绿色保险的主要作用有：一是能有效分散企业的经营风险，促使其快速恢复正常生产；二是充分发挥保险机制的社会管理功能；三是保障受害人及时获得经济补偿。为了维护污染受害者合法权益和提高防范环境风险目的，实行绿色保险是一种行之有效的手段。绿色保险具有经济补偿和社会管理的双重职能。绿色保险也称环境保险，故需要对环境保险作一介绍。

12.1.1.1　环境责任保险的属性

（1）环境责任保险的属性之一是社会互助的风险分散机制

从经济属性上分析，与其他任何保险业务种类一样，环境责任保险首先是一种基于社会互助的风险分散机制。即保险的本质为被保险人之间的以损失发生为条件的互助机制，保险体现了基于损失的被保险人之间的再分配关系，在社会再生产的生产、分配、交换、消费四个环节中，处于分配环节。保险人与被保险人之间的损失补偿关系只是这种关系的延伸，是实现互助再分配关系的载体和手段。

（2）以特定的环境责任风险为处理对象

在保险业务种类的划分上，国内与国际惯例有所不同。国际惯例在对保险业务种类进行划分时，首先根据计算技术和经营技术不同，将保险业务分为寿险与非寿险，二者的精算和经营技术迥异。在寿险中，又可分为普通寿险（死亡保险）、年金保险（生存保险）等；非寿险中，包括财产损失保险、意外伤害保险、责任保险。国际保险业务分类示意图如图 12. 1 所示。

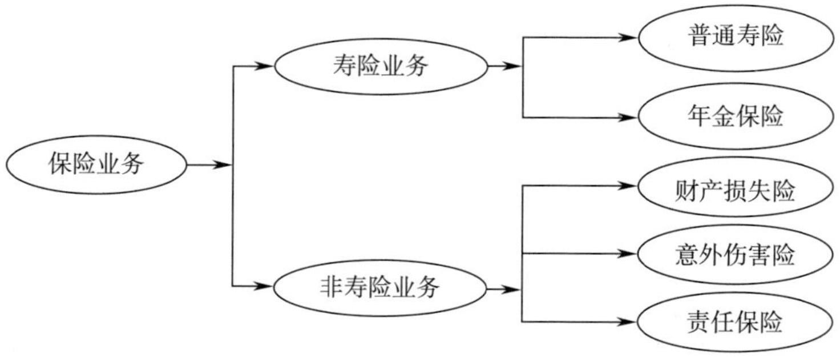

图 12. 1　国际保险业务分类图

国内往往根据保险标的不同，将保险业务种类划分为财产保险和人身保险。保险中人身保险又根据承保责任不同，分为人寿保险、人身意外伤害险、疾病（健康保险）；财产保险又分为财产损失保险、责任保险、信用保证保险。国内保险业务分类示意图如图 12. 2 所示。

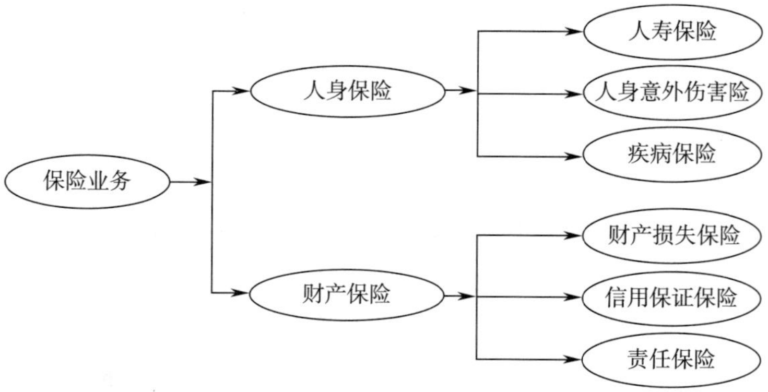

图 12. 2　国内保险业务分类图

从保险分类示意图中可以看出，环境责任保险是以被保险人（投保企业）的环境责任风险为保险对象。保险人承担被保险人在保险期限内由于法律规定的原因（责任）而造成环境污染事故的赔偿责任。据此，可对环境责任保险所承保的风险特征进一步分析。

①环境责任保险属于责任保险业务，承保标的为无形的责任。环境责任保险不同于一般人身保险，也不同于一般财产损失保险。从业务分类上看，环境责任保险属于责任保险，具有责任保险以无形责任为保险标的的基本特征。特征决定环境责任在经营中的以下特征：在保险金额确定方面，没有相应的保险标的价值可供参考，保险金额的标准确定成为一个重点和难点问题。

②属于公众责任保险，在利益保护方面具有双重性。公众责任保险具有利益保护双重性的特征，即通过责任保险，直接保护被保险人利益，并间接保护受害人的利益。具体到环境责任保险中，通过该项制度直接保护被保险人，即污染企业的利益，避免污染企业由于污染事故而承担过大的损失，甚至破产；另外，通过该项制度间接保护了受害人的利益，即公众的利益——公众环境利益。由于环境责任事故发生后保险金的赔付，可以使得环境破坏事件的影响最大限度被修复，使公众的环境利益得以保护。如果没有该项制度的建立和相应提供的利益保护机制，经常出现的情形是：企业因一次事故而导致破产，虽然责任确定清晰，但企业已无能力承担环境修复的资金，公众的环境利益保护只能成为无法兑现的书面利益。

③所保护的是公众在环境方面的特定利益。任何一种公众责任保险都会保护公众在某一方面的特定利益，如人身安全、财产安全的利益，而环境责任保险所保护的是公众在环境方面的特定利益，即公众依法受保护的享有和使用良好环境的利益。

（3）以风险分散和组织损失补偿为根本职能

在一般的民事侵权救济中，赔偿义务主体是侵权者。而在环境责任保险中，赔偿义务主体是保险公司，最终承担损失的是投保环境责任保险的全体投保人，由他们共同分担损失。保险公司承担的赔偿责任并非是由自身的侵权行为导致的，而是基于保险合同的规定，代替被保险人向受害者赔偿损失。赔偿主体的替代性，解决了污染后果的严重性与侵权者赔付能力的有限性之间的矛盾，平衡了个体权利和社会公益之间的冲突。在整个的环境责任保险体系中，它的根本职能就是分散风险和组织损失补偿。

（4）以准确复杂的计算技术和经营技术为保障环境责任保险与一般责任保险的最大不同之处在于它的技术要求高、赔偿责任大。每一个企业的生产地点、生产流程各不相同，经营环节、技术水平和工艺流程各有特点，对环境造成污染的可能性和危害性都不一样。这就使得保险费率确定变得困难而复杂。

（5）伴随重要的资金融通职能和防灾防损职能。现代保险制度以风险分散为根本职能，但是在追求实现这一根本职能的过程中，派生出了两项重要职能：资金融通和防灾防损职能。将这两项职能认定为派生职能，是从职能产生机理、逻辑顺序上分析，两项职能属于由风险分散而派生的职能；从制度运行效果和在经济生活中的重要性来讲，两项职能并不因其“派生”身份逊色。环境责任保险具有资金融通职能，其资金融通职能通过两个渠道实现：①存在于被保险企业之间的、以特定的环境责任事故发生为前提的、资金从没有发生事故的企业向发生事故的企业转移。这是一种特殊的资金从供给方向需求方的转移的方式，是一种社会范围内的互助机制。②环境责任保险基金形成在前，保险公司赔付、使用在后，从形成到赔付期间，保险资金经保险企业投资、运用到法律认可的投资渠道，包括银行存款、国债、基金、债券、股票、房地产等投资途径。如图 12. 3 所示。

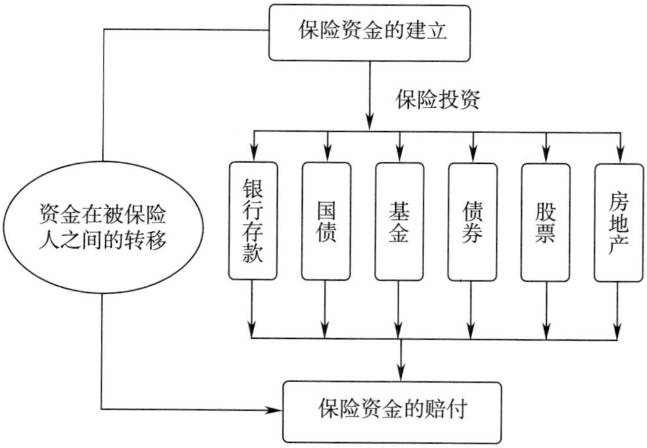

图 12. 3　保险资金建立、赔付使用图

12. 1. 1. 2　环境责任保险的防灾防损职能实现途径

（1）保险公司从控制自身保险金赔付、扩大盈利、减少损失的角度，在承保环境责任保险业务后，保险公司通常会加强风险控制，例如通过日常监督，甚至雇用专业的风险管理专家对于被保险人所从事的活动进行管理，及时发现环境责任风险隐患，督促被保险企业采取措施，避免或减少事故的发生。

（2）通过差别费率、优惠费率、保障范围的控制激励被保险人改善安全措施，以减少污染风险。如保险人可在基本费率基础上实行差别费率。对环保设施完善，运作良好的经营者实行优惠费率；对环保设施不健全的经营者，提高费率，征收高额保险费、促进其健全环保设施。

（3）在保险资金运用中，保险公司作为投资者，可把资金投入防止环境污染生产的企业中。

12. 1. 2　绿色保险

绿色保险是环境风险的一种市场化、社会化的环境风险治理机制，是继“绿色信贷”后第二项环境经济政策，环境污染损害赔偿侵权责任和环境风险主要包括以下特点（见表 12. 1）。

表 12. 1　　环境风险的形式特点及影响

事故起因		影响
突发	突发	毒气扩散，化学工厂爆炸等
	渐进	有害物质逐渐渗入饮用水水源，爆炸引起污水管破裂等
渐进	突发	煤气管道受侵蚀以至于煤气泄漏，造成爆炸，发生人员伤亡
	渐进	由于管道老化，致使污水管逐渐渗透而污染饮用水水源

资料来源：胡鹏．环境风险分析与防范对策研究［J］．科技与创新，2016（7）．

（1）狭义绿色保险。狭义上，绿色保险是指环境责任保险，即以被保险人因污染了水、土地或空气等自然环境，依法应该承担的赔偿责任为保险对象的商业保险，也称为“环境责任保险”，在国内研究及公众认知方面，主要集中在环境污染责任险领域。主要包括：一是污染损害责任保险，即废气、污水、噪声及辐射等造成的损害赔偿责任；二是属地清理责任保险，主要存在于属地清理责任保险和土地资产转移环境保险中；三是补救止损责任保险，在属地清理责任保险中，保险公司为了限制自身的风险，往往会设定一个最高限额，主要用于覆盖实际清理费用高于属地清理责任保险的超出费用 。就绿色保险产品而言，有些保险公司愿意从一般第三者责任保险中拓展到突发污染事故的责任，但为了确保其可保性，一般其赔偿限制比较大。一般责任险的污染事故责任条款与绿色保险是有区别的，如表 12. 2 所示。

表 12.2　　绿色保险与一般责任险污染事故责任条款的比较

	绿色保险	一般责任险
保障	突发、意外或渐进事故引起的法律责任	突发及意外引起的法律责任
发现时间	不受限制	发现事故发生后 72 小时内
申报索赔	保单期限内	30 天内
举报责任	被保人没有保单责任下的举证责任	被保人证明损失由其引起

资料来源：胡鹏．环境风险分析与防范对策研究［J］．科技与创新，2016（7）．

（2）广义绿色保险。广义来讲，绿色保险属于可持续金融的范畴，除了狭义的环境保险还涵盖气候保险。气候保险是一种为遭受气候风险的资产、生计和生命损失提供支持的促进机制。它可以进一步划分为灾害保险以及低碳保险，其中前者是从被动适应的角度分散和转移气候变化带来的危害，后者注重采用主动干预的措施减缓气候变化的负面影响。

国际绿色保险产品的主要分类为环境保护、灾害应对以及绿色倡议三方面，几乎涵盖传统保险产品和服务的各个领域。从风险管理的角度看，环境保护重在发挥保险定价原理将环境风险外部化，灾害应对关键是发挥保险风险分担机制，提高巨灾可保性，而绿色倡议则是保险积极参与国际绿色行动并提供定制化保障的重要抓手。

（1）环境保险方面。环境污染责任保险已成为国际上通行的一种市场化环境风险治理机制，同时随着“绿色”概念逐渐渗透到社会各领域，绿色保险产品的需求主体也不再仅仅局限于企业，而是扩展到个人消费领域。此类保险产品通过对绿色产品提供费率优惠，引导人们保护环境，进行低碳消费。目前，比较成熟的“绿色保险”产品来自汽车、住宅和商业等领域。国内绿色产品主要服务绿色资源、绿色产业以及绿色服务三大领域，其中绿色资源主要指国有绿色资源保护；绿色产业包含节能减排、绿色农业、绿色融资支持和绿色项目运营保障等；绿色服务涉及环境污染风险管理服务、农业牲畜养殖中的无害化处理等。

（2）巨灾保险方面。国际保险市场主要运用巨灾衍生品分散巨灾风险，它是一种结合金融工具、保险精算原理以及巨灾模型理论为巨灾损失进行融资的金融工具，是保险证券化在巨灾领域的应用。最常见的就是巨灾债券，即针对特定地理范围的单一或综合严重灾情进行提前融资。

（3）低碳保险方面。2005 年《京都议定书》建立了清洁发展机制（CDM）。作为国际公认的碳交易机制，它允许发达国家与发展中国家通过 CDM 项目合作减排温室气体，所有 CDM 项目需要通过联合国清洁发展机制执行理事会（EB）注册及核证才能取得相应的碳信用额度。目前，国际上碳保险主要针对 CDM 项目的运营风险、交付风险、交易对手风险和政治风险。常见的保险产品有：CDM 项目工程险/利损险/操作险、碳信用价格保险、碳排放信贷担保保险、清洁发展机制支付保险、碳损失保险、采碳执照吊销保险等。综上所述，绿色保险分类见表 12.3。

表 12.3　　绿色保险分类

<table>
<tr><th>绿色保险</th><th>分类</th><th>种类</th><th></th><th>内容</th></tr>
<tr><td rowspan="5">广义</td><td rowspan="2">狭义</td><td rowspan="2">环境责任保险</td><td>险种</td><td>1. 污染损害责任保险，即废气、污水、噪声及辐射等造成的损害赔偿责任；
2. 属地清理责任保险，主要存在于属地清理责任保险和土地资产转移环境保险中；
3. 补救止损责任保险，在属地清理责任保险中，保险公司为了限制自身风险，往往设定最高限额，主要用于覆盖实际清理费用高于属地清理责任保险的超出费用。</td></tr>
<tr><td>服务领域</td><td>1. 绿色资源。主要指国有绿色资源保护；
2. 绿色产业包含节能减排、绿色农业、绿色融资支持和绿色项目运营保障等；
3. 绿色服务涉及环境污染风险管理服务、农业牲畜养殖中的无害化处理等。</td></tr>
<tr><td rowspan="3">气候保险</td><td>巨灾保险</td><td>服务领域</td><td>巨灾衍生品以分散巨灾风险；巨灾债券。</td></tr>
<tr><td rowspan="2">低碳保险</td><td>服务领域</td><td>主要针对 CDM 项目的运营风险、交付风险、交易对手风险和政治风险。</td></tr>
<tr><td>险种</td><td>CDM 项目工程险/利损险/操作险、碳信用价格保险、碳排放信贷担保保险、清洁发展机制支付保险、碳损失保险、采碳执照吊销保险等。</td></tr>
</table>

资料来源：崔君君，张硕新．论我国的“绿色保险”制度［J］．西北林学院学报，2012（3）．

环境风险管理主要发挥三方面作用。

（1）建立绿色保险补偿机制，运用金融风险定价原理，识别潜在环境风险，推动环境风险量化评估，实现环境风险可保。

（2）完善环境风险管理机制，运用风险管理和灾害学原理，加强对异常气候变化预警，采取积极干预措施应对气候变化，提升社区应灾和备灾能力。

（3）参与构建绿色融资体系，建立环境外部效益激励和约束机制，推动环境风险外部性内生化，抑制污染型及高耗能型投资，引导公共资源及社会资本流向环境友好和绿色生态产业。为有效应对环境风险，当前国际上已形成以联合国为主导，政府间合作组织、各国中央银行、监管机构以及国际保险行业协会和智库等共同参与的多边合作机制，共同制定绿色保险国际公约、绿色保险行业标准以及绿色保险区域监管规定，着力于解决环境信息披露、行业标准统一、知识网络分享以及环境金融产品供给等方面的关键问题，推动构建综合灾害及气候风险管理体系，补齐环境风险敞口与在保资产的缺口。

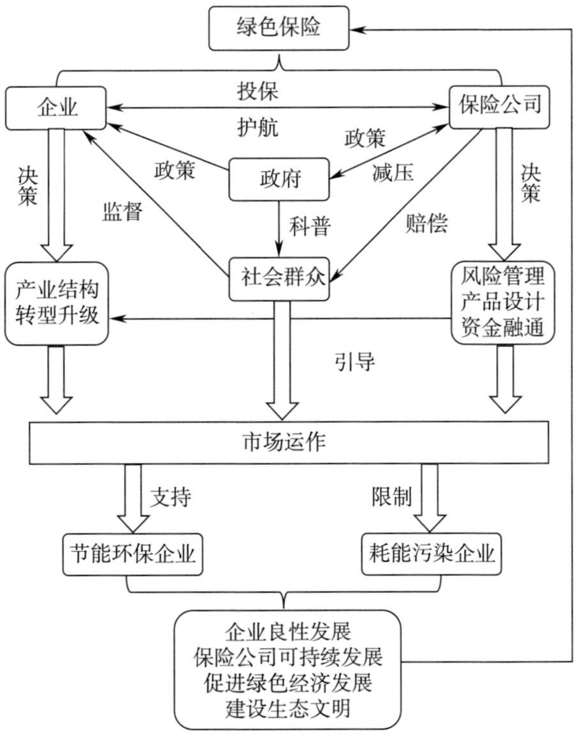

图 12.4　绿色保险作用机理图

（4）生态系统管理。绿色保险不仅是以保险公司为主体的绿色化管理与服务，还涵盖政府、企业及社会群众多方面的力量。政府制定的法律法规、财税政策等都影响到保险公司和企业未来发展方向和布局。政府通过对社会群众进行环境知识普及和环境保护政策宣导，促使社会群众积极主动对周边企业进行监督。

12.1.3　国际环境风险管理

为有效应对环境风险，当前国际上已形成以联合国为主导，政府间合作组织、各国中央银行、监管机构以及国际保险行业协会和智库等共同参与的多边合作机制，共同制定绿色保险国际公约、绿色保险行业标准以及绿色保险区域监管规定，着力于解决环境信息披露、行业标准统一、知识网络分享以及环境金融产品供给等方面的关键问题，推动构建综合灾害及气候风险管理体系，补齐环境风险敞口与在保资产的缺口。主要成果如下：

（1）搭建全球灾害防御交流平台。灾害及损失分布方面，联合国国际减灾署定期发布全球风险评估报告更新气候风险状况，世界气象组织持续绘制因天气、气候以及水灾导致人员伤亡及经济损失分布图。在灾害潜在威胁及预警方面，政府间气候变化委员会定量预测全球升温区间并提供精确行业应对策略。

（2）开发科学的环境风险分析工具。巨灾模型公司 RMS 和 AIR 已建立了针对多灾种及单一灾种的巨灾模型体系，能够为巨灾风险定价、承保以及风险管理提供科学决策。

（3）各国积极开展以社区为单位的灾害防御及应对研究。在美国，商业和家庭安全保险协会定期发布国内住宅安全标准评级为御灾提供工程解决方案。

（4）各国针对区域灾害风险已构建了完善的巨灾风险分散机制，多个跨国巨灾机制在共担国际风险中发挥重要作用。在创新运用保险资金方面，劳合社针对新兴市场建立了发展中国家灾害风险融资基金，世界银行建立全球指数保险基金。

（5）保险行业探索完善环境风险管理体系。在风险认知方面，瑞士再保险公司定期发布全球灾害分布地图。在风险评估方面，瑞士再保险公司设立了专门的气候适应研究组织，为定量分析区域累计气候风险提供系统分析框架，并在全球 8 个灾害高发地区开展试点研究。在风险管理方面，苏黎世再保险公司防洪联盟和红十字协会洪水保险计划为各国防御洪水灾害提供风险预警以及应灾备灾支援。在风险分散方面，法国安盛再保险公司与联合国环境署合作为小微企业提供气候风险应对策略和保险方案。

12.2 绿色保险制度与模式

自然灾害分担机制主要有三个层次：（1）以国家财政收入为支撑的救助体系；（2）商业保险对自然灾害的有限保障；（3）非政府组织和国际援助机构的社会支援。大部分国家在灾后重建中，仍沿用由公共财政支持中央政府主导巨灾救助模式，不可避免地导致政府为巨灾险担保和兜底。

12.2.1 保险模式

12.2.1.1 概述

西方工业国家绿色保险制度主要有强制责任保险和任意责任保险两种基本模式，表 12.4 是两种模式在投保自由、盈利性、道德风险和逆向选择等方面的区别 。

表 12.4　　强制责任保险模式与任意责任保险模式的比较

区别	强制责任保险模式	任意责任保险模式
投保自由	无	有
盈利性	无	有
道德风险	较高	较低
逆向选择	较低	较高

资料来源：窦学欣．环境责任保险的模式探析［J］．法制与社会，2012（4）．

12.2.1.2 绿色保险制度模式

随着绿色保险制度在西方发达国家不断完善和日趋成熟，衍生出二者相结合的强制责任保险与财务保证相结合的模式。基本上，国外绿色保险模式有以下三种：

一是美国强制模式。美国有完善的法律体系保障绿色保险发展立法先行，对污染较重的行业或地区采用强制责任保险制度；

二是法国模式。通过政府大力宣传和培育，增加企业公众的环保意识，使工商企业自觉购买绿色保险；

三是强制责任保险与财务保证相结合的德国模式。该国法律规定，“为了保证某些特别危险设备的经营人能承担本法规赔偿责任，设备经营人必须与保险公司签订保险合同，约定一旦发生特定损害，保险公司即予以赔偿”。

在欧洲各国，绿色保险呈现出强大生命力，已成为责任保险重要构成部分，并促进低碳经济和生态环境的飞速发展。

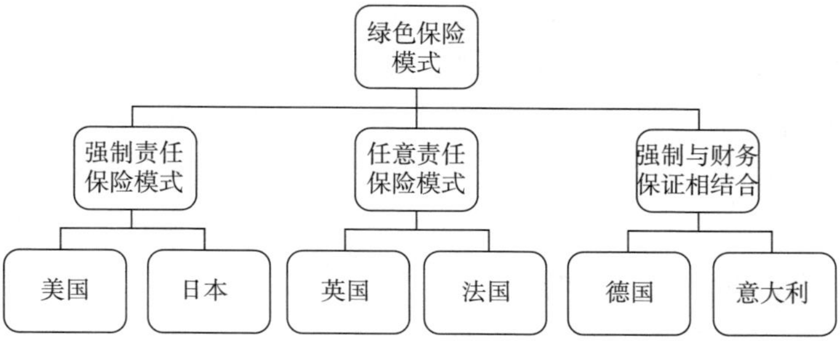

图 12.5　绿色保险的主要模式

（1）强制责任保险模式

目前采用强制环境污染责任保险模式主要有美国、日本、印度和巴西。

①美国

美国的法律将企业污染环境认定为一种环境侵权行为，企业一旦做出污染行为，将受到严厉处罚。处罚通常不仅仅限于要求企业赔偿受害人实际损失，而是赔偿远远超过实际损失的金额，以免造成企业因惩罚力度不够而牺牲环境获取利益、宁愿赔款也不愿治理的情况。

美国的环境污染责任保险主要有自由场地治理责任保险和环境损害责任保险。两者区别在于前者的责任范围主要是污染自有场地造成的损失，后者主要是污染邻近土地造成的第三者损失。为了避免逆向选择和道德风险的发生，恶意污染排除在保险责任范围之外。美国为确保该项保险业务落到实处，将该项保险作为某些险的一部分，要求强制购买，如工程保险，如果承包商可能造成环境污染，却没投保该险种，那么承包商连工程合同都拿不到。

除此之外，美国还规定对于处理废弃物等有害物质的企业必须投保环责险，如1980年出台的《综合性环境责任法》中明确提出对拥有运输危险物质工具的企业必须采取购买责任保险等措施进行防范。如今，美国已有45个州颁布了具体危险有害物质责任保险的规定。美国还对投保额度做出具体规定，并就突发性污染和渐进性污染做出了区分。

绿色保险产品在美国由专门的承保机构采用强制责任保险模式。环境损害赔偿责任主要适用于石油、农药等重污染行业的有毒物质排放和废弃物的处置。20世纪70年代，在《资源保全与恢复法》的基础上，国家环保署对废弃物的处理、储存或处置等方面可制定相应的管制标准。美国在发布行政命令后，要求业主估计对他人造成损失的赔偿责任费用，将索赔时效延长到30年内，其费用包括治理污染费用和清理属地费用等方面。突发性事故和非预期事故的投保额度设置不同的标准：从80年代开始，企业的年营业额在100万美元以上的，就每次突发性事故来说，设施所有人必须投保，其要求最低为100万美元，且每年投保不少于200万美元；针对预期外的事故，最低为300万美元，且每年投保至少600万美元。

其中的“日落条款”（Sunset Clause）是在绿色保险单中大部分发达国家保险人使用的条款。日落条款，是指投保人按保险合同双方的约定，自保险单失效之日起最长期限为30年可以向保险公司通知索赔。换言之，在此期限内，保险人对保单有效期内发生的投保人环境损害赔偿事故必须承担保险责任。为了避免这个问题，索赔型责任保险适合绿色保险的经营，即投保人在保单的有效期限内发生保险合同中的保险事故，保险公司才承担约定的保险责任。

②日本

有毒物质的排放及废弃物的非法处置等一系列相关的环境问题随着经济的发展也日益严重。在日本，有关环境方面的立法不断加强，进而绿色保险所承担的风险责任也不断增加。因此，保险产品市场为减轻或转移污染严重的企业的风险不断扩大。2001年，在《废弃物处置法》中明确了非法投弃物的排放责任，在该法的基础上，企业由于非法投弃者不明或无力出资也应追究其排放者的责任。2003年2月15日，日本的《土壤污染对策法》正式开始实施，在一个年度内，各项调查的费用在与土壤净化有关的业务活动中多达133 000亿日元，2008年，ACE（安达）保险公司在日本开始销售附带设施赔偿责任保险的特约环境污染赔偿责任保险。

③印度

1984 年印度开始建立环境污染责任保险制度，其制度的建立起源于美国设在印度的某家碳化物分公司有毒物质的泄漏，从而造成大量人员伤亡。此后，印度便出台了针对环境责任事故的保险法规，并开始强制推行环境污染责任保险。几年后，又出台了《公共责任保险法》。印度的环责险按照两种机制进行，一是针对普通商务公司的商业保险，二是针对政府和国有企业的保险基金制度。前者是向保险公司购买保险保障，后者是通过存进一笔公共责任保险金到国家银行或国有化的银行中，组成全国性救助基金。印度还对危险物质种类和数量限值进行具体规定，一旦超过最高限量，企业必须购买责任保险，政府和国企则必须存入责任保险金。

④巴西

20 世纪 90 年代，巴西开始有环境污染保险，同时要求企业设立环保证书。巴西《环境法》还做出对造成环境污染的行为必须进行处罚的规定，并要求有对环境造成污染、对其他人员造成伤害风险的企业都强制购买污染责任险。对于在本国或外国银行贷款的企业，是否购买了环境污染防范相关保险是能否成功贷款的重要标准。巴西目前已存在的环境污染保险产品主要有环境污染险及意外污染险。环境污染险承保范围不仅包括意外污染险包含的突发事件，对于很长时间才会被发现的渐进性污染也涵盖在内。但就目前巴西情况来看，虽然环境污染险的责任范围更广，但其所占市场份额却相对较小，意外污染险更受企业欢迎。

（2）任意责任保险模式

①英国

英国的绿色保险由财产保险公司作为其承保机构，是一种非特殊机构；并依照其发展规划自愿承保。在 20 世纪 60 年代，核责任保险就规定核装置安装者必须缴纳最低限额为 500 万英镑的保险费，这一规定主要体现了英国的强制模式，将被保险缴纳的保险费聚集起来达到分散每个投保人的风险，使环境损害侵权责任社会化。在 70 年代，声震保险业务随着实验性飞机的快速发展而逐渐展开，由此造成的声震损失，相关企业必须承担赔偿责任，即损害赔偿责任主要是声震等噪声污染。80 年代，英国保险市场开始承保单独、反复或持续性环境损害。20 世纪 90 年代，美国环境污染事故频繁发生，损失金额巨大、超过企业自身赔偿能力，以至于英国劳合社（Lloyd - Syndicates）等保险公司损失非常严重。“舒坡尔”基金（Super Fund）在一定程度上为保险人提供了缓冲保障。通过建立“舒坡尔”基金的形式建立巨灾风险后备资金拨备库，其资金来源主要由政府相关补贴、投保人缴纳绿色保险产品的保险费等，在发生保险事故需要巨额赔款时，保险公司能够有一定缓冲保障。同时受害人合法权益和投保人正常经营也被维护，不会因发生巨灾而面临破产，大大降低其倒闭风险。

②法国

1960 年，环境污染损害保险机制在法国还尚未建立，在突发或偶然性环境污染事故发生时（包括空气污染、水污染和土壤污染等），主要由一般性责任保险代替绿色保险来承保其事故。1970 年，绿色保险承保范围还是将有毒气体、农药污染、土壤污染、噪声污染、辐射污染及核泄漏等环境损害在一般保险单上作为免责条款。20 世纪 80 年代，污染特别保险单由英国和法国的保险公司组成污染再保险联营制定并推广；90 年代，油污损害赔偿在《环境法典》中规定必须由责任保险制度进行承保。在法国港口注册并对运输超过 2 000吨的散装货物船舶的船主，如没按照国际公约规定为其船舶办理足额保险或经济担保，一般其船舶不能从事商贸活动。目前，法国对渐进性污染事故也纳入保险人承保范围，而不再仅限于突发性、偶然性环境损害赔偿事故。

（3）强制保险制度与财务保证相结合

强制保险与财务保证相结合模式以德国、意大利为代表①。

①德国

20 世纪 80 年代，德国政府要求投保人必须在保险标的发生事故前制定切实可行而且有效的预防措施，并要求联邦政府、保险人及金融机构履行其自身的义务，即联邦政府和金融机构提供财政担保、保险人承担赔偿责任等。90 年代，强制责任保险在德国开始逐渐推广，对工商企业采取强制手段以保障受害人环境权益和缓解环境日益严峻的压力。德国政府在国家层面的法律上对绿色保险进行强制规定，已成为工商企业承担社会责任的义务。

① 我国绿色保险模式选择研究。

②意大利

意大利也是强制责任保险与财务保证相结合的典型代表。20 世纪 60 年代，商业公众责任保单将所有环境污染风险都排除在外，主要是综合考虑意大利当前的实际状况，国际保险联合会经过调查、风险分析及厘定保险费率等深入细致的研究，做出慎重举措，由联合承保集团等 76 家保险公司组成并承保绿色保险，主要采用政府和金融机构提供的财务担保，以联保的形式推行采用强制责任保险与财务保证相结合的绿色保险模式，在整个责任险总量中其保费收入占 90%。总之，通过不同模式的选择，呈现出绿色保险经营方式的多元化。

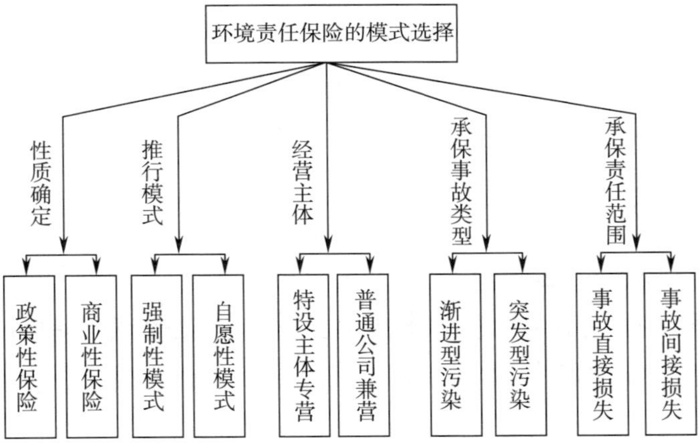

图 12.6　环境责任保险模式的多样性

12.2.2　国外发达国家绿色保险的条款比较分析

西方发达国家绿色保险模式在具体保险条款方面也不尽相同，必须进行全面、深入和详细的比较分析。

12.2.2.1　承保范围比较

表 12.5　欧洲各国承保范围比较

国家	正常运作风险	渐进性风险	突发性或偶然性风险	正常运行基础上的发展风险	政策设定
英国	否	否	全额保险	是	独立环境损害保险
法国	否	否	是	是	独立环境损害保险

续表

国家	正常运作风险	渐进性风险	突发性或偶然性风险	正常运行基础上的发展风险	政策设定
德国	是	否	全额保险	是	无第三方责任保险，有独立环境损害保险
意大利	是	否	全额保险	是	独立环境损害保险
瑞典	是	否	全额保险	是	独立环境损害保险
芬兰	是	否	是	是	一般第三方责任险

资料来源：本书作者整理。

在西方发达国家，正常运作风险和渐进性风险都被部分保险人排除在承保范围之外，一般来说在保险合同中都作为免责条款。由于企业能在正常商业活动中有效控制其损失范围，大大降低了保险人承担巨额赔偿的可能性。保险公司仅承保突发或偶尔性的事故风险。发展风险是一种特殊正常运行风险，由于在一定时间内，损害只能由污染较轻的行业发生严重事故后估计和识别，而事故发生的原因在正常运作状况下不能被预期。因此，保险人综合考虑各种因素决定对正常运行基础上的发展风险进行承保。

12.2.2.2 赔偿范围比较

绿色保险赔偿范围主要包括纯财务损失、人身财产损失和间接财务损失等，一些国家将生态保险排除在赔偿范围之外。纯财务损失是在环境事故后，污染企业倒闭或停产造成的损失。

表 12.6　欧洲各国绿色保险赔偿范围比较

损失类型	英国	法国	德国	意大利	瑞典	芬兰
人身财产	是	是	是	是	是	是
间接财务	是	是	是	是	是	是
纯财务	否	是	是	是	是	是
生态损失	否	否	否	否	否	否

资料来源：游春．绿色保险制度建设的国际经验及启示［J］．海南金融，2009（3）．

12.2.2.3 保额及费用比较

在保险合同中，保险金额是非常重要的，是保险公司赔偿的最高限额。在发生保险合同约定范围内的保险事故后，依照保险合同的规定保险公司对保险标的发生事故后承担的赔偿保险金责任的最高限额。投保的工商企业应依据保险合同中关于保险金额的规定缴纳保险费。而保险人是否承担损失费用直接影响其最终责任的风险，换句话说，赔偿范围可以保证投保工商企业在保险标的发生损失后还能正常运行（见表 12.7）。

表 12.7　　　　　　　　　　　　保额和费用比较

国家	保险金额	减少破坏、损失或者损失的费用	调查、求助法律的费用	系列条款的索赔
英国	每年累计投保的最大额度	包含在投保金额中	包含在投保金额中	是
法国	每年累计投保的最大额度	包含在投保金额中（不超过总额的 20%）	包含在投保金额中	是
德国	每年累计投保的最大额度	包含在投保金额中	包含在投保金额中	是
意大利	每年累计投保的最大额度	包含在投保金额中（最大限额由主体商定）	包含在投保金额中	是
瑞典	每年累计投保的最大额度	否	包含在投保金额中	是
芬兰	每年累计投保的最大额度	包含在投保金额中	包含在投保金额中	是

资料来源：游春．绿色保险制度建设的国际经验及启示［J］．海南金融，2009（3）．

12.2.2.4　责任免除

为了防止法律纠纷，保险人要明确其承保责任范围，并将一些不属于责任范围内的事故所造成的损失赔偿责任在保险合同中列出，作为保险人的除外责任。责任免除在一定程度上保障保险人自身的利益，避免因发生承保范围模糊而致使一些投保人发生道德风险（见表 12.8）。

表 12.8　　　　　　　欧洲各国绿色保险责任免除条款比较

国家	基因损害赔偿	电磁场污染	与产品相关的环境损害赔偿	由于溢出或遗漏所导致的索赔
英国	是	是	—	—
法国	是	是	是	—
德国	是	—	是	是
意大利	是	—	—	—
瑞典	—	—	—	—
芬兰	—	—	—	—

资料来源：游春．绿色保险制度建设的国际经验及启示［J］．海南金融，2009（3）．

12.3 我国绿色保险发展

12.3.1 我国环保保险制度发展

中国环境污染责任保险最早可追溯到20世纪七八十年代。从发展过程看，可分为探索阶段和起步阶段。1976年8月，交通部颁发的《关于油污损害民事责任保险证书》可看作是我国最早关于环境污染责任强制保险的条例。1980年4月，我国加入《国际油污损害民事责任公约》（简称“1969年责任公约”）。按照该公约规定，在缔约国登记的载运2 000吨以上散装货油船舶的船舶所有人可以选择实行强制保险制度或财务保证制度。实行强制保险制度或财务保证制度有助于使受害人得到充分补偿。通过建立起油污赔偿机制，缔约国所发生的船舶油污损害基本通过国际油污损害赔偿机制获得赔偿。该机制运行多年，被实践证明是科学的、行之有效的。世界上越来越多国家对其表示认可。该机制也为我国处理海上油污事故、保护我国海洋环境和受害者的利益，起到了良好的法律保障作用。

2005年11月13日，中石化吉林分公司双苯厂发生爆炸，并引发松花江水跨国污染。此次事件成为了我国环境责任保险发展过程中的转折点。从此，我国政府有关部门开始重视环境责任，环境污染责任保险制度层面的建设与发展阶段也由此开启。

2007年12月，《关于环境污染责任保险工作的指导意见》由中国保监会和国家环保总局联合发布，提出要在“十一五”期间初步建立起符合我国国情的环境污染责任保险制度，并率先在重点行业和区域开展试点示范工作。

2013年，环保部与保监会总结多年来试点工作的经验和成果，并联合印发了《关于开展环境污染强制责任保险试点工作的指导意见》（环发〔2013〕10号），指导全国各地在涉重金属企业、石油化工等高环境风险行业推进环境污染强制责任保险试点。这是两部委首次在国家层面将涉重金属和石油化工企业强制纳入环境污染责任保险范围。

2014年8月，国务院正式印发《关于加快发展现代保险服务业的若干意见》（以下简称《意见》），《意见》提议把与公众利益关系密切的环境污染领域作为责任保险发展重点。

2015 年 1 月 1 日，新《环境保护法》正式施行，确立了国家鼓励投保环境污染责任保险的原则。这是环境经济政策首次出现在我国法律中。2015 年 9 月，中共中央、国务院印发《生态文明体制改革总体方案》，提出要建立绿色金融体系，在环境高风险领域建立环境污染强制责任保险制度。

2017 年 5 月，中国保监会发布实施《化学原料及化学制品制造业责任保险风险评估指引》，是保险业首个环保责任保险金融行业标准。

12.3.2　风险化解机制

随着金融深化和市场经济的快速发展，风险管理技术发展也日益成熟，传统的风险化解机制主要以再保险的形式，但已不能满足我国当前实际情况，因此要开发和研究新型风险化解机制，如巨灾风险证券化、特别补偿基金等（见图 12.7）[①]。我们主要介绍再保险、巨灾风险证券化和环境损害补偿基金这三种形式的风险化解方式。

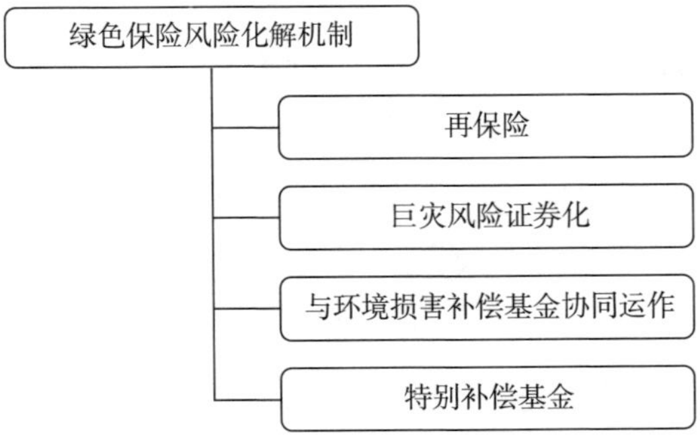

图 12.7　绿色保险制度的风险化解机制

12.3.2.1　再保险

再保险（Reinsurance）是指通过分保的形式将保险人的风险转移给其他保险人的保险，其目的是在众多保险人之间分散单个保险人承担的风险，是一种传统的风险化解机制。20 世纪以来，保险业所承担风险越来越大，为了增加保险业的稳定经营、持续盈利和分散承保风险，因此就产生了再保险。目前，

① 我国绿色保险模式研究。

我国只有一家以双重身份存在的再保险公司，它既从事商业性业务同时又代表国家办理相关的再保险业务。

再保险在保险公司稳定经营中发挥着重要作用，其在绿色保险风险环境机制中的地位也非常重要。在应对巨额赔偿金的保险事故中，再保险比简单的保险更为合理、有效。然而，再保险在某些巨灾型的责任保险的风险分散上也有其自身缺陷：一是对于涉及巨额损失的保险事故，再保险人承受风险的能力有限，如超过其承保范围，会导致一连串保险公司面临倒闭或破产的可能性，进而会严重影响保险业健康和持续发展。二是再保险存在道德风险。即投保企业不及时有效采取预防措施，导致保险合同中保险标的发生环境污染事故，会降低保险人抵御风险的能力。发达国家为缓解保险业自身压力，不断开发研究新风险转移机制，开始利用资本市场雄厚的资金实力寻找再保险的替代品，其目的主要是扩大保险业资金来源、分散和转移巨灾风险。因此，我国要发展绿色保险，需借鉴国际上成功经验，开辟风险化解的新途径。

12.3.2.2　巨灾风险证券化

巨灾风险证券化是指创造性运用各种金融手段。20 世纪 90 年代，随着金融全球化进程的不断加快，国际金融市场上出现了利用资本市场来分散巨灾风险的方式。这是保险公司为提高承保能力和分散风险而推出的一种创新工具。目前，巨灾期货、巨灾期权、巨灾债券等多种产品出现在保险市场。从巨灾定义的视角来看，灾害事件的损失金额超过 2 500 万美元，在美国保险服务所（Insurance Service office，ISO）就可以被看作为巨灾风险。通过证券化形式，利用资本市场职能将承保风险加以分散，是金融市场的结构性融合。

首先，保险人将保费现金流转化为可买卖的金融证券；其次，在证券交易市场中将承保风险转移给资本市场，这是巨灾证券化的两个重要环节。图 12.8 是学术界普遍认可的相对来说比较成熟的运作模型。

为了增加保险人抵御风险的能力和推动绿色保险的持续发展，应深入分析和研究巨灾风险证券化，不断探索新的风险化解机制。应做到以下几个方面：一是通过我国在试点地区的实践经验，积极研究绿色保险证券化的属性；二是加强金融理论知识的宣传，使企业和投保人不断学习并了解新的转移自身环境风险的途径和渠道；三是我国要不断健全法律制度建设，在保险业和证券业协调发展、相互配合等方面发挥重要作用。

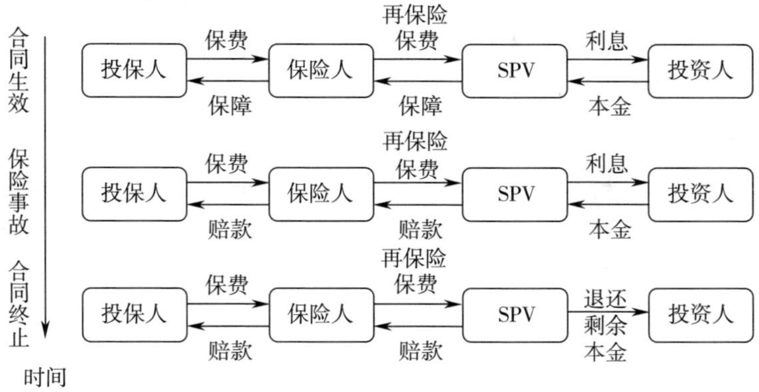

图 12.8　巨灾风险证券化运作方式

12.3.2.3　与环境损害补偿基金协同运作

环境损害补偿基金是一种特殊的补偿制度，通过设立基金形式对第三人造成直接或间接的损失进行补偿。与绿色保险相比，后者资金来源主要是政府财政收入分配和环境行政事业性费用的转移，如排污费、环境罚款等。实践证明，绿色保险虽然是管理环境风险的有效金融工具，但也有利弊，并不能代替或否定其他的环境保护经济手段，两者之间应相互配合和协调发展。环境损害补偿基金制度运作机制是在事故发生后，对第三者所造成的人身和财产损失承担损失并非分散污染企业的赔偿风险。

另外，对于第三者在事故中所遭受的其他精神损失，并不在环境损害补偿基金的范围内，仅仅是对受害者进行有限制的补偿，由于其目的仅是对污染受害者进行救济而不是赔偿和转移风险。绿色保险与环境损害补偿基金协调运作联合起来共同解决环境污染问题，缓解国家相关机构及企业的负担，要求做到以下方面：一是为保险赔偿提供有效的补偿方式；二是大力发展壮大环境损害补偿基金；三是在保险人发生巨额赔偿时一部分由基金先行赔付，另一部分再由保险人承担。基本上来说，绿色保险制度需与环境损害补偿基金制度相结合更好地实现维护社会稳定、分散污染责任人赔偿风险和及时救济污染受害者的目的。

12.3.3　险种创新设计

目前来看，损害赔偿责任范围主要由船舶、石油等污染事件所造成的事故，绿色保险产品的限制条款较多，已不适合我国金融自由化和市场经济快速发展的需要。特别是高度危险活动领域，如核能、油污等，此领域一旦造成环境污染破坏，后果将会不堪设想。如 2011 年，日本核泄漏、蓬莱 19－3 油田漏油事件等。因此，为维护受害人权益和分散危险，对高度危险活动领域可能造成的环境污染设置绿色保险已迫在眉睫。结合世界各国的经验和我国的具体实际情况，应不断完善绿色保险产品（见图 12.9）。

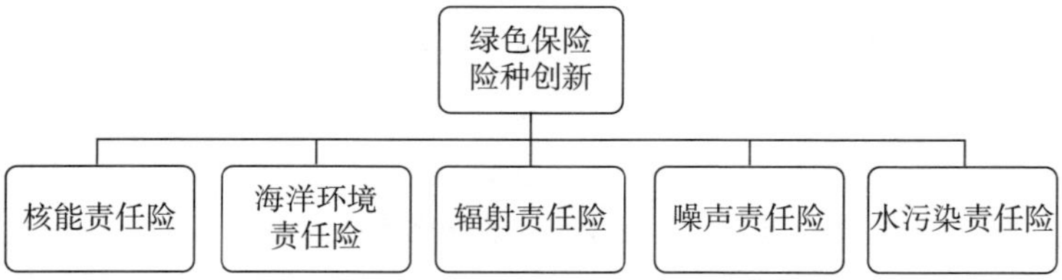

图 12.9　绿色保险新险种

（1）核事故风险责任保险。在一般财产险和责任险中，核风险都作为除外责任，绿色保险中的核事故风险责任保险是一个非常重要的险种，是以核辐射、核泄漏、核爆炸等核风险为责任范围的险种。主要特点是：巨额损失、破坏程度严重及处理危险。如 2011 年 5 月 31 日，日本福岛核电站核物质泄漏损失达 20 万亿日元（约合 1.6 万亿元人民币）。依照无过失责任，核事故责任人必须对造成损失承担巨额赔偿责任。核事故风险责任保险主要由核能放射责任保险和核能工程责任保险构成。核能保险的重要特点是以核辐射、核泄漏为主要承保责任，其完善整个商业保险制度，是保险业的新尝试，把投保人巨大风险转嫁给保险人，在各国投保人之间分散和转移。

（2）海洋责任保险。绿色保险中已有海洋环境污染方面的险种，但大多限制内容较多。该险种的保险范围是以海洋环境污染而引起的赔偿和清理责任的保险。应对相关险种进行整合和统一管理，保险公司在海洋环境污染而产生或可能产生污染后向第三人支付损害赔偿款和向投保人偿付清污费用的保险。海洋环境责任险中主要有渗漏污染责任险和船舶油污责任险。现实上，许多船舶油污和爆炸事故都会造成巨大经济损失，船舶所有人根本无法独立承担巨额索赔，受害人也得不到充分赔偿。为保护受害人利益，要求船舶所有人及相关责任人必须采取有效措施来确保事故发生后，有资金和经营状况都较好的第三方替代承担赔偿责任。作为责任人保障赔偿责任能力、分散经营风险和保护受害人利益的机制，海洋环境责任保险的出台推广具有紧迫性和积极性。

（3）电磁辐射责任保险。我国迫切需要设立电磁辐射污染责任险。电磁辐射责任保险是以计算机及其他辐射源所引起的责任标的的保险。许多电磁辐射污染案件都进行着艰难的诉讼。电磁辐射侵权的归责原则、构成要件、免责事由等方面与一般环境侵权案件相同，是一种特殊众多环境侵权，其特殊性主要有：一是科学界对高压线路是否产生电磁辐射，对人体健康有多大影响没有一致的意见；二是理论界和实务界对是否可以否认电磁辐射侵权的因果关系的观点截然对立；三是在电磁辐射侵权诉讼中，受害人胜诉的案例在我国尚未出现。环境污染损害案件很大程度上是技术裁判，监测和鉴定结论往往对案件判决有决定性影响。为保障受害人利益、促使受害人与侵权人达成和解协议及节约诉讼时间与成本，开设电磁辐射责任险已迫在眉睫。

（4）噪声污染责任保险。当今主要污染有水污染、噪声污染和空气污染。噪声污染保险指在正常生产经营过程中所产生的噪声和震动对他人所造成直接或间接损害为赔偿责任的保险。我国有关标准规定，因为噪声会对人体构成危害，所以在居民区白天噪声分贝不超过 70，夜晚分贝不超过 54。一个典型噪声污染维权案例："某建筑公司所发出噪声影响天通花园居民的正常生活，向人民法院提起诉讼并要求赔偿损失。案件受理后，经过法庭实证调查，虽然该建筑公司排放噪声符合国家相关排放标准，但超过区域标准限值，在事实上构成环境噪声污染，侵害了原告相邻权。根据《民法通则》第八十三条规定，判决被告采取措施，消除噪声污染，赔偿原告精神损失 200 元。"有关噪声污染案件还有很多，虽然上述案件原告胜诉，通过诉讼来维护自身权益还非常困难。潜在投保人为转嫁自身风险，对噪声污染责任保险的需求会不断增加，保险公司应充分考虑需求与供给的均衡关系，尽早开发研究噪声污染责任险。

（5）水污染责任保险。在全国范围内，我国水污染现象已非常普遍，各大水系均有不同程度污染发生。水污染所造成的巨额损失对任何一个企业来说都是庞大的负担。如震惊全国的水污染事件，盐城"2・20"由于水源受污染导致自来水无法使用造成直接经济损失人民币 543.21 万元。事件发生后，当地居民将盐城市标新化工有限公司告上了法庭。这起案件只是我国水污染赔偿案件的缩影，还有无数环境侵权受害人没得到及时赔偿。企业可通过水污染责任保险帮助其转移高额索赔，使受害人利益得到有效保障；能在很大程度上缓解维权难的问题，因此我国开设水污染责任保险势在必行。高风险性和巨额赔偿是绿色保险的主要特点，它将会影响保险公司的偿付能力及持续经营能力，因此研究绿色保险的风险化解机制是非常重要的。

12.3.4 我国绿色保险未来相关配套服务

探索环保服务业新的业务发展领域需要结合环境责任保险现有的问题以及未来的发展规划，以下新业务值得环保服务业从业人员及机构的关注。

- 环境风险评估服务：采用适合客户特定行业的风险评估方法论来开展企业环境责任险精算前的环境风险评估工作。
- 企业环境风险管理咨询服务：制订环境风险管理方案，督促企业完善风险管理体制，定期对企业进行环境安全培训。
- 环保体检服务：协助保险公司定期对已投保企业进行环境污染风险排查，督促其对现有环保问题及时整改，对执行整改不到位的企业提高保费，以降低经营风险。
- 企业环境管理体系建立：帮助企业建立 EHS/ISO 14001 系统，提高企业的环境管理水平，达到环境管理体系的标准，使企业经济效应和环境效应得到同步提高。
- 环境污染损害鉴定评估服务。
- 环境应急培训、环境污染风险防范培训、环境污染强制责任保险理念分享、环保知识培训等。

12.4 碳保险产品发展

保险业经过十几年蓬勃发展，原有险种已发展到一个瓶颈，急需找到新增长点。碳保险发展顺应时代而生，相比于传统保险，碳保险更强调对社会、经济和环境的责任，更体现保险业促进经济发展、稳定社会的作用。尽管我国碳保险尚处于理论研究阶段，但随着《京都议定书》的生效，碳保险呼声越来越高。随着碳交易市场发展和完善，碳保险势必会在其中发挥巨大作用，对碳保险的需求也会越来越大，碳保险将成为保险公司新增长点。碳保险险种开发主要可从两个方面入手，一是改进现有涉及碳排放的险种，二是对碳排放和碳交易中新保险标的开发新险种。

12.4.1　开拓碳保险领域

改进现有险种。保险公司可以通过修改现有险种达到促进技术进步，达到降低碳排放的目的。例如：机动车辆保险是财产险中重要的组成部分，机动车排放的尾气是二氧化碳重要的来源。保险公司可以根据汽车尾气的二氧化碳排放量的不同收取不同的保费，对尾气排放高于平均水平的车辆征收高费率，从而促进汽车行业改进生产技术，加速淘汰落后产品，降低二氧化碳排放量。又比如，随着人们保险意识的增强和近年来灾害事故的频发，企业财产险越来越受到人们的青睐。通过对高污染企业加收保费，势必会使企业意识到环境保护的重要性，进而增加对环保设备的投资。这就对保险行业提出了更高的要求，碳保险从业人员不仅要有普通从业人员的基本要求，还要有碳排放、碳交易等相关碳保险的专业知识，只有这样才能帮助企业改善现有技术，降低碳排放。

森林碳保险。森林碳保险是指以天然林、用材林、防护林、经济林以及其他可以吸收二氧化碳的林木为保险标的，对林木的整个成长过程中可能遭受的自然灾害和意外事故导致吸碳量的减少所造成的损失提供经济赔偿的一种保险。森林碳保险不同于其他碳保险。它是通过增加二氧化碳的吸收量来达到环境保护的目的。森林碳保险近似于巨灾风险，对于影响森林正常碳吸收量的风险，诸如暴风、暴雨、泥石流、火灾、冰雹等都属于承保的风险。森林碳保险带有很强的政策性保险的特征，其保费来源可以由两部分组成，一部分是政府的补助，另一部分是对“三高”企业的惩罚金。

碳交易信用保险。随着我国节能减排计划的实施和对污染企业打击力度的加剧，越来越多的企业已经意识到减少碳排放的重要性。由于技术等一系列问题，不能达到碳排放标准的企业开始通过购买其他企业超额的减排量等手段降低自身的碳排放，碳交易市场应运而生。目前全球已经形成了几个主要的碳交易市场，如芝加哥气候交易所和欧盟气候交易所。碳交易信用保险是以碳排放权交易过程中合同约定的排放权数量为保险标的，对买方或卖方因故不能完成交易时权利人受到的损失提供经济赔偿的一种保险。该保险是一种担保性质的保险，为碳交易的双方搭建一个良好的信誉平台，有利于碳交易市场的积极发展。

环境污染责任险。我国承办环境污染责任保险，主要的承保行业是冶金、化工、石化等一批环境危害大、容易发生污染事故的企业。但是，随着我国的经济逐渐向低碳经济模式转变，许多诸如核电厂、大型城市污水处理厂、新型生物企业等行业的污染问题也日益显现，这些新兴产业得到快速发展的同时，也给周围的环境埋下了隐患。保险业应紧跟时代发展的脚步，尽快完善环境污染责任险条款，建立费率与二氧化碳等污染物排放量相挂钩，多层级的浮动费率体系，鼓励参保企业主动降低污染排放量。

准许保险资金进入低碳技术研发领域。保险资金的运用渠道一直以来都受到严格的限制。虽然近几年增加了不动产和股权投资等渠道，但是资金运用的收益水平一直较低。而且保险资金收入与支出间的不匹配问题一直没有得到很好的解决。适当地开放保险资金进入低碳技术研发领域，加快建设以低碳排放为特征的工业、建筑、交通体系，支持风电、太阳能、生物能等能源发展，不仅可以为环保技术更新提供资金保障，更可以解决保险资金运用中遇到的问题。低碳技术研发虽然风险大、周期长，但是一旦研制成功获得的收益也是巨大的，这就解决了保险资金收益低的问题，为投资找到了新渠道。而且，时间长、收益高的投资项目很符合企业对资金流的要求，这也是解决保险资金收支不匹配的一条途径。

12.4.2 政策支持

- 建立健全环境污染责任保险相关法律法规体系，制定统一损害评估、损害赔偿和损害修复标准，明确经济赔偿责任。颁行《强制性环境污染责任保险条例》，使环责险成为一种普遍的、具有长效机制的环保制度。

- 优化地方政府在环责险发展中的角色定位。政府通过健全政策法律环境、强化激励约束机制等方式，对环责险的发展提供支持，不再直接介入业务运营的具体环节。

- 采用财税激励手段支持环责险的业务发展。中央财政设立专项资金，用于支持环境污染责任保险在全国的推广，重点用于符合条件的投保企业的保费补贴，建立专门环境污染损害鉴定评估机构等。

- 建立绿色保险与绿色信贷的联动机制。在环保部门、保险机构与信贷机构之间建立有机联动机制，将企业投保环境污染责任保险情况与其各项环境评估结果、获取信贷资质等挂钩。

• 加强环保部门与保险行业的协调与合作。加强环保部门与保险公司在基础数据方面的共享，支持、规范保险公司开展环境污染事故的责任认定和损害鉴定工作，支持和鼓励保险经纪机构提供环境风险评估及其他有关保险的技术支持和服务。

• 拓展绿色保险内涵和实践。树立可持续发展理念，不断拓展环责险承保范围，将绿色保险的经营理念纳入传统险种实践中，尽快建立政府支持下气候变化相关的巨灾保险制度。

综上所述，碳保险的发展是保险业发展的新领域，新的保险标的和风险种类、保险资金介入新投资领域，这些都给监管部门提出更高要求。企业是否能严格控制碳排放量，未达标的企业是否及时购买其他企业的碳排放量，这也需要有严格执法力度的环境。因此，想要发展低碳经济，加快经济的转型，必须努力营造一个有完善法律制度的环境，只有这样才能促进碳保险和碳经济的良性发展。低碳经济的发展离不开碳保险的支撑，保险业应与时俱进，及时发现其中所蕴含的市场，并根据各领域具体需求开发出不同产品，满足各行各业需求。碳保险有广阔前景和巨大市场潜力。伴随着相关法律和市场环境成熟，一定能成为未来保险业新发展方向。

第 13 章　碳货币

13.1　货币历史演进与碳货币

13.1.1　货币的历史演进

自货币产生以来，经济体系从纯粹实体经济运行逐步演变为实体经济和货币经济交融运行。

13.1.1.1　国际货币体系的演变历史

所谓国际货币体系，是指国际货币制度、国际货币金融机构以及由习惯和历史沿革形成的约定俗成的国际货币秩序的总和。国际货币体系是历史的产物。可以说，它与以货币为媒介的国际经贸往来同时产生的。近代历史上，有过三种不同类型的国际货币体系。

（1）金本位。第一个国际货币体系是国际金本位。国际金本位是在英国、拉丁货币联盟（含法国、比利时、意大利、瑞士）、荷兰、若干北欧国家及德国和美国实行国际金本位的基础上于 19 世纪 80 年代形成的。它盛行了约 30 年，于第一次世界大战爆发时崩溃。

（2）美元本位。第二次世界大战以后，资本主义世界建立了布雷顿森林货币体系，该体系规定以黄金为基础，以美元作为最主要的国际储备货币。美元直接与黄金挂钩，各国货币与美元挂钩，并可按 1 盎司 35 美元的官价向美国兑换黄金。布雷顿森林体系的建立标志着以美元为中心的世界货币体系的形成，确立了美元的霸主地位。

布雷顿森林体系的建立，在战后相当一段时间内带来了国际贸易空前发展和全球经济紧密相依。但布雷顿森林体系存在着无法克服的缺陷：它以一国货币（美元）作为主要储备资产，具有内在的不稳定性。美元流散到世界各地，因为只有靠美国的长期贸易逆差，才能使其他国家获得美元。供应后期开始随着美国经济竞争力逐渐削弱。从 20 世纪 50 年代其国际收支开始恶化，出现了全球性“美元过剩”情况，各国纷纷抛出美元兑换黄金，美国黄金开始大量外流。1971 年，美国的黄金储备无法支撑日益泛滥的美元，美国政府被迫宣布放弃按 1 盎司 35 美元的官价兑换黄金的美元“金本位制”，实行黄金与美元比价的自由浮动。

（3）牙买加体系。布雷顿森林体系崩溃以后，国际间为建立一个新的国际货币体系进行了长期的讨论与协商，于 1976 年 1 月在牙买加首都金斯顿签署了“牙买加协议”，国际货币体系进入了一个新的阶段——牙买加体系。“牙买加协议”废除了“黄金”本位，提出加强特别提款权的作用，首次提出了“浮动汇率”制度，确认了浮动汇率制的合法化，承认固定汇率制与浮动汇率制并存的局面，成员国可自由选择汇率制度。牙买加体系的运行使多元化的储备结构摆脱了布雷顿森林体系和各国货币间的僵硬关系，为国际经济提供了多种清偿货币。但当时美国的 GDP 占世界 1/3 强，并作为世界技术的主要来源地和全球最主要的国际金融市场，美元作为全球储备货币的地位难以动摇，所以牙买加体系实质是美元霸权的延续。

（4）建立高效安全的新货币体系的呼声。从本质上来说，国际货币体系经历了从商品本位制到信用本位制的演变。未来也许会过渡到某种更高级的商品本位制。货币基本以美元为锚，美元总是成为现行国际货币体系所遭遇的最大难题。世界经济体系动荡，改造货币秩序的声音不断。早在 1931 年，本杰明·格雷厄姆就提出了货币的组合商品化建议；“二战”结束后，凯恩斯提出建立国际货币单位“13ancor”的设想；哈耶克提到应当以初级商品为锚；张五常抛出“人民币换锚论”。

13.1.1.2　货币史就是一部能源变迁史

货币史就是一部能源变迁史①。一国货币成为国际货币甚至关键货币，往往伴随着该国成为国际贸易中心和金融中心的过程。其中，特别值得强调的是，在贸易活动和金融实践中，一国经济活动与能源贸易的结合度是决定该国货币地位的重要因素，包括向世界范围的能源出口或者控制全球范围内最重要能源供给的能力，以及该国是否拥有该能源的国际定价权等。由此，能源绑定

① 碳货币简介，科技日报，http：//www. stdaily. com，2009 年 12 月 1 日。

往往成为国家崛起和本国货币充当国际货币的助推剂。

18 世纪及 20 世纪的蒸汽机和内燃机革命分别导致了以煤炭和石油为核心的能源的兴起，进而使得与煤炭绑定的英镑和与石油绑定的美元分别相继成为国际货币。从历史经验看，一国货币要想成为国际货币甚至关键货币，往往要遵循计价结算货币—储备货币—锚货币的基本路径。其中，与国际大宗商品，特别是能源贸易的计价结算绑定权往往是货币崛起的起点。比如：在英镑称霸世界的历史时期，英国一直是煤炭出口国；在以美元为主导货币的今天，美国保持了对世界油源的强力控制。“煤炭—英镑”和“石油—美元”的崛起展示了一条简单而明晰的关键货币地位演化之路。英国在成长为世界霸权国家的历史时期，就一直是煤炭出口国。美国成长为霸权国家的历史时期，正是世界能源图景中的“墨西哥湾时代”。尽管美国今天早已不是世界主要石油出口国，但美国保持了对世界油源的强力控制。第一，20 世纪 70 年代与沙特阿拉伯达成的“不可动摇协议”，将美元确立为石油唯一计价货币。美元约等于石油成为世界共识，任何想进行石油交易的国家不得不把美元作为储备。欧佩克（OPEC）一篮子平均价所监督七种原油就以美元作为交易计价货币，几乎包括了世界上最重要的石油现货交易市场。第二，世界前两大石油期货市场的纽约商品交易所、伦敦国际石油交易所都以美元作为计价和结算货币单位。从而保证了美国对石油大宗商品的国际定价权。尽管美元不断下跌，伊朗改用欧元计价，俄罗斯成立卢布计价的石油交易所，但在全球石油贸易中可谓微乎其微。正是借助“二战”时期对盟国石油输出崛起乃至延续至今对中东油源的强力控制，以及掌握国际石油期货市场的定价权，美元得以持续垄断大宗石油贸易交易媒介地位，并以此巩固牙买加体系下国际货币格局的美元本位制。

13. 1. 2　碳货币

13. 1. 2. 1　碳货币

碳货币是在低碳经济背景下对二氧化碳排放权进行交易成为一种具有完整流通域的货币。它是在全球碳交易迅猛发展的基础上产生的，而碳交易模式源自《京都议定书》，它把二氧化碳排放权作为一种商品形成碳交易。2005 年《京都议定书》正式生效后，全球碳交易市场出现了爆炸式的增长。而在 21 世纪，气候变化问题必然导致低碳能源的突飞猛进。当前，低碳经济已经深入人心，低碳经济成为各国经济增长目标模式的未来，以低碳为特征的新能源组合和新能源运用模式也同步崛起，而与低碳能源绑定的碳信用（carbon credit）很可能成为一种全新的国际货币，即二氧化碳排放权成为继黄金、白银、美元之后的另一种国际货币基础。一国货币要成为国际货币甚至关键货币，一般要从计价和结算货币开始，特别是其与国际大宗商品的计价和结算绑定权往往是货币崛起的起点。

随着全球碳排放交易市场的放大，碳交易规模呈现爆炸式增长，碳交易的计价结算货币绑定权，以及由此衍生出来的货币职能，将对打破美元霸权地位、促进货币格局多元化产生影响，碳交易市场将成为助推国际货币多元化的绝好契机。循此规律，不难发现，在低碳经济成为各国经济增长目标模式的未来，新的能源崛起将超越以往的单一能源主导的旧模式，取而代之的是一系列以低碳为特征的新能源组合和新能源利用模式的协同崛起。碳信用交易，正是连接新能源组合和新能源利用模式的核心。在未来货币格局演变中，与碳交易标的的捆绑程度，将决定该国货币成为国际货币甚至关键货币的重要条件，而捆绑的起点仍是标价权。碳货币是当前低碳经济背景下具有国际意义的问题之一，事关未来国际货币体系的发展。“谁控制了货币，谁就控制了全世界”，世界各国正多方举措，力争在碳交易过程中使本国货币成为计价、结算的国际货币。其中，欧美发达国家依托其环保优势已抢得先机。人民币还不是国际货币，碳货币对正在加快实施的人民币国际化战略既是机遇又面临着严峻挑战。

13.1.2.2　关于碳货币属性

关于碳货币属性的理论研究，国内外学者主要提出了多种观点，具体如下。

（1）总额分配说

针对能源许可证，Howard Scott（1937）曾指出，能源证书将直接发放给个人，它是不可转让、不可流通和非累积的，也不能够被储存和计息，从而掀开了总额分配说的理论路程。部分经济学家提出，要建立一个碳市场，其发起人必须创建一个参与者可以交易的碳信用额的货币。Patrick Wood（2010）认为碳货币将基于世界人民可用能源来定期分配，如果这段时间内不使用，货币将会到期的，同一个人能够基于下一个时期的新能源生产配额获得一个新的配额。

（2）减排能力余额说

减排能力余额说认为初期分配的碳排放权指标不完全是碳货币的有效部分，碳货币是碳减排活动的节约财富。管清友（2009）认为某一时期的碳货币总量应该是该时期实际排放额低于碳排放指标分配的节约量，碳货币发行量受减排约束程度和承诺减排量的制约，所以，碳货币的发行权不仅取决于碳减排能力的大小，还在于受减排约束的程度和承诺减排数量的多少 。肖奎喜等（2010）指出由此将会引起碳货币发行权和发行量的博弈，其核心归根到底是各国经济技术实力，当发展中国家被纳入全球减排体系中来的时候，减排水平更高的发达国家可能会创造出更多的碳信用，获得更多的碳货币发行权。

（3）权利商品货币说

《京都议定书》确立的碳排放权交易机制使碳排放权成为商品。因此，该观点认为碳货币是商品货币。童中文（2012）指出碳排放权是现货市场和期货市场都能够交易的商品。王珊珊（2012）认为碳排放权是购买力凭证。Button（2008）认为碳单位是一个特殊权利，具有商品货币的特点，在未来使用于国际贸易和商业，从环保和经济的角度看是一个类似于货币的资产。Victor & House（2004）指出减缓全球气候变暖最有效的措施是建立强有力的国家碳货币，碳排放权交易类似于货币交易，决策者应该着眼于金融交易来治理碳市场。

（4）信用货币说

信用货币说认为碳货币的价值基础是国际公约和国际法律秩序认可的国际信用。童中文（2012）指出碳信用是金融资产，会货币化并成为中央银行核心资产。王珊珊（2012）认为碳货币具有国际信用和一般接受性等现代货币的本质特征。管清友（2009）认为碳排放权的价值建立在国际信用基础上。蔡博峰等（2010）指出碳信用是经过国家政府和国际组织法律程序认可的。

（5）金融功能货币说

金融功能货币说认为碳货币作为一种特殊的金融资产具备一定的金融功能。乔海曙和刘小丽（2011）指出碳排放权具有准货币化的特征，具有特殊的价值取向，具有特殊的减排成本内部化和最小化功能、产业链低碳转型功能以及气候风险转移和分散功能。而童中文（2012）则认为碳货币具有成本收益转化功能、资金融通功能以及气候风险管理和转移功能。

（6）超主权货币说

童中文（2012）认为在未来低碳经济大有发展和各国共识增强的前提下，碳货币有可能成为“超主权货币”的一个必然选择。田立（2009）则认为未来国际货币的主导权由碳减排能力决定。碳货币则掌握着这一主导权。王珊珊（2012）分析指出碳货币具有充当超主权货币的潜质，碳货币可以由统一的超国界的机构发行，并且以国际公约的形式制定相关的碳货币政策，从而建立以碳本位为核心的新国际货币体系。

以上几种观点从不同的角度揭示了碳货币的本质且不存在理论冲突，并在学术界基本达成了共识，大多数学者认为碳货币既是商品货币又是信用货币，具备金融功能和充当超主权货币的潜质。我们认为碳信用是碳货币和碳排放权的内在基础，碳排放权是碳信用的商品表现形式，碳货币是碳信用的货币表现形式。然而作为一种具有复合属性的货币，目前的结论多以配额交易为假设前提，局限于狭义碳货币的范畴，没有将碳货币等价物及林业碳汇等碳资产形式纳入研究范围，因此，认为碳货币的研究还需在广义货币范畴内延伸和拓展。

13.2　碳货币成为国际货币的可行性

13.2.1　催生国际碳本位货币体系的前提

13.2.1.1　碳本位货币体系溯源：《京都议定书》

碳本位货币体系的实质，是以碳货币为基础货币的货币体系。碳货币即碳信用，不是一种实际存在的物质，而是一种权利。究其为何会被当作是一种货币本位，《京都议定书》的签订使碳信用与交易联系在一起。《京都议定书》是世界上第一部带有法律约束力的国际环保协议，于 2005 年正式生效。议定书规定在第一阶段（2008—2012 年）把温室气体的排放量在 1990 年的基础上降低 5.20%。《京都议定书》还设了 3 种碳交易机制，即排放贸易（Emissions Trading，ET）、联合履约（Joint Implementation，JI）和清洁发展机制（Clean Development Mechanism，CDM）。

正因为这 3 种实际的交易机制的出现，促成了碳排放权交易的发展。这相当于在世界有形商品贸易体系之外确立了在全球范围内流动的一种极为特殊的无形商品贸易体系，而这张联结世界新型贸易版图的核心正是基于现代国际规则而产生的一种前所未有的有价商品——碳信用。

13.2.1.2 碳本位货币体系的基础：碳交易市场

目前，碳交易市场可以分为规范市场与非规范市场（也有称其为一级市场与二级市场，非自发与自发市场）。规范市场指的是以《京都议定书》中规范的3种交易形式为基础，并接受强制性减排任务的国家之间的碳排放额度的交易；而非规范市场则是指由于自发的需求而产生的各种交易机制与机构，如：欧洲能源交易所（European Energy Exchange，EEX）、北欧电力池（Nord Poor）、法国的Powernext Carbon，以及芝加哥气候交易所（CCX）。这几大交易所构成了全球主要的碳市场交易平台。碳交易所能够保证交易价格的公开透明，还能同时进行现货和期货的交易。2008年，基于配额的市场交易额为920亿美元，占全部碳金融交易总额的74%左右；基于项目的交易成交金额为72亿美元。此外，以CDM为基础，从事CERs现货、远期和期货交易的二级交易市场发展迅速。2008年，该市场的交易金额为260亿美元，是2007年的5倍，占全部碳交易总额的21%。

目前的碳排放额度交易，不只是停留在国际上国家间，国内各省、各市、各公司，呈阶梯状都存在碳排放额度的交易需求。多余的碳排放额度以商品的形式进行交易也就成为碳信用。据联合国和世界银行预测，2012年全球碳交易市场容量为1 400亿欧元。届时全球碳交易市场容量将超过石油市场，成为世界第一大交易市场，而碳信用也将取代石油成为世界第一大商品。从货币体系的发展史来看，一国货币要想成为国际货币甚至关键货币，与国际大宗商品、特别是能源贸易的计价和结算绑定权，往往是货币崛起的起点。由此可见，以碳信用作为基准的货币体系的确具有非常乐观的前景。

13.2.1.3 碳本位货币体系的工具：碳信用

所谓的碳信用就是碳排放额度，包含了在碳市场上进行交易的各类产品形式，CERs、EUAs和VERs等都可以被称作碳信用。碳本位就是将碳信用与现有世界上的信用货币挂钩，以影响某种货币在国际市场上的价值。碳信用源于最基本的碳排放权，也就是温室气体排放权，这是一种无形的商品，以一吨二氧化碳当量为标准化单位。碳排放权主要有配额和减排量两类。配额和信用作为排放权的载体，可以如同证券和商品一样在市场上自由交易，因而被称为

“市场环境工具”。配额是在限量与交易制下，由政府当局确定和分配给各排放主体的碳排放量；配额可自由交易，无论是否为排放实体，都可以自由地在市场上买进或卖出配额。减排量是指基于项目而产生的碳减排量，也称碳抵消额，一般要经过国际机构的认证后，才能真正实现交易。

13.2.2 可行性

作为在全球流通的“国际货币”的特殊商品必须具备三个特性：稀缺性、普遍的可接受性以及可计量性。

13.2.2.1 碳排放量指标具有稀缺性

1997 年 12 月《京都议定书》的签订及生效，使得任意排放碳气体成为历史，签约国的经济生产都不再是单个国家的个体行为。所有签约国都将遵守承诺并把本国的经济发展和经济总量与碳气体排放牢牢地锁定在一起。从某种意义上说，一个国家的碳排放量指标就是一个国家 GDP 总额的指标。因此，碳排放指标就变成了一种稀缺资源，必然具有稀缺性。

13.2.2.2 碳排放量指标具有普遍的可接受性

为了使大气中温室气体的浓度稳定在一定水平之下，不至于威胁到人类的生存，并使生态系统有足够的时间适应气候变化，保证粮食安全以及经济的可持续发展，全世界已有 186 个国家签署了联合国气候变化框架公约。这意味着签约的 186 个国家即全世界 90% 以上的国家都认可二氧化碳排放量这个指标。同时，《京都议定书》创造性地提出了“各个国家可以互相购买排放指标”，规定了一种独特的贸易——如果一国的排放量低于条约规定的标准，则可将剩余额度卖给完不成规定义务的国家，以冲抵后者的减排义务。这从法律上认可了“碳排放量”成为一种“国际商品”。当碳排放量指标成为放大 GDP 总量的第一要素时，这种国际商品自然会成为世界各国政府所乐于接受的普遍商品了，其普遍的可接受性不言而喻。

13.2.2.3 碳排放量指标具有可计量性

可计量性具体包括两个方面：一是碳排放量的计算；二是碳排放指标总额的界定。前者利用现有的科学技术手段已经可以比较准确地计算。目前，联合国政府间气候变化专门委员会负责对全球温室气体排放进行监控，并定期以报告的方式对外公布。同时，还有多家国际权威的研究机构也定期发布空气中碳的排放数据。这充分说明，现有技术对温室气体排放的监测已经比较成熟和完善，因此，碳排放量指标具有可计量性。

13.2.2.4 国际会计系统已出台一系列方案应对碳信用可能的各类货币化方式

国际会计系统对未来碳货币已经早有准备，并且出台了一系列方案应对今后碳信用可能的各类货币化方式。国际会计准则委员会（IASB）制定和发布国际会计准则，认为碳信用体系更接近并且应该是一种货币体系，原因是其价值直接来源于实现某一项债务或义务，同时可以市场定价。IASB 为此专门为国际会计标准体系提出了修正草案。国际个人碳货币体系（Personal Carbon Trading，PCT）也在不断推进中。PCT 方式完全基于个人，由政府配给每个公民碳货币，公民用于购买自己各类消费中的碳排放，多余或者不足都可以在市场上进行交易。

英国在建立个人碳货币系统方面已经迈出了脚步。在英国，碳货币作为一种非常重要的补充货币/代币（complementary currencies），很容易被公众接受，因为英国的各类代币体系已经非常成熟。因此，英国在 PCT 建立方面较为前沿，《英国气候变迁法案》（*United Kingdom Climate Change Bill*）授予政府有建立 PCT 的权力。英国环境部长 David Miliband 建议建立个人碳信用交易体系，使得英国公民可以消费碳信用来购买他们的能源消耗活动。他设想：如果碳信用成为一个国家的新货币，我们的信用卡里既有现金也有碳货币，当购买电、燃气和燃油的时候，我们可以同时使用它们进行支付。

13.2.3 碳排放权的货币属性分析

13.2.3.1 碳排放权凸显货币属性

货币是商品交易发展到一定阶段的产物，是从商品中分离出来的固定充当一般等价物的商品。充当等价物的商品，因时因地而异，最终固定在某些特定的商品上，金银由于其天然的优势而成为世界各国普遍采用的货币商品。可见，具有价值的商品是成为货币的基础。碳排放权具有商品特征，这就为其成为货币提供了条件。由于碳排放权交易制度的复杂性和特殊性，碳排放权更多地凸显出其货币特征。《京都议定书》提出了排放权概念，这是一种可交易货币。碳排放权的货币特性主要表现在四个方面。

（1）排放权的价值建立在国际协议或政府信用基础之上

碳信用是由政府或国际组织通过法律程序认可的，没有政府信用，碳信用将毫无价值。例如，如果欧盟不认可 EUA 来满足其减排目标，那么 EUA 将一文不值。而一般的商品，如煤、石油等的价值不需要政府的认可。

（2）全球碳市场具有与货币市场趋同相似的过程

从一国货币的产生过程来看，货币的发展经历了“实物货币—金属货币—信用货币（纸币）”的发展过程。国际货币体系也经历了“金本位及固定汇率制度—虚金本位—信用本位及浮动汇率制度”的发展历程。与此相似，处于初级发展阶段的碳交易市场，其不同的碳信用可以根据“黄金标准”的含碳量确认其价值并且彼此之间可自由浮动。就像货币市场上一种货币紧盯另一种货币一样，一种碳货币也可以盯住另一种碳货币。

（3）碳信用“储存（bank）”和“借贷（borrow）”是另一个货币相似特征

根据 EU ETS 和美国区域温室气体行动计划（Regional Greenhouse Gas Initiative，RGGI）的交易规则，某一特定期间的配额（allowance）和信用（credit）可以存储用于履行以后期间的交付义务。这些规则有助于交易者控制市场价格的波动以减少遵约成本。新生的美国碳交易制度也包括存储机制以及提供有限范围的借贷。企业借入碳信用是预期以后期间可以分配获得配额满足遵约要求。尽管商品交易中也有存储，但商品市场中没有商品借贷概念。

（4）碳信用具有稀缺性和广泛的接受性

首先，碳信用具有稀缺性。由于碳排放权会计规范与公司治理交易制度的引入，使企业原来毫无约束的排放权受到了排放总量（Cap）的限制。同时，碳减排意味着必须减少含碳能源的使用而转向低碳能源，能源转换所需资金、技术和人才的投入导致了碳减排成本的产生。总量限制和减排成本的双重压力使得企业只能产生有限的减排量，从而产生了碳信用的稀缺。碳信用的价格就是其稀缺性的主要表现。

其次，碳信用具有了广泛的接受性。《京都议定书》生效以后，碳交易获得了飞速的发展。除了企业交易碳货币外，个人碳货币体系（Personal Carbon Trading，PCT）也在发展之中。

13.2.3.2　货币属性的优势分析

碳信用货币化在推动全球碳交易市场发展和全球趋同方面具有不可比拟的

优势，与《京都议定书》的全球共同减排的精髓是内在一致的。主要有三方面的优势。

（1）采用汇率制度打破“等价僵局”，促进全球碳交易市场的趋同

将碳信用视为货币有助于打破这种“等价僵局”，有助于形成一个流动的全球碳交易市场。非等价的碳信用将被视为非等价的货币，就像美元和人民币可以同时在国际货币交易市场中交易一样。基于供求关系、国际收支、经济实力和购买力水平等诸多因素，美元走强或人民币走强反映了市场对于这两种货币价值的判断。同样，在碳货币本位下，不同碳货币可以通过其汇率的固定和变动来反映其相对价值，对不同的环境标准和额外性等因素给出合理的评价，市场主体会自动“逐优”而持有看涨的通货，不同碳货币之间可以自由兑换，灵活使用。

货币特征还可以避免商品特征下碳信用之间的“激励不相容”现象。尽管每种碳信用的价值可能不等价，但是可以根据汇率的调整确定每一单位的环境价值。利益相关者不再要求政府强制性地将减排要求低的碳信用排除出市场，而只需要调低其汇率即可。不同价值的碳信用之间的流动有效地调节了市场的供求关系，不仅有助于稳定价格，而且减少了收益的不确定性，从而吸引更多风险规避的投资者参与碳交易市场。

（2）汇率调整消除“虚假比较优势”，激励高标准的减排投资

如果国际碳市场采用商品特征，每一个市场相等重量的、同质的碳信用就应该具有相等的价值，那么就不会有企业会愿意接受更严格的减排标准，因为宽松的减排标准实现的减排量更大，减排成本也更低。如果这样的话，那么谁还会去遵从所谓的“黄金标准”呢？企业还会有动力去高标准减排吗？不同减排标准所产生的减排成本差异又如何从收益中补偿？因此，不同碳信用之间的价值不可能是简单的1:1，货币模式可以利用各种碳货币的比价创造市场的均衡。宽松的排放标准产生的碳信用将具有较低的市场价值，从而促使碳信用提供者追求更高的环境标准以实现更高的减排收益，标准更高的碳信用的市场价格比宽松减排标准产生的碳信用具有更高的市场价格。这是一种公平的比较优势，从而自然消除了商品模式下所谓的“虚假比较优势”。

（3）价值计量克服“技术障碍”，提高了碳交易市场的流动性

在碳信用货币化下，虽然碳信用仍需要采用技术手段核算碳减排量，但依

据的标准不再是重量单位，而是进行价值计量。不同核算标准的碳信用拥有不同的价值。这种价格的差异将激励碳信用提供者改进计算方法和计算手段，以此提高碳信用价格。随着碳核算技术的进步及碳交易市场的深入，利益的驱动将促使碳信用核算方法实现统一，这个过程类似于度量衡单位的统一过程。

综上所述，碳信用具有稀缺性、价格波动和可交易的商品特征，同时还具有依靠政府信用、自由存储和借贷、普遍接受性等货币的特性，是一种兼具商品和货币特征的全新信用货币——碳货币。商品特征奠定排放权的价值基础，货币特征更凸显其内在本质，二者的比较如表 13. 1 所示。

表 13. 1　　碳排放权商品属性和货币属性比较

	特征	局限
商品属性	1. 已纳入金融机构的商品投资组合中； 2. 可以现货交易，也可进行远期、期货、期权交易； 3. 价格随供求关系而上下波动。	1. “等价僵局”造成了市场的分裂； 2. “虚假比较优势”削弱高标准减排投资积极性； 3. “技术障碍”增加碳交易的交易成本。
	货币特征	优势
货币属性	1. 必须以政府信用或国际协定为基础； 2. 发展历程与货币市场的历程类似； 3. 可以自由存储和借贷； 4. 具有普遍的可接受性。	1. 汇率制度打破“等价僵局”； 2. 汇率调整消除“虚假比较优势”，激励减排投资； 3. 克服“技术障碍”，提高了碳交易市场的流动性。

资料来源：王颖，管清友．碳货币本位设想：基于全新的体系建构［J］．世界经济与政治，2009（12）．

13. 2. 4　碳本位货币体系与信用本位货币体系的比较

信用本位货币的起始可以从布雷顿森林体系瓦解后人们认识到金属货币的缺陷，最典型的是现有的货币体系以美元作为本位货币。而事实上，美元不再与黄金等金属进行挂钩，也不兑换黄金。货币流通更依赖于银行信用活动。货币流通的调节构成国家对宏观经济进行控制的一个重要手段，但流通领域究竟能够容纳多少货币量，则取决于货币流通规律。当国家通过信用程序所投放的货币超过了货币需求量，就会引起通货膨胀，是不汇兑的信用货币流通所特有的经济现象。

学者认为近两年金融海啸实质上是拜信用本位货币体系的缺陷所赐，而引发的源头正是美国次级贷款危机。国家货币当局对于信用程序监控及判断不力，造成严重金融泡沫化。由于信用货币不与金属挂钩、不兑现，不同于银行信用活动，这无疑增大人为风险所引发经济困境的机会。美元本位体系将美元放在国际货币体系的最中心，牵一发而动全身，当美国经济遇到危机时，其他国家经济也一同被放到牺牲台上。美国近 10 年来一直坚持走弱势美元路线，迫使他国货币升值，牺牲他国经济以促进本国经济的发展，也体现美元以其在国际货币体系的地位谋求霸权，实现自身利益的自私表现。

与信用货币体系相比，碳货币本位兼具商品和信用特征，使其跳出了信用本位的局限。其可以独自创造与自由交易的特点，本身是一种商品，令信用属性有了商品属性的依托，大大减少了裙带风险。碳货币的出现，将给美元带来一定冲击，也将给非美国家在国家资产储备上提供一种新的选择。而新能源贸易——碳信用交易的计价结算货币绑定权以及由此衍生出来的货币职能，将对打破单边美元霸权、促使国际货币格局多元化产生影响。

国际货币体系的确立，首先从金属本位货币体系开始。然而，正如美国耶鲁大学的罗伯特·特里芬教授 1959 年在他的著作《黄金与美元危机》中指出的所谓特里芬困境。特里芬困境揭示了金属货币体系的缺陷是稀缺性，而且相对增长速度会逐渐递减。这与世界经济的发展不成正比。此外，黄金价格本身就是波动不定的，这也使得金本位根本不能稳定物价，也不能防范金融危机。

相比贵金属本位的稀缺性，碳信用具有如下特性：

一是碳信用会随着科技经济的发展而增加，科技越发达，节能技术越成熟，节省下来可供交易的碳排放额度也就会呈增长趋势，与经济发展成正比。

二是碳信用相比贵金属具有可创造性。在应对黄金无法满足流通只能充当储备货币的困境，碳信用显然可以正常流通。各国、各行业都能自主创造碳信用以进行交易，通过规范市场与非规范市场两条轨道进行交易与流通。因其可在实际中流通，因此能有力减少泡沫化的概率。因为实际流通的量与储存量之间的误差不会很大。碳信用具有相当大灵活性，碳货币不会受制于某国货币发行与经济发展，各产生碳信用的主体具有主动权，并可以避免计价货币国对碳货币进行囤积。

总之，碳排放权具有充当一般等价物的若干商品属性。碳排放权还具备类似纸币的信用特性。纸币发行是基于政府信用和国家立法强制推行，碳排放权与之相似，所不同的是其执行基础是国际协定和规则。假设美国决定发行一种新型货币取代美元，则美元的价值就会丧失。由此，碳货币本位的设想也不同于金本位或其他一篮子商品本位等纯粹商品本位的货币体系改革方案，而近似于一种全新的“商品信用本位”。

与金本位或其他一篮子商品本位相比，碳排放权的“商品信用本位”具有两个明显优势。

首先，在金本位或商品本位下，充当本位货币的商品往往是被囤积的。实物货币本位下，那些金属、能源类的、充当货币本位的商品如果也像黄金那样储存起来，且不考虑储存成本及其可持续性，如此大量的资源性资产脱离全球经济的运行而被储存，本身就是灾难性的。

其次，当人们试图发行以商品组为基础的、具有全额实物资本抵押式的货币，其本身可能给货币体系带来的问题远多于其能解决的问题。不仅将使设置、储备、保管这些所谓商品组的费用极度高昂，且一旦发生货币危机，实际上是不可能和相应货币相兑现，货币体系几乎将失去对金融危机的全部自我调节能力。金本位或商品本位的最大弊端是，全球经济增长的无限性决定了对国际清偿力无限增长的要求，任何实物资产充当货币本位，均因这种实物的稀缺性而导致货币体系维持成本的不断上升而不可能满足此要求。与金本位或商品本位相比，碳货币总量是基于人类经济发展、减排能力的推进和全球碳减排市场规则的适应性调整而稳步获得的，不会枯竭。

13.3　碳货币建立对策

13.3.1　需要明确的基本问题

13.3.1.1　碳货币发行权如何确定

众所周知，纸币发行是基于政府信用和国家立法强制推行的。碳排放权与之相似，所不同的是其执行基础是国际协定和规则。那么，实际排放额低于碳排放指标分配的“节约量”，就是该时期碳货币的总量，即这个节约量相当于该国的一笔额外财富，也即碳货币。这个总量取决于人类实施碳减排的力度，同时还取决于世界经济增长的趋势和惯性。

在碳货币本位下，各国如何赢得碳货币的发行权？根据《京都议定书》和后京都的各阶段全球减排协议确定的排放总量、减排目标和交易规则，已承担减排目标国家的实际减排量超过其承诺减排量的超额碳减排量，或者尚未承担减排义务的发展中国家通过清洁发展机制（CDM）等方式实际削减的碳排放量，都为该国赢得碳货币发行权，并构成碳货币供给能力。

碳货币的发行权不仅取决于碳减排能力的大小，还取决于受减排约束的程度和承诺减排数量的多少。典型的例证是，由于发展中国家在《京都议定书》第一阶段（2008—2012 年）不承担减排义务，通过 CDM 实现的所有减排量都可以作为商品向承担减排义务的发达国家出售，从而使发展中国家在现阶段拥有了更多碳货币供给能力，赢得了碳货币的发行权。

在碳货币本位的情况下能够提供多余二氧化碳排放权的国家必定具有先进的制造业，它们不通过数量和规模的扩张来实现经济增长，而是提高劳动生产率，提升产品附加值，改造工艺流程，以此节约更多的碳货币，出售给那些技术落后的国家。那些减排技术落后，而消费又很旺盛的国家将因此受到双重打击，其制造业要购买碳货币才能生存，其消费者也要购买碳货币才能继续享受。由此必然造成国家财富的流失。

13.3.1.2　碳货币以何为锚

金融危机之后，重建国际货币秩序的主张越来越落实到行动上，根本问题是选择锚货币。这些设想大致归结为以下两种：第一，重归金本位或商品本位；第二，把特别提款权（SDR）发展成为超主权货币。第一种选择具有历史经验上的可行性，但目前争议颇大；第二种选择则是完全推翻美元体系，是不可能实现的，也不符合中国的利益和中国和平崛起的现实路径。最近也有人提出把碳信用作为各国货币之锚，以解决美元稳定性问题。碳信用作为锚货币实际上与第一种思路类似，不太现实，因为碳排放权作为一般等价物的商品属性恰恰是基于国际规则的信用秩序而建立，而不像粮食、原油等商品不需要任何政府背书就天然拥有稳定的价值基础。

不过，如果将各国碳货币与一个标准品质的碳货币挂钩，比如“黄金标准”碳信用（gold standard carbon credits），则可以预见，按照各自品质规定含碳量可以确定两国碳货币的兑换基准。同时，市场实际汇率还随着碳货币供求关系围绕含碳比价上下波动。如果中国能通过本国的能效提高、新能源发展和碳交易平台建设建立自己的标准碳信用体系，那么中国在碳交易市场上就拥有了一定程度的发言权。这将大大推动人民币作为碳交易结算货币的进程，也将激励中国行业、部门、企业产生更多的碳信用，“发行”更多的“碳信用”，获得更多的碳货币财富。

总之，碳交易体系已经呈现出相当多货币化特征。如果我们把眼光放得更远一些，在金融全球化和不断深化的背景下，货币种类趋于单一是长期净收益最大化的一种制度安排。当世界各国达到经济发展的更高阶段，出现增长的趋同，碳货币本位制也是一种选择。但这需要相当长的时间。对于中国而言，比较现实的选择是，通过碳交易体系建设推动人民币成为碳交易的结算货币，加快人民币国际化进程；即便无法进行总量控制，也应该鼓励自愿减排市场，并协助行业、企业将减排量货币化、财富化。长远看，对碳排放的总量控制则是中国实现经济增长方式转变、实现可持续发展，争夺货币主导权和获得巨额碳财富的必由之路。

13.3.2　国际会计系统出台一系列方案应对碳信用可能的各类货币化方式

国际会计系统对未来碳货币已经早有准备，并且出台了一系列方案应对今后碳信用可能的各类货币化方式。国际会计准则委员会（IASB，国际会计准则的制定和发布组织）认为，碳信用体系更接近并且应该是一种货币体系，原因是其价值直接来源于实现某一债务或义务，同时可以市场定价。IASB 为此专门为国际会计标准体系提出了修正草案。

国际个人碳货币体系（Personal Carbon Trading ，PCT）也在不断推进中。PCT 方式完全基于个人，由政府配给每个公民碳货币，公民用于购买自己各类消费中的碳排放，多余或者不足都可以在市场上进行交易。

英国在建立个人碳货币系统方面已经迈出了脚步。在英国，碳货币作为一种非常重要的补充货币/代币（complementary currencies），很容易被公众接受，因为英国的各类代币体系已经非常成熟。因此，英国在 PCT 建立方面较为前沿，《英国气候变迁法案》（*United Kingdom Climate Change Bill*）授予政府有建立 PCT 的权力。英国环境部长 David Miliband 建议建立个人碳信用交易体系，使得英国公民可以消费碳信用来购买他们的能源消耗活动。如果碳信用成为国家的新货币，信用卡里既有现金也有碳货币，当购买电、燃气和燃油的时候，可以同时使用它们进行支付。

13.3.3 碳信用货币化的演化路径

在低碳减排的经济趋势下，碳信用货币化在实践中已经产生了非严格意义的碳货币形式，货币化已然成为碳信用发展的一种趋势，无论未来选择哪一种模型或顶层设计，只要低碳经济和绿色发展的趋势不改变，碳货币将会成为碳信用发展中不可逾越的阶段性产物。马克思在《资本论》中阐述了货币作为一种特殊的劳动产品，从商品中剥离出来成为一般等价物历经了四个阶段：简单的、个别的或偶然的价值形式—总和的或扩大的价值形式—一般价值形式—货币形式。货币的发展与演变从来不是一蹴而就的，碳信用的货币化发展同样需要经过一个漫长的过程，碳货币制度是随着低碳经济发展和低碳技术进步而逐步建立起来的。基于碳金融的不断创新，碳货币演变过程将会经历以下四个阶段。

13.3.3.1 单一的碳信用交易阶段

在这个阶段，碳市场基于一种或几种交易机制而初步建立，市场交易活动多以节能减排为主要目标，交易主体多为需要履约的控排企业和碳中介服务机构，交易产品种类有限。碳信用基本被看作是一种商品参与流通，碳信用的价值和减排作用被广泛认可。此时，碳信用的交换价值主要通过官方货币来表现。目前，全球碳市场已经经历了这一个阶段。1997 年《京都议定书》规定了三种碳交易机制：清洁发展机制（CDM）、排放贸易机制（ET）和联合履约机制（JI）。各国都已纷纷建立了碳市场，利用市场机制解决温室气体减排问题，将二氧化碳排放权作为一种商品进行交易。2010 年我国提出了大幅降低能源消耗强度和碳排放强度的约束性指标，2011 年国家发改委下发了《关于开展碳排放权交易试点工作的通知》，批准在北京、天津、上海、重庆、湖北、广东和深圳等七个省市建立碳排放权交易试点。2013 年党的十八届三中全会的决议进一步要求推行碳排放权交易制度。习近平主席在《中美元首气候变化联合声明》中宣布，将于 2017 年启动全国碳排放交易体系。截至 2016 年 6 月 30 日，我国七个试点碳市场碳配额累计成交量为 10 983.42 万吨，累计成交额达299 448.43万元。碳市场提供了碳信用交换的场所和规则保障，碳交易提供了公允的碳信用和官方货币的交换价值。随着碳交易机制的发展和碳金融产品的创新，减排技术不断进步，带来了更多碳资产的取得方式和手段，碳信用交易不仅限于碳排放权现货交易，非京都交易机制也开始出现，碳信用货币化进入了下一个阶段。

13. 3. 3. 2　多种交易机制并存的碳信用交易阶段

在这个阶段，多个市场和多种减排机制并存，碳交易机制已经不仅限于碳配额交易和 CDM，自愿减排市场规模进一步扩大，碳减排量核证方法学发展迅速，碳市场总体规模增大，存在大量的碳信用载体。碳交易不单限于生产领域的碳信用，在消费领域，企业、个人及家庭的碳信用取得与交易已经成为常态。碳普惠制度等已经建立，市场中存在大量的有差异的碳交易平台，碳足迹计算核证、碳中和、碳汇交易等机制所产生的碳信用被广泛接受，并以碳货币的形式被广泛持有，没有被中和的碳信用余量开始逐渐脱离商品属性，尝试执行货币职能，逐渐表现为一般等价物形式。目前，我国正处在第二阶段。一方面，我国碳市场在京都系统基础上增加了碳减排服务技术供给，开发新方法学，进一步发展自愿减排等其他减排机制。2012 年国家发改委颁布的《温室气体自愿减排交易管理暂行办法》及《温室气体自愿减排项目审定与核证指南》，为 CCER 交易市场搭建起了整体框架。我国 CCER 项目的备案适用于经联合国 CDM 执行理事会批准的 CDM 项目方法学。截至 2016 年 6 月中旬，总共已经备案 7 批 191 个 CCER 方法学，完成审定报告正式进行申报的 CCER 项目有 2 144 个，其中，成功备案项目有 564 个，占项目总数的 26. 3%。项目覆盖范围包括风电、光电、水力发电以及林业碳汇等项目。另一方面，我国的个人碳交易也已初具规模。碳信用卡、碳普惠制、零碳信用平台等机制的建立，形成了以消费为基础的碳减排量核证体系和新方法学，随着 PCDM 和 PHCER 成功接入碳市场，不同法则的碳信用都获得公允的价值标签，碳信用开始以货币的形态——碳货币出现在市场中，既作为商品用于碳交易，也作为货币用于低碳商品交换。这标志着碳货币发行进入自主发行和多渠道发行的新阶段，在不同的碳交易所内，多种质量的碳信用并存，表现为不同的交换价值，碳货币表现为扩大的交换价值形式。

13. 3. 3. 3　多种机制的碳信用融合阶段：质与量的统一

在第二个阶段，碳市场出现多元化多层次化的特点，涌现出诸多方法学和碳信用质量标准，如黄金标准、熊猫标准、VCS，VER + 等，从而市场中碳信用存在质与量的非统一性。因此，进入第三个阶段，碳市场中存在的多种碳减排机制、碳交易制度和碳交易平台将会逐步融合，各平台的碳减排量核证方法学基本统一并形成体系，碳信用质量标准将会被统一，碳足迹计算核证、碳中和、碳汇交易等机制所产生的碳信用，将会进入统一的市场平台被确认、记账、交易、置换，市场将会出现统一的碳信用度量标准，将会形成完备的碳排放权的度量衡体系，仍然会以重量为单位，在“吨”的基础上会增加千克、克等度量单位，且换算关系会被确定。碳账户累计的碳信用将会广泛地用于低碳商品交换，碳信用呈现出一般等价物的特征。

13.3.3.4 建立货币化的碳信用制度阶段：碳货币

在这个阶段，碳信用的质量标准和度量标准都已经统一，碳市场就是碳货币市场，市场将会形成一个统一碳货币发行、流通、汇兑、退出等的运行机制。碳货币将会成为一种被广泛认可的补充货币，和政府发行的官方货币形成一个兑换机制，并可以自由兑换，但是两种货币的地位不同，各自发挥职能的领域会有所差别，碳货币不单要行使主权货币能够行使的部分货币职能，还要充当碳排放权配额，在企业、个人或家庭进行生产或消费活动时实现碳中和。碳货币可交换的范围将会被扩大，除了可以购买指定的低碳商品以外，还可以同官方货币一起购买商品和劳务。至此，碳信用货币化完成，碳货币制度完全确立。

13.3.4 碳货币化方案

13.3.4.1 体系建立

历史上，货币的诞生是因地域交易的扩大所致，而今世界贸易的增长率远快于世界经济的增长率，为此从某种程度而言，这就预示着世界统一货币的出现。事实上，人们最终是以信用与公共部门主导的方式来解决货币问题的，而未来恐怕也同样如此。因而，在经济发展的最终趋势是世界大同的背景之下，“碳货币方案”需要一套新的“全球货币治理机制”来规范各国之间的运行(见图 13.1)。该“五位一体”的治理机制是由“立法机构”“行政机构”“监督机构”“保障机构”和“执行机构”所组成的。LCD 指发展中国家。

其一，这套治理机制特别需要一部国际法作为制度保障，为此应设立一个

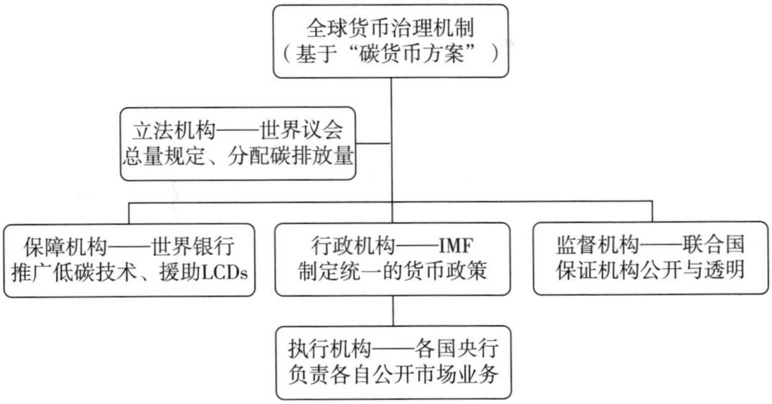

资料来源：作者整理。

图 13.1　五位一体的全球货币治理机制框架

“世界议会”的机构来进行立法。鉴于在全球范围内国家众多、各地区人口分布不均且经济发展状况各异的现实，该机构可以借鉴美国设置参众两院的经验：A 院是以每个国家拥有相同投票权为原则，B 院是按每个国家的人口多寡、经济总量大小来分配各自的席位数为原则，并且与任何国际法相关的议题均需两院通过才能生效。

其二，应当发挥联合国作为当今世界最大、最重要、最具代表性和权威性的国际组织的巨大作用，让其扮演监督机构的角色。联合国拥有行使监督、调停与处理争端事务的权力。如果将国际货币体系的构建看作是订立一份多方合约的话，那么各国自身权利义务的行使与协调机制的实施都需要按合约行事。一旦遇到争执或起非议之时，应由联合国介入其中来审查相关事宜，而合约的最终解释权则属于世界议会。这能较好纠正以往国际货币发行机制的种种缺乏约束的弊端。

其三，IMF、世界银行与各国中央银行则分别扮演行政机构，保障机构与执行机构角色。[①]

13.3.4.2　演进

徐文炯（2012）针对国际货币制度演进路径提出了一个“碳货币方案”演进路径（以下简称“碳方案”）。“立法机构”“行政机构”“监督机构”“保

① 徐文柯．国际货币发行机制的一种新构想［J］．国际金融，2012（10）．

障机构”和“执行机构”也组成了“五位一体”的全球货币治理机制。在演进过程中，首先各国按照“碳排放权储备 = 分配量减实际排放量”的公式来发行碳货币，然后由 IMF 制定碳货币趋同指标并消除劣币，最后形成全球性中央银行体系发行和管理统一的碳货币。“碳方案”说明建立碳本位国际货币制度是漫长而曲折的过程，其运行需要国际组织和各国政府共同支持。“五位一体”治理机制对国际货币秩序维护有借鉴意义。

13.3.5 碳本位国际货币体系框架设计理论

国内学者公衍照和杨明（2012）定义碳本位国际货币体系为以碳排放权作为唯一的国际储备资产建立的国际货币体系。朱雄兵（2011）提出了一个模拟式的“碳国际货币体系”（以下简称框架 A），公衍照等（2012）则从碳本位建立、碳排放权分配、碳货币发行、汇率制度、储备制度、国际收支调节和国际管理七方面对碳本位国际货币体系进行较全面的阐述（以下简称框架 B）。两种方案在某种意义上都具可行性，但设计角度不同，在货币发行、汇率机制及国际收支调节等方面都存在差异（见表 13.2）。

表 13.2　　框架 A 和框架 B 的比较

	框架 A	框架 B
发行机制	各国政府各自发行	国际管理机构统一发行
购买力水平	各国碳货币购买力不相同	完全相同
碳货币流通	碳外汇市场直接交易	国际贸易或碳排放权买卖
碳汇率决定	各国碳货币实际购买力差异	各国主权货币兑换碳货币的能力
汇率稳定性	受碳外汇市场各国碳货币交易量和交易价格的影响	相对稳定，不受各国主权货币自由兑换影响
汇率机制	各国碳银行自行决定选择固定汇率制或者浮动汇率制	类似金本位条件下的固定汇率制
政府管制	政府可干预碳外汇市场	没有外汇管制
国际贸易结算	未提及	碳货币结算或者贸易国双方某一国主权货币
国际收支调节	未提及	国际收支自动调节机制的有效调节
国际管理	多边机构或国际碳基金组织	世界银行等国际组织

资料来源：张旭．关于碳货币理论研究的述评［J］．经济学家，2015（2）．

框架 A 的设计思路类似信用货币条件下的国际货币体系，框架 B 的设计思路类似金本位或者商品本位条件下的国际货币体系。从实践角度看，国际碳市场的结算货币呈现多元化，框架 A 更顺应碳市场的发展趋势且易于各国国内碳市场与国际市场的接轨，但框架 A 的实施要求各国货币管理机构均具备碳货币的发行条件，碳货币间购买力的差异将导致碳外汇市场的投机行为，加大了碳汇率风险，而这一体系与现有体系的相似性可能会导致现有体系固有矛盾的延续。框架 B 的体系运行相对比较稳定，市场运行风险比较小，且有利于各国国际收支的改善，但框架 B 的制度设计过于严格，对国际管理机构的监管能力要求比较高，由于碳排放权不像黄金具有天然高价值，其价值受到以《联合国气候变化框架公约》为首的国际公约的强约束，价格波动受到国际公约的是否严格遵守的影响较大，且各国是否能够严格执行本国货币盯住碳货币不具完全的保证，同时框架 B 还会受到不签订或认可国际公约的国家非碳本位的货币冲击，具有较大的制度风险和经济风险。因此国际上需要提供很多严格的前提条件才能保证框架 B 的顺利实施，所以未来框架 B 的实施难度要远大于框架 A。

13.3.6　碳货币与人民币国际化

13.3.6.1　人民币国际化

人民币国际化是指人民币能够跨越国界，在境外流通，成为国际上普遍认可的计价、结算及储备货币的过程。尽管目前人民币境外的流通并不等于人民币已经国际化了，但人民币境外流通的扩大最终必然导致人民币的国际化，使其成为世界货币。人民币国际化的含义包括三个方面：

（1）人民币现金在境外享有一定的流通度。

（2）最重要的，是以人民币计价的金融产品成为国际各主要金融机构包括中央银行的投资工具，为此，以人民币计价的金融市场规模不断扩大。

（3）国际贸易中以人民币结算的交易要达到一定的比重。这些是衡量货币包括人民币国际化的通用标准，其中最主要的是后两点。当前国家间经济竞争的最高表现形式就是货币竞争。如果人民币对其他货币的替代性增强，不仅将现实地改变储备货币的分配格局及其相关的铸币税利益，而且也会对西方国家的地缘政治格局产生深远的影响。

13.3.6.2 人民币国际化的最终目标

人民币国际化的最终目标，是在国际货币体系中拥有重要地位。

（1）人民币可以在境内和境外自由兑换成外币，可以在境外银行中开设人民币账户，在境外使用以人民币为基础的信用卡和借记卡，在个别情况下还可以小规模地直接使用人民币现金。

（2）在国际贸易合同中可以以人民币为计价单位，而且不仅可用于中国的进出口贸易，还可以在不涉及中国的国际贸易中作为买卖双方都同意使用的计价货币。

（3）在国际贸易结算时可以采用人民币作为支付货币，甚至在一些未采用人民币作为计价货币的国际贸易中，也可以经买卖双方同意后采用人民币支付。

（4）人民币可以作为国际投资和融资的货币，这不仅包括人民币可用于实体经济的投资、并购等活动，还包括人民币可用于虚拟经济领域的各种金融资产及其衍生产品，例如股票、债券、票据、保单、保函、期货、期权、远期和互换。

（5）人民币可以作为国际储备货币，不仅可以作为各国政府或中央银行干预外汇市场的手段，而且应在特别提款权中占有一定的比例。

13.3.6.3 人民币国际化所需条件

作为位居全球的第二大经济体，中国的主权货币具有成为国际货币的可能性。但是人民币国际化的成功需要三个基本条件：

（1）经济的可持续发展。这一条件有赖于中国经济转型的成功，以本土消费市场的拓展、技术进步、产业升级和经济运行效率的提高为主要特征。

（2）具有健全的以保护产权为核心的市场经济基础性制度。这涉及政府职能的转变和相对独立的立法和司法程序。

（3）建立亚洲最重要的国际金融中心，也即本土拥有规模巨大、流动性、安全性和成长性兼具的现代化金融市场体系。

在创造这些基本条件的同时，渐进的人民币国际化仍可择机推进：（1）通过海外销售渠道的建设和产品质量的提升，增强海外客户对中国产品的依赖性，同时辅以人民币贸易融资以推进出口产品的人民币计价与结算。（2）快速提升金融服务业的国际化程度。一方面加快金融服务业的对外开放，允许开设更多的外资银行子公司、外资背景的各类金融机构经营人民币业务，通过国内金融服务业市场的有序竞争提高市场效率和服务质量；另一方面加快国内金融机构“走出去”，在亚洲地区的传统金融业领域抢占市场份额，提供高效便利的国际化人民币业务。(3) 加快本土的人民币官方债券市场的发展，包括中国的国债市场和市政债券市场，以及外国政府和国际机构在中国的债券发行和交易，并增强其市场流动性。(4) 在人民币资本账户开放之前稳妥地推进以人民币 QFII 和银行同业拆借为主要形式的市场间接开放。

13.3.6.4　碳货币给人民币国际化带来的机遇

国际货币竞争的历史表明，能源计价结算绑定往往成为货币崛起的起点。从近期看，中国视角的碳货币竞争即为人民币如何参与碳交易计价与结算货币的国际竞争，此时碳排放权体现准商品属性。远期看，当“碳本位”国际货币体系成为一种发展趋势，将深刻影响国际货币竞争格局和人民币国际化进程。此时，碳排放权除了准商品属性，更体现出信用货币属性。竞争将愈演愈烈。中国作为 CDM 机制的最大供给国，人民币成为碳交易的计价与结算货币存在历史契机。契合低碳发展背景和人民币国际化方向，研究碳货币的国际竞争与中国策略，将为中国碳金融发展和推进人民币国际化进程提供内在依据和现实指导。

(1) 庞大的碳排放资源是建立碳交易市场的坚实基础

发达国家的工业化已经走过几百年历史，在国内进一步减排的成本远远要高于发展中国家，根据《京都议定书》规定，工业化国家可以通过向发展中国家提供资金和技术，帮助发展中国家减排温室气体，由此获得的减排量用于履行发达国家碳减排义务。作为温室气体排放量最大的国家之一，中国被许多国家看作是最具潜力的减排市场，巨大的碳排放资源是我国建立碳金融交易市场的坚实基础。中国的碳减排量已占到全球市场的 1/3，居世界第二，庞大的碳排放资源，也将会赢得作为供给方参与竞争的可能性。

(2) 碳交易货币的多元化是加速人民币国际化的新机遇

碳交易市场需求方主要是发达国家，而供给方比较多元化，包括发达国家、转型国家和发展中国家，不像石油供给高度依赖欧佩克，碳交易很难形成唯一计价货币的约定，客观上存在碳交易计价货币多元化的可能。这一切都为人民币加速国际化进程提供了新的机遇。

（3）人民币在一般的国际化道路上取得显著进步

从货币互换和人民币结算开始，从区域开始逐步扩大人民币的国际影响，使其成为区域强势货币。中国已与俄罗斯、日本、韩国等签订双边货币互换协议，允许使用人民币与对方国家货币互换。在边境贸易结算中，人民币已发挥重要作用，在珠三角、长三角与港澳地区，广西、云南与东盟地区贸易进行人民币结算试点。目前，人民币跨境流通量最大的是我国香港地区，中蒙、中越边境贸易基本使用人民币结算，越南农业银行已开办人民币储蓄业务。由于币值稳定及升值趋势，人民币成为一些国家和地区居民保值的重要币种；马来西亚、菲律宾、韩国中央银行已将人民币作为其储备货币之一。在老挝、越南，人民币基本可以替代其本国货币流通。在亚洲这些周边国家里，人民币地位实际已成为与美元等量齐观的硬货币。

国际金融危机以来，在不利的国际环境下，中国克服诸多困难，经济仍保持快速发展，经济总量和贸易规模愈加强大。虽然美元存在着巨大的贬值倾向，但中国仍保持着世界第一的外汇储备，这对于应对国际金融危机，维持人民币汇率稳定，提高人民币国际信誉产生了巨大的积极影响。中国在国际货币基金组织、世界银行、国际金融公司、亚洲开发银行等国际金融机构的地位显著提高，话语权有所增强。按照传统的国际化道路，人民币正向着既定目标前行。

第 14 章　碳金融风险及其管理

14.1　碳金融风险及其类别

14.1.1　风险概述

风险就是生产目的与劳动成果之间的不确定性。通俗地讲，风险就是发生不幸事件的概率。换句话说，风险是指一个事件产生我们所不希望的后果的可能性。某一特定危险情况发生的可能性和后果的组合。从广义上讲，只要某一事件的发生存在着两种或两种以上的可能性，那么就认为该事件存在着风险。而在保险理论与实务中，风险仅指损失的不确定性。这种不确定性包括发生与否的不确定、发生时间的不确定和导致结果的不确定。风险一词经过两百多年的演绎，越来越被概念化，并随着人类活动的复杂性和深刻性而逐步深化，并被赋予了从哲学、经济学、社会学、统计学甚至文化艺术领域的更广泛更深层次的含义，且与人类的决策和行为后果联系越来越紧密，风险一词也成为人们生活中出现频率很高的词汇。

14.1.2　构成要素

14.1.2.1　风险因素

风险因素是指促使某一特定风险事故发生或增加其发生的可能性或扩大其损失程度的原因或条件。它是风险事故发生的潜在原因，是造成损失的内在或间接原因。例如：对于建筑物而言，风险因素是指其所使用的建筑材料的质量、建筑结构的稳定性等；对人而言，是指健康状况和年龄等。根据性质不同，风险因素可分为有形风险因素与无形风险因素两种。

（1）有形风险因素。有形风险因素也称实质风险因素，是指某一标的本身所具有的足以引起风险事故发生或增加损失机会或加重损失程度的因素。如一个人的身体状况；某一建筑物所处的地理位置、所用的建筑材料的性质、地壳的异常变化、恶劣的气候、疾病传染等都属于实质风险因素。人类对于这类风险因素，有的可以在一定程度上加以控制，有些在一定时期内还是无能为力。在保险实务中，由实质风险因素引起的损失风险，大都属于保险责任范围。

（2）无形风险因素。无形风险因素是与人的心理或行为有关的风险因素，通常包括道德风险因素和心理风险因素。其中，道德风险因素是指与人的品德修养有关的无形因素，即由于人们不诚实、不正直或有不轨企图，故意促使风险事故发生，以致引起财产损失和人身伤亡因素。如投保人或被保险人的欺诈、纵火行为等都属于道德风险因素。在保险业务中，保险人对因投保人或被保险人的道德风险因素所引起的经济损失，不承担赔偿或给付责任。心理风险因素是与人的心理状态有关的无形因素，即由于人们疏忽或过失以及主观上不注意、不关心、心存侥幸，以致增加风险事故发生的机会和加大损失的严重性的因素。例如，企业或个人投保财产保险后产生了放松对财务安全管理的思想，如产生物品乱堆放，吸烟后随意抛弃烟蒂等的心理或行为，都属于心理风险因素。由于道德风险因素与心理风险因素均与人密切相关，因此，这两类风险因素合并称为人为风险因素。

14.1.2.2　风险事故

风险事故（也称风险事件）是指造成人身伤害或财产损失的偶发事件，是造成损失的直接的或外在的原因，是损失的媒介物，即风险只有通过风险事故的发生才能导致损失。就某一事件来说，如果它是造成损失的直接原因，那么它就是风险事故；而在其他条件下，如果它是造成损失的间接原因，它便成为风险因素。举例：（1）下冰雹路滑发生车祸，造成人员伤亡，这时冰雹是风险因素。（2）冰雹直接击伤行人，它是风险事故。

14.1.2.3　损失

在风险管理中，损失是指非故意的、非预期的、非计划的经济价值的减少。通常我们将损失分为两种形态，即直接损失和间接损失。直接损失是指风险事故导致的财产本身损失和人身伤害，这类损失又称为实质损失；间接损失则是指由直接损失引起的其他损失，包括额外费用损失、收入损失和责任损失。在风险管理中，通常将损失分为四类：实质损失、额外费用损失、收入损失和责任损失。

14.1.3　风险分类

14.1.3.1　按照性质

（1）纯粹风险：纯粹风险是指只有损失机会而无获利可能的风险。比如房屋所有者面临的火灾风险、汽车主人面临的碰撞风险等，当火灾碰撞事故发生时，他们便会遭受经济利益上的损失。

（2）投机风险：投机风险是相对于纯粹风险而言的，是指既有损失机会又有获利可能的风险。投机风险的后果一般有三种：一是没有损失；二是有损失；三是盈利。比如在股票市场上买卖股票，就存在赚钱、赔钱、不赔不赚三种后果，因而属于投机风险。

14.1.3.2　按照标的

（1）财产风险：财产风险是指导致一切有形财产的损毁、灭失或贬值的风险以及经济或金钱上的损失的风险。如厂房、机器设备、成品、家具等会遭受火灾、地震、爆炸等风险；船舶在航行中，可能会遭受沉没、碰撞、搁浅等风险。财产损失通常包括财产的直接损失和间接损失两方面。

（2）人身风险：人身风险是指导致人的伤残、死亡、丧失劳动能力以及增加医疗费用支出的风险。如人会因生、老、病、死等生理规律和自然、政治、军事等原因而早逝、伤残、工作能力丧失或年老无依靠等。人身风险所致的损失一般有两种：一种是收入能力损失；另一种是额外费用损失。

（3）责任风险：责任风险是指由于个人或团体的疏忽或过失行为，造成他人财产损失或人身伤亡，依照法律、契约或道义应承担的民事法律责任的风险。

（4）信用风险：信用风险是指在经济交往中，权利人与义务人之间，由于一方违约或违法致使对方遭受经济损失的风险。如进出口贸易中，出口方（或进口方）会因进口方（或出口方）不履约而遭受经济损失。

14.1.3.3　按照行为

（1）特定风险：与特定的人有因果关系的风险，即由特定的人所引起的，而且损失仅涉及特定个人的风险。如火灾、爆炸、盗窃以及对他人财产损失或人身伤害所负的法律责任均属此类。

（2）基本风险：其损害波及社会的风险。基本风险的起因及影响都不与特定的人有关，至少是个人所不能阻止的风险。与社会或政治有关的风险，与自然灾害有关的风险都属于基本风险。如地震、洪水、海啸、经济衰退等均属此类。

14.1.3.4　按照产生环境

（1）静态风险：静态风险是指在社会经济正常情况下，由自然力的不规则变化或人们的过失行为所致损失或损害的风险。如雷电、地震、霜害、暴风雨等自然原因所致的损失或损害；火灾、爆炸、意外伤害事故所致的损失或损害等。

（2）动态风险：动态风险是指由于社会经济、政治、技术以及组织等方面发生变动所致损失或损害的风险。如人口增长、资本增加、生产技术改进、消费者爱好的变化等。

14.1.3.5　按照产生原因

（1）自然风险：自然风险是指因自然力的不规则变化使社会生产和社会生活等遭受威胁的风险。如地震、风灾、火灾以及各种瘟疫等自然现象是经常的、大量发生的。在各类风险中，自然风险是保险人承保最多的风险。自然风险的特征有：①自然风险形成的不可控性；②自然风险形成的周期性；③自然风险事故引起后果的共沾性，即自然风险事故一旦发生，其涉及的对象往往很广。

（2）社会风险：社会风险是指由于个人或团体的行为（包括过失行为、不当行为以及故意行为）或不行为使社会生产以及人们生活遭受损失的风险。如盗窃、抢劫、玩忽职守及故意破坏等行为将可能对他人财产造成损失或人身造成伤害。

（3）政治风险（国家风险）：政治风险是指在对外投资和贸易过程中，因政治原因或订立双方所不能控制的原因；使债权人可能遭受损失的风险。如因进口国发生战争、内乱而中止货物进口；因进口国实施进口或外汇管制等。

（4）经济风险：经济风险是指在生产和销售等经营活动中由于受各种市场供求关系、经济贸易条件等因素变化的影响或经营者决策失误，对前景预期出现偏差等导致经营失败的风险。比如企业生产规模的增减、价格的涨落和经营的盈亏等。

（5）技术风险：技术风险是指伴随着科学技术的发展、生产方式的改变而产生的威胁人们生产与生活的风险。如核辐射、空气污染和噪声等。

14.1.4　性质

（1）偶然性：由于信息的不对称，未来风险事件发生与否难以预测。

（2）相对性：风险性质会因时空各种因素变化而有所变化。

（3）社会性：风险后果与人类社会的相关性决定风险社会性，具有很大社会影响。

（4）客观性：风险是一种不以人的意志为转移，独立于人的意识之外的客观存在。因为无论是自然界的物质运动，还是社会发展的规律，都由事物的内部因素所决定，由超过人们主观意识所存在的客观规律所决定。

（5）不确定性：发生时间的不确定性。从总体上看，有些风险是必然要发生的，但何时发生是不确定的。例如，生命风险中，死亡是必然发生的，这是人生的必然现象，但是具体到某一个人何时死亡，在其健康时却是不可能确定的。

14.1.5　碳金融主要风险分类

考虑到碳交易的特殊性、市场的差异性、价格的不确定性，以及项目的跨期性等特点，碳金融风险可以划分为：政策和政治风险、操作风险、流动性风险、信用风险、市场风险和项目风险 。

14.1.5.1　碳金融风险分类

（1）政策和政治风险

政策风险是指市场主体由于政策和制度的不确定性而遭受损失的风险。碳金融市场以法律为基础，高度依赖制度和政府监管，政策变化会对市场运行造成较大影响。如 2012 年《京都议定书》的第一个减排承诺到期，相关制度如何延续，延续后的制度走向。各种不确定性变化导致人们缺乏明确的政策判断，给碳金融市场造成较大不确定性，增加市场参与者的担忧。政治风险是指市场主体受该国或他国政治关系变化而可能遭受损失的风险。国家政局动荡会对减排项目造成直接的负面影响，政治事件也有可能通过石油等能源市场波动影响碳金融市场。

（2）操作风险

操作风险一般认为是由于系统故障、人为操作失误、管理失误以及外部突发事件引发的，造成损失的可能性。在碳金融市场中，系统控制不完善、参与者对规则不清楚以及恶意欺诈等都有可能引发操作风险。操作风险具有内生性和外生性的特点，在日常过程中，难以防控，而且发生后损失通常十分巨大。

（3）流动性风险

流动性风险是指因客户的流动性需求，从而引发的成本增大或者价值损失的可能性。由于碳交易的信息严重不对称，碳权流动性非常低下，因此，在碳交易市场中常常需要引入中介方来完成交易，由于流动性较低，其成交价格通常较真实市场价格就会有一定的折价，或是要缴纳一定的费用，这就造成了额外的交易成本，增加了流动性风险。

（4）信用风险

信用风险是指在碳交易市场中由于交易对手没有按照协议条款履行相关义务，或者交易客体的质量失真而使交易主体的当事人遭受损失的风险。信用风险往往是由于存在着普遍的信息不对称现象，银行在 CDM 项目过程中，无法真实掌握借款人的信用资质，因此“逆向选择”的现象发生时，将承受了较大的信用风险。

（5）市场风险

市场风险是指在碳金融市场中，由于市场汇率、价格等要素变化，使参与方蒙受损失的风险。当前国际上并没有一个统一的碳交易市场，各个国家、地区具有差异性较大的交易机制和交易品种等制度安排，因此，大大增加了交易成本和交易周期，增大了市场波动，产生了一定的市场风险。

（6）项目风险

项目风险是指 CDM 项目在项目运作周期内，因为项目自身的变化形成的损失，这样的不确定性称为项目风险。项目风险主要容易出现在项目未能按期投产以及碳减排量产生超标等两个方面，从而影响整个项目的产出。特别是当项目国出现政治风险时，CDM 项目面临的项目风险就更大。

（7）其他风险——道德风险

道德风险的产生是多种因素共同影响的结果。最根本的原因是人的自利性，即人在经济活动中追求个人效用最大化，导致各个经济主体目标不同。其他的因素包括：信息的不对称性、环境的不确定性、契约的不完全性，经理人的道德水平、法律制度、市场体制等。

①引发道德风险的原因

a）委托人与代理人利益的不一致。委托人的目标是最大化资本增值，代理人的目标是个人利益最大化。利益上的冲突，孕育了激励不相容问题，隐藏了代理人的道德风险问题。

b）信息不对称。在委托人与代理人签订合同之后，委托人无法直接观察到代理人的某些信息，例如代理人努力程度、资金运作情况等信息。在这种情况下，代理人可能利用信息优势，在可能的范围内最大限度地满足自身利益，同时损害委托人的利益，导致道德风险。

c）经济制度的不健全，过低的法律责任弱化了法律的约束。

d）代理人业绩的随机性。由于产出具有某种随机性，使得委托人无法通过结果判断代理人的努力程度。在存在道德风险的情况下，代理人的业绩是不确定的，这种不确定的业绩是代理人努力程度及外界环境因素共同作用的结果。

e）产权制度缺失等制度性因素。在国有企业所有权缺位的情况下，难以建立有效的激励约束机制，从而滋生道德风险。

f）风险和收益的不对等。代理人在不用承担全部行为后果的情况下，为了追求自身效用最大化可能采取高风险的策略，损害委托人利益的行为。

②碳金融道德风险的表现形式

具体而言，我国碳金融道德风险的具体表现形式有 4 种。

a）政府与企业目标的不一致。政府的目的是扶持低碳行业，同时要确保投资人的本息收益，在扶持企业的同时追求稳健；企业的目标是收益最大化，在发展策略、设备采购等方面可能更加激进、主观愿意冒更大的风险。接受资金的新企业，由于承担有限责任，这种策略可能会更为激进；接受资金的老企业，基本是关乎国家经济命脉的大型国企，国家不会允许这样的企业倒闭，所以即使这些国企无力偿还债券本息，也无法进行破产清算，在制度上对这样的企业无法形成强有力的约束。这样，当企业无力偿还本息时，由国家财政补贴投资者损失，就造成了由国家为企业承担风险的问题。

b）政府与企业的信息不对称。政府将资金投放给企业以后，企业就获得了资金的使用权。而政府主管部门没有足够的人力监督企业运行的方方面面。企业的某些信息，例如经理人的努力程度、企业运行情况、资金的使用情况等信息都无法直接及时的了解。企业有可能不按照融资时与国家共同确定的用途使用资金使政府面临的违约风险增大。如果企业投资于比债权人预期风险更高的项目或进行低效无效投资或不投资这都会损害债权人的利益。在这种情况下，企业经理人可能利用信息优势，在可能的范围内最大限度地满足自身利益，例如将资本挪用、投入高风险高回报的行业，注重短期效用、忽视长期收益等问题。由于企业业绩是由经理人的努力程度及外界环境因素共同作用的结果，所以政府主管部门不一定能够判断企业业绩是否合理。

c）过低的法律责任弱化法律约束。企业亏损对经理人的惩罚力度不够，可能导致经理人的玩忽职守，致使企业亏损。

d）产权制度缺失等制度性因素导致了道德风险。在我国的国有企业中，虽然对企业经理人逐步建立了激励机制，但是缺乏有效的约束机制，碳金融募集的资金可能无法得到高效合理的利用。所以，在国有企业所有权缺位的情况下，难以建立有效的激励约束机制，从而滋生道德风险。

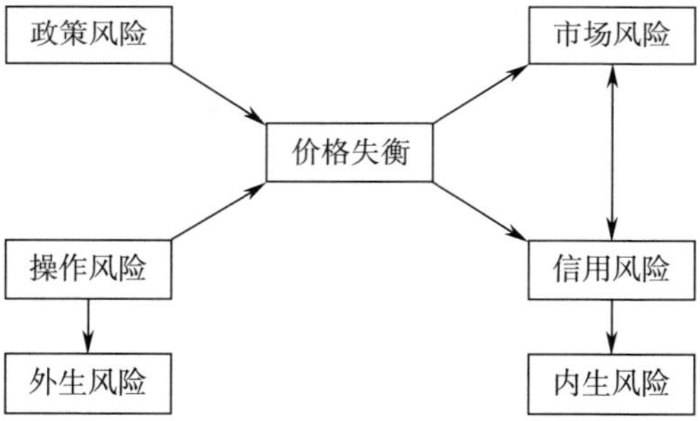

图 14.1　主要碳金融风险关系示意图

14.1.5.2　风险指标

表 14.1　风险指标

风险类别	风险种类	指标说明
流动风险	贷款延期偿还风险 资信不正常使用风险 清洁项目被撤资或资金不足风险 贷款不足风险 操作错误风险	项目未按期完成，资金链熔断 超过资信支持的贷款额度 清洁项目中途被迫撤资需再融资 主要是银行大额存款，在未告知情况下提前支取 工作人员专业水平不足，技术欠缺
操作风险	政策动向风险 碳金融衍生工具风险	政府推行政策是否影响商业银行流向 缺乏了解 碳期货，期权合约等衍生品操作不当

续表

风险类别	风险种类	指标说明
市场风险	市场利率风险 汇率风险 物价波动风险 碳排放市场价格波动风险 CDM 项目不履约风险	银行业的利率波动 外汇波动 国内大宗商品物价指数变动 碳排放市场价格变动 碳排放市场中碳排放配额价格波动 被拒绝付款
应用风险	交易买方合约推迟履行风险 核证减排量 验收风险 信息失调风险 审批不通过风险 合同终止风险 周期延长风险 建设工程停工风险	保险商没及时支付款项 碳金融衍生品合约不按时履行 项目完成后，核证减排量不达标 买卖双方信息掌握不一致 提出 CDM 项目申请后，被退回重审 CDM 合同由于外界因素被迫中断和停止 项目周期超过天数 工程前期无准备和后期工程物资资金是否到位
CDM 项目风险	监测与报告审核风险 额外成本风险 核证减排量审核风险 替代风险 核证减排量价格风险 质量不合格风险	项目结项的检测结果存在疑问 项目开展的额外交易成本 核证减排量不达标，无法通过核证 其他更大收益和项目替换 核证减排量定价过高，超出可能预期 项目质量不符合 CDM 审核标准

14.2　碳风险的形成路径与分析方法

14.2.1　碳金融风险发生的路径

14.2.1.1　碳金融资产泡沫发生的路径

2008 年发生的次贷危机导致次贷泡沫完全破裂，这是由于泡沫的生成和膨胀都需要大量资金进行不断维护，一旦资金供应出现问题就会导致泡沫破裂，从而爆发金融危机。而次贷危机是由过度信贷引起，贷款人疯狂借贷并将抵押物循环抵押，最终引起金融市场崩盘。为了严格限制次贷危机继续发酵，诸多国家制定了更严格的金融管控法案。

碳排放权交易也会出现类似情况，即碳交易市场也会经历发展与衰退这个经济周期。近年来，新兴的碳金融市场蓬勃发展，碳排放权及其衍生产品的交易成为全球资本市场争先运作的金融产品之一，这一方面带来了巨大的经济利益，但另一方面也因产品的虚拟性带来了较大的泡沫，可能引起新的金融危机。这与过多的热钱追逐少数的盈利资产有关，并最终使虚拟资产转化为不良资产，从而产生泡沫。如果不加以监控，则可能会引发下一次金融危机。

碳金融危机的产生原因如下：在碳交易市场中存在投机者、守法投资者与计划投入发展者三种类型卖家，同时也存在守法投资者与投机者两种类型买家。如果市场中的投机交易者过多，他们会与中介商共同串谋提高碳排放权交易价格，再以超高价卖给守法投资者，从而扰乱市场秩序。同时，为了使交易者进入市场，投机者会提前承诺一定的碳减排额度，但其未必能在适当时间获得这些额度。这就可能导致守法投资者进入碳金融市场后发现市场价格虚高，而且即使购买了一定的碳减排额度最终也无法获取相应产品。随着碳交易总额的不断扩大，这种交易模式最终会形成较大的泡沫并引起市场紊乱。碳金融泡沫发生的路径如图 14. 2 所示。

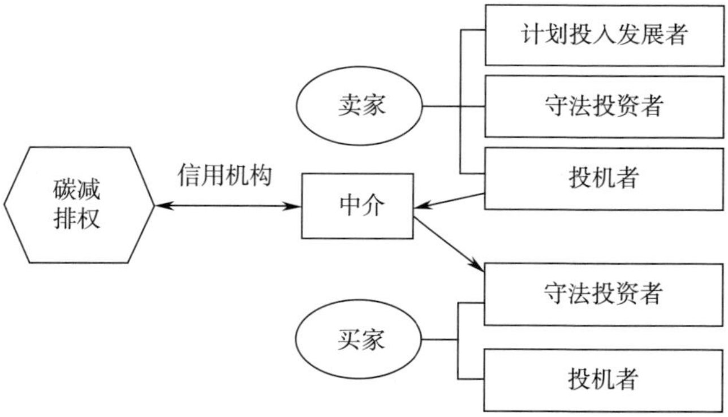

图 14. 2　碳金融泡沫发生的路径

14. 2. 1. 2　次级碳风险发生的路径

碳市场也会出现次级碳问题，即投机者不断地出售打包的碳配额，从而产生次级碳，这将引起较大的金融风险。一方面，投机者可能并没有真正的碳排放权，只能使用销售承诺进行交易；另一方面，无形的次级碳（碳抵减额度是总量以外的碳抵消计划）的风险相对更大，因为该计划可在全球范围内销售且通过此种方式限制温室气体排放。而投机者将这些无形的减排额度在全球范围内进行收集并打包后形成次级碳产品并在全球发售，这使得一些碳抵减供应商必须解决“额外性”系统性风险，即必须证明一个企业除了购买额外碳减排权，没有其他方法解决大气污染问题。然而，大约有四分之三的企业不能获取由监管机构发出的额外性证明，因此当前多数碳抵减项目的系统性风险非常高。

同时，要想防范这种次级碳风险也存在一定难度。这是由于一般销售碳排放权的机构都要与政府联合开发温室气体排放项目，目的是通过政府的权威性为发行碳交易金融产品提供信用担保。随后其推出的碳金融产品计划要经过信用机构认证，从而使卖家了解碳信用额度及产品的适当性，即在正式出售前卖家承诺出售的碳金融产品标的物需经信用机构审核。然而，被授信的产品量远低于销售承诺的产品量，如欧盟碳金融交易理事会每年只给 30% 的产品授信，而投机者卖家的交易量远高于被授信的产品数量。次级碳风险发生的路径如图 14. 3 所示。

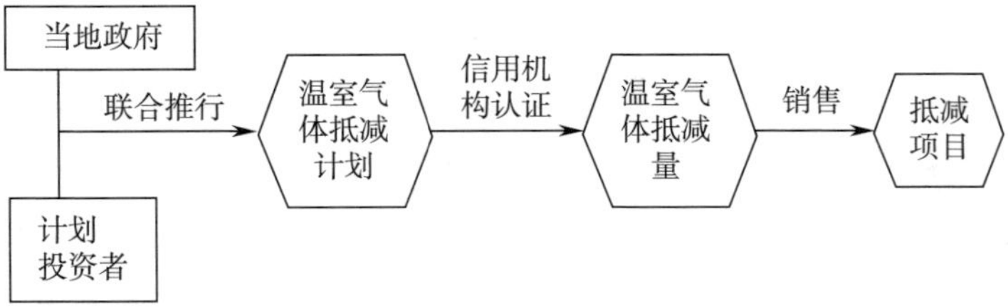

图 14. 3　次级碳风险发生的路径

14. 2. 1. 3　碳金融资产证券化风险发生的路径

随着碳金融产品的不断发展，碳金融资产泡沫风险快速增加，即便采取措施有时也无法解决这些问题。2008 年发生次贷危机时，银行等金融机构开发出非常复杂的证券产品，导致一系列连锁风险产生。美国 20 世纪 90 年代开发了二氧化硫（SO_2）产品，随后引入环境金融概念并将这种产品进一步复杂化。然而，银行等金融机构往往只宣传这种新兴金融产品证券化的优势，而未考虑其产生的其他系统性金融风险，这使得资产证券化风险不断传播。图 14. 4展示了银行等金融机构碳资产证券化（MBS）的过程。

这种证券化过程与捆绑销售非常类似，带来了系列碳资产混合风险。全球

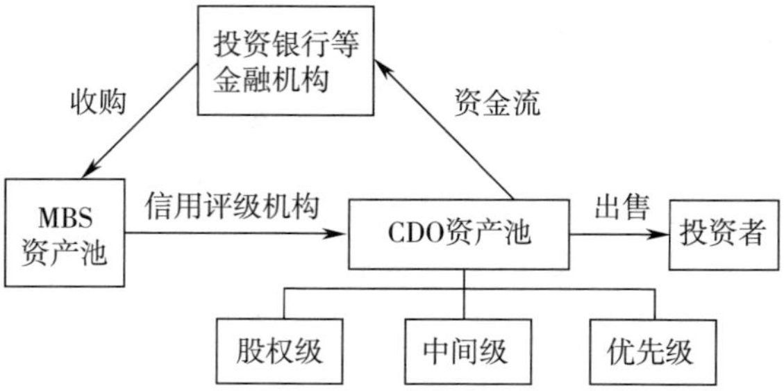

图 14.4　银行等金融机构碳资产证券化过程

许多银行均进行过类似交易，这些银行如果不控制证券化碳质量，将会使产品更加复杂，从而导致金融系统性风险加剧。例如将购买的碳资产证券化（MBS）产品进一步衍生成碳债务抵押债券（CDO）等结构性产品，并向全球对冲基金和私募基金等市场投资者出售。然而，由于信评机构进行评级时使用的财务模型一般较为简单，针对混合贷开发的专有模型较少，更加不适合分析投资组合多样化的碳抵消模型，导致碳质量控制与分析难度较大。因此，防范这种销售过程中的风险以及采用碳抵减模型均成为难以解决的问题。

14.2.1.4　利益冲突风险发生的路径

由于新金融产品带来的短期效益较多，很少有银行等金融机构的管理层会质疑这些新金融产品带来的风险，这些银行管理层甚至会游说企业管理层与政府，使他们发布一些有利于碳金融产品交易的规定。虽然政府为了经济发展可能会支持新兴碳产品交易，但市场中仍然会出现诸多利益冲突风险。具体而言利益冲突有以下三种。

（1）咨询公司与投资者的利益冲突。咨询公司作为银行等金融机构的代表，会向公司管理层推荐碳产品并从中获得收益。在推荐过程中，其会尽量为企业介绍产品收益而避免介绍其中的风险，这使得企业管理层更注重碳金融产品的获利情况从而忽视了风险。

（2）信用评级机构与银行的利益冲突。在企业获取了碳金融产品信息后可能会购买抵消项目，其购买的这些项目需要信用评级，而碳金融产品的复杂性导致信用评级机构难以对其进行准确评级。

（3）银行与投资者的利益冲突。银行为了让自身开发和持有的碳资产价值得到提升，会试图推高相关碳金融产品的价格并极力销售给投资者。这些潜在的利益冲突增加了利益相关者之间的风险规避难度，最终使其经济利益受到损失。《巴黎协定》生效以来，中国积极地推动引导全球气候治理，切实履行自身义务，推进全国性碳排放交易市场的运行。但是，我国的碳市场在试点运行的初期仅仅是作为一个履约型的政策市场，由于履约期的集中，导致碳市场运行在非履约期的交易量非常小，价格也相对稳定，而在履约期临近交易日的交易量显著增加，相应地，碳配额的价格也会出现显著的波动。更重要的是，由于参与交易的主体的单一性，导致市场自试点建设以来鲜有人知，并不活跃。为激活碳交易市场，各试点地区引入碳金融活跃碳市场。以上海碳市场为例，通过引入金融机构和第三方碳资产管理公司，发展碳金融，使作为碳市场履约主体的控排企业不仅能通过“借碳交易”和“碳配额卖出回购”等碳金融模式的交易获得碳资产收益，还能通过中国核证自愿减排（CCER）质押融资模式获得抵押贷款，成为控排企业融资的新渠道。通过开发创新以碳配额为标的的“碳信托”和“人民币碳配额远期产品”等衍生金融产品，控排锁定价格、规避和对冲风险。碳金融的引入对碳市场的活跃、价格波动的减缓、远期风险的规避等环节都起到了积极的作用。

14.2.2　碳市场、CCER 市场风险传导机制

14.2.2.1　配额过多时的风险传导机制分析

在碳配额的分配总体上呈现相对富余的情况下，或者说是分配过多的情况。一方面，控排企业将不再有减排的压力，相反地，控排企业会将富余的碳配额出售，这部分配额会流向碳金融市场，被金融机构打包成各种金融产品出售。由于碳配额总体富余，多出来的这部分配额是没有需求的，也就是没有使用价值。而此时在碳金融市场上流通的各种金融产品均以此为标的，必然是一种泡沫的状态，没有有价值的实体作为支撑。即使在考虑到碳配额可贮藏性性质的条件下，在短期内（下一期碳配额分配之前）也会呈现一种泡沫状态，且泡沫的消除必须以下一期的碳配额分配能够消化本期富余配额为基础，这就对碳配额分配的科学性做出了严苛的要求。在考虑 CCER 市场时，情况进一步恶化。一方面，CCER 的基本功能就是在控排企业碳配额不足的情况下抵消碳排放完成履约，但当碳配额充足的时候，CCER 没有相应的需求，换而言之，没有价值。那么此时的 CCER 市场就完全是一个泡沫市场，隐藏着巨大的风

险。另一方面，由于配额的分配相当于是凭空给企业虚增了一笔碳资产，并创造了一个新的市场，目的是为了限制企业的排放量，减少经济发展的负外部性，促进企业进行技术创新和升级，它的理想状态应该是在履约期结束，该市场将不存在多余的碳配额。那么，在配额过多的情况下，该市场将会更多地占有实体经济的资金，从而对实体经济带来不利的影响。也就是说，碳配额分配过多将会产生泡沫、冲击实体经济，更重要的是，它的基本功能，即促进企业减排，没有实现。

14.2.2.2 配额过紧时的风险传导机制分析

碳配额分配过少时：一方面，临近履约期，企业预期履约期期末将不会有充足的碳配额来完成清缴履约，因此企业为防止违约风险，无动机将手中的碳配额放置市场上进行交易，甚至企业会保留手中的碳配额至履约期并进一步购买 CCER 完成履约。这时，碳市场的交易量将会极度萎缩。另一方面，临近履约期期末，由于碳市场上的碳配额相对稀缺，供不应求，价格升高甚至被恶意炒高，增加企业的履约成本。在碳配额的分配总体过少时，则会出现控排企业履约成本高，履约率下降等现象，甚至无法履约，导致大量违约出现，进而在碳市场碳金融产品上引发金融危机。

在整体经济发展趋缓、个体企业效益不好的情况下，权衡违约处罚和违约收益，企业可能因为多生产多排放收益小处罚大，而选择减产控制排放完成履约。碳配额变成了套在企业头上的“紧箍咒”，对经济发展陷入放缓的宏观经济雪上加霜，导致碳排放市场设定目的与结果南辕北辙。企业也可能因预计扩大规模和排放收益大于违约成本而不顾碳配额限制，因为由于配额一次性发放，如果期末企业即使购买 CCER 也难以履约，有两种情况：一是企业大量购买 CCER 努力完成履约，此时 CCER 的需求量急剧升高而 CCER 的供给不可能马上满足需求，此时将会出现 CCER 价格畸高的情况，且拥有 CCER 的机构（从上海的经验来看，这些机构更多的是金融机构和第三方碳资产管理机构）会出现惜卖现象，推动 CCER 价格的进一步提高，此时不仅企业获得 CCER 的成本加大，更严重的是在 CCER 市场形成了一个巨大的泡沫，一旦此泡沫破裂，将引发系统性金融风险。二是企业面临高价 CCER 将会放弃购买 CCER 完成履约而选择违约，对于企业来说，违约的结果只是受到处罚，但是对于碳配额交易市场，大面积的违约将会是一个重大风险，在不同的交易模式将会产生不同的后果，以“借碳交易”模式为例，碳配额相对短缺的情况下，碳配额的价格就会偏高，尤其是在履约期临近，碳资产管理机构无论是以碳配额还是碳配额加 CCER 混合偿还企业，都将面临一个巨大的成本，极易出现违约，金融市场的大量违约，毫无疑问会带来金融危机。大量违约的出现也会冲击碳市场，使得配额控排政策无效。

14.2.3　碳金融风险主要表现

14.2.3.1　碳金融资产的泡沫风险

资产泡沫一旦形成，就需要越来越多的资本来维持其自我循环，但循环最终会因为资金链断裂而崩溃。欧盟是目前最大的碳交易市场。因交易量大，欧盟可能会成为全球碳金融资产泡沫的源发地，这不仅与其财政政策无力有关，也与碳交易市场的投机行为有关。这主要是因为，如图 14.5 所示，在碳交易市场中存在投机者与守法投资者、计划投入发展者三种类型卖家，同时也存在守法投资者与投机者两种类型买家。当市场中的投机者较多时，他们就可能推高碳交易价格从而制造泡沫并促进次级资产发展。具体方法是，卖家与中介股票经纪商合谋，利用信用机构对碳资产评级抬高碳抵消项目的价格，然后以较高的市场价格卖给买家。当买家是投机者时，其将会继续与中介合谋以更高的市场价格进行再次出售。为了获取更多的收益，不法中介商可能会采取过度承诺未来碳抵消计划信用额度的方式吸引投资者进入购买市场，而在最终无法获取碳抵消项目时通过次级资产来解决，而根本不提供所承诺的温室气体减排。基于此，碳市场在不断交易循环中最终产生泡沫。

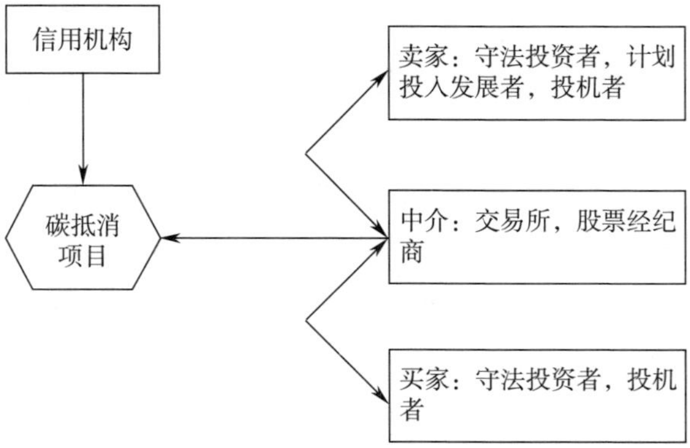

图 14.5　碳金融资产泡沫的产生图

14.2.3.2 次级碳的系统性信用风险

不良抵押贷款引发金融危机，而欧盟碳市场机制由于次级碳的存在，将可能造成类似的金融问题。次级碳是风险没有完全披露且信用认证不合理导致的风险，即交易双方以合约形式提供碳金融商品，而无法履行风险相对较高，可能使得价值崩溃。与次级抵押贷款或垃圾债券相比，无形的次级碳更具有无法回收的风险。一般而言，碳抵减项目在实施后能减少、避免或封存温室气体，这些抵减项目额度是总量管制外的抵消计划，可以出售给在全球规范的碳排放者，帮助其符合温室气体排放限制。而次级碳却来自碳市场交易的排放限额中伪劣的抵消项目额度。以欧盟为例，抵消计划的供应商在他们获得信用认证前必须完成许多工作，如需克服利率、汇率和技术等普通因素风险，还必须克服“额外性”系统性风险，即需要提供证明除了本项目外，使用其他方式不能减排温室气体，并让清洁发展机制（CDM）执行理事会进行验证信用。但事实上，大约有 3 /4 的 CDM 没有额外性证明，而他们在建成时却获得了欧盟签发的信用认证。可见，当前欧盟签发的碳信用额度令人质疑，这就是次级碳的主要风险来源之一。根据斯坦福大学的一项研究发现，抵消项目中无法显示是否进行了信用验证，因此欧盟的多数碳抵消项目系统性风险非常高（Wara 和 Victor, 2008 ）。然而，Gao（2008）却认为，要想确保每一个 CDM 信用真实、可长期计量减少是不可能的。

这是由于，如图 14.6 所示，计划投资者（卖家）会与当地政府共同开发温室气体计划，目的是产生温室气体抵消项目，但该项目要想出售必须得到信用机构认证。事实上，信用机构在认证前，卖家往往就会作出承诺提供碳信用额，即在清洁发展机制执行理事会（或其他认证机构）正式批准信用额度之前，或验证信用额度过程中，或是温室气体排放标的已经减少而无法获得信用额度时，卖家就承诺出售碳标的物无法取得而不能进行交易的碳信用额度。如欧盟总量交易法案对碳排放交易进行分析发现，当清洁发展机制执行理事会只给 30% 的信用授权时，卖家往往已作出 100% 的承诺。此外，再加上潜在巨大规模的碳交易市场和碳金融衍生性产品的复杂性，又可能再次增高次级资产所造成的系统性信用风险。Kanter（2007）预测当前的次级碳可能会引发类似的金融危机，因此政策制定者应该采取谨慎的政策，从次贷危机中吸取教训。否则，碳交易市场这一有史以来快速增长的市场将会发生极大的系统性信用风险。

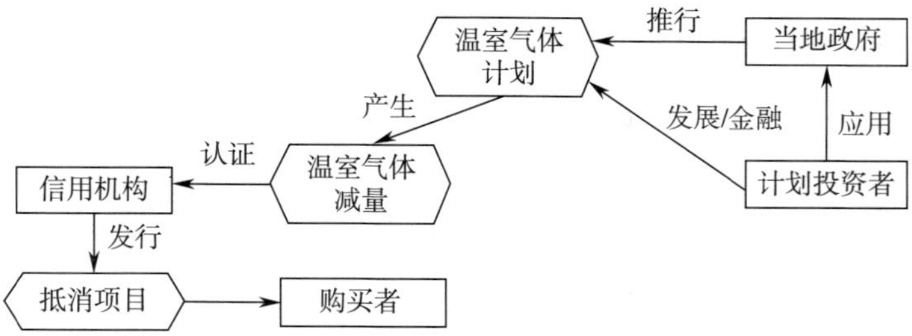

图 14.6　次级碳所造成的系统性信用风险图

14.2.3.3　碳金融创新的资产证券化风险

在当前的金融市场中，新金融创新产品制造了迅速膨胀的资产泡沫，即使采取简单的交易，如使用期货对冲风险（即购买碳排放信用）也会进入另一个新的危险层级。当我们发现在金融危机中，财务工程师成功地开发并售出了日益复杂的产品，而该产品看似满足了抵押贷款证券及相关产品的无限需求，但事实上却存在隐藏资产证券传播风险。自 20 世纪 90 年代初，美国推出了二氧化硫（SO_2）交易后碳市场逐渐变大，现今已更加复杂化和国际化（Stoiber，Rose，1973）。然而，增大金融商品总量和增加交易体系的支持者们往往把重点放在碳排放权交易的好处上面，而经常忽略了经济发展可能衍生的风险。那么，碳金融创新中的资产证券化风险是如何进行传播的呢？

图 14.7 研究了瑞士银行碳资产证券化过程。Szabo（2008）发现瑞士银行将 25 个联合国批准的各个阶段抵消碳项目捆绑在一起，这些项目来自三个国家开发的碳信用额度。他们将这些资产依照不同的风险水平分割为高中低三部分出售给投资者，这被称为证券化的过程。这种碳证券与抵押贷款证券的捆绑及销售具有非常相似的结构。虽然瑞士银行的交易相对较为谨慎，但也可能带来未来的碳交易风险和碳资产混合风险。此外，雷曼兄弟、摩根大通和法国巴黎银行也进行过碳证券交易。但这些银行如果不基于众多碳抵消计划的质量分析，随着碳交易变得复杂，碳金融商品将更加不透明，其中的风险危机会不断提高。然而，进行质量分析相当困难，信用评级机构不能将成千上万的碳资产混合贷款进行评级，这是由于信用评级机构常依赖的财务模型不是针对混合贷开发，不太适合分析投资组合多样化的碳抵消模型。因此，如何防范捆绑销售混合风险和使用较安全的碳抵消模型作为对抗碳资产证券化风险的工具，一直

成为欧盟监管机构研究的重点。

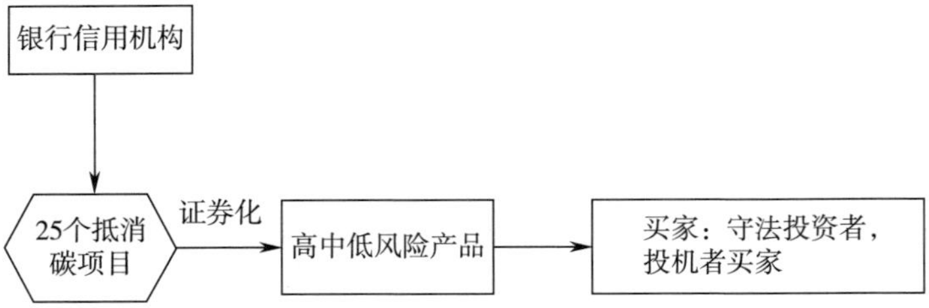

图 14.7 瑞士银行碳资产证券化过程

14.2.3.4 利益冲突导致过度的风险承担

金融危机产生了许多复杂的结构性产品、衍生性商品和存在资产负债表外项目等较大的金融风险，但是这些产品却能在短期获利。同时，由于短期产生绩效、利润和股票选择权的吸引，很少有 CEO 质疑这些新交易方式和新金融产品的风险，随后这些 CEO 所在的公司会对政府进行游说并使其颁布一些新的支持规定。然而，即使政府支持了新金融产品交易，新兴的碳金融市场中也会出现利益冲突，这使得各主体承担的风险不断累加。具体而言，在碳金融产品中咨询公司与购买公司、信用评级机构与银行、银行与购买公司之间均会存在利益冲突。如图 14.8 所示，首先，咨询公司与购买公司的利益冲突。咨询公司会向购买公司的 CEO 提供建议发展碳抵消项目并能获得核实减排量项目收益。在整个推荐过程中，咨询公司也为了销售目的尽量将风险导致的影响简略化。而这对 CEO 来说是一个短期内获益的方法，并不会考虑其风险和收益的比例。其次，信用评级机构与银行的利益冲突。在 CEO 接受了咨询公司的建议后就可能向银行购买碳抵消计划。而银行本身的碳抵消计划股权，也可能来自信用评级机构。这些信用评级机构帮助银行设计复杂的结构性碳金融产品并评定这些产品的价值。在这个过程中，信用评级机构为了降低自身评定结构性碳金融产品的风险，会故意将碳金融产品复杂化，使其价值难以被复核。最后，银行与 CEO 的利益冲突。银行为了获取更高的碳金融产品价格，增加自身拥有的碳资产价值，会夸大这种金融产品的价值以推销给 CEO。对碳交易市场而言，这些利益冲突并非唯一，但无论是从金融和环境角度都将损害参与者的诚信。

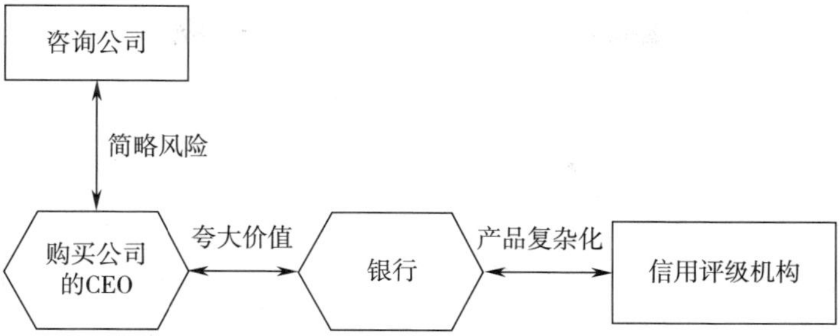

图 14.8　利益冲突导致过度的风险承担图

14.3　碳金融风险的管理

14.3.1　管理流程

碳金融风险管理的具体内容包括：风险识别、风险评估和风险控制等内容。

风险识别。风险识别是利用各种方法发掘潜在风险及风险形成的诱因。在碳金融领域，可以通过经验认知等方式判别潜在风险，寻找存在的主要风险。也可以通过资料和数据的分析，归纳总结风险诱因，寻找风险产生的规律。在碳排放权交易的风险识别中，需要重点关注的方面是：确定排放名单、排放的监测、管理信息系统、碳排放的登记注册等。

风险评估。风险评估指对风险事件造成的影响和损失进行量化评价，需要计算风险发生的概率、产生的负面影响、风险承受能力和风险的优先级等。主要评估方法包括定量和定性，可以通过模型进行分析。目前国际上比较主流的风险计算和评估模型包括：给予 SV 模型的碳排放期货市场风险计量、Credit Risk + 模型和统计度量模型等。

风险控制。风险控制是风险管理的核心内容。在风险识别和风险评估的基础上，管理者可以通过多种方式来减少风险发生概率，减少风险损失。在碳金融市场中，可以采用的风险防范措施包括：制度制约、系统管控、第三方核查、政府监管等。如通过建立数据库和信息披露机制，信息不对称带来的风险可以大大减少；再如通过跨国合作，可以转移和分散相关风险。

14.3.2 管理方式

14.3.2.1 国际碳金融市场风险监管的基本原则

碳金融市场运作的不确定性给碳金融交易主体以及整个社会经济带来了一系列的风险。风险监管机制是指，政府为了对碳金融市场交易进行监管、控制以及应对各种突发情况，采用包括法律、经济以及行政在内的各种手段，其本质是一种政府规制行为，它是国际碳金融市场有效运行的保障。

公平、公正、公开是碳金融市场风险监管的基础原则，也是任何市场健康发展的基础原则之一。公平原则是强调各个国家特别是发达国家与发展中国家之间进行碳金融交易的过程中，以平等的法律地位，营造一种可以互利和公平竞争的环境；公正原则是强调碳金融市场的管理部门所制定的法律、法规、政策必须要体现出公平性，能够从公正的角度履行其职责，在交易的各个环节进行严格公正的监管，同时对参与碳金融交易的各方主体给予一律平等的对待，不允许任何参与者利用某种特权凌驾于法律之上行为的发生。而公开原则是指碳金融市场中，各种与交易有关的信息都要公开透明，通过信息披露使参与者能够及时、准确、完整地了解到相关的市场信息，满足其交易所需的相关信息。建立公平、公正、公开的风险监管原则，是形成合理碳金融交易秩序的一个基本要求，也是使碳金融交易各方主体获得合法经济利益的必要条件和基础。

在碳金融市场体系之中，对交易各方主体合法权益的维护是监管的中心目标，一方面，交易各方主体是碳金融市场最基础的组成部分；另一方面，充分维护和保障交易市场主体的各种合法权利，是碳金融交易市场健康有序发展的重要动力。在交易过程中，由于各种风险存在，往往使参与者遭受不同程度的损失，遭受更多损失的是那些处于劣势的经济落后的发展中国家。因为这些国家还未形成成熟完善的市场经济，具有碳金融及其相关知识的专业人才十分匮乏，及交易市场上存在着严重信息不对称问题，使得其他发达国家有机可乘。因此，通过制定相关法律法规，建立完善交易秩序切实维护交易参与者，特别是发展中国家利益，并在此基础上进行公平、公正、公开的碳金融交易。

14.3.2.2　国际碳金融市场风险监管的目标

（1）形成完善的碳金融交易定价机制

有效的交易和科学合理的定价机制是碳金融交易公平高效进行的基础，也是碳金融交易市场成熟发展的根本，因为碳市场价格是市场参与者供求关系的客观表现。碳价格与很多行业产品产量存在显著正相关关系，如石油、天然气、钢铁、造纸、电力等，其价格和传导机制直接影响整个市场的投资决策。因此，在国际碳金融市场形成一个权威的碳金融定价机制非常重要。在一个有较强流动性的市场中，众多的参与主体通过其公平竞争所形成的价格发现机制是最有效的。

当前环境下，发达国家碳金融市场的风险监管并没有将价格机制的运行作为监管要点，只能依靠交易所来发挥监管作用。就目前交易的实际情况来看，商品现货市场的时价都是从期货交易所中得到的，在期货交易所中每时每刻都会产生新的价格，交易记录等都能即时传输，对于碳市场也是如此。与此同时，监管机构对于交易所是否通过将实时时价数据私下出售，从而赚取额外收益的违规行为进行监管。另外，碳金融监管体系的监管范围和监管规则的设置直接影响价格信息的可获取性。特别是近些年来，场外交易发展速度快，甚至超过场内交易，很多碳金融衍生品直接在场外进行交易，没通过交易所。所以，未来碳金融市场发展和价格机制的形成及完善对场外市场监管才是关键。

（2）在合规性的条件下解决信息不对称问题

对监管机构而言，如何平衡碳金融交易市场信息透明度和保密性之间的关系是一个很难把握的问题。为了帮助碳金融交易市场参与者及时、准确地获取信息，要求交易过程中的信息要透明，避免由于信息不对称带来的风险。但是，与之所伴随的问题也相应产生，即当碳金融市场过于透明时，信息披露也会因为破坏了交易双方的保密性而增加投资者的成本，从而对市场交易产生一定消极影响。例如，很多大型交易者为减少交易成本增加的可能性，往往选择匿名交易，避免其他交易者跟风或者模仿进而影响其交易决策。为尽量降低各种风险对碳金融交易的影响，很多监管机构需要交易参与者真实汇报其交易数据，尽管参与者不愿意提供此类信息，但这是监管机构要求参与者必须要提供的信息，而这些信息往往都无法对大众公开。政府也需要对一些与价格有关的敏感信息进行收集与掌握，如政府需要根据企业实际排放的数据来进行数额分配的设定工作。这些信息对于碳金融市场价格信号都会产生重要的影响。为避免信息泄露所带来的巨大影响，监管部门需要设计出合理有效的披露程序和相关制度条款。

（3）保证交易规则的执行

在碳排放交易市场上，最常见的违规行为是交易商、中介服务提供商对投资者的欺诈、交易方内幕不透明交易以及市场垄断者长期的恶意价格操纵等，这些行为不仅损害了碳金融市场各交易主体的经济利益，更是破坏了碳金融市场的资源配置优化机能，不利于该市场机制及交易秩序的建立。而碳金融市场的迅速发展不断对传统金融监管部门的监管制度与功能提出了新的挑战。随着越来越多的企业被纳入减排体系范围之内，新的碳排放交易形式不断产生，场外市场交易也开始增加，这就必然要求市场监管者针对新情况来设计更为详细与更有弹性的法律法规制度性框架。

14.3.2.3　国际碳金融市场风险监管方式

（1）欧盟碳金融风险监管机制

目前，世界上覆盖最广、囊括行业最多的温室气体排放交易体系是欧盟排放交易体系，它不仅有着包括对管理主体、管制对象、审核流程和配额分配等具体的规定，并且还通过不断完善相应的制度和法律，将碳金融交易行为置于金融市场、能源市场相关法律以及《拍卖规定》等法律管制框架之下，有效加强了市场监管力量的同时，建立了一套有效的风险防控机制。

①碳金融风险监管法律

欧盟是世界上最早倡导发展低碳经济的组织，它一直以积极的态度和实际的行动来应对全球气候变化，而由其主导构建的碳排放交易体系，也是目前世界上最为成熟的碳金融交易体系。欧盟从立法层面对碳金融交易进行约束，建立以法律法规制度为保障的风险监管机制，如促进可再生能源的《2001/77/EC 指令》《在欧盟建立温室气体排放权交易机制》《2003/87/EC 指令》等，为碳金融交易监管制定具体目标，使监管更加具体。其中《2003/87/EC 指令》对碳排放的监测、汇报、审查等更是进行严格的规定。欧盟除制定较为一体化的温室气体控制相关法律之外，还通过完善以下三个方面的立法对碳金融市场及其市场行为进行监管。

总体来看，一级市场的监管者主要对排放权取得、交易许可、排放登记及碳抵消信息的创造和核证进行监管，减排信用的有效性由严格的管理机构和第三方核证机构具体负责。二级市场上对衍生品市场的监管直接被纳入金融监管的范畴之内，但是监管机构对碳现货交易并未做出相应规制措施，成为监管的“空白地带”。欧盟排放交易体系连续发生的多起黑客攻击和指标被盗事件，均发生在二级现货市场上，暴露出其安全性不足，监管体系不到位。因此，2011 年年底，欧盟新制定的《透明度指令》（TD），《金融工具市场指令 II》（MIFID II）提案中的部分内容正是同欧盟碳金融交易市场的监管目标和监管制度密切联系的，所以欧盟将碳排放权现货交易纳入金融工具监管体系引起了碳金融市场参与方的密切关注和热烈讨论。

②碳金融风险监管机构

EUETS 发展至今，其成员国在排放交易体系中采用集中和分权和谐统一的方式，各自拥有相当大的自主决策权。欧盟制定统一减排目标，并通过“国家分配计划”分配给各个成员国，再由各国政府分配给国内企业，这种集中和层层分散相平衡的体系凸显了欧盟的分权治理体制，即欧盟碳金融交易市场的相应监管机构首先通过颁布有关的行政指令，其次由其成员国相应的监管机构来根据其实际情况进行监督和管理，主要包括分配配额，对交易行为进行规制以及规定交易双方的权利与义务等。2010 年，欧盟委员会（European Commission，EC）颁布《加强欧盟碳交易计划市场监管的框架》，规定欧盟碳金融市场的监管机构。作为欧盟政治体系的执行机构，欧盟委员会每年向欧盟理事会和欧洲议会提交碳金融交易市场年度监管报告并贯彻其决策，报告内容包括拍卖的具体情况、交易的规模、碳交易的流向等一系列具体事务。设立欧盟中央管理处，对具体的交易行为进行规制，协调欧盟内各国交易事宜，对各国提交的报告进行审核。一旦发现碳金融市场的运作异常，中央管理机构要立即向欧洲议会和理事会报告，并提出具体的监管措施和建议，甚至可以通知成员国政府禁止其碳排放权的交易。

欧盟对于其成员国赋予较大的自主决策权，特别是监管方面，欧盟并未指定成员国的监管机构，只是规定监管机构相应的职责，要求其按照欧盟指令、条例来开展工作，在总体上承担监督、促进实施的责任。而成员国可以在执行层次上根据其具体情况灵活设计监管机制。成员国碳金融市场监管工作通常由其环保、金融或能源管制机构负责。

③碳金融风险监视机制

碳金融风险监视机制是指随着碳金融市场风险情况的变化，来调整自己的策略加以应对。在交易过程中，随着交易环境的变化，风险可能会升高，降低或者转变为新的风险。欧盟所设计的监视机制主要包括欧盟独立交易系统（CITL），碳排放量监测制度、碳信息披露项目（CDP）等机制，它们能够通过预先识别风险，从而进一步消除风险或转移风险。

④碳金融风险控制机制

风险必然会出现在碳金融交易的过程中，无论是对市场和交易者，它的不确定性对市场的平稳运行都产生巨大的影响。为了降低风险，欧盟出台了各种风险防控措施。在实际交易过程中，商业银行和碳基金等交易参与者则可以降低交易成本、提供信贷支持以及进行风险管理，尤其是对市场风险与项目风险的管理；而保险公司和国际担保机构等，则主要用来对碳价格的波动所引起的项目风险、市场风险以及流动性风险等进行转移或分散，起到防控降损的作用。金融机构除了扮演碳金融交易主体角色外，在提供防范与应对风险手段，完善碳金融交易体系，进行金融产品创新，以及充当中间媒介上，作出了重要的贡献。

⑤碳金融风险应对机制

当决策者发现市场中确实有风险可能发生时，则会根据实际情况（如自身的抗风险能力，风险形成的原因以及潜在损失等），来及时做出决策以应对，从而防止连锁反应及损失的进一步扩大。欧盟应对机制包括价格柔性机制、滥用市场规章、共同注册制度、碳身份证明制度、反向征收增值税及出台场外市场交易规则等，其主要用来应对市场中可能出现的价格失衡、操纵市场、内部交易，网络钓鱼欺诈及增值税舞弊等风险的发生。

⑥欧盟碳金融交易市场风险监督机制

欧盟将风险管理机制分为监视、控制及应对等三个环节，在监视、控制阶段主要是利用互联网技术实时进行跟踪，对资金流转进行监督，对整个碳金融市场状况进行实时监控，以便实现预见风险或在风险出现之初就能识别并应对。这对监管部门能识别风险及时采取措施，将风险扼杀在其形成之初。欧盟在此阶段进行风险监控的核心就是对高科技依赖，同时对各种信息进行及时披露，加强对项目与交易的监测。

a）欧盟进行碳金融交易的系统是独立的，称为独立的交易系统（CITL）。这个交易系统是 EU - ETS 市场内的交易，它的底层权限是与交易系统进行关联的，对市场内的每一笔交易都能进行实施处理，同时实现对交易的风险进行评估，若发现系统存在违约行为，就会调用底层权限终止这项交易，并及时反馈给监管部门对交易进行审查。这套交易系统与银行的操作模式非常类似，但是因为涉及隐私和法律，所以没有对交易资金的所有权和流向进行检测，没有做到交易全过程的完全风险检测。同时，碳金融交易系统相较一般金融市场风险大，所以在请技术公司进行维护时，还会根据检测的准确率对系统算法进行更新。

b）对碳排放量进行检测。根据欧盟 2003/87/EC 指示，欧盟对各成员国的碳排量有义务进行检测，同时也保障了碳金融交易的顺利进行。欧盟对碳排量检测的制度是建立从工厂到监督部门的排放量检测体系，为保障市场价格波动正常打下坚实的基础。还对二氧化碳排放如何检测、汇报以及审查都进行严格定义，使得二氧化碳排放的检测制度适用性较强，最大限度减小对商业活动的影响。

⑦碳信息披露项目（CDP）

这是一家成立于 2000 年位于英国伦敦的独立组织，同时是机构投资者自发形成的，具有最全的企业气候变化方面的数据的非营利性组织。CDP 项目每年披露自愿参与项目的 5 000 多家企业的二氧化碳排放信息，共享气候变化带来的风险和机遇信息。虽然这家组织是独立于欧盟 EU - ETS 的，但是因为其强大的影响力，使其已经成为欧盟 EU - ETS 的重要一环，增加了碳金融市场信息披露的能力与信息透明度，为欧盟防范碳金融市场风险作出了很大的贡献。

⑧欧盟碳金融交易市场风险防控机制

欧盟对碳金融市场的风险防控机制与碳金融市场风险的监督机制并不相同，它主要采取的是强化防控机制建设而不是依靠技术手段进行风险管理。碳金融交易的过程中也存在着一定的风险，为了对这些风险进行规避，欧盟采取了很多措施，最主要的是以下几方面：

a）采用国家配额计划（NAP），该计划是欧盟碳金融交易的核心。欧盟在其召开的内部会议中，根据“共同但有区别”的原则，以及内部成员经济发展状况进行碳减排额度的分配。各国根据分配的减排额度再分配国内相关的企业的减排义务。为防止国家配额计划分配的过于随便，因此会对制定过程进行全程公开，而欧盟气候变化委员会在三个月内必须对提交的计划进行审核并给予正式评价，审核通过后的国家配额计划就不能再次更改，而没有通过的就需要进行相应的修改再次提交审核。碳金融交易就是政策性产物，因此碳减排额度的分配是实现碳金融交易的基础。公平制定国家的碳分配额度，对实现碳金融交易是极为重要的，因为可以防范政治风险、操作风险等相关风险。

b）建立碳排放的核查系统。碳金融市场成为公平开放的市场交易体系离不开对碳排量进行精确的测量和核查。欧盟委员会因此在国家配额计划的基础上设立了碳排放核查系统进行二氧化碳排放量严格的核查，补充和完善了二氧化碳排放监测系统，引入第三方机构进行年度核查报告，并对违规的企业进行惩罚如限制碳金融交易或者进行罚款等。同时该核查机构还必须具有相应的资质并且与核查的企业不存在相应的利益关系，核查机构的专业能力要过硬，对所有碳排放源的信息掌握要精准，核查的结果要经得起检验。

c）构建配套的碳金融服务体系。欧盟 EU－ETS 认为完善的碳金融服务体系是能实现风险分散的，同时能够加强碳金融系统的稳健性，实现碳金融市场的多元化发展，对市场主体的发展起到支持作用。欧盟 EU－ETS 在多种金融机构的参与下拥有了足够的资金和市场活跃度，融资、担保更为安全便利，因此碳金融市场实现了良好的发展。欧盟的商业银行较早地参与到碳金融市场中，凭借其专业化的、丰富的经验成立专门的团队为碳金融交易服务，完成项目起始至终结的一系列碳金融解决方案，促进了碳金融交易市场的多元化发展；欧盟的保险公司也积极参与到碳金融市场的建设中，使得碳金融的各项产品与保险相关，为碳金融市场转移风险提供了巨大的帮助。但是欧盟的保险产品在最初没有考虑到市场变化如此之快，因此对市场的反应能力较弱，而且保险公司参与碳金融市场的业务还停留在传统的金融保险业务；碳基金是欧盟 EU－ETS 为满足碳金融交易市场中金融需求而产生的一种新型碳金融工具，为碳金融市场提供碳交易相关的咨询与投资服务，有效提升了碳金融交易市场的交易效率，实现了利用市场机制促进节能减排的局面。同时，碳基金的产生还为碳期权、碳期货等碳金融衍生品的产生，分散碳金融市场的风险提供了有利条件。另外，欧盟还出台了一系列相关措施，构建从市场准入条件到违规惩罚，信用评级、风险警示等保障体系，从而确保碳金融交易市场实现平稳有序的发展。欧盟的 EU－ETS 体系中，各种金融机构相互合作又各司其职，为碳金融市场的参与主体提供了有效的风险管理措施，从而促进欧盟碳金融市场的发展，这是我国在构建完善的碳金融市场服务体系时应该借鉴的地方。

⑨欧盟碳金融交易市场风险应对机制

风险监测与风险控制机制都是为了尽可能减小潜在风险造成的损失，将风险缩小到可控的范围内，然而风险是存在的，当风险发生后如何应对是极为重要的，欧盟在建立了相对完善的风险监测与控制机制后还对风险的应对建立了完善的机制，以应对风险事件的发生，从而采取相关的措施。它的核心理念是将风险所引起的损失尽可能地缩小，根据不同类型的风险类型进行分摊、止损，并且注意防范这类风险的二次发生。欧盟的风险应对机制包含六个方面。

a）共同交易注册。2011 年，黑客攻击了捷克的电力交易所并且盗取了价值 5 000 万美元的碳排放权交易配额。欧盟在事件发生后对体系中存在的漏洞进行检查，发现上述事件是成员国之间的账户注册独立造成的，为此欧盟出台了共同交易注册制度，确保在欧盟范围内实行的是统一的注册标准。

b）强制身份信息验证。欧盟部分国家为了加强风险监测规定在进行碳金融交易过程中必须进行身份信息验证，采用实名制的方法。这种方法能够有效对碳金融市场参与主体的行为进行约束，避免不法交易者的行为。因为涉及交易双方的隐私，因此该措施在欧盟范围内并没有统一实施，但实名交易将是大趋势。

c）延伸滥用市场规章。欧盟在成立之初就对“滥用市场支配地位”进行了明确的规定。但由于碳金融是市场交易中比较特殊的，所以碳金融市场仍然存在一定程度的混乱现象。

d）快速反向征收增值税的机制。欧盟各国针对不法交易者利用国家间法律漏洞骗取巨额增值税追回税款的现象实行快速反向征收增值税的机制，赋予成员国在危急时刻使用上述权力，减小损失。

e）施行现货场外交易市场交易。场外交易市场由于具有交易对手明确，交易过程透明的特点吸引大批交易者，欧盟根据这种局势加强现货场外交易市场交易的管理，通过标准 OTC 衍生合约对集中交易对手的清算方式进行约束，至此，欧盟的场内交易和场外交易都获得了良性发展。

f）执行柔性价格机制。欧盟的碳排放交易体系决定了碳排放权供给刚性，容易导致市场失灵，为此建立了价格柔性机制，目的是通过引入替代品的方式进一步增加碳排放额的供给弹性。在 EU－ETS 第二阶段，欧盟推出碳排放配额存储机制，使碳权价值得到延伸，进一步缓冲供给刚性的问题。

（2）美国碳金融风险监管机制

美国碳金融市场的监管法律是由联邦层面、区域和各州的监管法律法规构成。目前，世界上国际排放权交易市场并未实现统一，而是以区域化的态势不断发展，其中 EUETS 是全球最大、最完善的碳交易市场，但这种利用市场机制为导向的制度却是起源于美国。自 20 世纪美国利用排放权交易制度进行二氧化硫减排从而控制酸雨，到 1990 年美国修改《清洁空气法》，实现了排放权交易的制度化。美国在应对全球变暖行动中起到了不容小觑的积极作用，而且造就了全国范围内以市场为导向的排放权交易制度。虽然美国退出了《京都议定书》，也并未形成全国统一的排放权交易体系，但是，美国作为世界上最大的温室气体排放国，碳金融市场得到了迅速的发展，而且已经形成了区域层面的碳金融交易体系，成为了世界上第二大碳金融交易市场。美国近些年来对于碳排放权交易制度的态度也在不断发生变化，从最初倡导国际社会共同努力解决温室减排问题，到后来的小布什政府退出《京都议定书》，再到美国在国内各界的压力下重新展开应对气候变化的行动，最后到奥巴马政府积极推行绿色新政，积极与欧盟争夺国际气候政治领导权，并通过各种法律制度和监管机制改革保障碳金融交易的发展，这些努力使得美国极大地完善了碳金融交易体系。不同于欧盟的碳金融监管体系，美国所采用的是一种“自下而上”的松散体系，即民间推动政府引导，自下而上形成市场的碳交易监管模式。

①联邦层面

美国并没有专门出台针对碳金融市场监管的法律法规，而是制定了一系列应对气候变化的法案。目前主要发挥作用的法案包括《能源政策法》《清洁空气法》《清洁能源与安全法案》《美国能源法》和《2010 年电力法案》五部，前两部法案主要涉及确定减排手段、减少能源消耗以改善空气质量并实现减少温室气体排放的目的。后三部由于涉及具体的碳金融交易市场体系，起到的作用更为关键。《清洁能源与安全法案》设定温室气体排放上限，确定采用配额交易的模式、配额的具体分配和对碳市场的监管等方面的内容，并授权美国联邦能源管理委员会和美国商品期货交易委员会分别对碳现货市场和碳衍生品市场进行监管；《美国能源法》设定了 2013 年建立“碳市场”的目标，即建立起排放限额和排放许可交易制度；《2010 年电力法案》则试图要建立一个具有联邦统一标准的气候监管制度，希望能通过与现有各州的监管制度相互配合，同时要求各州的碳交易的相关规定于 2012—2017 年暂停行使。次贷危机后，美国提出与碳金融密切相关的《金融衍生品透明与问责法案》《个人消费者金融保护署法案》和《多德—弗兰克法案》等，均对金融产品和金融活动做出具体规定，进行更严格的监管。这些联邦层面上的立法促进碳金融交易市场监管体制的建立，为碳金融交易监管奠定法律基础。

②区域层面

美国碳金融市场最显著的特点就是区域性气候行动如火如荼，美国各州积极倡导和开展碳交易政策的制定和执行，发挥重要作用。其中美国区域排放交易体系和西部气候倡议（WCI）最为典型。美国区域排放交易体系是由美国东北部及大西洋沿岸中部的 10 个州组成，是美国第一个具有强制性性质来应对气候变化的区域合作体系。RGGI 仅限于电力行业，设定了强制性减排目标，详细规定各项指标，建立碳排放配额检测系统，检测各州碳减排实施情况，要求相关部门严格执行，加强政府有效监管。西部气候倡议是由美国西部的亚利桑那州等 5 个州发起设立，提出独立区域性排放交易系统的方案，设定到 2020 年的减排计划，对不同地区结合其具体情况，设定更加苛刻的减排目标。

③地方政府

美国地方政府通过单独设立监管法律，从而降低碳金融交易风险。2006 年，加州政府制定了《全球温室效应治理法案》，提出加州温室气体减排到 2020 年要减少 25% 的强制义务，到 2050 年在此基础上要减少 80%，而且设立专门监管机构，制定温室气体排放强制报告制度等。

（3）英国碳金融风险监管及防控措施

英国是最早提出“低碳”概念的国家，为了能够更好地发展低碳经济，英国政府不仅致力于提高公民低碳环保的意识，同时还积极出台相应的政策来保障碳金融交易市场的平稳运行，其所采取的主要措施包括战略规划、金融支持、保障措施等，使得碳金融交易进一步走向规范化，促进其更好的发展。

表 14.2　　　　　　英国碳金融风险监管及防控政策安排

<table>
<tr><th>序号</th><th>名称</th><th>内容</th><th>作用</th></tr>
<tr><td>1</td><td>气体排放贸易</td><td>在全球范围内，率先启动该机制，即对一组企业设定总碳排放目标值，对各企业的排放额度予以限制，而企业可通过碳减排或排放指标来达到减排值。</td><td rowspan="3">气候税的征收促进低碳经济发展，政府出面建立碳交易市场，理顺碳金融机制，规范碳金融交易秩序，有效防范碳金融风险发生，碳基金等碳金融产品推进碳金融交易发展的同时，也为尽快探索期货、期权、保险等套期保值的金融工具，合理分散交易风险奠定基础。</td></tr>
<tr><td>2</td><td>碳信托基金</td><td>通过创设国有公司来帮助企业和公共部门减少碳排放量，提高能源的利用效率，开发投资低碳技术和加强碳管理。</td></tr>
<tr><td>3</td><td>气候变化税</td><td>实质是对使用能源提取的税收。对于使用电量、煤炭、天然气的企业需要纳税。使用可再生能源，热电联产的企业可以减税、甚至有可能免税。</td></tr>
</table>

资料来源：程凯，许传华．碳金融风险监管的国际经验［J］．湖北经济学院学报（人文社会科学版），2018（10）．

14.3.2.4　巴塞尔协议与金融市场风险控制

20 世纪 70 年代开始，经济学家开始逐渐将控制论应用于银行领域。这部分程度上是由于银行业存在的高度信息不对称与其从事业务的高风险性决定了一旦风险事件发生，则银行很可能在短时间内倒闭，甚至引发系统性风险。而前联邦德国 Herstatt 银行和美国富兰克林国民银行的倒闭所引起的巨大社会与经济问题加重了这种忧虑。因此 1974 年，十国集团中央银行行长共同倡导并成立了巴塞尔协议委员会，并制定了一系列重要的银行业监管条例，其中最为成功的，便是 1988 年 7 月在瑞士的巴塞尔通过的“关于统一国际银行的资本计算和资本标准的协议”，简称为巴塞尔协议。巴塞尔协议几经修订，其中 2004 年 6 月通过的《新巴塞尔资本协议》由 775 个协议正文条款和 9 个附录组成，在银行风险监管方面作出了不可磨灭的贡献。新巴塞尔协议主要由最低资本要求、监督检查与市场纪律三大支柱组成。

（1）第一支柱：最低资本要求

最低资本要求设计的初衷是帮助银行预留部分资本，以抵御潜在的风险。因此如何定义潜在风险，并据此计算出预留资本比例以便成为第一支柱的主要内容。因此，第一支柱主要包括了定义监管资本、定义风险加权资产以及确定两者间的最低比例三项内容。第一支柱对银行风险进行了详细的定义，它将风险要素进行分解，定义不同风险类型来确定风险对资本的潜在影响。在进行风险计算时，原巴塞尔协议主要参考信用风险，而新巴塞尔协议则将市场风险与操作风险一并纳入风险评估体系中。

（2）第二支柱：监督检查

虽然第一支柱保证了银行能够有充足的资本以应对可能的金融风险，但金融市场的变幻莫测使得监管者们认为必须从根本上建立起一套机制，促进银行不断开发更有效的风险管理工具，并使得监管当局与金融机构间形成对话机制。基于这种理念，巴塞尔委员会对银行业监管的指导思想、实施方针、技术路线以及事后溯责的机制构建提出了建设性的意见。第二支柱的基本思想是建立起一套行之有效的监管机制，各国监管部门能够在这套机制的框架内根据本国的实际情况进行本地化部署，同时能够在尽可能避免监管对行业造成束缚的情况下加强信息流通，从而可以将风险扼杀在萌芽状态，或是果断采取措施将损失控制在可接受的范围之内。图 14. 9 说明了第二支柱的主要结构。第二支柱主要应用于三个适用领域，由四个基本原则构成，第二支柱恰到好处地填补了第一支柱中疏漏的部分，从而使得整个协议结构更加严谨。

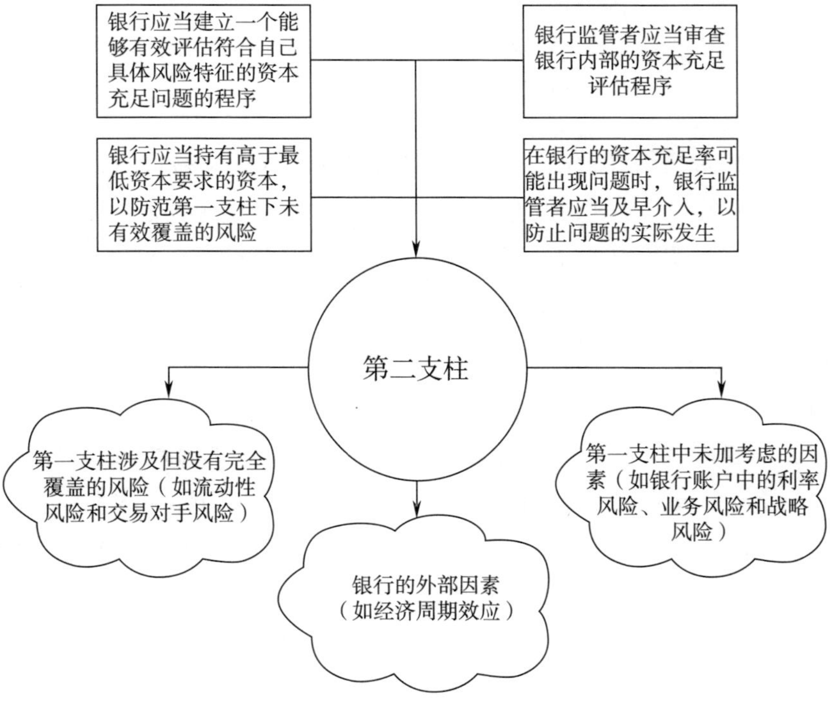

图 14. 9　巴塞尔协议第二支柱结构图

（3）第三支柱：市场纪律

旧巴塞尔协议中将市场纪律视为监管制度的一部分，这无疑造成了一种错觉，即监管部门是整肃市场纪律的主体，或者说，即使不遵守市场纪律，但是只要不被抓到就不算违规，这在一定程度上助长了金融机构的肆意妄为。新巴塞尔协议将市场纪律作为三大支柱之一单独提出，规定了严格的信息披露标准。这在一定程度上是监管部门在多次金融危机后审视整个协议体系做出的亡羊补牢之策。

巴塞尔协议自诞生以来已经经过三次较大的修改，虽然迄今为止人们不断对其有效性提出质疑，但不可否认的是，经过了数次修改的巴塞尔协议依然是人类提出的最为科学、可靠的金融行业监管国际标准。在我国碳金融交易市场尚不成熟的情况下，借鉴巴塞尔协议的框架与成熟经验，有助于我们更加清晰地认识我国碳交易市场所面临的风险。

14.4 构建我国碳金融风险监管的建议

14.4.1 防止碳金融资产价格过度波动

（1）实施价格柔性机制。碳排放刚性额度导致碳交易价格升高，于是有卖方投机者开始销售空头碳排放权。对此，企业可从全球其他地方购买碳配额来满足自己生产排放的需求，这样既能稳定碳交易价格，也能防止空头碳交易扰乱金融市场交易秩序。但需要注意的是，监管机构应防范少数大型碳资产管理公司储备大量碳配额从而操控碳交易价格的可能性，因为这违背价格柔性机制的初衷。

（2）审核碳泡沫发生的可能性。来自碳市场交易的排放限额中伪劣的抵减项目价格（次级碳价格）可能会像房地产市场泡沫循环那样无限扩张并导致金融危机的发生，为了防止次级碳价格过高，建议金融监管机构成立或委派一个独立的专业机构负责初始次级碳资产价格审查与定期价格增量核查，以监控碳金融资产泡沫发展速度及发生的可能性。在经过初始次级碳价格核查与定期监控后，核查机构有责任将任何可能发生的碳泡沫风险汇报给金融监管机构，以便立即采取措施应对碳泡沫风险的发生。

（3）建立碳基金自查机制。银行、保险公司及碳基金等金融服务公司一般都有专业的碳金融资产评估团队，他们在执行业务时如果能有效实施自查机制就可防止风险发生。但由于中介方银行与买方企业间存在利益冲突，而我国的保险公司目前还未开展对各类碳金融资产提供保险的业务，因此银行与保险公司都不适合作为碳价格过度波动风险的自查机构。而政府建立的碳基金的盈利目标一般低于银行发行的碳基金，与买方企业间存在的利益冲突不严重，从而能够在碳交易前就发现价格过度波动风险，更适合自查碳泡沫风险。

14.4.2　完善第三方认证机构

（1）规范第三方认证机构退出制度。目前我国第三方碳信用认证机构的水平不高，导致企业在实施国际 CDM 项目时常被拒绝或报批多次返工。因此，监管机构需制定第三方退出制度，即划分认证机构级别并对社会公布，对认证出现问题的机构实施降级或取消资格处理；还要定期对其进行质量控制检查，对没有采用国家认证标准执业、违反职业道德准则的机构予以公布、处罚，严重时可取消资格。此外，碳交易所作为买卖双方的交易场地，需要审查第三方认证机构的认证结果，如果审查时发现其存在合谋行为，可以向监管机构提出处罚建议。

（2）制定第三方认证工作指南。目前国家 CDM 项目监管机构并未针对第三方机构制定认证指南，致使监管机构无法规范它们的信用审查程序，也无法测量已实施 CDM 项目认证的质量。因此，监管机构应尽快组织专家与国际认证权威机构，协助其制定第三方认证工作指南，即制定第三方认证机构接受业务委托、制定认证计划、实施认证程序、出具认证报告、汇报异常风险等规范。由于我国认证机构水平存在较大差异，还可制定核查计划表、核查报告格式、核查抽样表、核查问题记录等具体实践需要的工作底稿，以使不同水平的认证机构在证据数量与质量上尽量达到统一。

（3）建立自动复核系统。目前监管机构尚未建立对第三方认证结果的复核机制，这可能会导致其与碳资产管理公司合谋，因此很有必要建立一个类似银行风险控制机制的自动复核系统。当交易发生时双方需将材料提交给该系统，然后由其自动进行信用审核。该审核可包括交易双方的信用情况、是否曾经发生碳交易欺诈、提交企业的碳排放额度是否与相同规模或相同行业企业类似等基本内容，目的是筛查第三方认证结果偏差。在审核时，如果发现第三方认证的碳排放额与系统自动复核结果存在较大差异，系统会使用授权立即停止交易并将结果反馈给交易双方、第三方认证机构与监管委员会。情况严重时，监管机构还可对第三方认证机构做出处罚。

14.4.3 防范碳资产证券化风险

（1）设置实名认证。当银行捆绑碳次级金融产品后，很可能无法找到次级碳的源头，导致无法追究相关责任人的责任。对此，可设置实名认证制度，即双方在进行碳交易前必须向金融监管机构提交身份材料、额度审批材料、第三方认证材料、报价材料等。这为寻找碳金融资产交易路径奠定了基础，也能为后续跟踪检查提供帮助。但实名认证会产生信息披露过度问题，交易双方在提交材料时可选择要求监管机构遵守保密性原则。

（2）设置碳金融产品使用不当处罚条款。由于碳金融产品的价格波动性大、资产组合复杂性高，之前的金融市场监管模式在碳金融监管方面不适用，因此监管目标应转变为以投资者保护为导向的新金融风险监管模式，针对性地设置碳金融产品使用不当处罚条款，在维护碳金融市场稳定的同时减少相应的欺诈交易行为，这对限制金融巨头利用碳金融债券捆绑销售进行欺诈的行为尤其重要。

（3）研发新型碳资产捆绑评级模型。当前第三方认证机构常用的模型主要是针对单一类型投资，很难测量多种组合风险并对证券化的碳资产进行评级，我国第三方认证机构也难以开发针对多目标对象的复杂模型。因此，监管机构需要聘请金融专家研发统一的新型碳资产捆绑评级模型，以帮助第三方机构提高信用额度评级的权威性、一致性。

14.4.4 构建全覆盖式碳金融监管制度

针对当前的分业监管模式导致监管的推诿扯皮现象，应从投资者保护目标出发建立综合监管模式，如图 14.10 所示。

从图 14.10 来看，应由中央银行统一管理所有金融监管委员会，包括碳金融综合监管委员会。该委员会需以投资者保护为目标设立下属风险控制委员会、第三方认证机构监管委员会以及利益相关者保护委员会等。其中：风险控制委员会主要负责监控碳金融产品与市场风险，如碳金融资产价格过度波动风

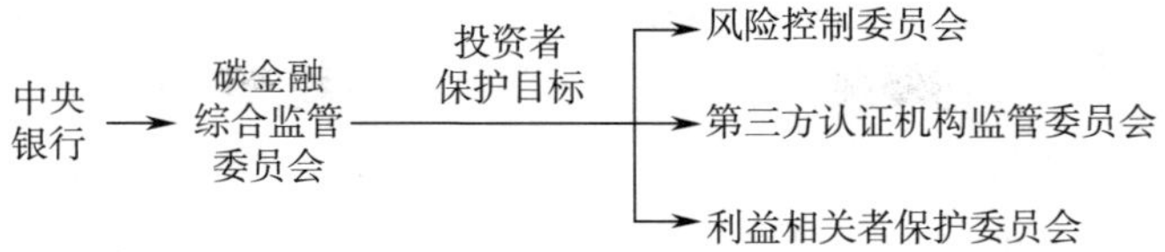

图 14.10　全覆盖监管模式

险、碳资产证券化风险等，目标是防范碳金融资产泡沫、规范碳金融市场行为，并将出现的所有金融危机迹象报告给碳金融综合监管委员会；第三方认证机构监管委员会主要负责规范第三方认证机构退出制度、制定第三方认证工作指南、建立自动复核系统，作用是通过行政手段处罚违规机构以达到减少系统性信用风险的目标；利益相关者保护委员会主要以保护投资者为己任，负责向投资者提供风险警示、对投资者的交易行为提供保护及处理利益相关者投诉，其目标是降低碳金融交易中出现的利益冲突风险，从而维护市场的和谐发展。碳金融市场的参与主体的角色存在重叠的可能，例如，控排企业等实体单位既是配额的需求者，同时也可以成为项目开发者和减排量的供给者，也可以根据自身的碳资产构成情况作为投机商开展交易。此外，碳金融市场的参与者还包括监管者和第三方机构，其中碳排放核查机构是碳金融市场特有的第三方组织。

14.4.5　建立碳市场价格稳定机制

碳价的剧烈波动会损害碳市场的建设，打击投资者信心。所以，良好运行的碳市场需要有相对稳定的碳价来支撑，中国需要格外关注这一机制，并适时发挥政府的宏观调控作用。同时，考虑到欧盟在碳市场过渡阶段价格触底的情形，中国需要采取措施保证碳资产的存续性，如允许碳资产的跨期存储与借贷形式的存在。另外，尽快推出更多碳交易产品，如碳期货，丰富投资者选择的同时对冲市场风险。充分考虑碳价波动状况与企业的减排效果，并在二者之间找到平衡点。一方面，避免出现过低碳价引起的市场活跃度不高、企业参与热情不高，从而不利于减排目标实现的情形；另一方面，控制碳价的增长幅度，以调动企业加大减排技术投入。

14.4.6　加强碳交易领域人才培养

我国的碳市场运行还处于试点阶段，相关领域的人才还十分匮乏。不论是碳交易整个市场的实际运作，还是碳排放权的理论研究都需要专业的复合型人才，这些复合型人才需要具备金融、经济、法律、环境、涉外等各个方面的知识。可以通过在高校开设与碳交易领域相关的专业、增强培训力度、加大同国外学术和实践交流的力度、对碳领域方面的专家学者给予一定的政策支持、创造良好的人才氛围、引导海外人才回国发展、增强同海外先进机构的合作等方面加快培育碳市场领域的人才。通过这些人才建设力争可以完善碳排放权以及相应的法律制度，从而对碳排放权总量控制、碳排放权初始分配权比例确定、碳市场价格的确定机制、监管部门对碳市场的监管以及监管机制的构建产生质的飞跃。

参考文献

［1］蔡孟池．营运船舶低碳排放研究［D］．大连海事大学硕士论文，2011.

［2］姜安玺，时双喜，徐江兴．主要大气污染的现状及控制途径［J］．哈尔滨建筑大学学报，1999（6）.

［3］方世南，马克思主义生态观的时代发展．2018年6月22日．来源：光明日报．

［4］李阳．低碳经济框架下碳金融体系运行的机制设计与制度安排［D］．吉林大学，2013.

［5］张坤民．潘家华，低碳发展论［M］．北京：中国环境科学出版社，2008：1.

［6］叶燕斐．绿色信贷的实施与管理［J］．中国金融，2012（10）．

［7］庄贵阳．低碳经济：气候变化背景下中国的发展之路［M］．北京：气象出版社，2009.

［8］李金昌．价值核算是环境核算的关键［J］．中国人口·资源与环境，2002.

［9］王剑锋．环境管理体系认证的成本收益分析［J］．中国认证认可，2011（5）．

［10］郭敏，王红玉．资本市场均衡理论与新古典均衡分析的渊源关系及其新特点［J］．经济评论，2005（5）．

［11］程国有，孙赫．论社会经济发展的动力机制与均衡机制［J］．经济天地，2011.

［12］刘康，李佳．近代西方金融均衡理论：进展与评述［J］．上海商学院学报，2008.

［13］邹辉文．金融市场均衡理论评述［J］．福州大学学报（哲学社会科

学版），2006（3）.

［14］周延军．西方金融理论［M］．北京：中信出版社，1992：378.

［15］陈雨露等．现代金融理论［M］．北京：中国金融出版社，2000.

［16］戈德史密斯著，周朔等译．金融结构与金融发展［M］．上海：上海人民出版社，1994：22－32.

［17］戈德史密斯著，周朔等译．金融结构与金融发展［M］．上海：上海人民出版社，1994：23.

［18］戈德史密斯著，周朔等译．金融结构与金融发展［M］．上海：上海人民出版社，1994：41－42.

［19］丁军．环境产业融资研究［D］．上海同济大学博士论文，2007.

［20］宋帅，王裕胜．碳金融体系发展的国际借鉴及启示［J］．上海商学院学报，2010（5）：11－3.

［21］蔡文灿．环境金融法初论［J］．西部法学评论，2010（1）.

［22］王遥．碳金融：全球视野与中国布局［M］．北京：中国经济出版社，2010.

［23］德春．中国碳市场建设——融合碳期货和碳基金的行动体系［M］．北京：经济科学出版社，2010.

［24］Labatt，S.，White，R. R. 2007. Carbon finance：the financial implications of climate change［M］. New Jersey：John Wiley & Sons Inc.，11－22.

［25］Coase R. H. The problem of social cost［J］. *Journal of Law and Economics*，1960（3），1－44.

［26］游桂云，王稳，张春海．环境责任保险在环境保护中的经济优势及依存条件分析［J］．保险研究，2011（6）.

［27］王少剑，刘艳艳，方创琳．能源消费 CO_2 排放研究综述［J］．地理科学进展，2015.

［28］陈卫斌，曾鉴三，陈远新，蔡丽红．碳计量：由概念到技术支撑——谈低碳经济环境下碳计量的应用与发展［J］．中国计量，2012（2）.

［29］甘爱平，曲林迟．航运金融学［M］．上海：格致出版社，2010.

［30］赵秋雁，刘业帆．全球气候变化背景下中国 MRV 体系的构建［J］．国际经济合作，2010（8）.

［31］黎炜驰，曾雪兰，余志，徐伟嘉，梁小燕，张武英．多层次碳排放MRV体系的设计与实践［J］．中国科技成果，2017（23）．

［32］时志雄．碳交易市场机制发展综述［J］．电力与能源，2011（3）．

［33］朱敏．未来全国碳交易市场的建立对推进能源结构调整意义巨大［N］．中国经济时报，2019－06－21.

［34］姜绍俊．中国进入碳减排时代［J］．中国电力网，2015.

［35］王文举，李峰．我国统一碳市场中的省际间配额分配问题研究［J］．求是学刊，2015（2）．

［36］田翠香，徐畅．我国碳交易试点的成效分析与政策建议［J］．北方工业大学学报，2019（1）．

［37］邓明君，罗文兵，尹立娟．国外碳中和理论研究与实践发展述评［J］．资源科学，2013（5）．

［38］刘亚飞，孙永平．碳泄漏：理论与政策综述［J］．湖北经济学院学报，2014（5）．

［39］Sectoral approaches to climate change what can industry contribute? CEPS Special Report/May 2010Noriko，Fujiwara 3－4. CEPS Special Report Thinking ahead for Europe.

［40］蔡闻佳，王灿，陈吉宁．国际行业温室气体减排方法最新进展评述［J］．2010（1）：47－51.

［41］Hohne N.，Worrel E.，Ellermann Cetal Sectoral Approach and Development［R］. The Netherlands：Ecofys 2008.

［42］赵彦锋，李金铠，张瑾．基于碳排放权属性的碳资产确认与计量［J］．金融理论与实践，2018（5）．

［43］张鹏．碳资产会计问题研究［D］．重庆：重庆工商大学硕士论文，2011.

［44］江玉国．基于减排碳无形资产的企业低碳竞争力评价研究［D］．成都：西南交通大学硕士论文，2016.

［45］刘鹤．企业碳无形资产识别与评估研究综述［J］．西安电子科技大学学报：社会科学版，2015（2）：9－15.

［46］顾伟红，赵洁．海运温室气体减排市场机制 ETS 和 GHG FUND 的比

较研究［J］．武汉理工大学学报（交通科学与工程版），2013.

［47］甘爱平，陈可祯．上海航运碳排放交易市场的建设［J］．水运管理，2013（8）．

［48］甘爱平，曲林迟．航运金融学［M］．上海：格致出版社，2010.

［49］黄丽雅．低碳交通试点城市水运低碳发展思路与实践［N］．第十六届中国科协年会——绿色造船与安全航运论坛论文集，2014－05－24.

［50］张善杰．DNV“实现低碳航运之路”的策略［J］．上海海事大学，航海纵览，2010－06－22.

［51］Gilbert，P.，Bows，A.，2012. Exploring the scope for complementary sub－global policy to mitigate CO_2 from shipping［J］．*Energy Policy*（50），613－622.

［52］甘爱平，真虹．我国航运低碳减排与碳金融交易的市场引导机制［J］．交通企业管理，2016.

［53］尹应凯．国际碳金融体系构建中的“中国方案”研究［J］．国际金融研究，2010（12）．

［54］Garcia B.，Roberts E. 2008. Carbon finance environmental market solutions to climate change［R］．Working Papers，Yale School of Forestry and Environmental Studies.

［55］Labatt，S.，White，R. R. 2007. Carbon Financeahe financial implications of Climate Change［M］．NewJersey：John Wiley & Sons. Inc.，11－22.

［56］世界银行著．广州东润发环境资源有限公司译．碳金融十年［M］．北京：石油工业出版社，2011：16－17.

［57］王遥．气候金融［M］．北京：中国经济出版社，2013.

［58］胡静怡，陶士贵．我国商业银行绿色信贷实践中的困境与对策研究［J］．武汉金融，2018（2）．

［59］陈婉．绿色债券——从零到两千亿［J］．环境经济，2017（13）．

［60］孙伟力．我国绿色债券发展现状与问题解析［J］．金融发展研究，2017（3）．

［61］姚伟．我国绿色债券发展情况［J］．农业发展与金融，2017（1）．

［62］毕波，白莹．中国碳基金发展中存在的问题及对策分析［J］．黑龙

江金融，2011（9）.

［63］严琼芳．国际碳基金发展的现状、问题与前景［J］．经济纵横，2010（11）.

［64］鄢德春．世界银行碳基金运作模式对发展我国政策性碳基金的启示［J］．上海金融，2010（6）.

［65］孙硕珩．中国碳基金融资模式研究［D］．吉林大学硕士论文，2017.

［66］李玮，顾珊珊．我国绿色保险的现状问题与对策研究［J］．时代金融，2017（6）.

［67］张雷．国内外环境责任保险比较研究［D］．济南：中国海洋大学硕士论文，2005.

［68］李华友，冯东方．“绿色保险”的国际经验及发展趋势［J］．环境经济，2008（9）.

［69］姜贵梅，楚春礼，徐盛国，邵超峰．国际环境风险管理经验及启示［J］．环境保护，2014（8）.

［70］董银霞．低碳经济发展进程中绿色保险制度的研究［J］．时代金融，2012（9）.

［71］吴晓燕．巨灾风险证券化在我国的运用研究［J］．金田，2011（7）.

［72］李建勋，徐泽春．武汉城市圈绿色保险制度研究［J］．安徽农业科学，2012（9）.

［73］杨海燕．从国际货币体系的演变历史谈“碳货币”本位的全新国际货币体系构建设想［J］．特区经济，2011（6）.

［74］方鹏．碳货币及碳本位货币体系的研究综述［J］．时代金融，2018（9）.

［75］王永海．构建“碳金”本位新国际货币体系的设想［J］．中国金融，2010（1）.

［76］乔海曙，刘小丽．碳排放权的金融属性［J］．理论探索，2011（3）.

［77］方鹏．碳货币及碳本位货币体系的研究综述［J］．时代金融，2018（9）.

[78] 蔡博峰，刘兰翠．碳货币——低碳经济时代的全新国际货币［J］．中外能源，2010（2）．

[79] 张志红，杨辉．碳货币本位体系的演化及其构建研究［J］．国际经贸探索，2015（11）．

[80] 张旭．关于碳货币理论研究的述评［J］．经济学家，2015（2）．

[81] 陆磊，李宏瑾．纳入 SDR 后的人民币国际化与国际货币体系改革：基于货币功能和储备货币供求的视角［J］．国际经济评论，2016（3）．

[82] 李稻葵，尹兴中．国际货币体系新架构：后金融危机时代的研究［J］．金融研究，2010（2）．

[83] 吴钧．国际碳金融体系与人民币国际化新思路［J］．理论与改革，2012（6）．

[84] 操巍．碳金融风险防范制度建设［J］．财会月刊，2019（9）．

[85] 高令．碳金融交易风险形成的原因与管控研究——以欧盟为例［J］．宏观经济研究，2018（2）．

[86] 王遥，王文涛．碳金融市场的风险识别和监管体系设计［J］．中国人口资源与环境，2014（3）．

[87] 李凯风．我国碳金融体系构建的难点及解决对策分析［J］．科技进步与对策，2010（22）．

[88] 田硕．碳排放权交易市场，为何需要第三方认证？［J］．中国碳交易网，2016－02－29．

[89] 莫建雷，朱磊，范英．碳市场价格稳定机制探索及对中国碳市场建设的建议［J］．气候变化研究进展，2013（5）．